# 认真 创新 追求卓越

# 中欧国际工商学院 1994～2009

China Europe International Business School 1994～2009

周雪林 等 著

**图书在版编目（CIP）数据**

中欧国际工商学院：1994～2009／周雪林等著. —上海：上海交通大学出版社，2010

ISBN978-7-313-06359-5

I. ①中… II. ①周… III.①中欧国际工商学院－校史－1994～2009 IV.① F27-40

中国版本图书馆CIP数据核字（2010）第054988号

**中欧国际工商学院**

1994～2009

周雪林 等著

上海交通大学出版社出版发行

（上海市番禺路951号 邮政编码 200030）

电话：64071208 出版人：韩建民

上海新艺印刷有限公司 印刷 全国新华书店经销

开本：787mm×1092mm 1/16 印张：26.75 插页：26 字数：392千字

2010年4月第1版 2010年4月第1次印刷

印数：1～3000

ISBN978-7-313-06359-5/F 定价：98.00元

## 《中欧国际工商学院1994～2009》编写小组成员

| | |
|---|---|
| 周雪林 | 中欧国际工商学院院长助理<br>中欧出版集团CEO |
| 王建铆 | 中欧国际工商学院经济学教授 |
| 杜　谦 | 中欧国际工商学院董事会秘书 |
| 刘胜军 | 中欧国际工商学院案例研究中心副主任<br>中欧陆家嘴国际金融研究院副院长 |
| 朴抱一 | 《中欧商业评论》高级记者 |
| 徐辰瑶 | 中欧国际工商学院院长办公室档案员 |
| 黄凌云 | 中欧国际工商学院校庆办公室秘书 |
| 林　云 | 中欧国际工商学院市场及公共关系部美术编辑 |

## 重大事件

1994年11月8日，中欧国际工商学院合同签字暨成立典礼在上海浦东新区金桥开发公司礼堂举行（前排左起：张祥、郑令德、魏根深（Endymion Wilkinson）、布里坦（Leon Brittan）、汪道涵、谢丽娟、李仲周、王仲达；后排左起：翁史烈、李家镐、盖伊·哈斯金斯（Gay Haskins）、王生洪、华建敏、雷诺（Pedro Nueno）、陈士杰、朱晓明）

1994年11月8日，在学院成立典礼上，上海交通大学校长翁史烈和欧洲管理发展基金会总干事盖伊·哈斯金斯分别代表双方办学单位签署了《中欧国际工商学院办学合同》，上海市副市长谢丽娟和欧盟委员会副主席布里坦作为见证人签字（前排左起：布里坦、盖伊·哈斯金斯、翁史烈、谢丽娟；后排左起：李家镐、华建敏、杨亨（Jan Borgonjon）、王生洪、魏根深、张国华、汪道涵、王仲达、雷诺、李仲周、陈士杰、胡炜）

1994年11月8日，上海交通大学校长兼中欧董事长翁史烈在金桥开发区举行的学院奠基典礼上致辞

1994年11月8日，上海市人民政府与欧盟委员会领导人在金桥开发区举行的学院奠基典礼上培土奠基（自左至右：上海市副市长谢丽娟，欧盟驻华大使魏根深，海峡两岸关系协会会长、原上海市市长汪道涵，欧盟委员会副主席布里坦）

1994年11月8日，上海市副市长谢丽娟与欧盟委员会副主席布里坦为学院成立揭牌

1994年11月8日，海峡两岸关系协会会长、原上海市市长汪道涵（左）在浦东新区金桥开发公司总经理朱晓明陪同下步入学院合同签字暨成立典礼会场

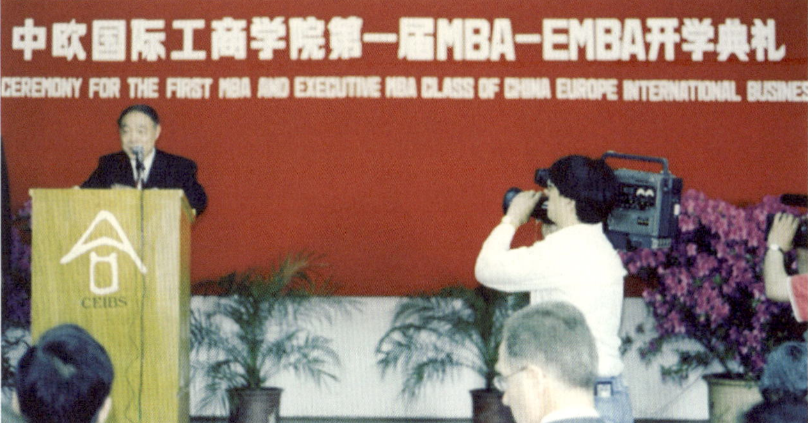


1995年5月8日，李家镐院长在首届MBA、EMBA开学典礼上致辞

1997年4月8日，中欧首届EMBA毕业典礼在上海商城举行

上海市人民政府教育卫生办公室

关于同意成立中欧国际工商学院的批复

主题词：教育 合作办学 院校 批复

1994年12月26日，上海市人民政府教育卫生办公室关于同意成立中欧国际工商学院的批复

1997年12月28日，中欧举行浦东校园开工典礼（前排左三起：张国华副院长、中建二局（沪）局长田心起、李家镐院长、金桥开发公司总经理杨小明、金桥开发公司副总经理张矶）

1999年10月15日，浦东校园落成典礼在中欧国际工商学院上海石化演讲厅举行（前排左起：翁史烈、王生洪、周禹鹏、魏根深、龚学平、欧亨尼奥·布雷格拉特（Eugenio Bregolat）、周慕尧、谢丽娟；后排左起：雷诺、殷一璀、王荣华、魏润柏、赫拉德·范斯海克（Gerard van Schaik）、谢绳武）

1999年12月4日，博纳德（Albert Bennett）执行院长（左二）、刘吉院长（右一）与环球资源中国首席代表石博濂（Brandon Smith，右二）及华东地区总经理张正忠（左一）为浦东校园环球资源信息中心剪彩

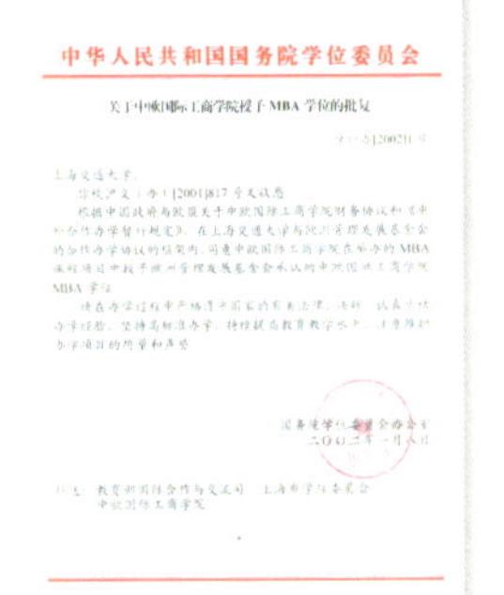

中华人民共和国国务院学位委员会

关于中欧国际工商学院授予MBA学位的批复

上海交通大学：

你校沪交（办）[2001]817号文收悉。

国务院学位委员会办公室
二〇〇二年一月八日

2002年1月8日，国务院学位委员会办公室发文同意中欧国际工商学院授予本院MBA学位

2002年7月18日，张国华副院长（左）与白思拓（Alfredo Pastor）副院长在深圳联络处成立仪式上

2004年2月，MBA学生欢庆MBA课程名列英国《金融时报》全球排名第五十三位，并首次跃居亚太第一

CEIBS
China Europe International Business School,
CHINA
received the European Quality Label of
EQUIS - European Quality Improvement System
in 2004

Award granted in Brussels on the 31st March 2004

EQUIS
ACCREDITED

2004年3月31日，中欧获得欧洲质量发展认证体系（EQUIS）认证（上图为认证证书）

2004年12月18日，北京校园奠基典礼在北京中关村软件园举行

2007年10月26日，上海市市长韩正为中欧陆家嘴国际金融研究院成立揭牌

2008年1月15日，商务部副部长高虎城（左二）、上海市常务副市长冯国勤（左一）、欧盟委员弗拉迪米尔·斯皮德拉（Vladimir Spidla，左三）、欧盟驻华大使赛日·安博（Serge Abou）为中国—欧盟商务管理培训项目揭牌

2008年5月11日，《中欧商业评论》在上海正式创刊（左起：郭理默（Rolf D. Cremer）副院长兼教务长、朱晓明院长、刘吉名誉院长、雷诺执行院长、张维炯副院长兼中方教务长）

The Association to Advance Collegiate Schools of Business

AACSB ACCREDITED EST. 1916

AACSB INTERNATIONAL CERTIFICATE OF ACCREDITATION

*Granted to*

China Europe International Business School (CEIBS)

*for achievement of the highest standard in management education*
*through a commitment to quality and continuous improvement*

*April 26, 2009*
*Initial Business Accreditation*

President and Chief Executive Officer

Chair, Board of Directors

2009年1月16日，中欧获得国际商学院联合会（AACSB）认证（上图为2009年4月26日获得的认证证书）

2009年2月5日，刘吉名誉院长在MBA课程首次跻身世界十强新闻发布会上宣布学院在英国《金融时报》上的排名（主席台左起：张维炯副院长兼中方教务长、欧盟驻华大使赛日·安博、张杰董事长、朱晓明院长、上海市教委副秘书长杨奇伟、郭理默副院长兼教务长）

## 重要来访——党和国家领导人

原中共中央政治局常委、原国务院副总理李岚清（左）在为中欧师生做人文素养演讲后向刘吉名誉院长赠书（2007年11月8日）

中共中央政治局委员、国务院副总理、时任北京市市长王岐山在中欧北京“高朋满座”讲座发表演讲（2004年12月17日）

中共中央政治局委员、国务院副总理张德江（右)向“中华人民共和国友谊奖”获得者雷诺执行院长颁奖（2009年9月30日）

在“中欧商务教育文凭课程”签约仪式举行前，朱晓明院长向中共中央政治局委员、上海市委书记俞正声(左)赠书（2009年10月31日）

时任国务院副总理吴仪（右）在合肥会见应安徽省委和省政府邀请前去当地做学术报告的朱晓明院长（2008年2月22日）

全国人大常委会副委员长韩启德（右）在张国华副院长陪同下出席中欧在北京举办的新年音乐会（2004年12月18日）

全国人大常委会副委员长华建敏（右二）在上海市人大常委会副主任杨定华（左一）、朱晓明院长（左二）、张维炯副院长（右一）陪同下视察学院（2009年6月2日）

全国人大常委会副委员长、时任上海市委副书记陈至立（右）在翁史烈董事长（左）和张国华副院长（中）陪同下视察学院（1997年6月25日）

全国人大常委会副委员长严隽琪（左）到访中欧陆家嘴国际金融研究院（2008年5月6日）

国务委员兼公安部部长、时任上海市委副书记孟建柱（左三）在张国华副院长（右一）陪同下视察学院（1997年4月8日）

全国政协副主席、科技部部长、时任同济大学校长万钢在中欧汽车产业论坛发表演讲（2006年10月30日）

时任全国人大常委会副委员长成思危（中）在张国华副院长（右）陪同下视察学院（2001年11月6日）

原全国人大常委会副委员长许嘉璐在中欧北京合聚讲坛发表演讲（2008年6月22日）

原全国政协副主席、原全国工商联主席经叔平（左）在时任上海市政府副秘书长杨定华陪同下出席中欧MBA2001级毕业典礼（2003年4月19日）

## 重要来访——欧盟及其成员国领导人（一）

欧盟委员会主席若泽·曼努埃尔·巴罗佐（José Manuel Barroso，中）来访并发表演讲（2005年7月16日）

欧盟理事会秘书长兼欧盟共同外交与安全政策高级代表哈维尔·索拉纳（Javier Solana，右）来访并发表演讲（2005年9月6日）

欧盟驻华大使赛日·安博在学院“中国-欧盟商务管理培训项目”系列讲座上发表演讲（2008年6月19日）

时任欧盟委员会主席罗马诺·普罗迪（Romano Prodi，左）来访并发表演讲（2004年4月15日）

时任欧盟委员会主席雅克·桑特（Jacques Santer，左）来访并参观学院建设中的浦东校园（1998年11月2日）

西班牙国王胡安·卡洛斯（Juan Carlos，左三）与王后索菲娅（Sofia de Grecia，右三）来访并接受学院颁发的荣誉勋章（2007年6月25日）

爱尔兰总统玛丽·麦卡利斯（Mary McAleese）来访并发表演讲（2003年10月13日）

法国前总统瓦莱里·吉斯卡尔·德斯坦（Valéry Giscard d'Estaing，左）来访并发表演讲（2007年4月13日）

德国前总理格哈德·施罗德（Gerhard Schroeder，左二）来访（2007年5月18日）

时任比利时首相吉恩–吕克·德阿纳（Jean–Luc Dehaene）来访并发表演讲（1998年11月5日）

时任西班牙首相何塞·玛丽亚·阿斯纳尔（José María Aznar）来访（2000年6月28日）

时任比利时首相居伊·伏思达（Guy Verhofstadt，右）来访并发表演讲（2002年3月29日）

## 重要来访——中央部委及外省市领导

商务部部长、时任陕西省省长陈德铭在中欧北京“高朋满座”讲座发表演讲（2006年4月27日）

国资委主任李荣融在中欧全球管理论坛发表演讲（2008年12月6日）

国家知识产权局局长田力普（右）视察学院（2008年11月6日）

全国社保基金理事长、时任天津市市长戴相龙在中欧北京“高朋满座”讲座发表演讲（2007年11月24日）

中国作协主席铁凝在中欧EMBA文化艺术节系列讲座发表演讲（2007年9月16日）

时任外交部部长李肇星在中欧北京“高朋满座”讲座发表演讲（2003年11月2日）

原文化部部长、著名文学家王蒙在学院发表演讲（2006年11月27日）

全国政协常委、经济委员会副主任陈清泰在中欧汽车产业论坛发表演讲（2008年11月6日）

中国社科院研究员、原常务副院长王洛林在中欧汽车产业论坛发表演讲（2007年10月29日）

中国国际战略学会会长、原解放军副总参谋长熊光楷在中欧CEO黄山峰会上发表演讲（2009年4月18日）

全国人大常委、财经委副主任委员，原中国人民银行副行长，中欧陆家嘴国际金融研究院院长吴晓灵在中欧陆家嘴国际金融研究院发表演讲（2009年7月22日）

外交学院院长、原驻法大使吴建民在中欧CEO黄山峰会上发表演讲（2009年4月18日）

商务部副部长马秀红（左）视察学院（2007年7月3日）

商务部副部长高虎城在学院“中国－欧盟商务管理培训项目”启动仪式上致辞（2008年1月15日）

中国国际金融有限公司董事长李剑阁（左）在中欧陆家嘴国际金融研究院接受兼职教授聘书（2009年5月14日）

时任教育部副部长吴启迪（中）视察学院（2007年11月4日）

重庆市市长、时任常务副市长黄奇帆（右）在中欧高层管理论坛发表演讲（2008年5月10日）

中国银监会副主席蔡鄂生在中欧北京“高朋满座”讲座发表演讲（2009年4月25日）

中国银监会纪委书记王华庆在中欧陆家嘴国际金融研究院发表演讲（2008年9月20日）

中国投资有限责任公司总经理高西庆在中欧CEO黄山峰会上发表演讲（2009年4月18日）

国家发改委党组副书记、常务副主任朱之鑫在中欧北京“高朋满座”讲座发表演讲（2005年11月12日）

博鳌论坛秘书长龙永图在中欧高层管理论坛发表演讲（2008年7月1日）

原军事科学院副院长李际均在中欧北京“高朋满座”讲座发表演讲（2007年7月21日）

## 重要来访——上海市领导

时任海峡两岸关系协会会长、原上海市市长汪道涵在中欧“中国市场竞争”研讨会上发表演讲（1998年7月27日）

上海市市长韩正（左）视察学院并接受荣誉教授证书（2007年9月27日）

上海市人大常委会主任刘云耕（左）、市政协主席冯国勤（中）、市人大常委会副主任胡炜出席中欧2009新年音乐会（2009年1月5日）

全国人大常委、时任上海市人大常委会主任龚学平（中）视察学院（2007年4月4日）

上海市委副书记殷一璀（中）听取学院领导的工作汇报（2007年2月13日）

北京市委副书记、时任上海市委副书记王安顺（右）视察学院（2007年3月8日）

国务院新闻办公室副主任、时任上海市新闻办公室主任王仲伟（右二）陪同陈至立副书记视察学院（1997年6月25日）

上海市委常委、副市长屠光绍在中欧陆家嘴国际金融研究院发表演讲（2008年9月20日）

上海市委常委、浦东新区区委书记徐麟（右二）出席中欧张江创新创业研究中心签约仪式（2008年5月12日）

黑龙江省常务副省长、时任上海市浦东新区区委书记杜家毫（左），上海市市长助理、时任浦东新区区长张学兵（右）出席“中欧陆家嘴国际金融研究院”合作协议书签约仪式（2007年4月18日）

海南省副省长、时任上海市副市长姜斯宪（左）出席学院举办的中国-西班牙国际旅游研讨会（2003年3月9日）

上海市人大常委会副主任、时任上海市副市长周禹鹏（前排中）视察建设中的学院浦东校园（1999年9月20日）

上海市人大常委会副主任杨定华（右）陪同全国人大常委会副委员长华建敏（中）视察学院（2009年6月2日）

上海市副市长、时任上海市教委主任沈晓明（左二），市科教党委书记李宣海（右三）和市教委副主任王奇（右二）一行来学院调研（2007年3月7日）

上海市政协副主席王新奎（左一）、市外商投资协会会长沙麟（右一），市社科院院长王荣华（右二）出席中欧2009新年音乐会（2009年1月5日）

上海市政协副主席李良园（右）出席中欧2009新年音乐会（2009年1月5日）

时任上海市副市长周慕尧（左一）主持浦东校园建设现场会议（1998年3月25日）

原上海市人大常委会副主任任文燕出席中欧2009新年音乐会（2009年1月5日）

原上海市政协副主席左焕琛来学院做健康讲座（2009年4月1日）

时任上海市政协副主席谢丽娟（右二）与王生洪（右一）出席学院浦东校园落成典礼（1999年10月15日）

## 重要来访——上海交通大学与上海市有关部门领导

上海交大党委书记马德秀（右）前来学院出席朱晓明院长任命仪式（2006年6月5日）

上海交大校长、中欧董事长张杰（左）来学院调研（2008年10月31日）

第九届全国政协委员、原上海交大党委书记王宗光来访（2007年1月8日）

名誉董事长、时任上海交大校长兼中欧董事长翁史烈在学院首届MBA毕业典礼上致辞（1996年11月25日）

中欧名誉董事长、时任上海交大校长兼中欧董事长谢绳武前来学院出席朱晓明院长任命仪式（2006年6月5日）

浦东新区区长姜樑（右）视察学院（2009年7月10日）

上海市政府秘书长、时任副秘书长姜平（右）出席中欧陆家嘴国际金融研究院揭牌仪式（2007年10月26日）

上海市教委主任薛明扬在学院荣获AACSB认证新闻发布会上致辞（2009年1月5日）

上海市金融服务办公室主任、时任副主任方星海来访（2007年3月7日）

金桥集团总经理俞标来访（2007年4月4日）

金桥股份公司总经理沈荣（右）陪同欧洲外包协会德国主席沃尔夫冈·弗里策迈尔（Wolfgang Fritzemeyer，中）访问我院（2007年8月31日）

上海市委副秘书长、时任浦东新区区长李逸平（左）为陆家嘴集团总经理杨小明颁发中欧陆家嘴国际金融研究院副理事长聘书（2008年9月20日）

时任上海市外经贸委副主任刘锦屏（左）来访（2008年7月25日）

## 重要来访——欧盟及其成员国领导人（二）

时任欧洲议会议长何塞·博雷利·冯特勒斯（Josep Borrell Fontelles，右）来访并发表演讲（2006年7月14日）

欧盟委员弗拉迪米尔·斯皮德拉出席“中国－欧盟商务管理培训项目”启动仪式（2008年1月15日）

世界贸易组织总干事、时任欧盟贸易委员帕斯卡尔·拉米（Pascal Lamy）来访并发表演讲（2001年12月3日）

时任欧洲委员会议会议长彼得·施德尔（Peter Schieder，右）来访（2004年12月7日）

西班牙王储费利佩·德博尔冯-格雷西亚（Felipe de Borbón y Grecia，左二）携王储妃（左三）来访（2006年7月13日）

比利时王子菲利普·利奥波德·路易·马里（Philippe Léopold Louis Marie，右二）来访（2002年5月7日）

时任意大利总理朱利亚诺·阿马托（Giuliano Amato，左）来访并发表演讲（2001年1月17日）

时任西班牙副首相兼经济和财政大臣佩德罗·索尔韦斯（Pedro Solbes，左）来访（2006年4月10日）

西班牙副首相玛丽亚·特雷萨·费尔南德斯·德拉维加（Maria Teresa Fernandez de la Vega，右）来访（2007年4月3日）

时任比利时副总理兼外交部长路易斯·米歇尔（Louis Michel，左）来访（2001年5月20日）

时任保加利亚副总理兼外交部长伊瓦伊洛·卡尔芬（Ivailo Kalfin，右）来访并出席“21世纪的中国和欧盟”圆桌会议（2009年3月25日）

时任爱尔兰副总理马丽·哈尼（Mary Harney，右）来访并发表演讲（2000年9月13日）

法国前总理洛朗·法比尤斯（Laurent Fabius）来访并发表演讲（2005年2月21日）

法国前总理让-皮埃尔·拉法兰（Jean-Pierre Raffarin，右三）来访并发表演讲（2007年9月3日）

意大利前总理朱利奥·安德烈奥蒂（Giulio Andreotti，左二）来访（2000年9月11日）

英国外交大臣大卫·米利班德（David Miliband，左）来访并发表演讲（2008年2月26日）

西班牙外交大臣米格尔·安赫尔·莫拉蒂诺斯（Miguel Ángel Moratinos，左）来访（2005年7月24日）

荷兰外贸大臣亨斯科克（Frank Heemskerk）在学院“中国－欧盟商务管理培训项目”系列讲座上发表演讲（2008年10月28日）

## 重要来访——国内外各界人士

海尔集团总裁张瑞敏在中欧高层管理论坛发表演讲（1999年5月14日）

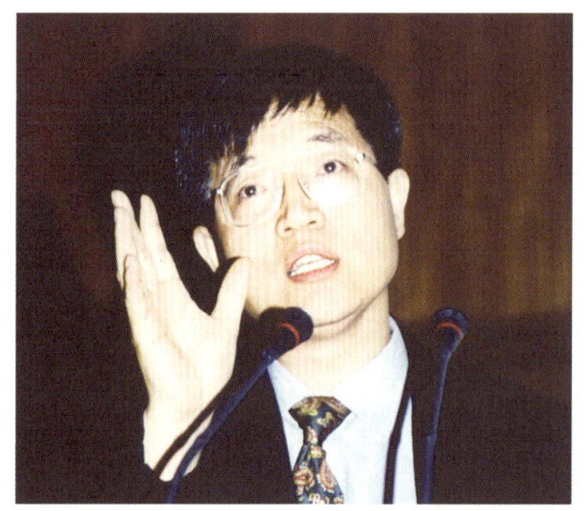

北京大学光华管理学院院长、时任副院长张维迎在中欧高层管理论坛发表演讲（2001年7月27日）

时任伦敦商学院院长劳拉·泰森（Laura Tyson，左）出席2003全球论坛（2003年1月7日）

时任哈佛商学院院长基姆·克拉克（Kim Clark，左三）来访（2004年6月15日）

著名学者余秋雨在中欧文化与艺术论坛发表演讲（2005年8月19日）

时任INSEAD商学院（欧洲校区）院长加布里埃尔·哈瓦维尼（Gabriel Hawawini，中）和该院国际理事会理事长兼名誉董事长克劳德·詹森（Claude Janssen，左）来访（2005年10月27日）

联想集团创始人、联想控股有限公司总裁柳传志在中欧北京“高朋满座”讲座发表演讲（2006年6月17日）

哈佛大学教授、第三代“新儒学”代表人物杜维明在中欧北京合聚讲坛发表演讲（2006年6月21日）

哈佛商学院院长杰·莱特（Jay Light，左二）来访并出席圆桌讨论会（2007年3月20日）

中国证监会主席助理、时任上海证券交易所总经理朱从玖在中欧北京“高朋满座”讲座发表演讲（2007年6月9日）

著名音乐人罗大佑在中欧EMBA文化艺术节系列讲座发表演讲（2007年10月20日）

星巴克咖啡公司创始人、总裁霍华德·舒尔茨（Howard Schultz，右）来访，并做客美国CNN“董事会大师班”栏目（2007年11月2日）

著名艺术家濮存昕做客中欧“美文美颂”沙龙（2008年3月25日）

西班牙IESE商学院院长若尔迪·卡纳尔斯（Jordi Canals）出席中欧CEO项目五周年庆典暨2008级CEO课程开学典礼（2008年3月30日）

阿里巴巴公司创始人、董事局主席、首席执行官马云在中欧北京“高朋满座”讲座发表演讲（2008年6月4日）

著名作曲家和指挥家谭盾（右）做客中欧，畅谈奥运颁奖音乐及创作理念，著名主持人曹可凡主持（2008年8月21日）

德国汉莎航空公司监事会主席约尔根·韦伯（Juergen Weber，右）来访并发表演讲（2008年8月25日）

著名文化学者于丹在中欧人文艺术大讲坛发表演讲（2008年11月8日）

剑桥大学政治经济学教授、1996年诺贝尔经济学奖得主詹姆斯·莫理斯（James Mirrlees）教授在中欧首届全球管理论坛上发表演讲（2008年12月6日）

耶鲁大学金融学教授陈志武在中欧陆家嘴国际金融研究院发表演讲（2008年12月7日）

著名人文学者易中天在中欧EMBA高层管理人员人文素养讲座发表演讲（2009年3月13日）

中央音乐学院副院长周海宏在EMBA2009级秋季班开学典礼上发表演讲（2009年8月21日）

上海音乐学院教授、著名歌唱家王作欣（中）带领上海音乐学院学生参加“音乐剧经典片断荟萃”暨中欧“艺术鉴赏周”闭幕演出后发表感言（2009年8月17日）

## 长期教授（按英文姓氏排列）

鸿矗吉马
（Kwaku Atuahene-Gima）

柏唯良
（Willem Burgers）

柯雷孟
（Thomas E. Callarman）

张春

陈宏

陈杰平

陈峻松

陈世敏

陈少晦

蒋炯文

郭理默
（Rolf D. Cremer）

翟博思
（Henri-Claude de Bettignies）

丁远

杜洛娜
（Lorna Doucet）

方跃

范悦安
（Juan Fernandez）

傅礼斯
（Gerald Fryxell）

高岩

葛定昆

韩践

海若琳
（Norma Harrison）

黄一鲁

李秀娟

梁能

马瑞安
（Mary Ann McGrath）

茅博励
（William Mobley）

雷诺
（Pedro Nueno）

威廉・帕尔
（William Parr）

白思拓
（Alfredo Pastor）

弗沃德
（Waldemar Pfoertsch）

白诗莉
（Lydia Price）

芮博澜
（Bala Ramasamy）

任杰明
（Jaume Ribera）

苏理达
（Hellmut Schuette）

蔡舒恒

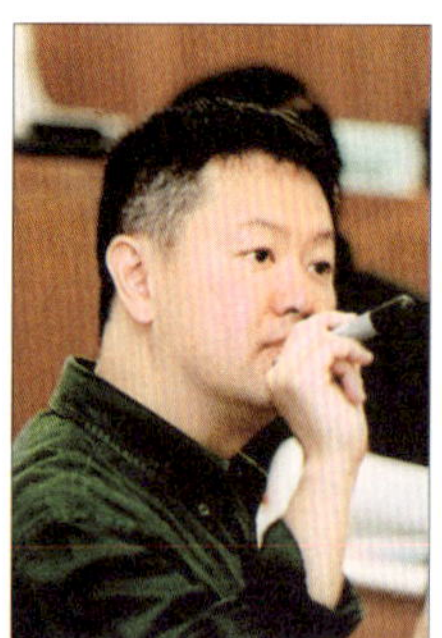
谢家伦

方睿哲
（Ramakrishna S. Velamuri）

查尔斯·瓦尔德曼
（Charles Waldman）

王高

王建铆

白思迪
（Steven White）

安德烈·威尔茨玛
（André Wierdsma）

吴敬琏

肖知兴

忻榕

许斌

许定波

许小年

杨国安

余方

张华

张炜

张维炯

张逸民

赵欣舸

周东生

朱天

朱晓明

朱煜

## 学生与校友活动

EMBA2006级毕业晚会慈善拍卖活动在上海科技馆举行（2008年9月20日）

中欧EMBA爱心协会的校友们参加由上海市慈善基金会主办的“2007美津浓－中智慈善跑活动”（2007年7月8日）

EMBA2006级5班捐建的贵州省遵义市道真仡佬族苗族自治县棕坪乡红光尹珍小学举行落成典礼（2007年8月26日）

第二届“创意中国”（InnovateChina）MBA国际挑战赛颁奖仪式在上海校园石化演讲厅举行（2009年6月21日）

MBA学生组织的2008“企业社会责任全球论坛”在上海校园举行，图为组织者及部分参与者合影（2008年6月6日）

MBA学生的传统活动之一——“上海之夜”晚会在上海校园举行（2007年12月14日）

EMBA2007级学生在云南游学活动中，登上玉龙雪山（2007年11月10日）

EMBA2003赴欧学习考察团在德国法兰克福合影（2005年4月11日）

2009戈壁挑战赛夺冠瞬间——中欧EMBA队员集体冲刺终点线（2009年5月19日）

历届CEO班学员参加2009CEO黄山峰会合影（2009年4月18日）

高层经理培训部开设的总经理课程班五周年聚会在云南丽江举行（2009年3月22日）

## 产业论坛

2009年第五届中国健康产业高峰论坛在上海校园石化演讲厅举行

2008年首届全球管理论坛在上海校园石化演讲厅举行

2003年首届中国汽车产业高峰论坛在上海校园石化演讲厅举行

## 董事会合影

2000年董事会会议合影

2008年董事会会议合影（前排左起：埃里克·科尼埃尔（Eric Cornuel）董事，雷诺执行院长，赫拉德·范斯海克副董事长，张杰董事长，朱晓明董事兼院长，王奇董事；后排左起：杨亨董事，托马斯·萨特尔伯格（Thomas Sattelberger）董事，大卫·桑德斯（David Saunders）董事，郭理默教务长兼副院长，张维炯副院长兼中方教务长，颜莹舫董事代表）

## 历任院长、副院长、教务长

杨亨（Jan Borgonjon）
代理执行院长：1994～1995

李家镐
院长：1994～1998

张国华
副院长：1994～1995
副院长兼中方教务长：1995～2004
院长：2005～2006

苏史华（David B. Southworth）
副院长：1995～1998

冯勇明（Joachim Frohn）
执行院长兼教务长：1995～1997

菲希尔（William A. Fischer）
执行院长兼教务长：1997～1999
教务长：1999～2000

博纳德（Albert Bennett）
副院长：1998～1999
执行院长：1999
院长：2000～2004

刘吉
代理院长：1999
执行院长：2000～2004
名誉院长：2005～

温伟德（Wilfried Vanhonacker）
副院长兼教务长：2000～2001

白思拓（Alfredo Pastor）
副院长兼教务长：2001～2004

郭理默（Rolf D. Cremer）
副院长兼教务长：2004～

张维炯
副院长兼中方教务长：2005～

雷诺（Pedro Nueno）
执行院长：2005.1～2009.11
院长：2009.11～

朱晓明
院长：2006.6～2009.11
执行院长：2009.11～

信息中心
INFORMATION CENTRE

# 序一

十五年前，中国和欧盟共同在上海创办了一所特殊的学校——中欧国际工商学院。今天中欧国际工商学院（下称“中欧”）已发展成为一所亚洲一流的商学院，跻身于世界商学院第一梯队，被国际同行誉为“商学院发展的一个奇迹”。

在上海市工作期间和担任教育部部长、国务委员期间，我一直在关注着中欧的成长。我们欣喜地看到，中欧的MBA课程于2009年在权威的英国《金融时报》全球商学院排名中位居第八。2009年8月，美国《福布斯》宣布了最新的MBA排名，中欧位居非美国本土两年制商学院第四位，是亚洲唯一一家进入该榜单的商学院。这从一个角度说明了中欧办学所取得的成绩。中欧坚持开放办学，以质量和为企业创造价值赢得学员和客户，迅速确立了良好的品牌形象，其颁发的MBA学位也于2002年获得了国务院学位办颁文认可。

中欧注重聘请国际一流师资、采取以学员为中心的教学方法、参加国际排名和国际认证等做法，起到了很好的示范作用，推动了中国管理教育的发展和总体水平的提高。中欧在教育领域改革开放的硕果，也为中国管理教育改革提供了新思路、新方法和新经验。

中欧“立足中国、面向世界”的战略定位，体现了上海海纳百川的城市精神和开放进取的风貌。中欧已经成为中国和欧盟的友谊之花和中国管理教育的璀璨明珠。中欧为上海和全国培养了大量具有国际视野的职业经理人和企业家，他们的卓越成就成为上海经济繁荣的一部分，也为中国经济发展做出了贡献。

伴随着中国企业向世界级企业发起冲击，中国也需要有世界顶尖的商学院为企业提供思想和管理支撑。中欧应该追求更高的目标，向世界顶级商学院的目标挺进。

2009年3月，国务院发布了《关于推进上海加快发展现代服务业和

先进制造业建设国际金融中心和国际航运中心的意见》，提出到2020年把上海建成与中国经济实力和人民币国际地位相适应的国际金融中心和国际航运中心。“两个中心”建设需要大批高端金融人才和管理人才，中欧无疑能在这方面做出自己的贡献。这是中欧的使命，也是中欧的历史机遇。

《中欧国际工商学院1994～2009》一书回顾了中欧创办十五年来的艰辛历程，是对中欧合作办学经验的总结。希望中欧在未来的发展中，保持体制优势，坚持改革，锐意创新。

海阔凭鱼跃，天高任鸟飞。中国经济的腾飞、上海建设两个中心的历史使命为中欧和中欧的学员提供了无限广阔的前景。中欧的学员要努力做卓越的管理者，勇担重任，把个人的职业发展与国家和社会的需要结合起来；要有社会责任感，时刻牢记企业公民的社会责任；要有创新精神，为发展具有中国特色的管理科学做出贡献。

陈至立

全国人大常委会副委员长

2009年9月

# 序二

2009年，中欧国际工商学院MBA排名跃居全球第八，这是亚洲商学院的一次突破，更让所有参与我院建设、关注我院成长的朋友们感到骄傲和自豪。1994年9月，中国政府与欧盟签署了《中欧国际工商学院财务协议》，当时提出了5年把我院办成亚洲一流商学院、20年进入世界一流商学院行列的目标。当时看来，这些目标无一不是雄心勃勃、甚至难免令人怀疑的。回首我院走过的十五年艰辛创业历程，不能不令人感慨万分。

如今，中欧国际工商学院拥有中国规模最大的全日制英文MBA课程（每年招生约200人）、全球规模最大的EMBA课程（每年招生700余人）和中国规模最大的EDP（高层经理培训）课程。我院培养的8 000多名优秀的校友，已成为中国工商界的中坚力量。尤为值得一提的是，我院在1994成立伊始就把培养国际化的管理人才作为自身使命，非常有预见性地为促进中国经济与世界经济的融合做出了贡献。

“国际化”是我院最为鲜明的标签。我院MBA2009级学员来自19个国家和地区，海外学员占比接近40%。我院58名长期教授中90%以上都拥有海外一流商学院的博士学位。我院是最早获得EQUIS认证的内地商学院，并于2009年获得AACSB认证，我院的国际排名更是连续多年位居亚洲商学院之首。我院不仅在课程设置和教学方法上与国际接轨，而且与哈佛商学院、沃顿商学院等顶尖学府开设联合课程。甚至连贝聿铭设计师事务所设计的上海校园，在全球商学院的校园中也别具一格，深得来访者赞赏。

在中国政府和欧盟的关怀下，我院取得了比肩国际一流商学院的成就，这足以证明，只要我们能够敞开胸怀，充分吸收人类文明的成果，利用国内外优势资源，就一定能够在管理教育领域取得不凡成就。

二战以后，欧洲满目疮痍，百废待兴，但是欧洲富有远见的教育工作者认为，欧洲经济的振兴需要一批合格的职业经理人和企业家，进而从美国引入了MBA教育，成立了包括1957年在法国创办的欧洲工商管理学院（INSEAD）等一批如今闻名全球的商学院，为战后欧洲的经济振兴做出了巨大的贡献。

当代社会，国家之间的竞争主要表现为经济领域的竞争，而这一竞争的主体则是企业。从这一角度出发，提出管理科学是兴国之道并不为过。改革开放以来，我们通过不断鼓励民营企业的发展，不断改革国有企业的治理与管理，不断引入管理优秀的外资企业来激发“鲶鱼效应”，取得了举世瞩目的巨大成就。

建设一流的管理教育体系，是提高企业管理水平的关键之举。过去十五年里，我院不仅培养了众多的商业精英，也为引领中国管理教育的国际化进行了许多有益的探索，为中国经济的发展和中国企业的管理进步做出了自己的贡献。可以说，我院在管理教育领域发挥了类似于当年“经济特区”的功效。“独木不成林”，中国其他商学院近年来的发展令中欧十分钦佩。我们将认真学习其他商学院的优秀办学经验，携手开启管理教育事业的新纪元。

中国已经融入全球化的大潮，但未来仍面临巨大挑战，管理教育亦任重道远。我院虽然在一些排名上取得不俗成绩，但综合实力、品牌、底蕴和财务基础与世界名校尚有不少差距。中国经济的巨大规模和中国与西方文化及制度环境的差异，决定了中国要诞生世界级的企业，必须要有世界级的商学院。面对这一历史机遇和使命，我院无疑已经站在了很好的起点上。希望全体师生员工和校友同心协力，总结过去，继续保持创新和创业的勇气，以永不满足的精神创造新的传奇。

中欧国际工商学院（欧方）院长　佩德罗·雷诺（Pedro Nueno）教授<br>中欧国际工商学院（中方）院长　朱晓明教授<br>2009年9月

# 序三

时间过得真快，中欧国际工商学院建院已十五年了。

短短十五年中，她从一所了无声名的商学院，成长为亚洲首家跻身英国《金融时报》MBA课程全球前十名、EMBA和高层管理培训课程也都名列30强的著名商学院，跻身世界商学院第一梯队，被公众舆论和国际同行誉为“商学院发展的一个奇迹”，这代表了市场、企业和社会公众对她的认可。全球商学院有两大权威的商学院质量认证组织——北美的AACSB和欧洲的EQUIS，都向中欧国际工商学院颁发了认证证书并吸纳了中欧国际工商学院为会员，这表明全球主流商学院同行对她教学质量和学术地位的认可。党和国家的领导人赞赏中欧国际工商学院是“一所优秀的商学院”，“优秀管理人士的摇篮”，中国公开发布的《中国对欧盟政策文件》中专门写上“继续办好中欧国际工商学院”，这表明建立和办好中欧国际工商学院是既定的国策。

十五年前，我和社会上大多数人一样，曾以为中欧国际工商学院是一所民办商学院，或是一所普通的中外合作办学的高校。后来领导决定让我到中欧国际工商学院工作后，真正接触到中欧国际工商学院，我才了解到她是地地道道的国立商学院，是根据吴仪副总理代表中国政府与欧洲联盟签订的欧方无偿援助、中欧合作办学协议而建立的。要认识到她的建立是党和国家一项战略决策：从经济发展角度讲，我们需要及早培养一批具有国际先进理念、充分熟悉国际市场游戏规则的企业家和高级管理人才，以应对经济全球化这一“21世纪不可抗拒的历史潮流”；从教育发展角度讲，办一所不隶属任何大学的独立商学院，给予充分的自主办学权利，这是教育体制的一项重大改革，可以为中国教育改革和发展提供必要的经验。当时李岚清副总理说得好：“办一所不出国也能留学的学校”，国家教委朱开轩主任指出“中欧国际工商学院是中国教育领域对外改革开放的一面旗帜”。了解和认识了这些，我深感责任重大，中欧人能不发奋图强吗？

十五年后的今天，我已退休了，虽然年逾古稀，但我作为一个中欧人，仍然时刻关注着中欧国际工商学院，并给予力所能及的支持，对于她的每一个创新和进步，我都由衷地高兴。值此中欧国际工商学院编写十五年奋斗史邀我写序之际，我真诚希望：中欧国际工商学院认真总结自己在具体实践中的许多经验（包括不足），以进一步提高和发展；管理部门也应解剖这个成功的改革实例，总结教育管理中的经验（包括不足），以推动中国教育事业进一步改革和发展。

值此中欧国际工商学院十五周年校庆之际，我衷心祝愿她在中央和上海市委市府领导下，在社会各界支持下，在中欧人共同努力下，更上一层楼！

中欧国际工商学院十五年的历史证明：只要坚持改革开放和创新，中国教育是大有可为，大有希望的。

中欧国际工商学院名誉院长　刘吉教授

2009年9月

# 编写说明

1. 统计时限：若非特别说明，本书的所有数据统计截止日期为2009年6月30日。

2. 学院名称：一般情形下，学院名称均简称“中欧”。但在章节开始，以及涉及类似“中国政府和欧盟关系”等容易引起误解的地方，则使用全称“中欧国际工商学院”或者“学院”。

3. 校园名称：基于中欧国际工商学院已有上海和北京两个校园及深圳教学点，而且学院在1999年10月前曾在上海交通大学闵行校区办学。因此，在校园的称呼上，位于上海浦东金桥开发区的校园在和闵行办学点相对应时，称为“浦东校园”，和北京校园相对应时，称为“上海校园”。

4. 外国人姓名：由于学院属于中外合作办学项目，书中涉及大量外国人名，为避免混淆，外国人名在每章第一次出现时，均注有英文名。在其他情况下均使用中文名或中文译名。

5. 学生称谓：本书对接受学位教育（MBA和EMBA课程）的人士一般称为“学生”，对接受高层经理培训的人士一般称为“学员”。

6. 校友定义：本书所称的校友是指从学位课程（MBA和EMBA课程）毕业并取得学位证书的学生，高层经理培训课程中达到一定学时（如CEO课程、管理文凭课程等）并取得相应证书的学员，也称为校友。

7. 发展阶段：由于中国政府和欧盟签订的两个《财务协议》都是以5年为期限的，学院大多数规划也是以5年为期限的，因此在大多数叙述中，以“第一个5年”、“第二个5年”和“第三个5年”表示15年办学历程中的三个发展阶段。

8. 附录说明：对正文中未能详细叙述的机构变革、重要事件、重要来访、企业赞助、学术成果等，根据学院档案做了详细的附录，以备查考。

# 目录

## 第五章 杰出人物



## 第六章 继往开来

# 第一章　创业创新十五年

# 第一节　高瞻远瞩：中国现代管理教育的探路人[1]

## 一、“现代化”的企业管理人才从哪里来？

1978年10月，中共十一届三中全会前夕，时任全国政协主席和国务院副总理的邓小平访问日本，在7天的行程中，就安排参观了4家工厂。在参观神奈川县座间市日产汽车制造厂时，邓小平了解到这里的劳动生产率比长春第一汽车厂高出几十倍，他感慨地说：“我懂得什么是现代化了！”

就在这一年，占当时人类四分之一人口的中国重新回到全球经济发展的主流，开始了以“现代化”为目标、以经济建设为中心的社会大变革，这是20世纪下半叶最重要的历史事件。

早在“文革”时期的1975年，邓小平第二次复出主持国务院工作，就致力于经济恢复和生产整顿。在一次国务院的会议上，邓小平强调：“企业管理是一件大事，一定要认真搞好。”[2]

邓小平第三次复出后再一次强调：“引进先进技术设备后，一定要按照国际先进的管理方法、先进的经营方法、先进的定额来管理，也就是按照经济规律管理经济。……我们要在技术上、管理上都来个革命。”[3]

根据邓小平、李先念等国家领导人的指示，从1977年冬到1980年夏，先后担任国家计委和国家经委副主任的袁宝华四次率领中国经济代表团访问英国、法国、日本、美国、联邦德国、瑞士、奥地利等西方发达国家，了解学习这些国家在二战后经济快速发展的经验，每次访问都安排了考察当地的知名企业。

1　关于中欧管理中心（CEMI）时期的叙述，重点参考了CEMI中方教务长陈德蓉博士《回顾中欧管理中心（CEMI）创建的时期》一文，本书成稿后，关于CEMI的部分，也得到了陈德蓉博士的审定。

2　《邓小平文选》第二卷，人民出版社 1993 年版，第30页。

3　《邓小平文选》第二卷，人民出版社 1993 年版，第129～130页。

在随后给党中央和国务院领导的报告中，代表团强调，与西方发达国家相比，中国的技术和设备落后，但管理更落后。因此，我们在引进先进技术和设备的同时，必须注意同时引进先进的科学管理方法。

20世纪80年代初，以家庭联产承包责任制为核心的农村改革已经取得初步成功，城市改革充满躁动。放权让利、厂长经理承包责任制等企业改革方案也不断涌现。扩大了经营管理自主权的企业、快速发展的商品经济和对外开放的浪潮需要一大批具有国际视野的现代化企业管理人才，但是现代化的企业管理人才从哪里来呢?

经济和管理教育在解放前一般称为商科教育。商科教育在我国已经有100多年历史。早在清光绪年间，在《钦定高等学堂章程》中就把商科作为八大分科之一（八大分科为：经学、政法学、医学、文学、格致学、农学、工学、商学）；民国初年的《大学令》规定商科为七大学科之一，即文、理、农、工、商、医、法，这种设置一直延续到新中国成立初期。[1]

及至20世纪50年代初期，高度集中的计划经济体制逐步建立，政企不分，企业不再有独立的商务活动。与此相呼应，带有强烈计划经济特色的“财经”教育便取代了“商科”，除保留了“会计学”等个别商科专业外，其余商科专业都不再设置。

对于快速发展的中国来说，需要尽快恢复管理教育以便迅速培养一大批符合“现代化”目标的企业管理人才。中国领导人决定从发达国家直接引进先进的工商管理教育。

## 二、中国MBA教育肇始

负责经济干部培训的国家经委决定全方位引进发达国家的管理理论与方法，在北京、大连、天津、上海、武汉、广州、无锡、长沙和成都等地分别建立与欧洲共同体[2]、美国、日本、法国、联邦德国等国合

---

1　转引自湖南农业大学商学院周发明教授《农林院校商科教育科学发展问题研究》一文，湖南农业大学网站。

2　欧洲共同体（European Communities），简称“欧共体”（EC）。1993年11月，在欧洲共同体基础上成立了欧洲联盟（European Union），简称欧盟（EU）。故本书对1993年11月后的事件叙述中，将欧洲联盟简称为欧盟。

作的10个涉外管理培训项目，期望由此全面了解发达国家的管理理论与实践，并形成具有中国特色的管理体系。

1979年初，在邓小平访美期间，中美两国在《中华人民共和国政府和美利坚合众国政府科学技术合作协定》的总项目下签署了《中美两国科技管理和科技情报合作议定书》，决定合作举办“中国工业科技管理大连培训中心”（简称“大连项目”）。大连项目是中国改革开放后第一个引进国外现代管理教育的合作办学项目，第一期为期5年，开设厂长经理讲习研究班等非学位课程。

1984年10月，根据当年4月30日签订的《中华人民共和国国家经济委员会和美利坚合众国商务部工业科技管理合作议定书》，大连项目开始与纽约州立大学布法罗分校合办工商管理硕士（MBA）班。大连项目的MBA班有5届共计216人获得了由纽约州立大学布法罗分校颁发的MBA学位。

1980年初，国家经委在与欧共体就加强双方经济贸易合作进行洽谈时提出了引进管理培训的设想。此时，欧洲管理发展基金会（European Foundation for Management Development，简称EFMD）执行副主席雷诺（Pedro Nueno）[1]教授也在布鲁塞尔和同事们讨论此事。美国在第二次世界大战后将MBA教育引入了欧洲，那么为什么欧洲人不能先于美国人将MBA教育引入中国呢？在此之前，雷诺教授已经参与过一所西班牙商学院和一所阿根廷商学院的创建。

1981年，欧洲管理发展基金会的官员访问了北京，将MBA教育引入中国的设想得到了国家经委和欧共体有关方面的支持，此后的谈判持续了近两年。1983年初，中欧双方最终达成共识，决定合作举办学制2～3年的MBA学位课程。

1983年1月，国家经委副主任马仪率团访问欧共体，就在北京联合举办MBA班问题与欧方达成了原则协议。这是欧共体对华的一个大型援助项目，为期5年，援助资金达350万欧洲货币单位[2]，具体的筹备工作由双方委托的执行单位——国家经委经济干部培训中心与欧洲管理发展基金会共同负责。

1 关于雷诺教授，参见第五章“杰出人物”第三节。

2 欧洲货币单位（European Currency Unit，ECU）是欧洲共同体成员国共同用于内部计价结算的一种货币单位，1999年发展为欧洲货币联盟成员国的统一法定货币欧元。本书1999年后的篇章，均称为欧元。

1988年，CEMI管理团队成员博思迈（Max Boisot）博士（右二）、陈德蓉博士（右三）与杨亨（Jan Borgonjon）先生（左三）等在中欧管理中心办学点前合影

1983年12月，国家经委决定将中国企业管理协会与国家经委经济干部培训中心合并，“一套班子，两块牌子”，下设研究生班办公室，负责中国—欧共体管理项目（China-EC Management Programme），简称中欧管理项目（CEMP）。1989年，中欧管理项目改名为中国—欧共体管理中心（China-EC Management Institute），简称中欧管理中心（CEMI）；1991年改名为中国—欧洲管理中心（China-Europe Management Institute），其简称仍为中欧管理中心（CEMI）[1]。

1984年9月1日，比大连项目的MBA班早一个月，国家经委与欧共体在北京联合举办的中欧管理项目工商管理硕士研究生（MBA）班第一届学生入学。中欧管理项目的MBA班学制为3年（包括半年英语强化培训和半年在欧共体成员国实习），由欧共体负责聘请专家、教授来华授课，全部课程均用英语讲授。该班教学、行政工作由中国企业管理协会/国家经委经济干部培训中心统一组织。第一期研究生班经过笔试、面试和复试，共招收了34名学生。[2]

1 对于中欧管理项目和中欧管理中心在北京办学时期的名称，一般都统称为CEMI，为方便阅读，在以后的篇章中，除特殊情况外，对中欧管理项目和中欧管理中心不加区别，统称为CEMI。

2 关于CEMI时期的叙述，还重点参考了中国企业联合会网站“中国企联大事记”。中国企业管理协会1999年更名为中国企业联合会。

表1-1 CEMI时期历届MBA毕业人数（1984～1993）

| 届别 | 在读年份 | 人数 |
|---|---|---|
| CEMI-1 | 1984～1986 | 34 |
| CEMI-2 | 1986～1989 | 65 |
| CEMI-3 | 1989～1990 | 33 |
| CEMI-4 | 1990～1991 | 36 |
| CEMI-5 | 1991～1992 | 39 |
| CEMI-6 | 1992～1993 | 40 |
| 总计 | | 247 |

来源：1993年CEMI MBA 项目

表1-2 1984～1993年CEMI历任负责人

| 欧方 | | |
|---|---|---|
| 博思迈（Max Boisot） | 主任兼教务长 | 1984～1989 |
| 约翰·恰尔德（John Child） | 主任兼教务长 | 1989～1990 |
| 冯勇明（Joachim Frohn） | 教务长 | 1990～1991 |
| 温伟德（Wilfried Vanhonacker） | 教务长（代理） | 1991～1993 |
| 杨　亨（Jan Borgonjon） | 主任 | 1990～1993 |
| 中方 | | |
| 李廷武 | 主任 | 1984～1990 |
| 汪　浩 | 主任 | 1990～1993 |
| 颜桐卿 | 主任 | 1989～1993 |
| 董德岐 | 副主任 | 1984～1989 |
| 陈德蓉 | 教务长 | 1987～1989 |
| 吕　源 | 教务长 | 1989 |
| 孙季苑 | 教务长 | 1989～1993 |

经过半年的英语强化培训后，1985年3月3日，CEMI第一届工商管理硕士研究生班在北京西苑饭店举行开学典礼。出席开学典礼的中方领导有邓力群、吕东、袁宝华、李瑞山、张彦宁、马仪、朱镕基、赵维臣、林宗棠、沙叶等。欧方代表有欧洲管理发展基金会主席西尔伯根，欧洲教育理事会主席汤姆·拉普顿（Tom Lupton）和丹麦、希腊、卢森堡大使，意大利、美国、法国、联邦德国、荷兰、爱尔兰、比利时等国驻华参赞，以及欧共体成员国有关企业的代表。

国家经委在20世纪80年代建立的10个企业管理培训中心，以大连项目和CEMI成就最为显著，但到了1989年，大连项目等其他中外合作管理教育项目相继停办，只有CEMI坚持了下来。5年合作协议期满后，中欧双方又连续签订了两个为期2年的合作协议。1984～1994年间，CEMI共培养了6届247名毕业生，超过了大连项目的MBA班，占据了中国大陆第一代MBA的半壁江山。

## 三、中国现代管理教育的开拓者

在CEMI筹备阶段，欧共体委托博思迈（Max Boisot）教授等3位专家就如何在中国尝试开办一个全新的管理教育项目提出方案建议书。1981～1983年，博思迈教授代表欧共体与中方进行项目谈判，并在1984～1989年担任CEMI的欧方教务长。先后继任欧方教务长的有来自英国阿斯顿（Aston）大学商学院的约翰·恰尔德（John Child）教授和来自德国比勒费尔德（Bielefeld）大学的冯勇明[1]（Joachim Frohn）教授，而来自法国INSEAD商学院的温伟德（Wilfried Vanhonacker）教授则在CEMI迁至上海之前担任代理教务长。

作为欧共体对华援助项目，欧共体希望CEMI能够体现欧洲管理文化的丰富性、多样性。因此，CEMI设立了以英、法、德、意、荷兰、西班牙等6国的6所欧洲著名商学院院长为成员的学术委员会，其职责包括教学大纲的制订、教师的招聘以及MBA学位的授予。后来，学术委员会考虑增加中方成员，著名经济学家吴敬琏[2]教授是唯一被邀请的中方成员。如此高规格的学术委员会，在欧美商学院亦属少见。

CEMI学生上课时的情景

欧方和国家经委起初希望能够与北京的高校合作，但走访多家高校后，这些高校普遍要求由中方制订教学大纲，外方派教师配合，这样的方案显然与项目的初衷不符，最后国家经委决定独立创办这个项目。

CEMI在MBA课程中采用了在当时看来非常超前的做法，包括全英文授课、课程模块化、案例教学法、行动教学法等，这使CEMI不仅成为中国MBA教育的开拓者，更是先进管理教育理念的实践者。

1989年10月5日，CEMI与中国企业管理协会联合举办了“新型生产

1 关于冯勇明教授，参见第五章“杰出人物”第六节。
2 关于吴敬琏教授，参见第五章“杰出人物”第五节。

模拟演习”专题讲座，主讲人为西班牙IESE商学院生产管理学教授任杰明（Jaume Ribera），从而成为中国高层经理培训课程（EDP）的先行者。在20世纪90年代初，CEMI为许多国内外企业提供了管理培训课程，学员达540余人。

1990年7月，CEMI与中国企业管理协会联合举办了“外向型国营企业厂长（经理）培训班”。该培训班开设的主要课程有管理会计、国际商法、国际市场、国际金融、质量管理、国际化战略、谈判技巧等，均由在CEMI任教的外国专家讲授，其中很多课程填补了中国管理教育在国际化方面的空白。同年，CEMI开始为国内企业开设公司特设课程（CSP），客户公司包括沈阳金杯汽车公司、招商银行、北京重型机械厂、南京熊猫电子集团、深圳赛格电子集团等著名企业。这也标志着CEMI的教学得到了中国本土企业的认可。

1990年3月21～22日，CEMI与中国企业管理协会研究部联合举办了“中外合资企业管理实践国际研讨会”。国家经委领导刘鸿儒、张彦宁、沙叶，欧共体驻华代表团团长皮埃尔·杜侠都（Pierre Duchateau），欧洲管理发展基金会副主席雷诺出席研讨会。会上发表了CEMI与中国企业管理协会研究部合作完成的《中外合资企业的管理实践》研究报告，一些中外合资企业的中方或外方经理在会上交流了合资企业管理经验，外经贸部、国家计委等有关部门的负责人介绍了外商在华投资情况和我国利用外资政策。近30家中外合资企业的经理、一些外国公司的驻京代表、国内一些研究单位、高等院校的专家学者和国务院有关部门负责人等共80多人出席了研讨会。

## 四、前瞻性的教学方式

在办学方案建议书中，博思迈教授用了大量篇幅论述了行动教学法（action-learning）[1]。它强调的是，开展与课堂讲授同步的企业实践，让学生不但要听课，还要到实践中去学习，在对企业管理问题的诊

1　见CEMI中方教务长陈德蓉博士《回顾中欧管理中心（CEMI）创建的时期》一文。

CEMI学生参观公司

断、咨询、改造过程中，理解消化课堂中学到的理论知识，并探索为实际经济社会环境所需要的管理方法。

行动教学法得到了中欧双方办学者的认可。第一届MBA学生被分成6个小组，每组定点联系一家在北京的企业，历时两年，定期下厂，全面剖析企业问题。其间又分为三个阶段，第一阶段是全面审计阶段，利用所学到的理论对企业进行全面调查；第二阶段为咨询阶段，找出企业的主要问题，提出改进方案；最后为实施阶段，帮助企业具体改进提高，并验证提出的方案是否有效可行。

每组学生在两年的时间里要写出6～8份实习报告，下厂与写报告占全部教学时间的三分之一，学分也占三分之一。毕业后学生再到欧洲实习半年，剖析一家同类型欧洲企业，以便在比较中学习。双方期望在此过程中培养MBA学生解决实际问题的能力，同时又为CEMI和其他培训中心编写适合中国国情的案例和教材。

在CEMI办学的10年里，近30家在京企业为MBA学生提供了实习场所。课程结束后MBA毕业生在欧洲的实习则是由欧洲管理发展基金会安排的。十几家欧洲跨国公司接受了CEMI学生的实习，其中有英国的卜内门、德国的博世与大众汽车、荷兰的飞利浦和比利时的贝尔电话等。

全英文授课和海外实习经验使得中国第一代MBA在了解中国实际的同时，更富有国际眼光。CEMI的MBA毕业生在这些欧洲企业颇受重视，不少人后来都被这些企业聘用。

## 五、全新的教育模式

按照计划，CEMI初期的管理课程全部由外教讲授，以后逐步增加中方教师。欧方教师是由欧洲管理发展基金会与CEMI学术委员会一起在欧洲遴选的。当时应聘者非常踊跃，申请人录取比例高达11:1。学术委员会把关也很严，授课教师既要有一流的学术造诣又要有在发展中国家工作的经验。在CEMI的10年历史中，来自国家经委系统各培训中心的中方教师共5位，主要有北京培训中心陈德蓉博士、无锡培训中心印国有教授、天津培训中心李林焕教授、上海社科院钱冰鸿研究员和北京第二外国语学院蒋彦正先生。来自欧方的访问教授共达80位。以当时CEMI的设施和中国的生活条件来看，如果纯粹出于商业目的，断然不会有那么多海外优秀教师来华执教。他们大多出于对管理教育在欧洲战后经济发展中所起作用的深切体验，更出于对中国的兴趣和热爱，才在北京执起教鞭，传播当时最先进的管理理论和实践。

尤其不该忘记的是已故汤姆·拉普顿教授，他是英国曼彻斯特大学商学院创办人，当时任CEMI学术委员会主席。他年逾七十仍坚持到北京来授课，亲自体会办学的实际情况。当其他外教在生活工作上碰到困难时，他鼓励他们用传教士的献身精神和态度去对待。有些欧洲教授从CEMI时期直到中欧国际工商学院建立后一直是核心教授[1]，甚至执教至今，为推进中国管理教育事业兢兢业业，坚持不懈，实属难能可贵。

管理学访问教授霍华德（Howard Ward）即是其中一位，20年后霍华德回忆CEMI开学的情形时说：“1984年9月1日，当我走进位于北京西郊的教室时，这里一无所有。欧共体给我们提供的教学用品：白板笔、电脑、复印纸、复印机……都被卡在城市（北京，编者注）另一边的海关仓库。那天早上，坐在我面前的是36位渴望开始MBA学习的学生。这就是CEMI第一届MBA学生开学第一天的情形，而这些学生正是我们最早的校友。”

表1-3 CEMI第一届MBA课程表

| 第一年 | |
|---|---|
| 模块1 | 会计学，市场学，生产管理 |
| 模块2 | 运筹学，统计学，计算机信息系统 |
| 模块3 | 计划与控制，工业市场学，组织行为学 |
| 模块4 | 微观经济学，财务管理，企业战略 |
| 第二年 | |
| 模块5 | 高级会计方法，高级信息管理，高级计划与控制 |
| 模块6 | 国际市场学，管理技术，组织变化 |
| 模块7 | 工业经济学，国际经济环境，资本项目的财务管理 |
| 模块8 | 高级预测技术，技术转让，市场的战略计划 |

来源：中欧管理项目手册，1984

1 核心教授是指从CEMI时期起每年来学院执教，并为中欧发展做出很大贡献的那些访问教授。

学术委员会参照欧美各国一流MBA课程，按照当时的中国实际情况设计了CEMI的课程，包括半年英语强化培训，再是两年24门专业课，分成8个模块授课。第一模块讲授企业管理的基本课程，即生产管理、市场学与会计学；第二模块讲授现代管理的基本技术工具，即运筹学、统计学与计算机信息系统；第三、四模块则是在上两个模块的基础上，讲授工业市场学、企业财务管理、企业战略、组织行为学与微观经济学等课程。第二年为12门选修课，加深对各门管理学科的认识。最后半年是在欧共体国家的企业实习。

当时的课程重在引进市场的观念以及基本的管理理论与方法，而不在企业的发展战略；重在成本控制而不在财务运作，以适应当时的中国企业管理水平。与此同时，还由中方组织开设了一些政治经济学课程，如中央党校王珏教授讲授的《资本论》，请中国社科院工业经济研究所的蒋一苇、周叔莲研究员讲授的企业改革理论，以及吴敬琏教授与外方教师以座谈形式讲授的中国经济改革。

## 六、CEMI面临的体制障碍

作为中国第一批合作办学项目，CEMI不可避免地遇到了一些左倾思潮的阻碍。不少对西式管理教育持有怀疑态度的人，把它视为“西方和平演变的工具”。原国家经委领导、CEMI的中方负责人汪浩教授回忆说：“当时最大的一个问题，是管理二重性问题。具体地讲，就是有人认为：管理是具有阶级性的，我们是社会主义国家，资本主义那一套管理不适用于我们国家。你引进它行不行？能不能用？”

学位问题也是CEMI创建初期的一个重要障碍。国家经委作为经济管理机构无权授予学位，而CEMI作为中外合作项目能否在中国授学位则成为争论的焦点。政府官员的顾虑是，这样的做法在大原则上有无问题？有人甚至提高到国家主权的高度。

经过协商，为避免不必要的争论，中国和欧共体双方同意在布鲁塞尔欧共体总部授予MBA学位（1989年以后改为在欧共体驻华代表团驻地授予）。MBA学位证书则是由学术委员会成员与欧方教务长联合签署。由于CEMI的学术委员会成员均为欧洲一流商学院院长，CEMI的学历相当于留学学历。[1]

更为棘手的是，CEMI的办学模式与当时中国的企业管理制度、教育制度、人事制度等产生了相当多的冲突，使得办学者举步维艰。CEMI仍然只能依靠不断创新来解决发展中的新问题。

1984年，《中国日报》和《北京日报》上出现CEMI的招生广告，让当时很多人颇感新奇，这也是改革开放后的第一个招生广告。但是，当时计划经济体制将人才集中在国有企业，职工终身制又将人才牢牢锁定在企业，人才的流动难于上青天，这使得CEMI在通过媒体进行招生宣传的同时，还不得不通过国家经委发文要求企业推荐考生。因此，CEMI的学生主要来自大中型国有企业，经考试择优录取后，进行定向培养。

但很多CEMI毕业生一回到原单位，就发现自己的岗位毫无变化，还是得按照“论资排辈”的规矩，英雄无用武之地。其结果是，到20世纪90年代初，超过三分之一CEMI的MBA毕业生去外企工作，三分之一出国，其余的则留在教育界或国有企业。

1992年CEMI第四届学生在欧共体驻华代表团驻地举行毕业典礼

1 历来学位证书的签署人数随着CEMI学术委员会成员的变动而略有不同。

## 七、开拓者的历史功绩

作为中国管理教育的开拓者，CEMI一直以不断创新来解决发展中的问题，这些优秀的传统在CEMI搬迁到上海，建立中欧国际工商学院之后得到了继承和光大。

首先，CEMI为改革开放初期的中国培养了247名MBA毕业生，为540余名企业高管[1]提供了短期培训，改变了他们的观念，进而影响了所在企业和社会，对当时的经济改革产生了深远影响。

其次，CEMI建立了不同于国内管理教育的国际化管理教育体系。以行动教学法为核心的实践教育方式，使课堂教学能够紧密联系社会实践，积极应对社会变化。这在当时中国教育界是前所未有的。

再次，CEMI从欧洲招募了一流师资，使得CEMI从一开始就站在一个比较高的起点，这种模式为后来的中欧国际工商学院所继承，为中欧国际工商学院奠定了最优秀的教师队伍基础。

另外，从CEMI运至上海的3 000多册外文经济管理类图书成为中欧国际工商学院图书馆最早的一批馆藏，在当时图书进口困难、价格昂贵的情况下，显得颇为珍贵。

## 八、从CEMI到CEIBS，血肉相连

CEMI的开拓者中，很多人为后来中欧国际工商学院（CEIBS）的创建和发展贡献颇多。从北到南，CEMI与CEIBS血肉相连。

比利时人杨亨（Jan Borgonjon）[2]1990～1993年担任CEMI的欧方主任，他毕业于比利时著名的鲁汶大学汉语系，能说汉、英、法、德、西、日语及母语荷兰语7种语言。在CEMI后期面临的种种动荡中，杨亨与方方面面进行沟通，确保了CEMI的正常运营；正是由于杨亨的执著，促使CEMI南迁上海，在东海之滨创造了中欧国际工商学院的奇迹。

陈德蓉博士1983年从国家经委培训中心调到CEMI工作，同时也是

1 数据出自陈德蓉博士《回顾中欧管理中心（CEMI）创建的时期》一文，亦见于李月庆著《中欧神话》，中信出版社，2009年1月。

2 关于杨亨先生，参见第五章“杰出人物”第七节。

On behalf of
THE COMMISSION OF THE EUROPEAN COMMUNITIES
and the
MIC AND TRADE OFFICE OF THE STATE COUNCIL OF THE PEOPLE'S REPUBLIC OF CHINA
THE ACADEMIC COUNCIL OF THE
CHINA-EUROPE MANAGEMENT INSTITUTE (CEMI)

TIAN QIANLI 田千里

MAY 19, 1961 HANGZHOU, ZHEJIANG

MASTER OF BUSINESS ADMINISTRATION (MBA)

CEMI毕业证书

CEMI的第一届学生，1987～1989年担任CEMI的中方教务长，1989年外派到欧洲攻读博士，作为CEMI重点培养的教师。1993年，陈德蓉回国时CEMI已经准备南迁上海，但她在此后的16年中时刻关心中欧国际工商学院的发展，对CEMI时期资料的整理，对中欧国际工商学院在北京的拓展可谓尽心尽力。

时任欧洲管理发展基金会副主席和CEMI学术委员会主席的雷诺教授，不但参与了中欧国际工商学院的创建，而且后来先后出任中欧国际工商学院的学术委员会主席和执行院长。

著名经济学家吴敬琏教授1984年从耶鲁大学学术访问回国后，一直担任CEMI的教授，即使在20世纪90年代初期CEMI最困难的时候，仍然坚持上课。在CEMI南迁上海成立中欧国际工商学院后，吴敬琏已年过花甲，此后15年，他不辞辛苦往返京沪两地，传道授业长达25年，其对中欧的感情之深厚可窥一斑。中欧校友们私下常说，“家有一老，如有一宝”，指的便是吴老。

CEMI第一届MBA毕业生李兆熙先生（目前担任国务院发展研究中心企业研究所副所长），在CEMI南迁之后，仍然通过北京校友分会积极推动中欧的发展。而CEMI在北京的校友也成为中欧校友会最早的成员，他们为学院出力不少，更因为自己的成功而成为中欧办学的活广告。1995年入学的首届MBA学生中就有不少人是因为追随CEMI校友的成功足迹而报考中欧的。

## 九、CEMI的动荡飘摇

虽然CEMI作为先行者，为开拓中国现代管理教育，做出了历史性的贡献，但受到改革开放初期难以避免的条件限制，CEMI一直未能为其长期生存发展打好根基。

1984年，CEMI的招生与英语培训借用全国总工会干校的教室进行。1985年，CEMI搬到中国企业管理协会办公大楼的最高一层，1988年又搬到为CEMI修建的一座小型楼房中，据CEMI的学生回忆说，上课时竟能感觉到楼房在颤动。

CEMI学生的生活设施更为缺乏，学生们虽然大多已成家立业，小有成就，却不得不四五个人挤在一间集体宿舍。CEMI的办公条件也很成问题。1989年那年冬天没有暖气，而且楼里有的窗户关不上，供电也经常有问题。

在5年合同期满后，中国政府和欧共体又连续签订了两个2年的办学合同，使得CEMI能够维持到1993年。由于缺乏独立的法人地位、可靠的合作伙伴、全职的师资队伍及足够的经费来源，CEMI的负责人和有关各方常常为项目能否存续而担心。

早在1989年11月4日，CEMI中方负责人汪浩、颜桐卿就与欧洲管理发展基金会主席比尔布克（Jan Bilderbeek）、CEMI欧方教务长约翰·恰尔德进行了会谈，讨论了中方教师队伍建设问题，探讨了建立“中欧管理学院”的可行性。

CEMI欧方主任杨亨1990年上任以后，开始为把CEMI建设成一所独立的商学院而奔走。

# 第二节 潮生海上：中国第一所国际商学院创建

## 一、小平南巡激发上海活力

20世纪90年代初期，在保守主义左倾思潮回潮之际，邓小平再次展现出他历史性的高瞻远瞩。1992年初，邓小平先后视察了广东、上海等地，发表了著名的“南巡讲话”。在指出“市场经济不等于资本主义，社会主义也有市场”的同时，邓小平还指出：“社会主义要赢得与资本主义相比较的优势，就必须大胆吸收和借鉴人类社会创造的一切文明成果，吸收和借鉴当今世界各国包括资本主义发达国家的一切反映现代社会化生产规律的先进经营方式、管理方法。”[1]随后，1992年10月召开的中共十四大提出了“建立社会主义市场经济”的宏伟目标。

邓小平在20世纪70年代末、80年代中、90年代初三次集中论述“社会主义也可以搞市场经济”、“社会主义和市场经济之间不存在根本矛盾”的同时，都强调从发达国家引进先进的企业管理[2]。这不是一种偶然的巧合，而是有其深刻的内在必然性的。市场经济迫切需要大量熟悉市场规律的企业家和职业经理人。1992年以后，中国开始向社会主义市场经济全面转型，经济高速发展，对企业管理人才的渴求更是迅速增长。通过中外合作办学方式，从发达国家引进先进的管理教育资源不失为一条捷径。

中欧国际工商学院首任执行院长冯勇明教授回忆说：“我们当时已经很清楚地意识到中国非常需要优秀的管理者来帮助中国融入整个世界经济，尤其是解决中国的国有企业问题以及引入市场经济。所以，我们决定要在中国创办一家独立的商学院。”

1 《邓小平文选》第三卷，人民出版社 1993 年版，第373页。

2 1984年2月24日，邓小平指出：“特区是个窗口，是技术的窗口，管理的窗口，知识的窗口，也是对外政策的窗口。从特区可以引进技术，获得知识，学到管理，管理也是知识。”（《邓小平文选》第三卷，人民出版社 1993 年版，第51～52页）

按照当时的中国法律，外国政府和机构并不能在中国独立开设教育机构，欧方必须和中国的教育机构合作办学。于是，欧方向国家教委[1]、外经贸部提出寻找合适的单位进行合作办学的要求，希望通过合作办学的方式把中欧合作的管理教育长期办下去。

国家教委建议欧方在北京或者大连寻找中方合作单位，但欧方对大连的教育资源和城市综合实力均不太满意。杨亨和北京一些大学进行了一年多的接触，但是由于一些体制上的问题，这些讨论都无果而终。这使得欧方开始把眼光转向东海之滨的上海。

在改革开放的最初十年，尽管有雄厚的近现代工商业基础，但由于大量旧体制下国有企业包袱的存在，上海一直背负着沉重负担，经济发展缓慢。面对广东经济的突飞猛进，整个上海充满对于体制创新和经济发展的渴望。

1990年，中国政府战略性地提出了开发浦东的宏伟蓝图，上海成为20世纪90年代改革开放的新热土。1992年初，邓小平在视察上海时说，上海“目前完全有条件搞得更快一点。上海在人才、技术和管理方面都有明显的优势，辐射面宽。回过头看，我的一个大失误就是搞四个经济特区时没有加上上海”[2]。

与此同时，20世纪90年代的世界经济也发生了巨大而深刻的变化，跨国公司之间大规模的兼并诞生了全部生产要素在全球范围内有效配置的全球企业。全球企业标志着经济全球化浪潮开始了。中国最高领导集体认识到“经济全球化是21世纪不可抗拒的历史潮流”，开始了艰难的加入WTO的谈判。曾任外经贸部部长助理和副部长的龙永图是中国政府的主要谈判代表，他后来也成为中欧国际工商学院项目的积极推动者。

“21世纪中国必须有一大批具有国际竞争力的企业家和高级管理人员”成为从中央到地方、从政界到学界中锐意改革者的共识，中欧国际工商学院应运而生的历史条件成熟了。

当时站在中国改革开放第二波前沿的上海，痛切感到上述人才的

1　国家教委1998年改称教育部。
2　《邓小平文选》第三卷，人民出版社 1993 年版，第376页。

匮乏：经济大发展最核心的人才从哪里来？长期浸淫在计划经济体制下的国有企业经营者已经习惯了按照政府的指令组织生产，他们如何适应市场化、国际化的竞争？有志从事企业管理的青年才俊应该接受怎样的工商管理教育才能成长为全球化大舞台上的中国企业未来领军人物？

## 二、为理想一拍即合

在上海，作为中国最早的高等学府之一，上海交通大学也在努力探寻高等教育改革的出路。早在1978年，上海交大就派出了建国后第一个高校代表团访问美国，成为高等教育对外开放的破冰者。同时，上海交大的一系列教育管理体制改革也领国内高校风气之先。

20世纪80年代初，在老校友上海市市长汪道涵的牵线和指导下，上海交大和香港中文大学合办了管理干部培训班，这在当时是国内管理教育的一项创举。后来在上海、浙江等地担任要职的多位领导干部便出自这个班，如曾担任上海市委副书记的国务委员兼公安部部长孟建柱、曾先后担任上海市副市长和上海市政协主席的蒋以任等。

上海交大管理学院还曾经与国外大学进行过一系列合作，包括与美国宾夕法尼亚大学沃顿商学院合作培养官员和国企领导，以及与新加坡南洋理工大学合作开设MBA课程等。

1991年，从英国伯明翰大学商学院留学归来的张国华担任上海交大管理学院常务副院长，海外留学经历使张国华对中国管理教育与国际水平的差距充满焦虑，于是他开始积极探索各种途径寻求与国际知名商学院合作办学，以期跨越式地提高中国管理教育的水平，培养出市场化、国际化的中国商业精英。

1992年之前，CEMI已经与上海市经济管理干部学院在针对国有企业经营者的短期课程上有过合作。上海市经济管理干部学院是上海市经委下属的一个机构，前身为国家经委在20世纪80年代建立的十大培训中心之一的上海企业管理培训中心。杨亨尝试通过这个渠道非正式地和上海方面进行沟通，但没有得到积极有效的回应 。[1]

1992年10月，欧共体驻华大使杜侠都亲自出马，在上海拜访了上海市政府顾问汪道涵先生。汪道涵先生是中国改革开放的积极推进者，曾经担任上海市市长，在上海拥有极高的威望。汪道涵先生称赞与欧共体合作在上海办一所国际化的世界一流商学院是一件“大好事”。

汪道涵先生一方面向当时的上海市委书记吴邦国、市长黄菊等推荐了这个项目；另一方面也把这个“大好事”介绍给了自己的母校上海交大。汪道涵先生找到了老朋友李家镐，曾经担任上海市经委主任的李家镐时任上海市人大常委会副主任、上海交大管理学院名誉院长。

随后，欧方向上海提交了《成立欧洲管理发展基金会与中国某大学合资合办中国国际发展中心公司的项目建议书》[2]，并在1992年10月17日向上海交大电传了《关于在中国政府和欧洲共同体委员会支持下，欧洲管理发展基金会与中国某大学合作办学构想》的文件。

接到文件后，上海交大管理学院向校党委书记王宗光、校长翁史烈和分管国际合作交流与研究生教育的副校长谢绳武做了汇报，取得了校领导的支持。随后，由李家镐向上海市副市长徐匡迪做了汇报请示，得到了市政府的支持 。[3]最后，李家镐和张国华一起起草了给CEMI的关于合作办学构想的回函。

在此期间，杨亨专程到上海与李家镐和张国华做了沟通，这是双方第一次见面，杨亨关于“创办一所国际化的世界一流商学院”的愿景得到了李家镐和张国华的积极响应。

1　关于欧盟方面向上海方面非正式提出意向的经过，未见正式文件，为此编者咨询了杨亨先生、吴敬琏教授，并翻阅了李家镐教授当时的工作笔记。

2　在谈判中，关于未来学校校名一直有所变化，最初为“中国国际管理发展中心公司”，后又改为“中国国际工商学院”，最后在1993年定名为“中欧国际工商学院”。

3　李家镐院长生前工作笔记原文是：“收到你们关于《成立欧洲管理发展基金会与中国某大学合资合办中国国际发展中心公司的项目建议书》和1992年10月17日关于在中国政府和欧洲共同体委员会支持下，欧洲管理发展基金会与中国某大学合作办学构想的电传。”因此，可以推测《项目建议书》为欧方和北京的大学谈判时的通用文本，也应该在杜侠都大使拜会汪道涵先生时就已经提交给上海方面，这也是双方正式文件往来的开始。

## 三、紧锣密鼓的谈判

整个1993年，欧共体、外经贸部、国家教委、上海市政府，以及CEMI和上海交大都在为筹建学院紧张筹划。其间，作为CEMI的教授和学术委员会成员，吴敬琏教授也在1993年拜访了汪道涵先生，就创建一所“国际化商学院”的构想进行沟通。

1993年1月、2月和4月，欧共体大使杜侠都先生多次访沪，先后拜会了汪道涵和副市长徐匡迪、沙麟、谢丽娟等上海市领导，以及上海交大领导。经过多次协商讨论，创建一所具有国际水平的独立商学院的愿景和方案获得了王宗光书记、翁史烈校长和谢绳武副校长[1]的支持。

受杜侠都大使邀请，李家镐和张国华于1993年6月参加了在西班牙巴塞罗那举行的“管理教育革新讨论会”，并参观了IESE商学院。随后，李家镐和张国华拜访了布鲁塞尔欧共体总部，和主管部门就创办一所国际商学院进行了商谈。

1993年7月，黄菊市长访问布鲁塞尔时，欧共体欧洲委员会副主席列昂·布里坦（Leon Brittan）爵士主动约见了他，并专门推荐了建设商学院的项目。[2]在前期讨论的基础上，上海市政府承诺一比一提供配套资金，双方在课程设置、领导体制、教学内容等方面大体达成了共识。同年9月，欧共体派出项目评估团访问了上海。

同年10月，欧共体议长埃贡·克莱布什（Egon Klepsch）访问上海时，也对此项目表示支持，黄菊、徐匡迪、沙麟、谢丽娟以及汪道涵等领导在会见欧共体官员时，都明确表示对此项目予以支持。上海市领导对创办一所国际化商学院给予了前所未有的关注。

1993年12月6日，上海市计委、教卫办和外经贸委向上海市委教育领导小组呈送请示，建议成立由主管教育的谢丽娟副市长牵头，由上海市计委、外经贸委、教卫办、上海交大和金桥开发区派员组成项目领导小组，拨出配套建设资金，同时决定由上海市外经贸委发函，取得外经

1 关于翁史烈教授和谢绳武教授，参见第五章“杰出人物”第八节。

2 根据《华建敏副委员长视察中欧国际工商学院时的讲话》，时任上海市计委主任的华建敏副委员长回忆，当时李家镐院长专门请上海市代表团在赴布鲁塞尔访问欧共体总部时讨论创办一所国际化商学院的问题。

李家镐院长在笔记本中草拟的《关于上海交通大学与欧洲管理发展基金会（EFMD）合资创办中欧国际工商学院（CEIBS）的协议（讨论稿）》

贸部对CEMI迁址上海的支持。[1]

## 四、体制攻坚

从1992年10月开始，合作建立商学院的谈判和CEMI搬迁用了整整两年时间，真可谓“好事多磨”。其间，朱镕基副总理、李岚清副总理、国家经委陈清泰主任、国家教委朱开轩主任、外经贸部吴仪部长和多位上海市领导给予了充分的关心和指导。

由于筹备中的中欧国际工商学院与国内教育法律、政策体系的冲突过大，中欧的宏伟构想曾几度濒临胎死腹中。今天看来，若非当年这些主事者的高瞻远瞩，从发展社会主义的高度，以改革精神拨开重重意识形态迷雾，冲破种种体制和制度的羁绊，断然不会有中欧这个管理教育特区的诞生。中欧是中国社会主义改革开放的产物。

当时，有关各方对学院的法律地位、学位、管理体制等方面存在不同的想法。1994年1月12日，上海市教卫办和上海交大领导专程赴京向国家教委汇报，有关各方同意暂时搁置不同意见，同时商定将原计划

1　见中欧档案室存上海市人民政府教育卫生办公室《关于利用欧共体赠款在上海创建中国国际工商学院的请示》，沪府教卫〔93〕270号文。

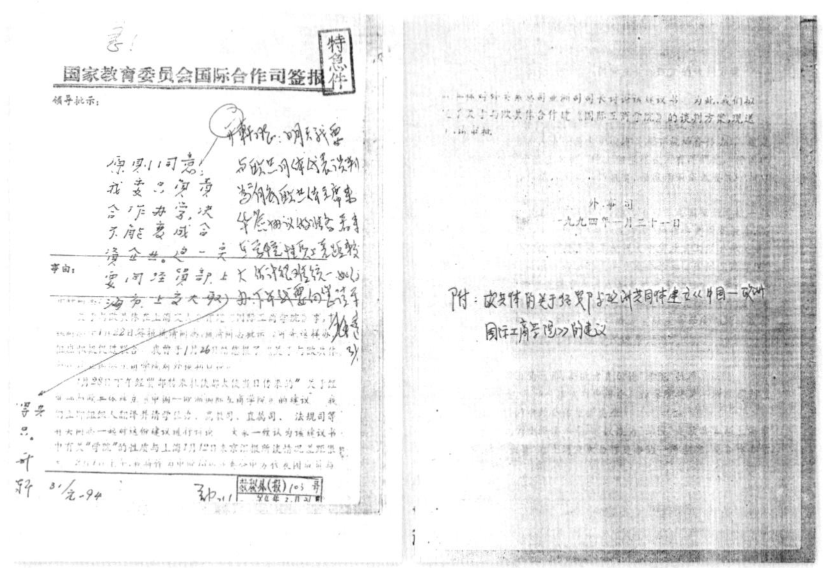
国家教育委员会国际合作司签报

特急件

领导批示：

事由：

外事司

一九九四年一月二十一日

1994年1月31日，国家教委主任朱开轩在国家教委外事司提交的报告上所做的关于欧共体与上海交大合作建国际工商学院一事的批示

的学院名称“中国国际工商学院”改为“中欧国际工商学院”。

在此基础上，中国政府和欧盟于1994年2月28日签署了《中华人民共和国政府和欧盟委员会关于建立中欧国际工商学院的备忘录》。与此同时，CEMI也顺利搬迁到上海交大闵行校区进行过渡。

1994年5月12日，上海市教卫办主动与国家教委联系。1994年5月25日，国家教委副主任张孝文、韦钰在北京约见上海代表，与会上海代表包括上海市教卫办主任王生洪、上海交大党委书记王宗光、上海交大管理学院名誉院长李家镐和常务副院长张国华，同时外经贸部部长助理龙永图也派国际贸易关系司副处长刘建华参加了会议。

关于学院的法律地位，欧方要求给予独立法人资格，而中方最初的想法是办一个上海交大的二级学院，但可以给予充分的办学自主权，认为这足以使学院办出特色，办出水平。

对于国家教委提出的举办学历教育所应达到的要求，上海方面解释说：“学院是上海交大与欧方合作办学，特别是在国家教委、上海市政府直接关心领导下，它的方向和教学质量是可以得到保证的。因此请求国家教委允许该学院进行MBA学历教育，MBA学位的授予权通过上海交

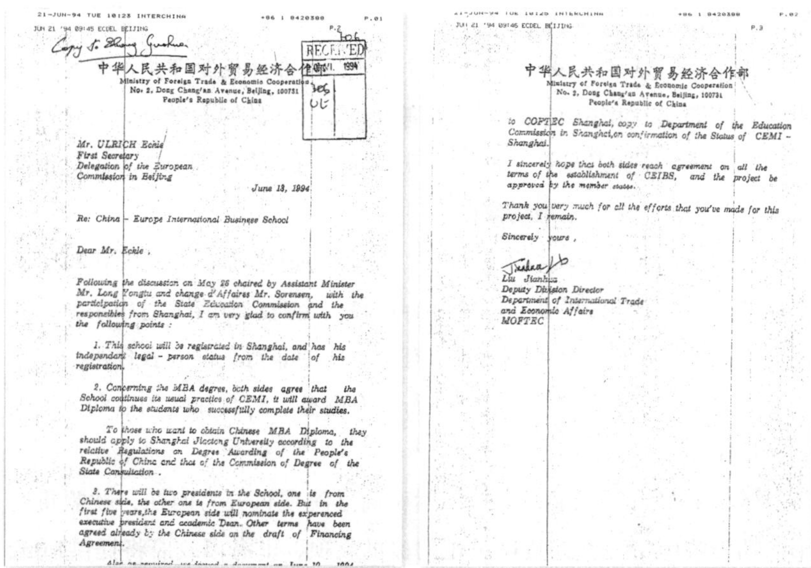

21-JUN-94 TUE 10:25 INTERCHINA +86 1 8420388 P.01

JUN 21 '94 09:45 ECDEL BEIJING P.2

中华人民共和国对外贸易经济合作部

Ministry of Foreign Trade & Economic Cooperation

No. 2, Dong Chang'an Avenue, Beijing, 100731

People's Republic of China

Mr. ULRICH Eckle

First Secretary

Delegation of the European

Commission in Beijing

June 13, 1994

Re: China - Europe International Business School

Dear Mr. Eckle ,

Following the discussion on May 26 chaired by Assistant Minister Mr. Long Yongtu and change d'Affaires Mr. Sorensen, with the participation of the State Education Commission and the responsibles from Shanghai, I am very glad to confirm with you the following points :

1. This school will be registrated in Shanghai, and has his independant legal - person status from the date of his registration.

2. Concerning the MBA degree, both sides agree that the School continues its usual practice of CEMI, it will award MBA Diploma to the students who successfully complete their studies.

To those who want to obtain Chinese MBA Diploma, they should apply to Shanghai Jiaotong University according to the relative Regulations on Degree Awarding of the People's Republic of China and that of the Commission of Degree of the State Consultation .

3. There will be two presidents in the School, one is from Chinese side, the other one is from European side. But in the first five years,the European side will nominate the experenced executive president and academic Dean. Other terms have been agreed already by the Chinese side on the draft of Financing Agreement.

21-JUN-94 TUE 10:25 INTERCHINA +86 1 8420388 P.02

JUN 21 '94 09:46 ECDEL BEIJING P.3

中华人民共和国对外贸易经济合作部

Ministry of Foreign Trade & Economic Cooperation

No. 2, Dong Chang'an Avenue, Beijing, 100731

People's Republic of China

to COPTEC Shanghai, copy to Department of the Education Commission in Shanghai,on confirmation of the Status of CEMI - Shanghai.

I sincerely hope that both sides reach agreement on all the terms of the establishment of CEIBS, and the project be approved by the member states.

Thank you very much for all the efforts that you've made for this project. I remain.

Sincerely yours ,

Liu Jianhua

Deputy Division Director

Department of International Trade

and Economic Affaire

MOFTEC

1994年6月13日，中华人民共和国致函欧盟驻华使团，通报在5月26日讨论中欧国际工商学院建院问题会议上得出的有关结论

大学位委员会控制进行。为了使学院能独立地解决其行政、外事、财务等事务，可以让其在上海注册一个非体制内学历教育的机构。希望国家教委给上海在浦东作一试点，发展MBA教育，加快高层次人才培养。”[1]

经过协商，有关各方在1994年5月25日达成了共识。5月26日，外经贸部部长助理龙永图与欧盟驻华代表团代表、国家教委代表和上海方面代表确认了前一天会谈达成的共识，并由外经贸部将讨论结果知会了欧盟驻华代表团。这次会谈最终确定了中欧项目最重要的几个问题：

——学院在上海注册，注册之日起具有独立法人地位。

——学院继续原中欧管理中心的一贯做法，给那些成功修完MBA课程的学生颁发MBA证书。对要想获得中国MBA证书的学生，应按照《中华人民共和国学位条例》和国务院学位委员会有关规定，向上海交通大学申请。

——学院实行双院长制，第一个5年由欧方选择富有经验的人员担任执行院长和教务长。

1　见中欧档案室存上海市人民政府教育卫生办公室《关于利用欧共体赠款在上海创建中国国际工商学院的请示》，沪府教卫〔93〕270号文。

## 五、中欧奇迹的制度基石

根据会谈结果，1994年5月26日，外经贸部部长助理龙永图召集了由欧盟驻华代表团、国家教委、上海方面等参加的四方会议，对建设中欧国际工商学院的基础性文件《中欧国际工商学院财务协议》（以下简称《财务协议》）做了最后修改。

修改后的《财务协议》提出："学院将遵守《中华人民共和国民法通则》和《中华人民共和国中外合作经营企业法》有关适用条款，并遵守协议规定原则，作为一个具有有限责任的非营利性的教育机构，享有充分的法人资格，以使它能够执行所有财务、行政和契约活动，实现其总目标。"

《财务协议》规定，中欧国际工商学院项目分为四期，欧盟将在第一期提供1 485万欧洲货币单位的援助款项，上海市政府将提供1 052万欧洲货币单位的配套资金。

1994年6月15日，欧盟十二国批准了该项目，并在欧盟十二国通过招标选择了欧洲管理发展基金会为欧方办学单位。从此，中欧国际工商学院项目进入了实质性启动阶段。

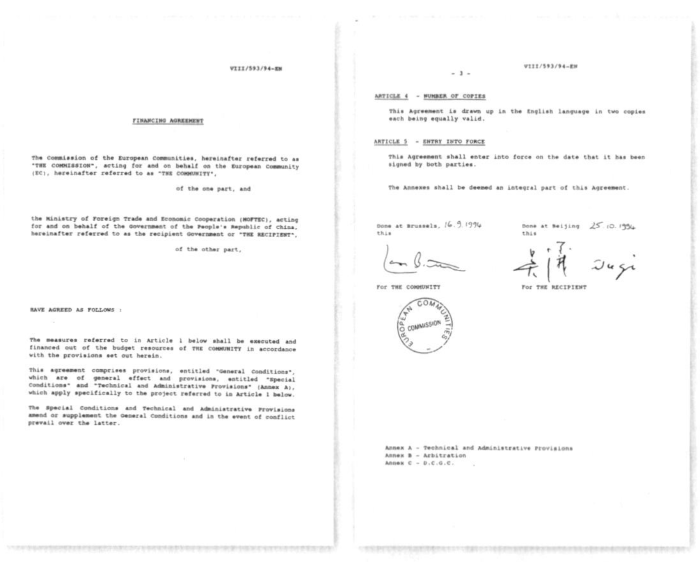

VIII/593/94-EN

FINANCING AGREEMENT

The Commission of the European Communities, hereinafter referred to as "THE COMMISSION", acting for and on behalf on the European Community (EC), hereinafter referred to as "THE COMMUNITY",

of the one part, and

the Ministry of Foreign Trade and Economic Cooperation (MOFTEC), acting for and on behalf of the Government of the People's Republic of China, hereinafter referred to as the recipient Government or "THE RECIPIENT",

of the other part,

HAVE AGREED AS FOLLOWS :

The measures referred to in Article 1 below shall be executed and financed out of the budget resources of THE COMMUNITY in accordance with the provisions set out herein.

This agreement comprises provisions, entitled "General Conditions", which are of general effect and provisions, entitled "Special Conditions" and "Technical and Administrative Provisions" (Annex A), which apply specifically to the project referred to in Article 1 below.

The Special Conditions and Technical and Administrative Provisions amend or supplement the General Conditions and in the event of conflict prevail over the latter.

VIII/593/94-EN

- 3 -

ARTICLE 4 - NUMBER OF COPIES

This Agreement is drawn up in the English language in two copies each being equally valid.

ARTICLE 5 - ENTRY INTO FORCE

This Agreement shall enter into force on the date that it has been signed by both parties.

The Annexes shall be deemed an integral part of this Agreement.

Done at Brussels, this 16.9.1994 | Done at Beijing this 25.10.1994

For THE COMMUNITY | For THE RECIPIENT



Annex A - Technical and Administrative Provisions
Annex B - Arbitration
Annex C - D.C.G.C.

**1994年9月、10月，中国政府与欧盟分别就中欧国际工商学院项目签署了《财务协议》，图为该协议首页和签名页**

1994年9月16日和10月25日，欧盟委员会副主席布里坦爵士和我国外经贸部部长吴仪女士先后代表欧盟与中国政府签署了《中欧国际工商学院财务协议》。

作为政府间的法律文件，《财务协议》在法律上赋予了中欧国际工商学院高度的办学自主权，为把中欧办成一个中国管理教育的特区奠定了法律基础。

## 六、选址金桥

最初，上海交大非常愿意为中欧在交大闵行校区提供60亩土地，但欧方基于举办一所独立商学院的目标希望在交大校园之外建一个独立校园，而市政府以及李家镐教授和张国华教授也提出了同样的要求。王宗光书记与翁史烈校长考虑到那样做有利于把中欧办成一个教育特区，最终同意了这一要求。于是上海市政府提供了3个可供选择的方案，一个是漕河泾开发区，一个是张江开发区，另一个是金桥开发区。

漕河泾开发区愿意提供15亩土地，但杨亨和温伟德教授现场勘查后发现，该地块位于高压线下，并不适合办学。基于其他原因，张江开发区也被否决了。

由于时任金桥开发公司总经理的朱晓明的远见卓识和慷慨大度，及时破解了中欧项目的选址难题，奠定了中欧顺利发展的基础。1993年，当吴敬琏教授在上海考察时，专程考察了金桥开发区。朱晓明总经理抱病从医院出来，边打吊针边接待吴敬琏教授。当他了解到中欧双方准备在上海创办一所国际化的世界一流商学院时，主动提出提供土地的意向。几天后，金桥开发总公司向上海市教育卫生办公室正式表示，愿意无偿提供土地。

在浦东开发初期，时任国家教委主任的朱开轩率108所高校校长在上海召开会议，讨论高等学校如何支持浦东开发，并考察了浦东新区，但金桥开发区并不在考察范围内。朱晓明毅然决定到会议现场争项目。争项目首先得争发言，可大会并没有朱晓明发言这个程序。

朱晓明凭着这股浦东开发“敢为天下先”的闯劲，“争发言、抢话筒”，使大会主席朱开轩主任深为感动，让他在大会上发言10分钟。

上海交大翁史烈校长目睹这一切，深信浦东金桥真可以试一试投资高等院校项目。

由翁校长牵头的高等院校投向浦东的三个项目都选择了金桥，这些项目包括“金桥高科”项目（现金桥“北大方正”大厦）、杉达大学和中欧国际工商学院。为此，翁校长常去金桥。他至今还清楚地记得这些项目，当然他至今也还清楚地记得，朱晓明在上海交大获得的工学博士学位证书是他亲自颁发的。翁校长说：“上海交大不仅要给学生以知识，更要培养和支持他们成为成功的企业家。”

经过各方反复讨论，最后，王宗光书记和翁史烈校长一起到金桥开发总公司，并由王宗光书记代表上海交大党委常委会宣布中欧国际工商学院选址在金桥开发区。从此，朱晓明与中欧结下不解之缘，他于2000年起担任中欧国际工商学院董事，并在2006年出任中方院长。

王宗光书记在回忆起这段往事时说：“当时教育领域改革开放还刚起步，许多人思想不解放，如果在同一个校园里搞不同的做法，就会议论纷纷，阻力很大。所以选址在交大校园之外有利于学院与国际接轨办学，而15年来办学成功的历史已证明当年的决策是正确的。”

## 七、中国管理教育新篇章

1994年3月，CEMI正式搬迁到上海，并在上海交大闵行校区进行过渡，在谈判筹建中欧国际工商学院的同时，继续开展教学活动。在1994年，CEMI在上海交大闵行校区开设了面向外资企业和中国企业经理人员的13个培训课程，专门为3家公司开设了公司特设课程，英文授课，配以中文现场翻译。

1994年9月，CEMI和英国《经济学人》杂志在上海共同召开了“上海管理经营”会议，吸引了150位西方企业高级经理人参加。其间，CEMI还以“中国人力资源”为题，专门开了一天的会议发布了有关当

# 合作办学许可证

编号：HJ97001号

学校名称 中文：中欧国际工商学院
外文：China Europe International Business School

法定地址：上海市浦东新区金桥红枫路

法人代表：翁史烈

校（院）长：Joachim Frohn（冯勇明）、李家镐

学校性质：中外合作

办学层次：MBA课程、EMBA课程、高级管理人员培训

有效期限：自 一九九四年十一月八日
至 二〇一四年十一月八日
（办学合同为二十年）

发证机关：上海市教育委员会
一九九七年八月二十六日

上海市教委颁发的合作办学许可证

时中国合资企业人力资源状况的报告，约80位高级管理人员参加。

1994年11月8日，中欧国际工商学院在上海正式宣告成立。在成立典礼上，上海交大和欧洲管理发展基金会签署了《中欧国际工商学院办学合同》。同日，还举行了学院浦东校园奠基仪式，上海市副市长谢丽娟、原上海市市长汪道涵、欧盟委员会副主席布里坦、欧盟驻华大使魏根深（Endymion Wilkinson）共同为中欧培下第一锹土。副总理李岚清为学院成立题词“中欧合作培养工商管理人才，为发展上海对外经贸合作做贡献。”这一刻，被《中国企业家》杂志称为“改变中国商业史的20个关键时刻”之一[1]，随着中欧国际工商学院对中国经济发展的贡献日益显著，这一刻在中国商业和经济史中将更显重要。

1994年11月，中欧国际工商学院推出成立后首个高层经理培训课程；1995年3月13日。首届MBA班预科模块开课；1995年5月8日，首届MBA和EMBA班开学。中国第一个全面拥有MBA、EMBA和EDP三大课程的商学院扬帆起航了。

1 《中国企业家》杂志，2005年第24期。

## 第三节　直面市场：中国管理教育的特区

中欧双方对这所新生的商学院寄予厚望。早在项目论证阶段，中国和欧盟双方就为中欧国际工商学院规划了宏伟蓝图。《中欧国际工商学院财务协议》明确提出，中欧国际工商学院的目标是在5年内成为亚洲一流商学院，而且要在尽可能短的时间内成为世界一流商学院。即使在今天看来，短期内达到这样的目标，仍然绝非易事。

时任上海市政府教育卫生办公室主任的王生洪教授说："我们当时的定位就是按照亚洲领先、世界一流的目标来建设这所学校。"

时任国务院副总理的李岚清也要求中欧"办一所不出国也能留学的学校"。时任国家教委主任的朱开轩在批复上海市政府提交的有关报告时指出，"中欧国际工商学院是中国教育领域对外改革开放的一面旗帜。"领导的勉励鞭策着学院最有效地利用国际资源和国际经验，在全球管理教育领域大展宏图。

中欧国际工商学院从成立之初，就充分利用"教育特区"和"特事特办"的政策支持，不断突破当时国内传统教育体制的局限，积极探索办学体制机制的创新，为学院的跨越式发展提供了强有力的制度保障。

中欧国际工商学院创始人之一张国华教授认为："中欧的腾飞，是因为当国内同行院校依然被体制所束缚时，中欧却冲破了体制的藩篱，真正独立地走向了市场。"

## 一、办学自主权

《中欧国际工商学院财务协议》是建立中欧国际工商学院的基础性文件。《财务协议》对学院的法律地位作了明确规定：中欧国际工商学院是一个具有有限责任的非营利性教育机构，享有充分的法人资格，具有在学术、财务、人事、外事等方面的决策自主权，能够执行所有财务、行政和契约活动。

与国内其他院校相比，中欧的办学自主权是前所未有的。

中欧在财务方面有完全的自主支配权，可以自主设定学费标准和人员经费；在人事方面能自主决定人员的招聘、解聘、薪酬等，没有固定的编制，可根据办学实际需要灵活增减岗位；在课程设置方面无论是必修课还是选修课的设置都没有任何限制，可以根据培养目标自主设置；在招生方面，中欧可根据社会需求和当年生源情况自主决定招生人数。

中欧与世界标准接轨，按照国际一流商学院的惯例，组织自己的入学考试，制订自己的教学大纲，颁发自己的学位证书。因此，学院招生不要求申请者参加全国MBA招生联考，而要求其参加GMAT考试或学院自行设计的入学笔试，并由学院组织面试。早在CEMI时期，办学者就引入了面试这一世界通行的方法，确保招收到合格的学生。

这种独立性保证了中欧国际工商学院能够在办学初期就按照国际标准和市场规则来招生、培养学生，也是中欧能在短时间内跻身亚洲一流商学院的关键所在。

## 二、独特的管理体制

中欧国际工商学院的组织机构设计也是独树一帜的。1994年11月8日，上海交通大学和欧洲管理发展基金会双方代表签署了《中欧国际工商学院办学合同》，作为《财务协议》的一部分，《办学合同》在体制上对中欧的运作制定了严格的规范。

董事会领导下的管理委员会制度，以及全球化高水准的学术委员会制度，是世界一流商学院普遍采用的组织架构，但对等设立的董事名额，双院长、双教务长的组织架构却是中欧作为政府间合作项目的特色。出资双方上海市政府和欧盟委员会还分别委托上海交大和欧洲管理发展基金会这两个专业机构作为办学单位。

在这种体制下，学院的运营实际上是在一个精英化的董事会领导下，充分发挥高水准的学术委员会的学术咨询作用，通过专业化的管理委员会有效的执行来完成的。吴敬琏教授指出："合作办学给了中欧一个机会，使它脱离了中国教育界多年来形成的'行政化'和'官本位'的传统，这是中欧最大的优势 。"[1]

学院实行董事会领导下的管理委员会负责制：由中、欧双方各聘请5名[2]董事组成董事会，再由董事会任命中、欧双方正副院长各一名组成管理委员会负责日常管理。这一中外融合的领导体制有利于学院发扬和汲取中欧双方的优良传统与管理精华。

中欧国际工商学院按照合资企业的模式建立，创办各方无论是上海市政府、欧盟委员会还是作为办学单位的上海交大和欧洲管理发展基金会，均不干涉学院的日常运作。董事长是学院的法定代表，但《财务协议》规定"未经董事会事先批准，董事长不得采取任何单方面行为约束董事会或学院"。

根据《财务协议》，董事长由上海交大校长担任，因而，学院第一任董事长即为时任上海交大校长的翁史烈教授。

中欧董事会包括了政府官员、跨国公司高管、学院领导和著名学者，这些人士在各自领域都取得了相当成就，并有一定的学术水准，这使他们对管理教育有更深刻的领悟，从而使学院在建设目标上体现出高度的前瞻性。董事会的国际化和跨文化结构，也为决策者提供了多元化的决策视野。

1 关于中欧体制优势的论述，来自编者2009年5月7日对吴敬琏教授的采访。

2 《财务协议》最初规定董事人数为8人，1995年10月董事会决议对《办学合同》做修改，中、欧双方各增加1～10人，并根据工作需要，增设了中方教务长。

表1-4 中欧首届董事会成员[1]

| 中方 | 欧方 |
|---|---|
| 翁史烈<br>董事长<br>上海交通大学校长 | 威利·德克莱尔（Willy de Clercq）<br>副董事长<br>欧洲议会对外关系委员会主席 |
| 经叔平<br>董事<br>中华全国工商业联合会主席 | 雷诺（Pedre Nueno）<br>董事<br>国际管理学会会长、IESE商学院伯特伦基金会创业管理教席教授 |
| 王生洪<br>董事<br>上海市政协副主席 | 斯塔凡·布伦斯塔姆·林德（Staffan Burenstam Linder）<br>董事<br>欧洲议会议员、瑞典斯德哥尔摩经济学院院长 |
| 曹臻<br>董事<br>上海市计委副主任 | 赫拉德·范斯海克（Gerard van Schaik）<br>董事<br>欧洲管理发展基金会主席 |
| 张祥<br>董事<br>上海市外经贸委副主任 | 汤姆斯·萨特尔伯格（Thomas Sattelberger）<br>董事<br>德国汉莎航空公司高层人事与人力资源发展高级副总裁 |

作为一个非营利性机构的董事，他们并不从学院获得报酬，董事们的重要职责之一在于用他们的经验和思想为学院发展建言献策，做出有远见的决策。

中欧参照国际一流商学院的惯例，实行董事会领导下的管理委员会负责制，但管理委员会由中、欧双方的正副院长组成。同时，执行院长每5年在欧方和中方之间轮值，《财务协议》规定第一届执行院长由欧方选择富有经验的教授担任，德国学者冯勇明教授成为中欧国际工商学院的首任执行院长，并兼任教务长。

在董事会领导下，管理委员会负责学院日常学术和行政事务。后来，学院基于运行需要又增设了中方教务长。

1 本表为1996年增选后的第一届董事会成员名单。

1997年董事会会议

1997年管理委员会成员合影（从左至右：张国华、冯勇明、李家镐、苏史华）

表1-5 中欧首届管理委员会成员

| 时间 | 执行院长 | 院长 | 中方副院长 | 欧方副院长、教务长 |
|---|---|---|---|---|
| 1994.11～1995.1 | 杨亨（代理） | 李家镐（候任） | 张国华（候任） | |
| 1995.1～1995.2 | 杨亨（代理） | 李家镐 | 张国华 | 苏史华（David B. Southworth, 副院长） |
| 1995.3～1995.9 | 冯勇明（兼教务长） | 李家镐 | 张国华 | 苏史华（副院长） |
| 1995.10～1997.10 | 冯勇明（兼教务长） | 李家镐 | 张国华（兼中方教务长） | 苏史华（副院长） |
| 1997.10～1998.5 | 菲希尔（William A. Fischer, 兼教务长） | 李家镐* | 张国华（兼中方教务长） | 苏史华（副院长） |
| 1998.5～1998. 9 | 菲希尔（兼教务长） | | 张国华（兼中方教务长） | 苏史华（副院长） |
| 1998.10～1999.5 | 菲希尔（兼教务长） | | 张国华（兼中方教务长） | 博纳德（Albert Bennett, 副院长） |
| 1999.6～1999.12 | 博纳德 | 刘吉（代理） | 张国华（兼中方教务长） | 菲希尔（教务长） |

*李家镐院长积劳成疾，不幸于1998年5月去世。

## 三、学术把门人

根据国际惯例，中欧国际工商学院的教学和研究由学术委员会负责督导，学术委员会成员来自英国、法国、德国、西班牙、意大利、瑞士、荷兰、美国、加拿大以及中国的一流学府和学术机构。学院第一届学术委员会主席由在西班牙乃至全球管理教育界享有盛名的雷诺教授担任。

由于设立了这样一个强大的学术委员会，学院的教学质量得到了充分的保证。委员们不断评估学院的教学和研究工作，在课程设置、招生录取、教授选聘及课程质量评估等方面进行监督和提供咨询。同时，国际化的学术委员会也为中欧寻找优秀师资做了大量工作。

为保证学院的教学、研究始终面向企业的管理实践，学院还设立了公司顾问委员会，第一届公司顾问委员会由来自亚洲、欧洲及北美多个行业的30多家领先企业的杰出代表所组成，他们帮助学院与企业界建立紧密的联系并进行密切的沟通。

除了常设机构，从1997年开始，在菲希尔（William A. Fischer）执行院长建议下，管理委员会每年都会召集各个部门的负责人讨论各个部

表1-6 中欧首届学术委员会成员

| 姓名 | 所属机构 |
| --- | --- |
| 雷诺（学术委员会主席） | 西班牙IESE商学院 |
| 吴敬琏 | 国务院发展研究中心 |
| 杨锡山 | 上海交通大学 |
| 佛朗哥·阿米贡尼（Franco Amigoni） | 意大利博科尼大学商学院 |
| 吉尔·麦克威廉（Gil McWilliam） | 英国伦敦商学院 |
| 谢家伦 | 荷兰奈耶罗德大学 |
| 多米尼克·特平（Dominique Turpin） | 瑞士IMD商学院 |
| 马丁·K.韦尔奇（Martin K. Welge） | 德国USW大学 |
| 温伟德 | 法国INSEAD商学院 |
| 杨国安 | 美国密歇根大学商学院 |

门以及学院的发展战略问题，并形成传统。

在最初创业的几年，战略发展会议倾向于务虚，从学院定位到三大课程的中长期发展目标等等。随着学院发展的日趋稳定，从第二届管理委员会任期开始，战略会议也逐渐转向务实，具体讨论次年的发展规划和实施路径。类似三大课程的发展战略、财务战略等重要战略问题，也会被提请到董事会讨论。

## 四、体制外市场化道路[1]

在中欧成立之前的1991年，国家教委已经批准了包括清华大学在内的9所院校进行MBA教育试点，到1993年，试点院校扩大到了26所。1994年制定了统一的教学大纲，并成立了全国MBA教育指导委员会。1996年，国家还成立了MBA教育指导委员会，在1997年开始推行全国MBA招生联考。此外，学生必须完成学术论文才能被授予MBA学位。

但是，偏重笔试的全国联考只能让那些刚出校门不久、擅长考试的学生占据优势，而那些有实际管理经验的人则可能难以应付复杂的考试。在中欧国际工商学院创办的年月，毕竟统一的教学大纲和国际一流商学院的教学内容相去甚远，研究性质的学术论文与MBA教育强调的实

1 由于三大课程的市场化策略不同，发展过程也有差异，市场化道路将在第二章详细叙述。

CEIBS
中欧国际工商学院
一九九六年报考EMBA学位研究生
准考证

准考证号：0076
姓　　名：谢冀川
Xie Jichuan
性　　别：男

1996年报考中欧EMBA的准考证

践性背道而驰。因此，中欧国际工商学院利用教育特区的身份，选择了一条与众不同的道路：一切以学生的管理需求为导向，设立了注重面试的独立招生体系和国际化的教学模块，以实习报告和小组咨询的方式替代了研究性的论文，并在国内商学院中第一个设立职业发展中心，为学生就业提供帮助。这些都是当时国内首创的。

MBA、EMBA、EDP三大课程的招生，都是市场化运作，主动出击：广告、招生咨询会、免费演讲轮番上阵吸引考生和客户，中欧都是国内第一个吃螃蟹的。1994年11月开始，中欧还在著名的英国《经济学人》（*Economist*）杂志和国内的《中华工商时报》、《经济日报》以及上海的《新民晚报》刊登招生广告，这在国内商学院是前所未有的做法。而2年10.6万元人民币的EMBA课程学费，更是当时的天价。

中欧国际工商学院
China Europe International Business School
第一届工商管理硕士(MBA)研究生班招生

中欧国际工商学院是中国政府与欧洲联盟的合作项目，得到上海市人民政府与欧洲联盟委员会的支持与资助，这是一所由上海交通大学与欧洲管理发展基金会(afmd)合作建立的学院，该学院学术委员由国内外著名学者、教授组成，其中有来自排名世界最好25所管理院校的英国伦敦商学院、法国INSEAD和瑞士IMD。硕士研究生学制20个月，聘欧洲著名商学院教授执教，提供十五个奖学金名额(免学费)，以及十五个赴欧洲实习三个月奖学金名额(机票自理)，完成学习，成绩合格者，授予MBA学位，学费全课程为30000元人民币，(含住宿费)招生名额60名。

报名条件：
1、中国公民
2、大学本科毕业，有二年工作经历。(大专毕业需经专门委员会讨论)
3、具有较高英语水平，能够用英语听课、讨论、完成作业、撰写学术论文等
4、年龄在40岁以下
5、身体健康

凡申请报考者，请于1994年11月30日前来函索要招生简章，并于12月25日前(以邮戳为准)将简章中规定的材料寄至上海东川路800号(上海交大闵行校区中欧国际工商学院)，同时汇寄报名费50元。
邮政编码：200240，
传真：021－4358928，
电话：021－4350030(或021－4352746)

1994年，《中华工商时报》刊登的中欧招生广告

作为管理教育特区，中欧在中国管理教育界创下了一连串第一：

第一个开设全日制英文MBA课程；

第一个开设EMBA课程；

第一个开设高层经理培训课程；

第一个采用现场翻译形式开设EMBA和高层经理培训课程；

第一个组织自己的入学笔试；

第一个采用高淘汰率的面试方式招生；

第一个聘请企业高层管理人员参与招生面试；

首届中欧MBA校友与部分教授在上海交大闵行校区包玉刚图书馆的合影

第一个让学生对全部教授进行教学评估；

第一个与海外商学院交换学生；

第一个签约引进哈佛商学院教学案例；

第一个设立由企业赞助的教席；

第一个设立MBA职业发展中心；

第一个颁发本院的学位证书；

……

## 第四节　叠叠重山：创业者的筚路蓝缕

尽管有体制优势和CEMI时期的积累，但对中欧的创业者来说，摆在他们面前的，是由体制、资金、环境和市场组成的叠叠重山，对于刚刚诞生的中欧国际工商学院来说，它所面临的是需要耐心、智慧和毅力才能克服的障碍。

### 一、创业者的艰辛与节俭

中欧的创业者们把引入全球访问教授授课的方式称为“借鸡生蛋”，但对搬迁到上海的CEMI来说，他们首先需要的是一个可以“生蛋”的“窝”。

上海交大提供了当时闵行校区条件最好的学术活动中心部分设施和包玉刚图书馆的五楼与六楼。创业者们称之为“借窝生蛋”。

无论国内员工还是外籍员工，大家为了一个共同的目标努力，深夜加班，甚至夜宿办公室都是常事。男性员工自担苦力，承担大量设备资料搬运也是常见的事情。大多数教工居住在市区，每天乘车去西南郊区数十公里外上班，往来之辛劳，非同寻常。

虽然中、欧双方第一个5年有约2 500万欧洲货币单位的投入，但聘请教授和建校所费甚巨，开支的科目千头万绪，创业者辛劳之余，仍需节俭度日。

为节省经费，院长乘坐陈旧的车辆，出差只坐经济舱。为了争取诸如进口免税等优惠政策，院长和员工跑断腿磨破嘴的故事，也是屡见不鲜。

随着招生规模不断扩大，教室、办公室、学生宿舍都面临短缺，

1996年11月11日，EMBA1996级学员在上海交大闵行校区合影

特别是1999年上海交大部分院系从徐汇老校区向闵行校区的迁移，使教学、办公、住宿场地的供需矛盾更为突出，以致中欧MBA学生宿舍在一年之内搬迁了三次，最后部分学生只得临时住进了上海交大闵行校区的招待所。就是在这样的情况下，中欧的全体师生员工想方设法克服困难，保证了教学工作的正常开展。

1997年，上海交大为中欧在学术活动中心建造了一座两层小楼，增加了2个教室和10间办公室，“窝”终于大一点了。但EDP仍然不得不在市区的宾馆租借场地开展教学。

## 二、体制外市场化的崎岖道路

成立初期，中欧国际工商学院面临的最大挑战还不是设施紧缺和经费紧张，而是缺乏社会知名度。20世纪90年代初，国内企业对管理教育知之甚少。在学院成立后的第一年里，EMBA和EDP在招生中遇到了不小的困难。冯勇明、李家镐、张国华等学院领导不得不花费大量时间，不辞辛苦地拜访一家又一家公司，宣传管理教育的重要性和中欧国际工商学院先进的培养模式。

中欧基于国际化教学的高昂成本，导致当时学费也贵得惊人，更增加了招生难度。为开拓国内企业市场，学院还决定对来自国有企业的EMBA学生减收60％的学费，而高层经理培训课程对中资企业的收费仅为每人每日300元人民币。

MBA课程也遭遇到同样的困难。学院收取的MBA学费虽不抵实际办学成本的一半，但仍比本地其他学校收取的学费高出将近一倍。在社会尚未充分认识MBA课程价值的时候，一个全日制MBA学生所要承受的机会成本是很高的。

为了更好地拓展市场，中欧建立了严密的市场营销体系，每次推广活动都有周密计划。比如，刊登广告之后，会有人电话跟踪服务，有人负责招生手册的分发、数据库的建立等，营销的手法不亚于一个高效运营的公司。

另外，学院要求客户经理和营销人员主动拜访公司，提交客户访问报告，描述客户情况，并说明如何跟进、怎么行动，呈送院长并抄送其他部门。这样，既提高了效率，又分享了信息，让学院内部资源整合起来，共同支持客户经理，突破销售瓶颈，赢得客户。这些市场化的做法在当时都是非常超前的。

这些市场化的做法，离不开顶尖商学院的智力支持。学术委员会的委员来自全球10所顶尖商学院，他们带来各大商学院市场化运营的经验和智慧。其中，法国的INSEAD商学院、西班牙的IESE商学院和美国的密歇根大学商学院是中欧重点学习的对象。

针对企业不了解高层经理培训课程的情况，为了开拓市场，院长们带着职员拜访客户。这也成为中欧创业时期的一大特色。

1995年，李家镐院长、张国华副院长亲自到上海各系统去招收EMBA学生。时任上海市政府副秘书长兼外经贸委、外资委主任的朱晓明召集所有外贸公司的总经理开会动员，要求各企业加快培养一批国际化的经营管理人才，并让外经贸委干部处布置推荐企业中青年领导干部报名去中欧学习。当时大多数总经理还不知道什么是MBA和EMBA，也很不理解朱晓明主任为什么要召集这样一个会议，并明确各公司必须一把手出席，心中暗想难道真有那么重要吗？

经过李家镐、张国华两位院长在外经贸系统总经理会议上的招生演说，以及朱晓明主任的动员和会后的落实，多年来，外经贸委系统输送了一大批中青年干部参加了中欧EMBA和MBA课程的学习。据中欧院长助理葛俊回忆，当时李家镐院长感慨地说：朱晓明是真心帮助中欧。时任上海市对外服务有限公司总经理的顾家栋就是与会的企业负责人之一，他亲身感受到了李家镐、张国华创办学院时的那股冲劲，当年就考入了中欧EMBA，之后又让公司中80%的中、高层管理人员到中欧学习，使上海外服公司在短短的几年里，成为规模最大、国内一流的人力资源服务企业。他认为："中欧国际工商学院为上海现代服务业的发展培养了一大批优秀人才。"

张国华院长拜访的上海家化，就是中欧开拓客户最著名的案例之一。在最初的接触中，上海家化的董事长葛文耀对国内商学院能否培养出市场需要的人才存有疑虑。为了证明中欧的管理教学的价值，学院聘请的哥伦比亚大学市场营销学教授史明博（Bernd Schmitt）专门为上海家化的化妆品品牌写了案例。

葛文耀发现自己的企业上了"教材"，而且言之有道，家化一下子感觉到，眼前这所商学院和国内其他学校是不一样的。上海家化的大门被一份案例叩开了，在接下来的十多年里，上海家化持续不断地派高管来参加学院的培训，并对中欧发展给予了很大支持。

外方院长冯勇明和副院长苏史华（David B. Southworth）也频频露面，积极说服外企来培训。此前，在中国的跨国公司还没有送人去国内商学院培训的先例，但面临日益严峻的人才本土化的挑战，它们也迫切希望国内同样能提供国际一流的管理教育，因此，中欧的出现帮助它们解决了国际化本土人才严重短缺的问题。国际电气行业巨头ABB在办学之初就与中欧结下不解之缘，过去15年中，一直把中欧作为最重要的培训伙伴。

## 三、体制边缘的绿灯

在中国市场经济建立初期，体制外办学的中欧国际工商学院难免与原有的教育体制有一些不一致的地方，但在上海市委和市政府的关心与支持下，使得中欧解决了办学中遇到的许多体制难题，一次次渡过难关。

学校建立后，中欧面临一系列实际操作的难题，这些难题包括中欧作为独立机构运作所必需的批准证书和办学许可证问题、毕业生留沪的户口问题、中欧员工参加社会保障的问题、设备进口免税问题等，这些事务之复杂，实在难以想象。

1997年6月13日，受上海市领导委托，时任上海市政府副秘书长的殷一璀召集上海市教委、计委、外资委、人事局、上海交大和中欧等各方面，召开中欧办学有关问题的协调会议。

尽管受到当时种种条条框框的约束，市政府仍然对中欧一路开绿灯，通过协调会议，以及随后对于协调意见的落实，上海市外资委和教委分别向中欧颁发了批准证书和办学许可证；上海市计委和经委加快了浦东校园建设的审批，使校园得以在当年年底顺利开工；上海市教委还帮助梳理协调解决了学籍管理、外事管理等一系列问题。尤其是在时任上海市委副书记孟建柱的亲自关心下，通过上海市人事局以人才引进的方式解决户口问题，对中欧MBA毕业生在上海就业帮助极大。

## 四、寻求赞助

来自欧盟和上海市政府的财务支持迟早会结束，对中欧国际工商学院来说，如果不能在20年合同期内实现财务自立，则未来的运营难免有断炊之虞。但是，在20世纪90年代中期，国内的民营企业还不发达，中欧的校友资源也很少，在国内筹资相当艰难。

曾经参与创办多家国际商学院的雷诺教授把目光放在了香港，那里有很多跨国公司的亚太区总部。雷诺和杨亨成为中欧的主要募款人，他们几乎每个月都要去香港，与这些公司的亚太区总部沟通。香港浙江第一银行、英美烟草、德国拜尔都成了中欧的赞助商，有些赞助持续10年以上。欧方副院长苏史华也奔走于上海、北京等地的外资企业，为学院积极筹款。

借鉴国外顶尖商学院的经验，中欧国际工商学院设立了一系列赞助项目，如教席赞助、校园赞助、研究赞助和物资捐赠等。有的公司则在中欧设立的赞助项目以外选择范围较窄的专门项目提供赞助。

## 五、金桥象牙塔

从一开始，上海市政府、欧盟和办学单位（上海交大和欧洲管理发展基金会）以及其他有关人士一直抱有以下设想：

——建设一所国际性的商学院；

——由具有国际水准的建筑设计机构设计；

——其建设达到国际优质标准。

创始人杨亨说："我们觉得一个学院，特别是一个商学院，必须有自己的校园，校园除了提供比较好的教育环境、住宿环境和工作环境之外，也会变成学院的一个象征。"

1997年8月18日，李家镐院长代表中欧与金桥出口加工区开发公司总经理杨小明签署了上海浦东校园土地使用权投入合同

因此，在学院成立之后，管理委员会很快着手为浦东校园设计做准备。1995年，中外双方院长还专门为此考察了多所美国的顶尖商学院。

基于学院财务依靠欧盟和上海市政府资助的现实，以及未来实现财务自立的目标，管理委员会认为，吸引赞助的最好办法是建造一座本地区独一无二、出类拔萃的校园，并为此寻找国际闻名的建筑师。

管理委员会以面试的方式，接触了欧洲和北美的7家设计公司，最终选定了著名华人建筑大师贝聿铭先生所在的P.C.F.建筑设计事务所（Pei Cobb Freed & Partners Architects LLP），并根据我国相关法规选择华东建筑设计院作为国内合作方共同设计浦东校园。

管理委员会认为，当时中欧国际工商学院的主要募资对象为香港和上海的企业家，贝聿铭先生祖籍苏州，在国内外倍受尊敬，他在香港设计的中国银行大厦也是香港的地标建筑，在香港捐资人中颇有名气，而其在法国卢浮宫的玻璃金字塔建筑在欧洲也是经典之作，其设计水准与能力享誉世界。

更重要的是，该事务所的另一位创始合伙人亨利·N. 科布（Henry N. Cobb）先生在洛杉矶为美国加州大学洛杉矶分校安德森管理学院设计的校园广受好评，有设计一流商学院建筑最直接和最相关的经验。

1995年6月26日，学院和P.C.F.签订了概念设计协议，8月7日，管理委员会在洛杉矶对概念设计初步方案进行了评估。管理委员会认为：其设计不落俗套，学术氛围好，能为教学和研究提供优雅环境，风格凝重，朴素大方，具有中西文化结合的艺术构思。

随后，P.C.F.和华东建筑设计院成为浦东校园的设计方，中建二局为施工单位，上海建筑科学研究院监理部担任了工程的项目管理。

在1997年6月13日上海市政府召开专题协调会之后，上海市计委和经委抓紧了金桥校区建设项目的审批。1997年8月18日，由李家镐院长和金桥公司杨小明总经理（朱晓明总经理的后任）分别代表中欧国际工商学院与金桥出口加工区开发公司签署了浦东校园土地使用权投入合同。1997年12月28日，浦东校园正式开工建设。

1993年，欧共体在对中欧国际工商学院项目进行可行性分析时估计，

建设中的浦东校园

基建费用大约为1 700万美元，但随后几年的通货膨胀率居高不下（每年在25%上下），使得建校后基建费用大幅超出预算。而且，由于办学规模的扩大，原建议的13 000平方米一期工程建筑面积已不能满足需求，学院通过与建筑师的沟通，最后将建筑面积确定为20 000平方米。

考虑到办学规模的发展和资金来源问题，浦东校园建设采取了整体规划、分期建设的方针。学院首先集中现有资金尽快建成浦东校园第一期工程，然后在中欧的品牌初步形成和新的资金到位后，配合长期教授队伍的建设相继启动第二、第三期工程的建设。后来由于发展迅速，学院把原计划的二期和三期工程合并为二期工程，一起完成。

1998年，中欧浦东校园建设遇到资金问题，李家镐院长以其长期担任上海工业界领导的威望和人脉积极在上海的国有企业中筹资，校友会也通过校友网络，发动各方力量，先后获得上海石化、上海天原集团、上海万泰集团、上海制皂厂和江苏证券[1]等公司捐资共905万元，雷诺教授也争取到了西班牙政府和环球资源的捐赠。

1 1999年，中国证监会正式批准江苏证券增资扩股并更名为华泰证券。

## 六、李家镐[1]：鞠躬尽瘁

1998年4月，李家镐院长被确诊患了晚期胰腺癌。5月29日，李家镐院长与世长辞。

李家镐教授出任中欧国际工商学院中方院长时年届七十高龄，在为中欧拼搏的3年半中，李家镐院长殚精竭虑，鞠躬尽瘁，把生命的最后岁月献给了中国管理教育这一崇高事业。

李家镐院长的事迹是中欧人创业艰辛的写照，也激励着中欧人不断进取。中欧创业5年实现领先亚洲的奇迹，靠的是全体员工像李家镐院长一样的拼搏精神。

1998年10月7日，《人民日报》以《创造有价值的人生》为题，刊发了金凤先生对李家镐院长的悼念文章，文章说："了解他的人都公认，家镐的内心是一团火，他怀着火一样为国为民的热情。"[2]李家镐院长不惜燃尽生命蜡炬，化作火一样的热情，献给了中欧国际工商学院。

1999年6月，根据中共上海市委的推荐，原中国社科院副院长刘吉[3]出任学院代理院长。

## 七、创业者的中考

1997年，欧盟委员会对中欧国际工商学院项目进行中期评估，在评估报告中，对中欧2年半的办学成就予以高度赞赏。

报告说：

"中欧人才济济，学院迄今为止所取得的成绩以及对未来做出的规划与我们的设想非常吻合。对此，我们表示赞赏。中欧确立了一系列目标，其中有些目标对于这样一所成立不久的小规模学院来说是相当有魄力的。[4]

"经过短短2年半的时间，中欧已经就实现这些目标取得了巨大进

1 关于李家镐教授，参见第五章"杰出人物"第一节。
2 《人民日报》1998年10月7日。
3 关于刘吉教授，参见第五章"杰出人物"第四节。
4 见中欧档案室存欧盟委员会《中欧国际工商学院项目中期评估报告》。

展，该项目曾遇到一些阻力，但并未因此而止步不前，而且其中有些问题已经得到解决，令人高兴的是该项目得到了中国政府强有力的支持。

“严格的课程设置、考试制度和高负荷的学习任务无疑大大提高了中欧的声誉，学院在不影响学术质量的前提下尽可能强调学生的实践能力。

“同样地，中欧的EMBA课程并非照搬西方模式，而是结合中国国情开设，课程将重点放在如何应用西方商务理论，尤其是如何针对中国企业组织的变化过程进行管理。这将提高参加EMBA学习的收益。

“在颇具权威性的学术委员会的协助下，无论以什么标准来衡量，中欧在学术方面已经取得了相当不错的开端，前景一片光明。”

尽管校园仍在建设中，但中欧国际工商学院的国际化办学路线、教学水准和学术水平已经得到管理教育界、市场和媒体的广泛认可。

早在1994年，中欧国际工商学院尚在筹建之际，英国著名的《经济学人》就与刚刚搬迁到上海的CEMI在上海共同召开了“上海管理经营”会议，引起工商界的广泛关注。1996年，美国《商业周刊》报道说，中欧国际工商学院已经位列亚洲最佳商学院五强之一。

1999年10月16日，在中欧浦东校园举行的董事会上，翁史烈董事长对过去5年的办学进行总结时指出，第一个5年合同期内，已经“完成了、甚至超额完成了中国政府与欧盟在办学规模、新校园建设、教学质量以及教授队伍发展等方面所规定的任务”。

到1999年10月，中国政府和欧盟的首期《财务协议》行将期满之际，在《亚洲企业》杂志评选的亚太地区50所最好的商学院中，中欧MBA课程名列第十七位。2000年5月，在《亚洲周刊》评选的亚太地区50所最好的商学院中，中欧国际工商学院MBA课程名列第十四位，EMBA课程名列第十位。

短短5年时间，中欧国际工商学院已经迈入亚洲一流商学院的行列，但是对于追求卓越的中欧来说，这远不是他们的最终目标，年轻的中欧国际工商学院朝气蓬勃，心怀梦想与希望，迈上了建立世界一流商学院的征途。

上海浦东校园正门

## 第五节 风生水起：步入发展快车道

在中欧国际工商学院的上海校园，几方浅水围绕着粉墙黛砖的图书馆，这被中欧人称之为“风生水起”，而正是在搬进这所美丽校园之后，中欧国际工商学院也进入了“风生水起”的快车道，迅速向世界一流商学院迈进。张国华教授说：“中国经济的持续高速增长，为我们提供了一个无穷的机会，中国市场需要我们这样的教育资源。”

### 一、布局新5年

1998年，中欧国际工商学院开始着手准备2000～2004年第二个5年计划的制订，执行院长菲希尔在1998年10月3日向董事会做了汇报，并得到董事会的支持。

在1999年10月16日召开的董事会会议上，决定刘吉代理院长于2000年1月出任执行院长。在第二个5年即将开始之际，刘吉教授在菲希尔教授的5年计划基础上提出了“学院未来5年战略”的报告。

刘吉教授认为，第二个5年要完成两个重要目标，即中欧要成为国际知名的商学院，将有关中国市场的知识与西方管理技能有机结合起来，其次是实现财务自立。

实现这些目标的途径包括：

——根据两个原则制定吸引国际一流的师资与发展自己的核心教授的远景规划。这两个原则是：① 重质量而非数量，② 确定学院发展的重点领域；

——加强硬件与软件建设，强化内部管理，提高教学质量；

——通过各种途径提高学院的知名度。这些途径包括：① 国际化（如扩大海外学生的比例），② 加大公关力度，③ 加强校友与学院的凝聚力，④ 与新闻媒体通力合作，并出版自己的丛书；

——为了实现学院财务自立的目标，学院必须：① 充分利用欧盟的最后一笔资助，② 进一步培育教育市场，尤其是扩大高层经理培训课程的作用，③ 增加捐赠教席的数量，并努力争取欧盟进一步的财务资助，④ 建立捐赠基金，通过利息收入和稳健的投资，抵补可能产生的经营赤字，⑤ 建立认真、创新、追求卓越的校园文化。

同时，欧方院长博纳德博士也做了5年战略规划的报告。两位院长的战略规划报告作为学院的纲领性文件引领朝气蓬勃的中欧国际工商学院大步向前。

在中期评估之后，中国政府与欧盟确定了继续出资支持学院第二期项目的方针。2000年1月20日和5月25日，欧盟委员会委员彭定康（Christopher Patten）和中国对外贸易经济合作部部长石广生先后代表欧盟和中国政府签订了第二期《财务协议》。根据协议，欧盟将提供1 095万欧元，主要用于教授队伍的建设；上海市政府则将提供1 080万欧元，用于学院的基础设施建设。

## 二、启用新校园

1999年10月，学院384位MBA和EMBA学生、所有高层经理培训课程学员、6名核心教授和其他访问教授，以及117名员工从过渡性的上海交大闵行校区全部迁入了新落成的浦东校园。这是中欧国际工商学院的一件大喜事，也是具有里程碑意义的事件。

在60亩土地上完成了浦东校园首期工程后，学院拥有了空间宽敞、设备先进的办学设施，克服了原先教室、办公室和宿舍不足所带来的种种困难。首期工程建成的设施有：教学中心、演讲厅、西班牙中心、图书馆、餐厅和2幢学生宿舍。

随着首期工程竣工，学院立即着手进行二期工程的准备工作。2002年下半年，二期工程正式开工。2004年初，仅花了不到2年时间，二期工程就顺利竣工了。从此，学院拥有了一个融中国古代园林艺术和西方现代建筑风格为一体、开放而又静谧的完整校园。

二期工程的竣工使学院拥有的建筑面积翻了一番，达到了4万平方米。新增加的设施包括：2幢教学中心、2幢学生宿舍、1幢教授公寓和1幢体育馆。

## 三、二期资金惊魂一刻

1999年底，刘吉教授担任代理院长之后，张国华教授告诉他学院面临一大难题，即欧方的第二期资金无法到位。因为欧方要求中方（上海）承诺配套资金，这样欧盟委员会和议会才能通过审批。但上海市政府认为，欧方的资金到位后，上海市政府自然会提供配套资金。而且，根据相关的外事规定，由于中欧项目属于无偿援助项目，欧方不能附加先决条件，所以中方无法事先发文做出书面承诺。然而根据欧方规定，在未获书面承诺的情况下，欧洲议会就无法通过这项预算。这样，二期资金的落实就陷入了僵局。

欧方给中欧的财政支持属于对第三世界的无偿援助项目，必须由欧盟委员会提出后经议会通过。如果不及时提供必要的文件，有关审

1999年3月，北京代表处落户达园

2002年3月，北京代表处迁入融科资讯中心

议就不能在议会通过。过了1999年底的欧盟议会会期，再申请也就无效了。时间迫在眉睫。

刘吉教授认识到，不事先做书面承诺，决不是个别部门的意见，而是上海方面根据相关规定所表示的态度。因此，刘吉教授专门找到徐匡迪市长，做了专题汇报。

刘吉教授了解到，上海市领导担心，如果做了书面承诺却仍不能通过，该怎么办？此事事关中国政府的尊严问题。最后，刘吉教授

2002年深圳联络处的第一个家——国际商会大厦

提出了一个折中方案，由中欧向上海市政府报告说明原委，市政府批示："上海市政府对中欧是十分重视和支持的，只要欧方资金到位，上海市政府立即下拨配套资金。"然后，再由中欧将此报告并批示提供给欧方。

有了解决方案后，刘吉院长和张国华副院长随即就将报告写好呈送徐匡迪市长，但是半个月过去了，还是没有消息，距离欧洲议会的审议只剩下一个星期时间了。刘吉院长打电话给徐匡迪市长，徐市长说早就批下去了。

不知道事情卡在哪里了。刘吉院长直接找到市委黄菊书记，汇报了以上情况。最后刘吉院长说道："您让我来做院长，没有钱我怎么干啊？"黄菊书记当场承诺说，这个事情他来解决，保证耽误不了。

第二天批示就下来了，紧接着欧盟议会通过了对中欧的第二期援助。此后，中、欧双方签署了二期财务协议。

这一细节充分体现了上海市委、市政府对中欧国际工商学院一贯的不遗余力的支持。

## 四、南北扩张之重返北京

中国政府对于高等院校异地办学有着严格规定。然而，政府对“教育特区”的大力支持使中欧处于相对有利和灵活的地位，而中国经济的迅速发展则使学院的区域拓展成为可能。

学院在成立之初，就把自身定位成一所立足中国的国际化商学院。这一定位意味着学院首先要成为一所全国性的商学院。因此，学院在立足于上海和长三角的基础上还积极寻求向全国拓展的机会。最终，学院选定北京和深圳作为向全国发展和扩大影响的两大基地。

几乎与浦东校园建设同步，学院也加快了解决北京办学设施的步伐。1996年，第一届EMBA北京班开学，借用的是民航管理干部学院和西门子管理学院的设施。1998年12月31日，中欧国际工商学院北京代表处成立，开始是在北京希尔顿饭店办公，后于1999年3月迁入颐和园附近的皇家园林——达园。2002年3月，北京代表处搬入融科资讯中心。

中欧国际工商学院在北京的EMBA课程于1996年首次开办，经过学院和办学单位上海交大的努力，国家教委于1998年正式同意中欧在北京开办EMBA课程。2009年，北京的EMBA班增加到4个，每年招收约240名学生。

2002年，学院董事会根据我国管理教育市场的需求及学院持续发展的要求，决定在已有的学院北京代表处与教学点基础上，建立学院的北京校园。

## 五、南北扩张之展翅鹏城

在中欧深圳联络处成立之前，高层经理培训部已经把课程销售到了中国经济最具活力的珠三角地区。高层经理培训部进行了大量市场调研及前期拓展，拜访了诸如华为、乐百氏等多家知名企业，并建议学院设立深圳联络处。

2002年7月18日，中欧深圳联络处在威尼斯酒店举行了盛大的成立典礼。深圳联络处设立在深圳国际商会大厦A座821室；2003年，搬入汉唐大厦2303B室；2004年深圳联络处升级为代表处，随后又扩展至

2303A室。由于没有固定的酒店服务商，深圳的高层经理培训课程如同打游击。

深圳联络处成立之初，仅有孔飙和时任客户服务主管的林霓两位员工。林霓依然清晰地记得：“一个办公室只有两个人，所有的杂事都得自己张罗，孔飙最早开的那辆富康车，除了出去拜访客户，经常还得接送教授，开课时运送课程资料。在2005年之前，我们的课程四处‘打游击’，上课地点不固定，没有固定的酒店服务商。”

院长助理兼高层经理培训部主任刘湧洁指出：“到2004年底，我们在深圳地区已经拥有了一定的市场影响力，为首届EMBA深圳班的开设打下了基础。首期EMBA学生中有70%～80%在招收之前我们就已认识了。”

到2004年底，深圳代表处已有4名员工，办公室再加上会议室和储藏室，90平方米的空间显得十分逼仄，在四处寻觅之后，代表处最终搬到了位于华侨城的新办公室，迎接2005年首届EMBA开班。

## 六、MBA学位的体制认可

2002年1月8日是中欧国际工商学院发展历史上重要的里程碑，在教育部领导的大力支持下，根据办学单位上海交大的申请，国务院学位委员会办公室下达了2002年1号文件，同意中欧国际工商学院颁发本院

2004年2月，中欧MBA课程首次跃居亚太第一，名列英国《金融时报》全球排名第五十三位

MBA学位。

原教育部副部长韦钰在谈到国家对中欧颁发的学位证书予以认可时说："中欧靠他们这么多年的发展，靠实力、特色和质量，现在已经在社会上得到承认了，所以国家也承认。"

刘吉院长说："本来中国政府与欧盟签订了合作办学协议，就已明确中欧是独立法人并有权授予学位。但是办学之初，中欧的办学质量和社会影响尚须实践检验。如果学校不像样子，要人家承认，那不是很荒唐的事情嘛。你把学校办出了水平，人家自然就会来承认你的存在。"

2002年，中欧的三大课程全面进入世界百强，本院MBA学位的颁发获得了国务院学位委员会办公室发文同意，中欧国际工商学院可以说是双喜临门。

2003年10月13日，中国政府首次发表了《中国对欧盟政策文件》，其中提出"办好中欧国际工商学院，培养更多高层次人才"。

## 七、获得国际认可的道路

尽管中欧的教育水准得到了政府和学术界的认可，但公众对中欧的了解仍然不多，在第二个5年，董事会提出了通过各种途径提升学院知名度的要求。菲希尔院长于1999年邀请了曾先后在法国INSEAD商学院和瑞士IMD商学院担任过公关总监的苏史曼（Jean-Pierre Salzmann）先生担任学院的公关主任。

INSEAD商学院和IMD商学院都是在欧洲最受尊重、历年全球排名名列前茅的商学院。IMD的前身之一IMEDE和INSEAD都创办于1957年，同样经历过二战后快速发展的时期，这两所商学院和苏史曼先生个人的经验都非常值得中欧学习。

1999年，中欧国际工商学院开始准备参加国际权威的英国《金融时报》商学院排名，2000年开始向《金融时报》提供相关报告。这方面的工作最早是由苏史曼先生着手进行的。

2001年10月，世界权威财经媒体英国《金融时报》发布全球商学院

EMBA课程年度排名，中欧国际工商学院EMBA课程首次进入全球50强，名列全球第二十九位、亚洲第二位。2002年1月，中欧国际工商学院MBA课程首次进入全球百强，名列全球第九十二位、亚洲第三位，EDP公司特设课程排名第四十五位、亚洲第一位。

到2004年，在英国《金融时报》的商学院排名中，中欧国际工商学院的MBA课程名列全球第五十三位、亚洲第一位，EMBA课程名列全球第二十位。

在2002年董事会会议上，欧方董事汤姆斯·萨特尔伯格先生提出学院要尽快着手EQUIS（欧洲质量发展认证体系）认证。EQUIS认证是欧洲管理发展基金会创办的以认证为形式，对高等管理教育机构进行质量评价，推动教育进步的国际认证体系，也是全球公认的两大管理教育认证体系之一。

EQUIS申请过程于2002年启动，中欧为此成立了专门小组，研究认证的各项指标，按照认证要求改革各项流程，提高各项指标。认证是否能获成功的关键指标之一是聘请到25名以上长期教授。这也意味着学院必须着手建立起一支有一定数量的长期教授队伍。从2002年开始，学院花巨资引进了一批具有国际水准的教授，到2004年，中欧的长期教授总数达到了29名。

经过2年的努力，并经过EQUIS评审专家组多次来院考核，中欧终于在2004年成为中国大陆首家通过EQUIS认证的商学院，这一认证宣告中欧的办学质量得到了国际权威认证机构的认可。

在通过认证后，EQUIS评审专家组向中欧提出了两项意见：一是有关长期教授队伍的规模与国际化程度，二是有关研究和创新。2005年，学院向EQUIS委员会就其提出的两项主要意见递交了报告。对于一所成立不到10年的商学院来说，获得国际社会如此高度的认可，不但是中国教育的奇迹，也是亚洲教育的奇迹。国际排名的不断提升和国际认证的通过，对学院的市场推广起到了很大的推动作用。

## 八、SARS冲击波

正当中欧国际工商学院为国内外各种认可与赞誉而喜悦的时候，2003年的SARS危机却让中欧面临建院以来最严重的冲击。

由于SARS危机发生的春夏之际正好是MBA和EMBA入学阶段，因为SARS危机，MBA课程的部分国际学生放弃了入学，导致国际学生比例从2002年的14%下降到11%。生源国际化的努力受到挫折。

EMBA课程当年的申请人数从2002年的876人下降到760人。大量航班的停航让很多在外地工作的EMBA学生无法每月按时来学院上课，EMBA部分课程不得不推迟到2004年。

EDP受到的冲击最大，他们不得不取消了4～7月份的课程，有些课程虽然照常进行，但是报名人数大幅下降。尽管当年收入仍然保持增长，但离年初确定的计划相差甚远。

当年，学校的收入有所下滑，间接成本有所增加，主要原因是员工与教授人数增加，以及其他营运成本的增加。

好在SARS危机很快结束，2004年，中欧国际工商学院的各项收入都出现了井喷式的增长。

## 九、爆发2004

2004年是中欧国际工商学院建校10周年，也是中欧激情迸发的一年。为了庆祝中国和欧盟之间的有效合作，提高学院的知名度，继续提高教学质量，刘吉院长提出了将全年视为校庆年的思路。

2004年，中欧大幅度引进了一批著名教授，使得学院的师资力量大大增强。会计学教授丁远、许定波，经济学和金融学教授许小年、金融学教授张春、管理学教授杨国安、金融学教授张逸民、经济与金融学副教授许斌、管理学助理教授肖知兴以及金融学助理教授高岩都是在2004年加盟的。

2004年9月7日，张国华副院长代表中欧国际工商学院与北京中关村软件园发展有限责任公司签署了《土地开发建设协议书》，并向社会各界宣告：中欧国际工商学院北京校园将坐落于国家级软件产业基地——中关村软件园的中心湖畔，占地3.3公顷，与百余家国内外大中企业毗邻。

2004年11月8日，中欧国际工商学院迎来了10年校庆，国务委员陈至立、全国政协副主席徐匡迪、商务部部长薄熙来等均来信来电祝贺。当天在上海科技馆举行“10周年校庆大会暨2002级EMBA毕业典礼”，上海市人大常委会主任龚学平、上海市委副书记殷一璀前来祝贺，严隽琪副市长代表上海市政府致辞。

## 十、收获的第二个5年

在中国政府和欧盟第二个协议期2000～2004年的5年中，中欧国际工商学院完成了一系列重要工作，可谓硕果累累：

——完成了从依靠国际访问教授到建设自己独立师资队伍的转变。从以教学为中心转变为教学与研究并重，知识创造如知识传播一样得到了重视；

——2002年，国务院学位委员会办公室发文批准中欧颁发本院MBA学位，这是中欧历史上一项重要突破。2004年，学院还获得了国际权威的商学院认证体系之一EQUIS的认证，标志着办学质量达到了国际水平；

——完成在中国三大经济引擎长三角、珠三角和环渤海地区开设EMBA和高层经理培训课程的布局；

——同时，中欧国际工商学院在国际著名媒体的商学院排名上高歌猛进，三大课程全面进入全球百强，MBA课程更是位居亚洲第一；

更重要的是，伴随中国经济的强劲发展，中欧国际工商学院基本实现了财务自立。在中国政府和欧盟的呵护下，在中欧员工的辛勤栽培下，中欧国际工商学院在金桥风生水起，开始闻名世界。

## 第六节 比肩国际：跻身全球十强

2005年，中欧开始了第三个5年的征程，在这5年中，中欧经历了张国华院长病逝之痛，也享受了中国经济高速发展带来的管理教育的迅猛发展。

2005年，中欧的MBA在英国《金融时报》的排名从第五十三位大幅提升到第二十二位；在《福布斯》中文版的MBA排行榜上，中欧被评为中国最具价值的商学院。2009年，在《金融时报》全球MBA百强排行榜中，中欧国际工商学院成功跻身全球十强、名列第八，成为亚洲首家闯入世界前十的商学院。

主要的成就表现在：

——在布局上，进一步深化了在全国的布局，北京校园的建设已于2010年年初完工，在合肥等内陆城市的管理培训课程也在全面推开。

——在国际化方面，从以前单纯地引进国际资源到转向全面的国际交流，并在欧洲设立了联络办公室，以扩大学院在欧洲的影响力。

——在办学标准上，获得了国际商学院联合会（AACSB）认证，成为迄今为止中国大陆仅有的通过EQUIS和AACSB两项权威认证的两家商学院之一。

——在师资方面，学院的长期教授从2004年的29位增加到2009年6月的58位，并吸引了中国和世界许多一流的人文学者前来演讲和交流。

——在学术研究方面，任命了专门负责研究的副教务长，建立了案例研究中心和13个学科研究中心，并吸引了一批年轻的学术精英，为未来学术研究的发展奠定了基础。

——组织了中国健康产业高峰论坛、中国银行家高峰论坛、中国汽车产业高峰论坛、中国传媒产业高峰论坛、全球管理论坛等系列高端产业论坛，在行业的影响力大大增加。

## 一、天妒英才，难阻创造奇迹的雄心

2004年，在第二届管理委员会任期的最后一年，刘吉院长已年届古稀，他认真地给谢绳武董事长写信，提出辞去执行院长的职务，并向董事会推荐年富力强的张国华教授担任院长职务。同时也向上海市政府递交了辞呈，并推荐张国华接任院长。

不幸的是，张国华教授在担任院长仅一年之后，于2006年1月10日因积劳成疾，英年早逝。噩耗传来，校内一片哀痛。作为中欧国际工商学院的创始人之一，从1992年建校谈判开始，张国华教授为中欧整整奋斗了13年。[1]

为创建一所世界一流的商学院，发展中国的管理教育，中欧国际工商学院先后有两位院长在任上病逝，其创业精神为校友和社会各界所尊崇，其不朽业绩更将为后人所传颂。

但是，正如校友杂志*The Link*纪念专刊所说：“天妒英才，但谁又能阻止我们不断超越、不断创造奇迹的雄心呢？”

## 二、选定中欧新的领头人

2006年，经上海市政府提名，中欧国际工商学院董事会任命上海市人大常委会副主任朱晓明教授担任院长。6月5日，在上海交大党委书记马德秀陪同下，朱晓明教授到中欧国际工商学院参加任命仪式，由谢绳武董事长宣读了任命书。当天，朱晓明教授还以院长身份陪同市委副书记殷一璀调研了学院工作。

根据刘吉院长的回忆，在2006年决定中方院长人选时曾考虑过5条标准：① 考虑到学院是中国政府与欧盟的合作项目，院长应为省部级干部；② 要有很好的学术背景；③ 富有领导能力和开拓能力；④ 热爱中欧、热爱管理教育事业；⑤ 有中外合作的工作经验。朱晓明教授完全符

1 关于张国华教授，参见第五章“杰出人物”第二节。

合上述标准。

朱晓明教授时任上海市人大常委会副主任，李家镐院长也曾担任此职务。朱晓明教授1986年起任上海市纺织工业局副局长，是当时上海市十大工业局中最年轻的局领导；他于1990年起任金桥出口加工区开发公司总经理、上海市浦东新区管委会副主任；1995～2003年任上海市政府副秘书长兼上海市对外经济贸易委员会主任、上海市外国投资工作委员会主任。

朱晓明教授是上海交大经济与管理学院名誉院长和博士生导师、教授级高级工程师、享受国务院特殊津贴的专家，并担任中欧国际工商学院董事。他在中国纺织大学（现名东华大学）获电气自动化学士学位和工业管理硕士学位，在上海交大获工学博士学位。

朱晓明教授还曾获得上海市科技进步二等奖一次（1995年）、三等奖一次（1985年），2004年获得上海市决策咨询研究成果一等奖。

在朱晓明教授出任院长当天，在与雷诺院长和吴敬琏教授的叙谈中，他发现当年除吴敬琏教授曾到金桥开发公司洽谈中欧项目外，另一位也曾到金桥开发公司调研与洽谈的欧方代表竟然就是雷诺院长。历史就是如此巧合，曾经作为一个项目洽谈的双方，如今又将作为同一个学校的领导人一起共事。

## 三、布局全国

从2004年开始，中欧开始注重在中西部地区的宣传及市场拓展。

2007年，中欧在激烈的竞争中脱颖而出，中标欧盟的“中国－欧盟商务管理培训（BMT）项目”，对中西部人才培养的投入大大增加。BMT由中欧国际工商学院联合三家合作伙伴——欧洲管理发展基金会（EFMD）、法兰克福金融管理学院（FS）以及IESE商学院共同执行。

BMT项目主要是为提高中国西部、中部以及东北部省份的企业管理水平而设计的，具体内容包括中欧商务教育文凭课程、学术－企业研讨会与网络平台、中欧MBA奖学金和中欧MBA学生交流奖学金。

2009年4月24日，中欧商务教育文凭课程合肥一期班毕业典礼暨二期班开学典礼

2008年1月15日，BMT项目在中欧上海校园正式启动。作为该项目的一项重要组成部分，中欧将担负起为中国欠发达地区提供管理教育的任务。授课地点包括安徽省合肥市、江西省南昌市和黑龙江省哈尔滨市，并且将逐步扩展到内地8个城市。

BMT项目的目标是到2012年为这8个城市培养450名管理人才和创业人才。中欧商务教育文凭课程为期6个月，分6个模块，每个模块为期4天，由中欧国际工商学院和法兰克福金融管理学院的教授共同执教。整个课程仅向每位学员象征性收取学费500欧元。

“我们想把中欧送到他们的家门口，这样，将有更多人受益于我们提供的世界级工商管理教育。”BMT项目经理、中欧经济学教授芮博澜（Bala Ramasamy）说。

此外，BMT项目还将在2008～2012年，每年为12名来自欠发达省份与自治区的MBA学生提供全额奖学金。

## 四、最中国的国际化商学院

中欧国际工商学院的发展，得益于中欧汇集全球资源的能力和智慧。中欧确定了“最中国的国际商学院，最国际的中国商学院”的独特定位，在整合全球资源的同时，也不断增加全球辐射力和影响力。

2005年，中欧国际工商学院在西班牙巴塞罗那成立了欧洲联络办公室，通过邀请知名校友和教授在国外演讲、授课、举办论坛等形式，努力成为中国商学院在国际上的代言人，搭建中国企业家和欧洲联络企业家的交流合作平台，提升中欧在欧洲的品牌知名度。杨国安教授、肖知兴教授和著名校友杨澜等都曾赴欧洲进行交流。

2008年10月，管理委员会任命曾任荷兰教育、文化及科学大臣的前荷兰议员奈斯安（Annette D. S. M. Nijs）女士担任中欧国际工商学院全球策略总监。这项任命旨在帮助中欧提升国际形象，建立和发展与欧洲、美国以及拉丁美洲国家的企业、政府和学术机构之间的联系。

与此同时，学院还致力于向海外的发展。学院目前已与40多所海外商学院开展交换学生项目，海外学生在近200名MBA学生中所占比例接近40%，成为名副其实的最国际化的中国商学院。此外，学院还与西班牙的IESE商学院以及美国的哈佛商学院、沃顿商学院、密歇根大学商学院等密切合作，为跨国企业开设了一系列国际课程。这些合作不仅使教学具有全球化特色，同时也有利于培养具有国际竞争力的高级管理人才。

## 五、 抓住机遇，推进北京校园建设

在北京校园规划阶段，刘吉院长先后多次拜访了北京市政府有关领导，以取得支持。

现任国务院副总理，时任北京市市长的王岐山非常高兴地说：“全力支持你们在北京办分院，分院也可以办得比总院更有名嘛！”北京校友会也对建设北京校园表示大力支持。

北京市的昌平、海淀和房山等区都表示欢迎中欧国际工商学院入驻。张国华副院长和院长助理兼北京代表处首席代表马遇生先后考察了30多块地块，最终选定了位于北京海淀区中关村软件园、面积为33 100平方米的那一块地。

中关村软件园区是北京市唯一的国家级软件产业基地，目前已有百余家企业入驻，包括西门子、甲骨文、东软集团、汉王科技等国际、国内著名企业。整个园区环境优美、绿化环绕，并有一个面积为30 000

2008年5月7日，朱晓明院长在中欧北京校园主体结构封顶仪式上致辞（后排右三为中关村软件园董事长周放 、右二为院长助理、北京代表处首席代表马遇生）

平方米的人工湖。

由于重大项目决策需董事会同意，但北京有关方面要求在10月8日前签订合同。为此，谢绳武董事长亲自给欧洲管理发展基金会主席、中欧副董事长赫拉德·范斯海克（Gerard van Schaik）博士写信，在第一时间取得了董事会授权。[1]

2004年9月7日中欧与北京中关村软件园发展有限责任公司签订土地出让合同。

中欧北京校园由欧洲著名的IDOM公司担任设计公司，国内合作方则选择了中元国际工程设计研究院。[2]

中欧北京校园造型简洁现代，首层为不规则椭圆形内部穿插庭院，二、三层为5个长方条形规则的排列，体现了理性与感性的结合。

2007年10月27日，北京校园破土动工。2008年，因配合北京奥运会，工程不得不停工3个月；建筑师提出的设计调整，又使工期推迟了2个月，为此，基建小组通过与施工单位紧密合作，终于部分弥补了工期。

中欧北京校园将于2010年初投入使用。北京校园的落成，对于学院更好服务于整个中国的经济建设，并在国内管理教育市场激烈的竞争中确保领先地位具有深远意义。朱晓明院长指出，“校园不仅是一所商学院的物理存在，更是其内在精神和气质的外化。北京校园的落成，是中欧发展史上具有战略意义的一件大事，它为中欧进一步提升在华北市场的品牌影响力和市场竞争力创造了契机，也显示中欧以更加成熟、更加自信的姿态迈向未来。”

## 六、不失时机地推进上海校园扩展建设

早在上海校园建设初期，上海有关方面就将学院东北角的一块土地作为中欧备用扩展用地。曾任金桥开发公司和浦东新区领导的朱晓明（现任中欧院长）对上海校园扩展建设做出了重要贡献。

1 见中欧档案室存谢绳武董事长给赫拉德·范斯海克副董事长的信。

2 根据国内的建筑设计法规，选择国外设计师事务所，必须有一家国内设计单位作为合作方。

土地使用权审批是任何基建项目的关键。2006年6月5日，朱晓明就任院长后，与张维炯副院长、葛俊院长助理一起先后三次去浦东新区政府汇报上海校园扩建项目土地需求方面的情况，令浦东新区领导甚为感动，并很快得到了杜家毫书记与张学兵区长的支持。近两个月后，也就是2006年8月3日，张维炯副院长代表中欧与金桥集团公司总经理俞标在上海国际会议中心签署了土地转让协议。值得一提的是，扩展项目得到了俞标总经理和金桥出口加工区开发股份有限公司沈荣总经理的大力支持。

此次签约转让的土地面积约为36 000平方米，这使上海校园面积扩展了近一倍。

交通不便一直是困扰中欧上海校园的难题，在扩建校园的同时，中欧也在努力争取上海市轨道交通9号线尽早延伸到学院所在的金桥地区。为此，朱晓明院长专门约请浦东的上海市人大代表在上海市两会提出议案，该项工作仍在推进中。

上海校园扩建项目仍由原校园设计单位贝聿铭大师领衔的P.C.F.设计师事务所承担。朱晓明院长和张维炯副院长先后多次和P.C.F事务所

2009年10月9日，为上海校园扩建用地做出很大贡献的金桥集团公司总经理俞标（右二）、金桥股份公司总经理沈荣（左三）在扩建地块上听取朱晓明院长、张维炯副院长兼中方教务长、葛俊院长助理介绍扩建规划

洽谈，希望在现有校园设计成功的基础上，保留原有特色，并有所创新。

上海市市长韩正也曾多次对中欧上海校园扩建项目表示支持。在中欧竞标“中国－欧盟商务管理培训项目”前夕，韩正市长即通过上海市发改委作出承诺，上海市愿意与欧盟对等提供约9 000万元人民币，用于支持中欧发展，包括上海校园扩建项目等。

## 七、深圳代表处办公环境的改善

2004年年底，中欧国际工商学院宣布在深圳开设EMBA班，并在2005年3月开学。

随着业务的拓展，深圳代表处的办公环境渐显局促。2009年5月17日，中欧国际工商学院深圳代表处迁入了深圳市福田中心区装修一新的荣超商务中心大楼内，新址面积约1 800平方米，拥有2间阶梯教室、1间平面教室、3间讨论室及200平方米办公区域。

朱晓明院长指出：“中欧倾注力量改造深圳教学点，是符合我院发展战略的一项重要举措。通过办好深圳教学点，不但可以满足华南地区对于高层次管理培训日益增长的需求，而且还为我院在港澳特区以及西南地区扩大影响和开拓业务创造了有利条件。”

2009年也被深圳代表处视为“业务一体化的元年”。此前，深圳的EMBA课程和高层经理培训课程各自向上海总部汇报，首席代表先后由院领导与上海的相关部门负责人兼任且更换频繁，一直没能形成完整的组织架构，10人左右的办公室被戏称作一壁之隔的“东西华侨城”。2009年，三大课程在深圳将由代表处统一管理，实现业务一体化。中欧深圳代表处首席代表梅文珏说：“EMBA课程、高层经理培训课程和校友这三块可以共同支撑起一个相当强大的信息资源网络，随之而来的是客户群体的扩大以及品牌影响力的上升，这对中欧品牌效应不明显的华南地区尤为重要。”

## 八、政府智库——中欧陆家嘴国际金融研究院的成立

坐落于陆家嘴黄金地段的中欧陆家嘴国际金融研究院

2007年10月26日，中欧陆家嘴国际金融研究院在上海陆家嘴金融区挂牌成立，这是中欧两个政府智囊性的研究机构之一（另一个是中国服务外包研究中心）。中欧陆家嘴国际金融研究院定位为上海国际金融中心建设的智库。研究院成立当天，上海市市长韩正亲自为研究院成立揭牌，上海市常务副市长冯国勤出席并致辞。

2008年9月20日，中欧陆家嘴国际金融研究院第一届理事会第一次会议召开，中共中央政治局委员、上海市委书记俞正声与上海市市长韩正分别发来贺信。俞正声书记在贺信中说："中欧陆家嘴国际金融研究院作为开放的、国际化的学术交流平台，一定能够帮助上海推进金融研究、深化金融改革、汇聚金融人才，不断提高金融工作的能力和水平，促进金融业更好地为改革开放和社会主义现代化建设服务。"

中欧陆家嘴国际金融研究院由中欧国际工商学院和上海陆家嘴集团有限公司共同发起成立。它选址陆家嘴黄金地段，为上海国际金融中心建设和中外金融机构发展提供研究、咨询、培训等服务，搭建沟通、交流、分享平台。研究院聘请全国人大常委、财经委员会副主任委员，中国人民银行前副行长吴晓灵出任院长。

中欧陆家嘴国际金融研究院参与承办了由上海市政府、中国人民银行、中国银监会、中国证监会、中国保监会联合主办的2008、2009两届"陆家嘴论坛"，主办了20多期"中欧陆家嘴金融家沙龙"，并开展了一系列有关上海国际金融中心建设的学术研究，成为学院开展金融研究和为上海国际金融中心建设服务的核心平台。研究院还开设了外汇风险管理、金融衍生工具及金融创新、金融法官培训等许多高级金融培训课程，为上海国际金融中心建设的人才培养做出了贡献。

地处东园路36号B栋别墅的中欧陆家嘴国际金融研究院是一座地标性金融研究建筑物，它是上海最负盛名的"陆家嘴论坛"大会秘书处的所在地。

2009年1月5日，学院举行荣获AACSB官方认证新闻发布会（左起：张维炯副院长兼中方教务长、上海市教委主任薛明扬、朱晓明院长、张杰董事长、郭理默副院长兼教务长、白诗莉副教务长兼MBA课程学术主任）

## 九、EQUIS续认与AACSB认证

在2007年6月6日的EQUIS认证会议上，EQUIS认证机构投票通过了继续授予中欧国际工商学院5年期EQUIS认证的审核。

EQUIS认证机构对中欧提出了三项具体的建议：

——继续推进优秀师资的招聘工作；

——结合学院具体情况，制订更加明晰的学术研究政策，并认真加以落实；

——进一步审核课程组合结构，使学院的收入来源更加多元化。

从2006年开始，中欧筹备申请另一项国际权威的国际商学院联合会（AACSB）的认证，并于2009年1月通过了该项认证。AACSB的评审报告对年轻的中欧国际工商学院给予了高度评价：

“中欧国际工商学院能在中外合作商学院这种独特的模式下充分发挥多元化、国际化特色，做到了‘中西合璧，兼容并蓄’；将学术研究与实践紧密结合，在经济领域以及社会领域均发挥了极大影响力；师资力量持续快速增长，为学院发展打下坚实的学术基础；高度重视自身品牌的发展，加强自身品牌形象并使其成为质量保证。”

同获全球最权威两大认证体系的认证，充分证明中欧国际工商学院的办学质量已达到国际管理教育界公认的标准。

CEIBS
China Europe International Business School,
China
EFMD
EQUIS
ACCREDITED
was awarded
EQUIS Accreditation
(European Quality Improvement System)
on 31st March 2004
This award was renewed on 6th June 2007

2007年6月6日，中欧获得欧洲质量发展认证体系（EQUIS）的续认

# 第七节　今日中欧：世界管理教育的中国奇葩

到2009年，走过了15年创业创新之路的中欧已经成为亚洲领先、国际知名的商学院，成为世界管理教育的中国奇葩。

## 一、15年办学成就

吴敬琏教授曾经动情地说："中国经济发展的成功、管理水平的提高，要为中欧国际工商学院记上一笔。"

中欧国际工商学院已从最初每年招收60余名MBA学生、40余名EMBA学生的规模发展为目前每年招收近200名MBA学生（3个班级）、700余名EMBA（12个班级，招生规模位居全球商学院之首），高层经理培训课程每年培训学员10 000多人次（培训课时总量位居全球商学院第六名）。

截至2009年底，中欧国际工商学院共培养了1 602名MBA毕业生、4 622名EMBA毕业生，并为80 000多人次的经理人提供了管理培训，为我国经济社会发展培养了大批高层次、国际化经营管理人才。

今天的中欧国际工商学院已经同时在上海、北京、深圳3个城市开办EMBA和高层经理培训课程，在合肥等8个内地城市开办或计划开办中欧商务教育文凭课程，与沃顿商学院、加州大学洛杉矶分校安德森管理学院、哥伦比亚大学商学院、伦敦商学院、康奈尔大学约翰逊商学院、西北大学凯洛格商学院等全球数十所商学院进行MBA学生交换，并合作举办EMBA和高层经理培训课程，以及在全球各地广泛开展学术交流活动。

在师资方面，学院已聘有58名长期教授，他们中绝大多数都拥有国际一流大学的博士学位，并曾获得海外教职。在研究上，学院已建立案例研究中心和13个学科研究中心，培养了一批具有国际视野的本土研究人员，正在逐渐形成自己的学术研究梯队和研究特色。

在北京校园正式落成后，中欧将拥有两座可与世界一流商学院媲美的校园。在学院第四个5年期间，中欧上海校园还将进行扩建，项目完成后，上海校园面积将比目前扩大近一倍。

## 二、完全的财务自立

中欧国际工商学院的创办资金来自上海市政府和欧盟委员会，但《财务协议》也确定中欧最终的目标是要实现财务自立。

专业而富有远见的董事会是中欧国际工商学院正确运营的指导者，也是运营风险的控制者。在每年10月或11月召开的董事会上，财务是董事会讨论的首要问题，工商界的董事和管理学界的专家对财务问题驾轻就熟，学院一开始就确立了谨慎的财务策略。

1998年，尽管金桥开发区的土地已经确认转让给中欧国际工商学院，但由于负责基建的李家镐院长逝世，导致土地过户手续延迟，没有过户到学校账户，但在财务报表上已经将土地列为学院的资产。赫拉德·范斯海克副董事长就质疑，如果不拥有土地使用权，土地则无法估值，在资产负债表上应该算是资产还是负债？最后董事会责成管理委员会在1998年12月31日前完成土地过户工作。

此类细节比比皆是，历年董事会上，都会对来年的资金预算做基本的评估和保守的评估两种方案，以期对风险有足够的控制。财务上的严谨是合作双方互信的最重要的基石，中欧国际工商学院从1994年开始，就聘用了普华永道会计师事务所作为审计机构。

2001年，中欧基本实现了财务平衡。由于开办时间较短，校友及公司赞助占学院收入比例尚不高，学院主要靠运营收入实现了财务自立。在这点上与世界一流商学院相比，还有很大差距。世界排名前十的商学院，大多拥有雄厚的捐赠基金，例如到2008年底，哈佛商学院的捐赠资金规模已达29.71亿美元。学院要为未来的持续发展打好基础，就必须在努力增加运营收入的同时，花大力气做好筹资工作。这是中欧今后努力的一个方向。

## 三、中欧特质

过去15年，中欧国际工商学院形成了它独特的文化，从而形成中欧人一种独特的气质，使中欧的师生员工能够彼此信赖合作，追求一种不断创新、不断超越自我的精神，通过合作竞争使每一项工作都力争做到尽善尽美，从而确保组织的长期发展和成功。

雷诺教授认为，中欧独特的文化中非常重要的一点是中欧拥有一整套历久弥新的价值观。许多西方管理学院是建立在一系列核心价值观之上的，但随着时间的推移，这些价值观往往会被其本身的招牌所掩盖。而中欧则不然，经过15年的蓬勃发展，中欧的文化底蕴中依然保持着富有道德感、勤劳、创新、有抱负、国际化和多元文化的特点。

中欧的校标为合。它是一个古代小篆体的“合”字，是CEMI时期杨亨先生邀请一位留学比利时的中国画家设计的，寓意合作办学。刘吉教授担任院长后，对校标的寓意做了全新的阐释：

首先，它是“合”字，体现中国与欧盟合作办学；更进一步，中欧人应永远有一种友好合作的精神。第二，它像一座美丽的房子，显示中欧是一个大家庭，中欧人永远团结一致，共同前进。最后，更深刻的是，它是一个向上的箭头，代表学海无涯，学无止境，事业也无止境，激励中欧人永远向上，不断创新，不断开拓进取！

1997年，李家镐院长就着手对学院文化建设与各部门主管进行讨

中国工程院院长、原全国政协副主席、原上海市市长徐匡迪为学院题写的校训

论。李家镐院长提出了包括追求（aspirations）、团结（solidarity）、进取（progress）、竞赛（emulation）、协作（coordination）和超越（transcendence）六个方面，简写为ASPECT。

1999年，刘吉教授出任代理院长后，进行了一系列院内外、国内外调查研究。他认为，虽然当时全体员工奋发创业，教学工作不断展现闪光点，但要实现“培养二十一世纪具有国际竞争力的企业家和高级管理人才”的历史使命，还需要一种足以凝聚全院持续拼搏的学院文化和精神力量。这种文化和精神既要从当前实际出发，有鲜明的针对性，又必须跨越时空可以薪火相传。

在一年多的调研中，许多学者、企业家、政治家的见解给刘吉教授极大的启发。2000年，刘吉教授出任执行院长，在征得张国华副院长赞同后提出了“认真、创新、追求卓越”的校训，成为中欧国际工商学院的核心文化。中欧认为：

认真——这是一个人、一家企业、一所单位事业成功的起码要素。毛泽东曾精辟地说过：“世界上怕就怕认真二字，共产党就最讲认真。”从某种意义上说，这是中国革命胜利的一条重要经验。然而，当代中国，特别是一些糖水里泡大的年轻人，忘掉了这个传统，“何必太认真，潇洒走一回”竟成了他们的人生哲学。因此，为了中欧事业的成功，必须坚持“认真”二字。

创新——创新是一个先进民族的灵魂。中国乃至全人类都处在一个历史大转折的时代，时代呼唤着创新。只有不断创新，一个人、一家企业、一所单位的事业才能持续成功。

追求卓越——追求卓越不是先验地预设一个完美的成功愿景，而是倡导不懈追求的努力。不论我们做得多好，我们都要问一问自己能不能做得更好！只有具备这种精神，我们才可能把成功持续到永远。

多元化是学院文化的另一项重要内容。在中欧国际工商学院，多元化意味着充分尊重每个成员在性别、年龄、种族、国籍、信仰、教育背景等各方面的差异。学院始终认为，只有在一个各种观点都能受到尊重和鼓励的工作环境中，才能生产出最好的产品、提供最好的服务。对学院而言，多元化不仅是一种企业伦理，更是一种核心竞争优势，因为它使学院得以从多元化带来的各具特色的才能与智慧中充分汲取力量。学院认为它的每一位成员都能做出贡献，都能产生影响。各种才能、个人风格及创新建议都能对造就一个生气勃勃的氛围做出贡献，进而推动学院的成长。

## 四、跨越欧亚大陆的影响力

2008年11月28日，中国国务院总理温家宝在出席第四届中国和欧盟工商峰会时表示，中欧国际工商学院是中欧双方在教育领域合作中的典范，“中欧国际工商学院已成为众多优秀管理人士的摇篮。”

欧盟委员会主席巴罗佐（Jose Manuel Barroso）说：“当今中国经济的发展成就，中欧国际工商学院的贡献功不可没。”欧盟委员会副主席布里坦在视察时，把中欧国际工商学院誉为“中国和欧洲合作最成功的项目，是符合中国国情的旗舰项目”。

基于成功创办中欧国际工商学院的经验，2008年10月，中国政府和欧盟又启动了在北京创办中欧法学院的项目，按照中国政府和欧盟的合作计划，中欧法学院旨在建成世界一流的法学院，加强中欧法律职业人士的联系，改善和提升中国法学教育。

在过去15年里，先后有欧盟委员会主席、欧盟议长、西班牙国王、爱尔兰总统、比利时首相、法国前总统等政要，诺贝尔经济奖得主等国际知名学者和星巴克创始人、米其林CEO等知名企业家到中欧访问讲学，使学院成为国际交流的平台。[1]

## 五、公众舆论眼中的中欧

2001年，中欧成立了市场及公共关系部，加强了和海内外媒体的

1 关于到中欧访问的中国政府和上海市政府的领导人、各国政要，以及国内外各界著名人士，详见附录九“重要来访”。

沟通，有关中欧国际工商学院的媒体报道数量大幅上升。媒体的报道已成为中欧国际工商学院品牌传播的重要方式。

以中文平面媒体为例，从2004年全年227篇报道，上升到2005年的541篇，2006年的1 178篇，2007年的1 124篇，乃至2008年的1 972篇，相当于每天都有5篇关于中欧的报道在各种媒体上出现，每年接待来访的记者编辑超过600人次。报道的质量和数量都大幅提升，涵盖了包括香港、台湾在内的中国22个省市自治区和特别行政区，日报、周报、杂志全面覆盖。中央电视台、东方卫视、第一财经频道、上海新闻综合频道、上海教育电视台、深圳电视台等电视媒体在黄金时段的报道也持续增加。中文媒体方面，更和新华社、《解放日报》、《文汇报》、《中国企业家》、《财经》杂志等达成战略联盟，让中央电视台经济频道、东方卫视走进中欧校园录制节目，达成更为广泛的传播效果。

国际媒体对中欧国际工商学院的报道量也在逐年增多，2008年纸媒、网络报道总量为1 068篇，2009年增加至1 281篇，较2008年增长了21%。此外，2009年“A”类媒体的报道量较2008年增加56%，已突破140篇。“A”类媒体包括：《英国金融时报》、《华尔街日报》、《纽约时报》、《道琼斯》、《福布斯》、《经济学人》、《路透社》、《商业周刊》、《彭博新闻社》等28家国际主流媒体。2009年，主流外语电视媒体与广播媒体对中欧的报道量达40条，其中包括：上海外语频道、CCTV9、BBC、ARD、BNR等。2009年，国际媒体平均每周通过电话或邮件对中欧的采访量达4.5次。国际媒体对中欧的报道语言含英文、西班牙文、法文、德文、韩文、意大利文、葡萄牙文、越南文、俄文、保加利亚文、日文、希腊文等。

商学院是知识的创造和传播者，因此在所有媒体报道的类型中，对教授的采访、研究报道数量增加最快。以2008年为例，关于教授的报道占到了总比例的48%；对于EMBA、MBA和EDP三大课程的报道，占22%，其中50%的报道聚焦学生和校友故事；学院举办的各种行业论坛也是重要的品牌传播契机，所占报道比例为16%；其他各部门举行的各种高层管理论坛（全年超过50场次）、重要来访也成为挖掘新闻和进行传播的机会，所占比例也达到了14%之多。根据香港公关公司media360+的统计，与主要竞争对手相比，中欧国际工商学院在媒体报道数量和影响方面均处于领先位置，中文媒体约占市场59%的份额。

在国际媒体方面，中欧国际工商学院与《经济学人》、《华尔街日报》、英国《金融时报》、路透社、上海外语频道等建立了牢固的关系，有多位教授接受了这些媒体的专访。另外，由于中欧校友的卓越业绩，在中欧接受的国际采访申请中，除了教授和学校新闻，也有四分之一左右联系采访中欧校友。

此外，学院许多教授，就当前中国经济发展中的热点问题在各种电视节目中发表见解，其中包括刘吉、吴敬琏、许小年、郭理默、张维炯、周东生、杨国安、王建铆、丁远、许斌、李秀娟、赵欣舸、肖之兴、鸿翥吉马（Kwaku Atuahene-Gima）等。这使得中欧在海内外建立广泛的话语权，其的影响力超越了学术圈，从而影响社会乃至政府决策。

## 六、持续创新，锐意改革

尽管学院各项事业都在稳步推进，中欧国际工商学院仍然时时检视自身，以保证基业长青，并对中国经济发展和管理教育进步做出更大贡献。

雷诺执行院长在回顾国际商学院发展的历史时指出，许多曾经在商学院排行榜上领先的商学院已经跌出榜单，有的甚至消失了。他说：“中欧是中国大陆创办的第一家、而且仍然是唯一的一家国际化商学院，是最适应中国环境、最具有中国特色的商学院。为继续保持学院未来15年在中国管理教育界乃至世界管理教育界的领先地位，中欧必须制订并执行具有前瞻性的战略 。”

朱晓明院长也时时提醒大家，“我们必须认识到，中欧在综合实力上与其他全球领先的商学院相比，仍存在较大差距。中欧只有持续创新、锐意改革，才能确保在前进的道路上获得生存和发展。”

# 第二章　奔腾的三驾马车

## 第一节　中国管理教育的第一方阵

### 一、高起点、高标准启航

1994年11月8日，在《中欧国际工商学院办学合同》签署的同时，中欧国际工商学院的创业者们在上海浦东的金桥开发区为未来的校园奠基培土。根据《财务协议》要求，这所由中国政府和欧盟共同创办的商学院应该在第一个5年里达到亚洲一流水平，这是双方共同的目标，而这一目标在当时任何人看来都是不易实现的。

中欧的创业者们明白，创建亚洲一流商学院的起点不在大楼，而在课堂。如果中欧能领先管理教育，那一定是依靠一流的教学质量和以管理知识为企业创造价值的能力。于是，借用国际一流的师资、开设国际一流的课程，成了中欧做出的最早的战略决策之一。

《财务协议》规定，中欧国际工商学院开展的三大主要课程为MBA、EMBA和高层经理培训课程，这也成为学院过去15年最重要的支撑体系。这三大课程也是全球商学院最为核心的课程，除此之外有的商学院还开设有本科和博士学位课程。

中欧的创业者们并没有采取从单项课程入手，再向其他领域逐步扩展的渐进方式，而是选择了三大课程同时起步，高标准、高起点均衡发展的战略。

中国长达30年的管理教育的中断和1978年以来改革开放所带来的历史性转折，使企业和社会管理的每个层面，从一般的营销人员到车间主任再到大型企业的总经理，都对现代管理理念和技能的学习产生了巨大需求。1992年，中国正式确立了建设社会主义市场经济体制的目标，这进一步刺激了市场竞争和随之而来的管理需求。诞生于1994年的中欧国际工商学院，可谓生逢盛世，幸运地抓住了历史机遇。中国市场经济的蓬勃发展、中国于2001年加入世界贸易组织所带来的与全球经济的大融合，为以培养国际化管理人才为使命的中欧跻身世界一流商学院行列提供了广阔的舞台。

## 二、三大课程的组织架构

中欧国际工商学院成立后，以时不我待的精神开始了三大课程的筹备和推广。1994年11月，中欧的高层经理培训部率先开设了“大型国有企业外向型人才课程”，随后又为全球领先的电力与自动化技术集团ABB公司开设了公司特设课程（CSP）。

1995年3月13日，中欧首届MBA班预科模块开课。同年5月8日，中欧国际工商学院首届MBA和EMBA班正式开学，这也是中国大陆首次开设EMBA课程。由此，中欧成为中国第一家同时开设MBA、EMBA和EDP三大课程的商学院。

首届MBA毕业合影

由于EMBA和EDP针对的都是企业的高层，面对建校初期开拓市场的巨大阻力，学院在组织结构上将MBA课程部列为一单独部门，EMBA和高层经理培训课程归为高层经理培训部统一管理。[1]

建校之初，中欧的教学辅助人员不到10人，管理也非常扁平化，中方副院长张国华教授直接管理MBA课程部，李六珍女士担任助理（Coordinator），1996年升任助理主任。

在高层经理培训部，比利时人范汇东（Stefaan van Hooydonk）担任主任，李旻姝女士作为主任助理（1996年升任助理主任）负责EMBA课程日常运作，同时聘请温伟德（Wilfried Vanhonacker）教授担任课程学术顾问，负责课程设置和教授聘请，李月庆先生作为副主任负责高层经理培训课程部分。1996年，学院设立独立的EMBA课程部，高层经理培训部继续由范汇东担任主任。

但是两个学位课程MBA和EMBA课程部并未任命主任，一直由学院领导直接管理。原因在于，当时部门中主持日常工作的行政人员并没有相应的学术背景，而对于这所雄心勃勃志在创建亚洲一流的商学院来说，拥有国际学术背景和熟悉中国实际情况是担任这两个课程的主任所必须满足的条件。

1997年5月，张国华副院长邀请原上海交大管理学院副院长张维炯教授出任EMBA课程主任，张维炯当时刚刚在加拿大不列颠哥伦比亚大学（UBC）商学院获得企业战略博士学位。1998年2月，中欧国际工商学院聘请毕业于美国佛罗里达大学商学院的经济学博士王建铆出任MBA课程主任，从此三大课程的组织架构基本确立了。

为了拓展学生的就业渠道，1996年，中欧在MBA课程部内设立了中国大陆商学院第一个职业发展部（Career Development Department）。2001年，职业发展中心成为一个独立部门，2009年与MBA课程部在业务上做了新的整合。

2006年4月以后，为了进一步加强对三大课程的领导，管理委员会任

1　1996年之前，中欧的EMBA和高层经理培训课程同属高层经理培训部管理，由范汇东（Stefaan van Hooydonk）担任课程主任。

命了三位副教务长，他们分别是MBA课程学术主任白诗莉（Lydia Price）教授，EMBA课程主任梁能教授和高层经理培训部学术顾问杨国安教授。

## 三、中欧的课程特点

尽管三大课程各有侧重，但中欧三大课程仍然有其共同特色。这些特色包括，以学生为中心、国际化、注重商业实践、关注商业伦理、注重领导力以及领导者人文素养的提升。

### 特点一：以学生为中心的教学模式

自建院伊始，中欧就将教学根植于实际商业活动，创建了独特的以实践为导向、以学生为中心的教学模式。在传统的教学模式中，教授采取“填鸭式”的方法，学生被动地接受，效果很差；而且，授课内容非常书本化，内容抽象难懂，学生很难将其应用于具体的管理实践。

以学生为中心的教学模式则强调教授与学生的互动以及案例教学法。案例教学法是国际一流商学院最重要的教学方式之一，中欧每年从包括哈佛商学院在内的一流商学院购买大量案例用于教学，并从2004年起每年派出5名左右的教授参加哈佛商学院的案例教学法培训。但是，引进的案例缺乏与中国经济、政治和文化环境的衔接，很难满足本土学生的需求。因此，中欧于2001年组建了专门的案例研究中心，开发基于中国商业环境的教学案例。

为了更贴近商业实践，中欧每年组织MBA学生开展小组咨询项目（Group Consulting Project），为企业的实际管理问题提供解决方案，受到企业的欢迎。EMBA课程则要求4～5位学生组成一个课题小组，针对某位学生所在企业的实际管理问题进行研究和咨询。这些做法非常具有实战性。

### 特点二：国际化

自建院伊始，中欧就全面使用国际化的师资、课程和教材，并采用国际通用的招生和培养方式，因而，国际化是中欧课程最重要的特点之一。办一所不出国也能留学的商学院，是各界的期许，也是学院的目标。

学院还利用与国际商学院的广泛联系，以交换学生、合作课程的方式培养学生的国际化视野，并且在国际交流中使学生重新认识自我，在全球化视野中完成自我认知和定位。中欧联合哈佛商学院、IESE商学院推出了全球CEO课程，联合沃顿商学院推出了公司治理课程。中欧EMBA的国际模块更是融合了IMD、沃顿等商学院的学习体验和对GOOGLE等领先企业的实地考察。

国际商学院联合会（AACSB）认证质量委员会主席尼古拉斯·莫提斯（Nicolas Mottis）在中欧获得AACSB认证后写给郭理默教务长的贺信中表示："中欧国际工商学院在过去近15年中所取得的成就举世瞩目。就我个人而言，也深深为其中西合璧、兼容并蓄的融合力所折服。"

**特点三：关注商业伦理**

在建院之初，有一位在中欧任教的法国籍访问教授在国外对美国企业家说，中国的经理人是靠不住的，他们的操守有问题，此事引起不小的外交风波。有位在现场的华人事后把这件事情告诉了中国外交部，外交部则通过中欧了解此事。外交部的官员说："中国学校的人跑到国外讲这个是什么意思啊？"学院专门和这位教授约谈，了解到西方商界对中国企业家诚信的评价，这位教授也意识到在公开场合发表这种言论是不恰当的。[1]

但中欧国际工商学院却也由此意识到，中国企业家和经理人需要加强商业伦理和职业操守方面的教育。因此，学院决定从第一届MBA学生开始，就开设商业伦理课（Business Ethics），并在此后将其设为必修课。

正在学院为聘请商业伦理课教授颇费心思之时，正在上海社科院讲学的美国圣母大学（Notre Dame University）国际商业伦理学阿瑟及玛

1 关于开设商业伦理课程的原由，根据吴敬琏教授的回忆整理。

丽·奥尼尔教席教授乔治·恩德勒（Georges Enderle）教授登门自荐，使得这一难题迎刃而解。就这样，中欧开设了中国大陆商学院的首个商业伦理课。

在EMBA课程中, 商业伦理课是EMBA学生在中欧的第一堂课。在EMBA开学典礼上，企业家社会责任是年年强调的主题。

中国最受尊敬的企业家、联想控股董事局主席柳传志，中国最受尊敬的法学家江平教授都曾经应邀在开学典礼上为EMBA新生主讲社会责任问题。从2007年开始，这一内容被正式设为EMBA课程的一部分，且作为学生入学的第一门课，安排在开学住读模块开设；学生在中欧讨论的第一个案例，就是企业家社会责任和商业伦理案例。从2008年起，中欧又设立了“EMBA善为奖”,专门用以表彰在承担企业家社会责任方面做出突出贡献的学生。

时任学术委员会主席的雷诺（Pedro Nueno）教授在一次演讲中说：

“随着市场经济模式不断取得进展，我们知道这一模式有着许多不同变体，从美国的资本主义到欧洲的更社会化的模式。因此，公司对人和环境需要更加尊重。职业道德意味着管理的方法应该促使被管理的人不断完善。道德化管理不但关心员工和经理们的经济收入和个人发展，同时还关心对环境的保护。”

对商业伦理教育的经年积累，在中欧学生之中形成了一种以诚信合作为核心的商业道德文化，从而使学生或校友之间能彼此有效地合作。“中欧的学生信得过”已成为媒体和公众的共识，而此种口碑亦是学院最珍贵的资产。

**特点四：提升领导力**

领导力是决定任何组织绩效的关键因素。中欧国际工商学院意识到，它所培养的商业精英必须具有超群的领导能力，必须具备杰出的领导素养和人格魅力，因此，提升领导力成为教学的核心目标之一。

从2006年开始，中欧国际工商学院对每个EMBA学生在入学时做一次领导力360度评估，然后由组织行为学教授帮助学生分析评估结果，制订领导力发展计划。同样的评估在毕业住读模块时将再做一次，并在教授指导下比较两次评估的差异，反思两年学习的收获与不足，制订毕业后领导力长期发展的规划，从而领导所在组织有效地进行变革并实现发展。

在高层经理培训课程中，领导力课程已经成为金牌课程。从1994年起，高层经理培训部就开设了领导力课程，2007年，李秀娟教授还专门开设了女性领导力课程，引起广泛反响。目前开设的与领导力相关的课程已经达到7门，15年来，领导力课程培训过1 910人。

在MBA课程部，“领导力和团队精神”则是第一学期的必修课。MBA是未来的商界之星，领导力的培养对未来的商业领袖至关重要。从2003年开始，学院邀请大量国内一流人文学者来校演讲，以提升学生的人文素养。课业之外，学生和校友开展了一系列学生活动，也为培养领导者的综合素养做出了贡献。

在中欧国际工商学院毕业生对母校的评价中，从大型企业的董事长到中小企业管理者，最常说的一句话是：“中欧改变了我的人生。”外人或以为言重，但体验了思维模式转变、领导力锤炼的校友们自有深刻体会。[1]

## 四、三大课程的协同效应

从2004年开始，EMBA和MBA课程首创了国内第一个“良师益友项目”。2005年，张国华院长临终前曾嘱咐EMBA学生要多帮帮MBA学生，因为EMBA学生的资源比较多。

“良师益友”项目是为了帮助在校的MBA学生多渠道地读“活”书，为毕业后进入商界实战做好充分准备。

对MBA学生来说，他们可以进入EMBA学生和校友的圈子，了解行业的情况，找到实践的机会，甚至到EMBA学生和校友的公司工作；对

1　中欧1997级MBA毕业生、北京四环医药科技股份有限公司董事长文鸣旭说：“实事求是地评价，整个的MBA教育可以说改变了我个人的一生。我觉得中欧是重新塑造了我。”

EMBA学生和校友来说，则可以接触到近200人的MBA学生队伍，优先挑选公司需要的人才，并获取MBA学生对公司管理提出的建议。

“良师益友”项目强化了MBA和EMBA学生和校友之间“同为中欧人”的归属感，这种归属感会让彼此间的联系和合作更加紧密。这也注定了“良师益友”项目是一个非常有效的、能为两者提供自由互动和交流的平台。

这仅仅是中欧国际工商学院三大课程的协同效应的实例之一，在过去15年，中欧的三大课程已经产生了巨大的协同效应，这些效应表现在：

首先，三大课程在战略上相互支持，协同互补。MBA课程培养的是中国经济的下一代领导人，影响中国社会未来的发展，并直接与国际商学院竞争，对于中欧的未来和中欧使命的实现，具有极其深远的战略意义，因而被称为中欧的“旗舰项目”。

由于中国转型经济的特点，中欧EMBA学生层次非常之高。再加上中欧EMBA课程的巨大规模，历年所培养的6 000多位企业家、高级官员和高层管理者对于推动中国经济、社会发展做出了最为重要的贡献，从而使EMBA课程成为中欧目前对中国经济发展影响最大且最具号召力的项目。

高层经理培训具有形式丰富、针对性强、见效迅速的特点，对于面临无数实际问题的中国企业而言，其重要地位是学位教育无法替代的。高层经理培训课程中提出的问题，往往会成为学术研究的课题，从而推动学术研究的发展。因此，对于中欧的战略发展而言，三大课程缺一不可。

其次，三大课程在财务上能形成互补。MBA是商学院的旗舰项目，但却并不赚钱。在建校早期，由于聘请外籍教师的高昂费用，学院对每位MBA学生的补贴接近10万元人民币。[1] EMBA和高层经理培训部的财务收入很大程度上缓解了MBA课程的财务压力。

第三，三大课程使学院的知识、学术资源得到了充分运用。教授

1 见中欧档案室存1996年管理委员会给董事会的财务报告。

们在不同课程授课，能够从企业界获得新的信息，使教学水平不断得到提升。一些EMBA和CEO课程校友所在企业还被写入了学院的案例。高层经理培训部的短期课程成为EMBA和MBA课程的试验田，高层经理培训部了解到市场最迫切的教学需求并努力满足，这些课程一旦成熟，就有可能转化成为MBA和EMBA的课程或课程中的部分内容。

最后，三大课程实现了有效的企业资源共享。中欧建立了独立的企业关系部，和企业界保持良好的沟通，而三大课程则共享了学院的企业资源。由于高质量的教学使学生受益匪浅，一些企业高管在中欧学习后，在企业管理团队中选派精英人士申请中欧的MBA和EMBA课程，选购高层经理培训公开课程与公司特设课程的也不在少数。

南京银城实业股份有限公司董事长黄清平曾于2003年就读中欧CEO课程。银城地产与高层经理培训部合作多年，选购大量公开课程及设置多模块内训课程，公司每年还向EMBA课程选派考生，目前已选送并被录取6人。黄清平说："银城实业的快速健康发展不仅得益于时代所赋予的机遇，更有赖于中欧国际工商学院多年来为公司培养的管理团队。"类似的把管理团队整体送到中欧国际工商学院学习的企业还包括宝钢集团、上海石化、TCL集团、深圳比亚迪、深圳迈瑞集团等。TCL还与新成立的中欧出版社合作，对中层管理团队开展在线管理培训。

# 第二节 全球领先的MBA课程

## 一、MBA的起源和中国MBA教育概况

MBA教育起源于美国。一般认为，美国最早的管理学院是1881年在美国宾夕法尼亚大学设立的沃顿财经学院（The Wharton School of Finance and Economics [1]），而工商管理硕士（MBA）要晚些，大约于1908年诞生于哈佛大学，到现在已经有100年的历史。

第二次世界大战结束后，管理教育才开始蓬勃发展起来，这主要源于第二次世界大战中美国企业所有权和经营权的分离基本完成所产生的对职业经理人需求的迅速膨胀。战争结束后，战时经济转变为和平时期经济，人们的消费能力大量释放，市场兴旺，更为企业带来了大量扩充职业经理人的需求。

需求的骤增最终暴露了美国的管理学院在目标、手段和学术水平上的诸多弱点。1958年卡耐基基金会和福特基金会各自的综合研究报告不约而同地明确了管理教育的实践性，主张加强学生的定量分析能力，并基本形成了后来影响颇广的结构化的课程体系。这之后的六七十年代，美国管理教育的重点便放在了MBA上，美国每年授予的MBA学位数量达到授予硕士学位总数的20%以上，管理教育进入了空前的蓬勃发展时期。

中国大陆的MBA教育起源于1984年开办的中欧管理中心（CEMI）的MBA班和中美中国工业科技管理大连培训中心与纽约州立大学布法罗分校合办的MBA班。除此之外，当时中国大陆并无其他MBA课程。

1989年初，根据国务院学位委员会第八次会议的意见，国务院学位委员会办公室和国家教委研究生司发出《关于设立“培养中国式MBA

1 这是沃顿商学院最早的英文名称，直译为沃顿财经学院，现称为the Wharton School，译为“沃顿商学院”。

研究小组”的通知》。1990年10月，国务院学位委员会第九次会议通过《关于设置和试办工商管理硕士学位的几点意见》。1991年，中国政府批准了清华大学、中国人民大学、南开大学、天津大学、哈尔滨工业大学、复旦大学、上海财经大学、厦门大学、西安交通大学等9所高校开始MBA办学试点。1991年10月，国务院学位委员会办公室和国家教委研究生工作办公室在天津南开大学组织召开了试办工商管理硕士学位协作小组第一次会议，重点讨论了课程设置问题，制订了《工商管理硕士试行培养方案》。1993年，又增加了北京大学、南京大学等17所院校作为MBA试点院校。[1]

1994年，国务院学位委员会成立了“全国MBA教育指导委员会”，对MBA教育进行统一规划指导。1994年9月，试办工商管理硕士学位协作小组出版了《工商管理硕士教学大纲》。1997年，国家教委推出了MBA全国联合考试，一定程度上解决了国内MBA教育招生不严、学生质量参差不齐的问题。1998年，招收MBA的体制内院校增加到56所。

为了让国有大中型企业以及经济管理部门的中、高层管理人员接受工商管理硕士教育，1997年4月，国务院学位委员会与国家经贸委决定在普通MBA学位之外，开通“企业管理人员在职攻读MBA学位”的渠道。因为“企业管理人员在职攻读MBA学位”课程入学时间为每年春季，普通MBA课程入学时间为每年秋季，前者又称“春季MBA”，后者又称“秋季MBA”。因为“企业管理人员在职攻读MBA学位”课程只发学位证书，普通MBA课程既发学位证书又发毕业证书，前者又称“单证MBA”，后者又称“双证MBA”。

2009年6月4日，国务院学位办《关于2009年招收在职人员攻读硕士学位工作的通知》规定：“具有EMBA授权的招生单位，不再开展招收在职人员攻读工商管理硕士（MBA）专业学位工作。”所有已经开设EMBA课程的院校都停办“春季MBA”。

到2000年，国家教委宣布MBA教育结束试办阶段，开始正式培养MBA。2002年，具有体制内MBA授权的中国大陆院校增加到62所，2004

1　试办工商管理硕士学位协作小组，《工商管理硕士教学大纲》，1994年9月。

年增加到89所，2007年增加到126所，2009年增加到181所。

《工商管理硕士试行培养方案》规定，工商管理硕士“实行弹性学制，可以脱产学习，也可以半脱产或不脱产学习”。但是在2000年以前，除中欧MBA课程以及其他少数几个国际合作MBA课程以外，所有中国大陆商学院都只培养在职（即不脱产）MBA。

造成这种局面的主要原因是：对于学生，全日制MBA的机会成本太高；对于学校，全日制MBA的办学成本太高。此外，中国MBA教育的总体水平明显低于美国等发达国家。因此，希望获得MBA学位的人，大部分选择在职MBA；选择全日制MBA的人，大部分选择出国留学。作为MBA教育输入国的中国，只有大约5%的在读MBA学生是全日制，而作为MBA教育输出国的美国，超过一半的在读MBA学生是全日制。由于香港地区和台湾地区的情况和大陆地区类似，中欧国际工商学院MBA课程目前是大中华地区最大的全日制MBA课程。在亚洲，只有法国INSEAD商学院的新加坡分院和印度的几所商学院在全日制MBA招生规模上超过中欧。

从1987年开始，天津财经大学为了培养管理学教师，与美国俄克拉荷马城市大学（Oklahoma City University）合作举办MBA课程，成为国家批准的第一个联合办学项目。进而探索出了MBA办学的另一种模式，就是“在中国读书，拿外国文凭”。然而，除了少数院校的少数项目以外，这类“在中国读书，拿外国文凭”的合作办学项目往往由掌握着品牌、师资和学位的外方办学单位主导，中方办学单位一般偏向于管理后勤和学生，难以建立自主的高端品牌，也无法掌握核心能力。

中欧国际工商学院选择了创办世界一流MBA课程的目标，因而走自主品牌的国际化全日制MBA的发展路线是其必然选择。经过多年的摸索和艰苦奋斗，中欧既建立了自主的高端品牌，也掌握了核心能力。由于中欧模式的成功，诞生于2002年的长江商学院也选择了这一模式。

表2-1 中欧历年MBA课程招生和毕业人数

| 年份 | 招生数 | 毕业生数 |
| --- | --- | --- |
| 1995 | 61 | 58 |
| 1996 | 63 | 59 |
| 1997 | 128 | 124 |
| 1998 | 126 | 125 |
| 1999 | 115 | 114 |
| 2000 | 122 | 118 |
| 2001 | 127 | 125 |
| 2002 | 129 | 127 |
| 2003 | 112 | 112 |
| 2004 | 126 | 126 |
| 2005 | 170 | 167 |
| 2006 | 161 | 159 |
| 2007 | 191 | 188 |
| 2008 | 188 | 在读 |
| 2009 | 193 | 在读 |
| 总计 | 2 012 | 1 602 |

## 二、中欧MBA课程的发展历程

1994年建校伊始，学院就着手为MBA招生做准备工作，这是为期18个月的全日制国际化课程，全部采用英语教学，在国内绝无仅有。中欧是当时中国大陆唯一提供全日制MBA课程的教育机构，其他商学院在当时所提供的都是在职MBA教育。

1995年3月13日，中欧国际工商学院首届MBA（MBA1995级）预科模块开课，当年5月8日，MBA1995级与EMBA1995级学生一起参加了学院首届开学典礼。

为保证高质量的招生和高质量的教学，中欧国际工商学院一直采取了相对保守的市场扩张策略。1997年中欧MBA课程首次扩招，由一个班60人左右扩成两个班120人左右，8年以后的2005年，中欧国际工商学院MBA课程第二次扩招，学生数达到三个班180人左右。

2002年10月，面对MBA教育市场的激烈竞争，董事会审议了一系列课程发展战略，MBA课程部提出的发展核心是“高质量的学生+高质

MBA2008级学生与吴敬琏教授合影

量的教学+国际化”，在此战略之下，形成高质量的就业机会，从而形成一个良性循环。

由于中欧MBA为全日制课程，学生不得不放弃工作来求学，机会成本较高，但是由于毕业后理想的职业发展和薪酬水平，中欧MBA仍是我国众多优秀青年才俊首选的课程。

## 三、MBA课程的管理团队

建校初期，MBA课程部由张国华副院长兼中方教务长负责，李六珍女士先后担任助理和助理主任。1998年2月，在中欧MBA课程第一次扩招后不久，王建铆教授担任了首任MBA课程主任，任期3年。2001年2月，在合同期满之后，王建铆教授转任案例中心主任。

2001年到2004年，另两位长期教授胡祺（John Hulpke）和傅礼斯（Gerald Fryxell）先后担任了MBA课程主任。

表2-2 MBA课程管理团队沿革

| 时间 | 主任 | 助理主任 |
|---|---|---|
| 1995.3～1996.6 | | 李六珍(助理) |
| 1996.6～1997.6 | | 李六珍 |
| 1998.2～2001.2 | 王建铆 | |
| 2001.2～2002.10 | 胡祺（John Hulpke） | 李杰 |
| 2002.10～2004.9 | 傅斯礼（Gerald Fryxell） | |
| 2004.10～2005.2 | 王建铆 | |
| 2005.3～2006.3 | 王建铆（学术）、李瑗瑗（行政） | |
| 2006.4～至今 | 白诗莉（Lylia Price，学术）、李瑗瑗（行政） | |

2004年10月，在中欧MBA课程第二次扩招和第一次课程改革前不久，管理委员会再次任命王建铆教授担任MBA课程主任，任期1年半。

2005年3月，管理委员会任命李瑗瑗女士担任MBA课程行政主任，主管课程运营，同时宣布王建铆教授担任MBA课程学术主任。从此，MBA课程部形成了学术主任主管学术、行政主任主管运营的格局。

2006年4月，白诗莉教授接替王建铆教授担任MBA课程学术主任，并在当年兼任了分管MBA课程部的副教务长。她于2009年3月起同时分管MBA课程部与职业发展中心。

## 四、两次课程改革

从1995年到2004年，基于师资绝大部分来自于海外访问教授的特点，中欧国际工商学院延续了CEMI时期模块化教学的课程安排方式，1年半的课程分为七个为期7周的模块，加上3个月的实习和1个半月的小组咨询项目，一门必修课通常安排在一个模块内修完，一门选修课通常安排在半个模块内修完，各模块之间有一周假期。

中欧MBA不断根据市场变化调整课程和培养方向。2000年后，学院意识到课程偏重于制造企业的管理以及市场营销，服务业相关课程不足，于是逐渐加以调整。从MBA2004级开始，MBA课程中增加了一门实战性非常强的咨询学课程，其后，毕业后去咨询公司的学员比例明显增加。

2005年，学院的长期教授已经达到30位，摆脱了对访问教授的依赖，在课程时间安排上有了更大的自由度。当年，MBA开始了建校后最大规模的课改，由课程制改为学分制，将模块制改为学期制。

2007年，为充分利用上海建设国际金融中心的历史性机遇，朱晓明院长倡议成立了中欧陆家嘴国际金融研究院。该研究院的成立，对中欧将金融学列为MBA课程发展的重点方向之一产生了一定的影响。

到2009年，目前的MBA课程要求学生共计修满68个学分，其中包括必修课45个学分，选修课18个学分，小组咨询项目5个学分，以求为学生奠定坚实的管理学基础，同时提供灵活定制的专业方向，以适合个人的兴趣和职业发展目标。学生可以选择侧重于综合管理，或在金融与营销两个方向中任选其一。

2008年11月，MBA课程部启动了第二次课程改革，由副教务长兼MBA课程学术主任白诗莉教授和任教MBA课程的言培文（Per Jenster）、丁远、高岩教授等组成课程改革委员会，白诗莉教授任主席。改革主要涉及以下五个方面：

**——更多关注中国**　作为立足中国的国际商学院，中欧的课程应该既传授国际最前沿的管理理念和知识，又注重与中国商业环境和中国企业管理实践的密切结合。

**——整合多领域课程**　在商业中，最具挑战性的问题大多与跨领域有关。它要求管理者必须具备综合的分析问题、解决问题及沟通的能力和技巧。改革后的课程设置包括多个应用整合模块，并贯穿整个课程，帮助学生将课堂所学知识系统地运用于解决商业中的实际问题。

**——提倡创业学和企业家精神**　民营经济的蓬勃兴起成为改革开放后推动中国经济发展的中坚力量。未来经济的发展不仅需要大量的创业人才，日益成熟的市场经济体制也为创业提供了良好的环境，中欧的创业管理学由此而设置，其内容包括企业家思维和创业管理技能等。除了必修课，还有多门选修课，涵盖如何开办自己的企业及其涉及的创业融资等多方面内容。

**——加强软性技能和分析能力**　新增的基础模块强调了如何有效应用商业知识要求的技能，包括对文化、团队精神、领导力的理解以及演讲技巧，定量分析和数据分析在此模块中也有体现。通过掌握并提高这些技能，中欧的MBA学生可以更有效地将所学知识应用于解决复杂的实际问题。

**——提高课程安排的灵活性** 第二年的课程安排可根据学生选修课和实习安排来做调整，因此整个MBA课程学制将变为从18个月到20个月不等。其中要求修满的选修课学分至少18分，上限为36分。

上述课改已从MBA2009级中开始实施，这标志着中欧的MBA课程进入一个新的发展阶段。

## 五、市场化的招生

1996年6月，国家教委高校学生司决定从1997年开始在MBA招生中实行统一考试科目、统一考试大纲、统一命题、统一阅卷、统一录取标准的全国联考制度。在此之前，中欧已参照国际惯例，形成了独立的市场化招生制度。

中欧国际工商学院全面考察每一名候选者，要求其既具有适应高强度全英语学习环境的能力，又具有适应全球化经营的领导潜质，还具有可与同学共享的独特经验。

中欧国际工商学院的招生笔试采用了国际通行的“管理学科研究生入学考试”（GMAT）。美国等国家的商学院通常都采用GMAT成绩来评估申请入学者是否适合在商业、经济和管理等专业的研究生阶段学习。GMAT考试不仅考查申请人的语言能力和数学能力，还要测试其头脑反应、逻辑思维和解决问题的能力。国内某些中外合作MBA课程只要求GMAT总分550分以上，而中欧前些年最低要求是620分，而实际上早年被录取新生GMAT平均成绩超过650分，近年被录取新生GMAT平均成绩则为690分左右。

与国内MBA课程注重笔试成绩的招生政策不同，中欧国际工商学院从第一届开始就把面试作为重要的一环，以更为全面和准确地发现有潜力的管理人才。为保证面试质量，中欧邀请各类企业总裁或人力资源总监参加，面试淘汰率高达60%，远高于国内其他商学院，笔试名列榜首者在面试中被淘汰的事例并不鲜见。

1995年第一届MBA招生时，学院从参加笔试的300人中挑选出140人参加面试，到最后录取的只有65人（预科模块后又有4人退出）。由于高负荷的学习和严格的考试，到毕业时只剩下58人。

中欧“不拘一格选人才”的市场化招生制度的成功，对中国的MBA全国联考制度的改革起了积极的示范作用。2003年的MBA联考把数学、语文与逻辑两个科目合并为综合能力考试。2005年，MBA联考初试科目由四门（政治理论、外语、综合能力、管理）改为两门（外语、综合能力），政治理论考试改在复试中进行。MBA联考新方案强调在复试中加强面试环节，通过面试考察考生的管理经验、沟通能力、分析能力、应变能力、协作精神等综合素质，判断考生在管理领域是否具有发展潜力。

1996年，为了把MBA课程的招生规模从一个班60人左右扩大到两个班120人左右，学院招聘了李杰担任招生办公室主任，由他负责完成了MBA1997级和MBA1998级的招生工作。

在1998年担任MBA课程主任以后，王建铆教授强调招生是MBA教育成功的关键、把好招生质量关就会事半功倍的理念，并重点抓了MBA1999级和MBA2000级的招生工作，亲自面试了约40%的MBA1999级和MBA2000级的考生。MBA课程部还从1998年开始对各届毕业生的就业情况进行系统的分析研究，建立了根据市场反馈信息持续改进招生面试选拔工作的良性循环机制。

由于建立了根据市场信息反馈改进招生面试的环节和增加了核实报名材料的环节，招生质量有了显著提高，MBA1999级成为中欧MBA课程招生工作的一个重要转折点。

在2001年分设MBA课程部与职业发展中心后，学院成立了包括职业发展中心主任在内的MBA招生委员会，职业发展中心继续参加MBA招生面试，使得由于招生失误导致的学生就业困难个案继续减少。

在2001年担任MBA课程主任以后，胡祺主任重点抓了生源的国际化。MBA2002级的海外学生数达到18人，国际学生比例首次突破10%。

2002年，严俊接替李杰担任MBA招生办公室负责人，完成了MBA2003级和MBA2004级的招生工作。在2003年赴美国沃顿商学院考察学习一个月以后，严俊在MBA2004级的招生工作中引进了在笔试和面试之间的初评环节，改进了综合考生大学成绩、工作业绩、笔试成绩、面试成绩等的定量终评体系。

经过历年的持续改进，中欧MBA高质量的生源令来自欧美的教授毫不吝啬赞美之辞。

组织行为学教授托马斯·克拉克（Thomas Clarke）说："他们不仅学习刻苦，而且天赋极高。他们堪与全世界最优秀的MBA学生媲美。"

市场营销学教授柏唯良说："他们解决抽象问题的能力异乎寻常。以前我曾给在美国和香港的MBA学生做过一道个案研究测试题，通常一个30人的班级中只有一至两位学生得满分，而这里的学生竟有11人得满分。"

## 六、"严师出高徒"的文化

刘吉教授在1999年出任中欧国际工商学院院长以后立即提出了"名师出高徒"和"严师出高徒"的口号，要求建立"认真、创新、追求卓越"的校园文化。中欧MBA课程努力把中国传统文化的"严师出高徒"和西方现代企业的"全面质量管理（Total Quality Management）"结合起来，在MBA培养的各个环节——从招生、课堂教学、企业实习和小组咨询项目、海外交换，一直到就业——加强质量控制。

除了招生以外，MBA培养的最重要环节就是教学。中欧国际工商学院早期的教授绝大部分是访问教授，由于各个教授评分标准不一样，不同课程对学生的评估结果大不相同，使得学院很难对学生的成绩做准确评估。此外，由于中欧要求学生对教授的教学效果打分，因而也难免有个别教授对学生放水以讨好学生，又使得学院很难对教授的教学效果做准确评估。

为解决这一问题，分管MBA课程教授招聘的谢家伦副教务长和王建铆主任在MBA1999级引入了固定分布的评分制度（Fixed Distribution Grading System），规定了A、B、C等各档成绩的比例，并规定了学生毕业所必须达到的最低平均成绩标准。这个评分体系经过2001年胡祺主任的修订，后来又经过多次“微调”，一直沿用至今并成为MBA课程和EMBA课程通用的评分体系。

中欧秉持这样一种理念：学生作为管理教育服务的接受者，也要对教授的教学效果做出评价。学院规定，如果一个教授的评分低于4分（满分为5分），就可能不被续聘。在中欧历史上，因为教学效果达不到要求而被淘汰的教授（甚至包括一些来自国外一流商学院的教授）不在少数。固定分布的评分制度使得学生对教授教学效果的评价更加客观，根据学生反馈信息持续改进教授招聘工作的良性循环机制更加完善。

中欧的“严师出高徒”还体现在课程设置的高标准上。《工商管理硕士试行培养方案》对MBA课程的最低要求是修满12门必修课（含政治和英语）和3至5门选修课，而在2005年课程改革以前中欧对MBA学生的要求一直是修完16门必修课和至少11门选修课。

由于MBA课程坚持高标准、严要求，中欧的MBA学生因成绩原因不能正常毕业的情况屡见不鲜。15年办学中，除了MBA1999级之外，其他年份都有人退学或者延迟毕业，退学者中除部分为个人原因之外，很多是因为未能达到毕业要求。退学人数最多的是MBA2000级，共计5人，占入学人数的4%。延迟毕业人数最多的是MBA2006级，共计4人，占入学人数的2.5%。

“说情”也许是一些教育机构在处理一些学生时不得不面临的压力。但中欧的不顾情面也在业界赫赫有名，一些背景特殊的学员，也都曾经被学院从MBA课程劝退。

中欧的“严师出高徒”还体现在对课堂纪律和学术诚信的高要求：任何一门课缺课超过一定比例就不能及格，不及格科目超过一定数量就不能毕业，对作弊、剽窃等行为一经发现更是严厉处分直至除名。

## 七、贯彻始终的诚信教育

在网络上流传的中欧报考指南中，有一句敬告申请者的话，让很多人印象深刻：

“中欧国际工商学院将对所有收到的报名资料进行核实。递交不真实报名资料的申请人将被取消报考资格。中欧国际工商学院敬告全体申请人：切勿因一念之差而自误前途。”

1998年，王建铆主任在中欧MBA招生办公室的工作流程中增加了核实报名材料的环节。他认为，根据不实报名材料招收的学生对学院的伤害是双倍的，因为他们既达不到学术标准，也达不到道德标准，而且道德上的缺陷是更严重的缺陷。

最可能作假的申请材料是学位证书和成绩单。在MBA1999级的招生工作中，中欧MBA课程部在拟录取名单确定以前就查出了数十份虚假申请材料并取消了当事人的申请资格。在拟录取名单确定以后，MBA课程部的工作人员亲自到申请者毕业学校的档案馆或者通过传真和信函等方式，把申请者提交的成绩单与其原始的成绩单比对。结果在当年MBA1999级120余人的拟录取名单中，发现9人成绩单作假，最后学院不惜损失学费收入，取消了这9人的入学资格并退回其预缴学费。

这件事情成为中欧MBA课程的重要转折点之一，中欧人的“认真”开始在企业界赢得美名，中欧的毕业生自然变得越来越抢手了。

诚信教育贯穿于中欧MBA课程全过程，从招生、课堂教学、企业实习和小组咨询项目，一直到就业，不仅包括学术诚信，而且包括职业诚信。

中欧MBA课程坚持“事前教育为主，事后处分为辅”的方针。从MBA1998级开始，学术诚信成为入学教育的重要内容，后来学院还曾经指派史璞兰（Linda Sprague）教授专门负责这项工作。负责MBA实习和小组咨询项目学术指导的柏唯良教授把个别学生在项目中违反职业诚信的错误整理成案例，对从MBA1998级开始的各届学生进行职业诚信的事前教育，收到了良好的效果。

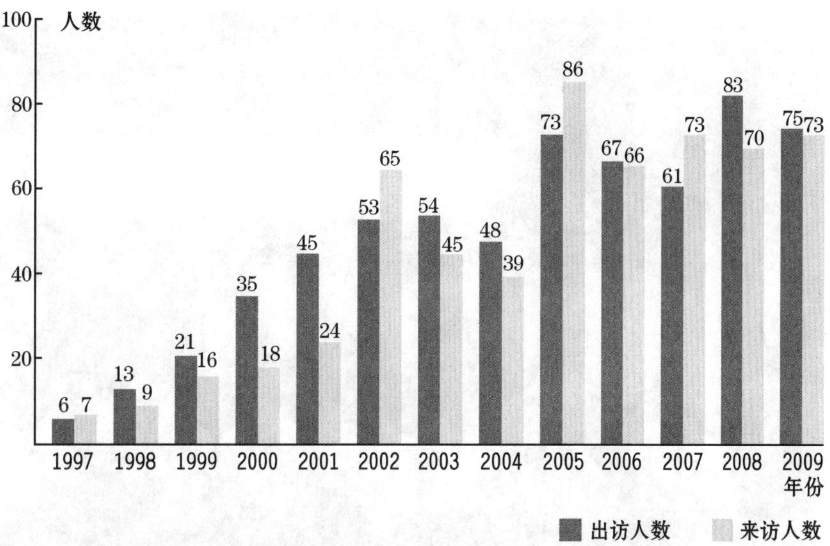


图2-1 历年MBA交换学生人数

## 八、国际化的办学模式

中欧MBA课程具有很强的国际性。除了英语授课、国际师资和国际教材，从第二届（MBA1996级）就开始招收国际学生，目前国际学生的比例接近40%。

中欧MBA课程从第一届（MBA1995级）起就与全球顶尖商学院建立了交换学生项目，并设立“中欧交换奖学金”资助参加国际交换的学生。目前每年大约50%的二年级学生有机会参加为期3个月的海外交换项目，相等数量的外国交换学生进入中欧校园学习。

2000年是中欧MBA课程国际交换的一个里程碑，MBA1999级参加国际交换的学生比例超过30%，赴欧盟成员国商学院交换的学生全部享受全额资助的“欧盟交换奖学金”，赴非欧盟成员国商学院交换的学生全部享受半额资助的“中欧交换奖学金”。在MBA1999级国际交换学生启程前夕，MBA课程还在《解放日报》上刊登广告，向参加国际交换并获得交换奖学金的学生祝贺。中欧MBA课程把很多MBA1999级交换学生发回的描述海外交换学习生活的随笔、游记、照片、日记等放在MBA网

2008年国际交换学生合影

页上，吸引了学院内外大批读者。[1]

目前与中欧国际工商学院签订了学生交换协议的学院共有39所，分别位于欧洲、北美、亚洲和大洋洲，其中28所商学院在英国《金融时报》商学院排名中进入前100名。目前，为更好地拓展学院的国际网络，中欧正在考虑与南美洲的商学院建立学生交换关系。

与中欧进行学生交换的学校曾经一度超过50所，从2004年开始，中欧对进行学生交换的商学院做了甄别和梳理，根据英国《金融时报》排名和国际认证等标准，精简了交换学校的数量，提高了交换学校的质量。

国际交换不但等价于扩大了二年级学生选修课的范围，还提高了中欧国际工商学院在国际上的知名度，加深了对全球顶尖商学院的了解，多方面促进了中欧及其MBA课程的发展。

1 《追梦中欧：亚洲第一MBA校园生活实录·序二》，王建铆等编著，上海人民出版社，2006年8月。

制造与运营管理学教授史璞兰说：“学生们去交换学习时，会把他们在交换学校的学习与中欧相比，他们总是会吃惊地发现他们在中欧受到了多么好的培训，有时候甚至比那些海外学校更好。这让我觉得很骄傲。”

## 九、全方位的职业发展服务

中欧建院初期，中国的硕士研究生就业仍然沿用计划经济下的毕业分配制度，尽管有外资企业和民营企业的市场化招聘，但对选择市场化办学道路的中欧的MBA学生而言，就业机会仍然有限。如果不能实现良好的就业和收入增长，那么MBA教育的价值就会大打折扣。

1996年，中欧设立了中国大陆第一个专门面向MBA学生的职业发展部（Career Development Department，简称CDD），为MBA学生提供全方位的就业服务。职业发展部每年邀请大量一流企业来校招聘，帮助学生制订职业发展计划、提高简历准备和面试技巧，还负责实习和小组咨询项目的组织协调工作。在1996年至2001年之间，徐新春、李旻姝、朱晓洁等先后担任职业发展部经理，分别完成了MBA1995级至MBA1997级、MBA1998级、MBA1999级的就业服务工作。

1998年，扩招以后人数翻了一番的MBA1997级毕业生不巧遭遇亚洲金融危机，学院上下齐心协力，动员了一切内外资源，支援职业发展部解决暂时性的MBA“就业难”问题，当年仍然实现了100%的就业率。

1998年，张国华副院长从上海市人事局争取到了外地户籍、上海就业的中欧MBA毕业生可通过人才引进途径办理上海户口的政策，由王建铆主任负责和上海市人事局协调执行。

2001年，学院将原隶属于MBA课程部的职业发展部单独设立为职业发展中心（Career Development Center，简称CDC），由谈论女士担任主任至今，完成了MBA2000级至MBA2007级的就业服务工作。

根据对MBA2006级的调查，63.4%的学生工作来源出自学院资源。[1]

1 《中欧国际工商学院MBA职业发展报告2008》，2008年对MBA2006级毕业生的调查结果。

2008年，24%的MBA毕业生进入金融服务领域，毕业生进入的其他领域分别为：工业品生产和服务（21%）、咨询服务（16%）、零售/贸易（8%）、保健及个人护理（8%）以及其他领域（23%），他们毕业后的平均起薪为人民币350 000元／年。

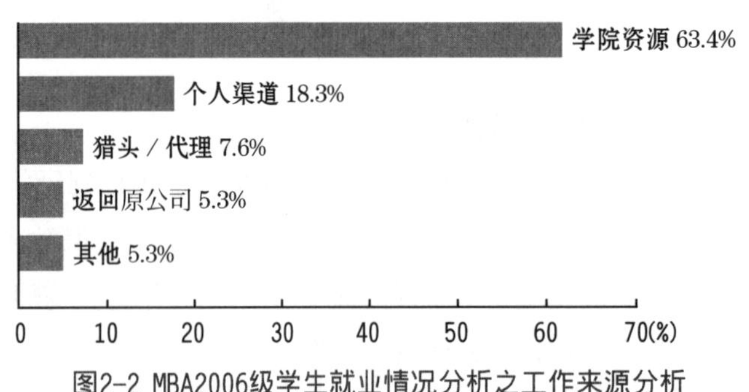

图2-2 MBA2006级学生就业情况分析之工作来源分析

## 十、奖学金保驾护航

1998年，中欧与上海浦东发展银行共同推出了国内第一个MBA学生助学贷款，李家镐院长用自己三年多从未领取的工资为有困难的MBA1998级学生提供贷款担保。

为了吸引最优秀的人才报考，根据学院的建议，欧盟在第二期资助资金中专门设立了“欧盟奖学金（学费）”、“欧盟交换奖学金”和“欧盟实习奖学金”，受益者包括从MBA1999级到MBA2005级的数百名学生。欧盟第二期资助结束以后，学院用自有资金设立了每年数百万元的“中欧MBA奖学金”。2008年，在中欧竞标“中国-欧盟商务管理培训项目（BMT）”成功以后，在“中国-欧盟商务管理培训项目”之下设立了“欧盟中欧奖学金”和“BMT国际交换奖学金”。

为了资助来自中国大陆的MBA学生完成学业，中欧国际工商学院名誉院长刘吉教授和宝钢经济学教席教授、国务院发展研究中心高级研究员吴敬琏教授慷慨解囊，分别于2006年设立了“刘吉管理教育基金助学金”和2008年设立“吴敬琏管理教育基金助学金”。

目前，宝钢集团、法中资本（CEL）、熙可集团（CHIIC）、艾默生（Emerson）、华侨银行（OCBC）、宏盟集团（Omnicom）等企业都为中欧MBA学生设立了不同类型的奖学金，其中宝钢集团奖学金和艾默生奖学金已经延续了10年之久。

萨瓦德尔银行（Banco Sabadell）、博世（Bosch）、浙江第一银行（Chekiang First Bank）、欧莱雅（L'Oréal）、路威酩轩（LVMH）、联合利华（Unilever）等企业也曾经为中欧设立过MBA奖学金。

西班牙的La Caixa和Casa Asia两家机构联合设立了专门资助西班牙籍学生在中欧就读MBA课程的奖学金。德国拜耳集团（Bayer）在企业内部设立了专门资助本企业员工在中欧就读MBA课程的奖学金。

助学贷款和奖学金从某种角度有效地克服了由于全日制MBA机会成本较高给招生带来的困难，拓展了中欧MBA考生来源，保证了新生的数量和质量。中欧正在积极争取不断增加奖学金的来源和数量，以在优秀生源争夺中获得更大优势。

## 十一、丰富多彩的校园生活

由于中欧MBA课程为全日制，校园生活就成为学生求学经历的重要组成部分。自2005年以来，随着课程规模的扩大及国际化程度的提高，MBA课程部更加重视并支持MBA学生的各种在校活动。多样的学生活动不仅丰富了他们的校园经历，同时也提供了一个学生们可以学以致用、展示才能、提高能力、扩大交际、积累人脉及资源的广阔舞台，成为校园生活中一道亮丽的风景线。其规模和影响力在MBA学生群体中享有盛誉，大大提升了MBA课程的知名度。正是这种生机勃勃的校园氛围使学生的中欧求学经历更加精彩，从而吸引了更多优秀的学生前来求学。

### MBA学生俱乐部活动

中欧MBA课程现有33个俱乐部，分为专业类、运动类和社交类，基本涵盖学生感兴趣的所有领域。俱乐部由学生自主领导，自主组织，是他们施展自己领导才能的重要途径，也为未来商界领袖们提供了练兵良机。俱乐部举办的活动丰富多彩：有请进来的精英分享和互动，有走出去的公司访问和调研；有同学之间的互学互助，才艺切磋，有公司团体和同学之间的互动活动；有不同国家之间的文化交流、促进彼此友谊的各类聚会，还有强身健体的各项活动，从而大大丰富了校园生活。

### 国际竞赛

国际竞赛是中欧学生走上国际舞台的重要形式。在短短几年时间里，MBA学生参加了多项国际竞赛，其中不乏顶尖商学院学生组织或参与的活动。中欧学生在多项国际竞赛中脱颖而出，载誉而归，向全球其他商学院和众多跨国公司展示了中欧的风采和同学们卓越的能力，也向世界展示了全球十强商学院的不俗实力：

——2005年，在印度管理学院（IIMA）的年度国际管理盛会Confluence竞赛中夺冠；

——2005年，在沃顿商学院征文比赛中拔得头筹；

——2008年，举办“创意中国全球挑战赛”，这是中国首个由学生组织的国际商业竞赛，每年举行一次；

——2008年，在美国举行的MIT OpSimCom国际竞赛中拔得头筹；

表2-3 2008年MBA学生俱乐部列表

| 学术类 | 社会人文类 | 运动类 |
|---|---|---|
| 华商俱乐部 | 商业女性俱乐部 | 羽毛球俱乐部 |
| 三角力量俱乐部 | 企业社会责任俱乐部 | 篮球俱乐部 |
| 能源与环境俱乐部 | 电影俱乐部 | 健身俱乐部 |
| 创业俱乐部 | 国际俱乐部 | 高尔夫俱乐部 |
| 金融俱乐部 | 音乐俱乐部 | 功夫俱乐部 |
| 医药保健俱乐部 | 摄影俱乐部 | 户外俱乐部 |
| 人力资源俱乐部 | 公众演讲俱乐部 | 潜水俱乐部 |
| 投资及CFA俱乐部 | 名酒鉴赏俱乐部 | 足球俱乐部 |
| IT俱乐部 | 舞蹈俱乐部 | 乒乓球俱乐部 |
| 管理咨询俱乐部 | 知音俱乐部 | 网球俱乐部 |
| 市场营销俱乐部 | | |
| 媒体俱乐部 | | |
| 供应链运营管理俱乐部 | | |

由MBA2007级学生组成的第一届“创意中国”挑战赛的筹备团队

——2009年，在印度举行的Olympus商业竞赛中获得冠军；

——2009年，在中欧“创意中国”MBA国际挑战赛中力压群雄。

### 学生自发组织的大型活动

大型学生活动是由MBA学生发起并组织的年度活动。部分活动已有很好的传承性，如“企业社会责任全球论坛”，“创意中国”MBA国际挑战赛，“上海之夜”等已经成为中欧的传统经典项目，也在中国及周边地区MBA学生群体中产生了一定的影响。大型学生活动不仅展示了同学们的创新、团队合作及领导力，更体现了同学们强烈的社会责任感。学生大型活动主要包括：

——连续四年成功举办“企业社会责任全球论坛（BGRC）”

“企业社会责任全球论坛（BGRC）”是中国第一个由MBA学生发起并组织的国际论坛。每年近300名来自世界各地的MBA学生，非营利组织代表和企业高管齐聚一堂，交流在企业社会责任方面的经验与心得，共同探讨当今企业社会责任和MBA学生作为未来企业的领导者的社会职责。

——连续两年成功举办“创意中国”MBA国际挑战赛（InnovateChina）

2008年，中欧国际工商学院举办了中国大陆第一个全球性的商学院竞赛“创意中国”（InnovateChina）MBA国际挑战赛。该项赛事第一届就吸引了82支队伍报名参加。参赛队伍来自于哈佛大学、牛津大学、麻省理工学院、伦敦商学院和欧洲工商管理学院（INSEAD）等世界名校；2009年，该项赛事又吸引了包括IESE商学院、伦敦商学院、纽约大学斯特恩商学院、剑桥大学佳奇（Judge）商学院、加州大学洛杉矶分校安德森管理学院5所国际顶尖商学院参加决赛。

——连续四年成功举办“上海之夜”

每年圣诞节期间由MBA学生会组织的“上海之夜”晚会，由于其特殊的服装要求和丰富有趣的内容，吸引了众多MBA学生、国际交换学生，中欧校友及兄弟院校的MBA学生的积极参与，现已成为上海MBA社区比较有名的学生休闲活动之一。

——成功举办的“艺术鉴赏周”

由MBA2008级发起为期一周（2009年8月11日至17日）的“艺术鉴赏周”融合了书法、绘画、电影、文学、创意设计及音乐剧等多种艺术形式。丰富的讲座、展览和演出在给大家带来美妙的视听享受的同时，也帮助大家加深了对处于交流冲撞中的中西方文化背景下的艺术文化及其有效的商业运作的认识。

其他学生自主组织的大型活动包括：绿色校园环保项目及中欧企业扶贫（ESP）项目等。

MBA2007级学生还在2008年初创办了一份季度校园学生杂志《Shenme（什么）》，如今已进入第2个年头。该杂志丰富多彩的内容不仅让同学们爱不释手，也在红枫路社区广为传阅，成为校外了解中欧MBA学生生活的重要窗口。

2006年，在王建铆和李瑗瑗两位主任的大力支持下，MBA2004级毕业生在刘畅、童强和王峥同学的带领下把在中欧求学的经历结集成《追梦中欧：亚洲第一MBA校园生活实录》一书出版。

## 十二、“中国奇迹”的办学成绩

中欧国际工商学院不断对教学成果进行检验和反省，除了学生对每门课的评估之外，英国《金融时报》的排名以及EQUIS和AACSB两项认证都要求对学生毕业后的变化状况进行调查。学院也聘请第三方机构对毕业生的情况进行调查。

对MBA2006级的调查表明，该届44.3%的毕业生担任了公司经理级职务，5.3%担任了总监级职务，3.1%担任了总经理或副总经理，另有26.7%担任专业性工作。[1]

就收入而言，90%以上的毕业生税前年收入超过了20万元人民币，52.4%年薪在20～40万元之间，7.4%超过80万元。根据另一项调查，学生毕业后收入与就读前相比，毕业后3年增加了197%。以购买力平价（PPP）换算，中欧该项指标已经连续多年跻身全球商学院前十名。

中欧国际工商学院的MBA毕业生已经成为世界著名咨询公司和全球500强跨国公司在中国招聘人才的首选，这些公司包括麦肯锡、波士顿、德勤、毕博、罗兰贝格、普华永道、AC尼尔森、埃森哲、GE、IBM、柯达、飞利浦、BP、欧莱雅、博世、拜耳、礼来、诺华、花旗银行、汉高、艾默生等。

为了引进人才，英国政府于2006年12月5日正式实施高技能移民计划（Highly Skilled Migrant Programme, HSMP）的MBA条款，规定50所全球顶尖商学院的MBA毕业生可获75分并直接申请HSMP，而亚洲仅有中欧和法国INSEAD商学院的新加坡分院属此范围。此前，英国政府曾规定50所全球顶尖商学院的MBA毕业生不必申请工作许可即可在英国工作12个月，中欧是唯一一所获此资格的亚洲商学院。

2005年11月，由MBA2004级学生吴敏和MBA2005级学生经纬、

1 《中欧国际工商学院MBA职业发展报告2008》，2008年对MBA2006级毕业生的调查结果。

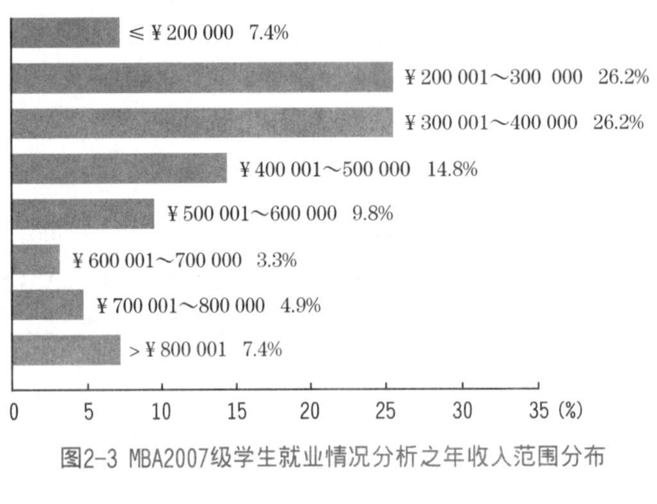


图2-3 MBA2007级学生就业情况分析之年收入范围分布

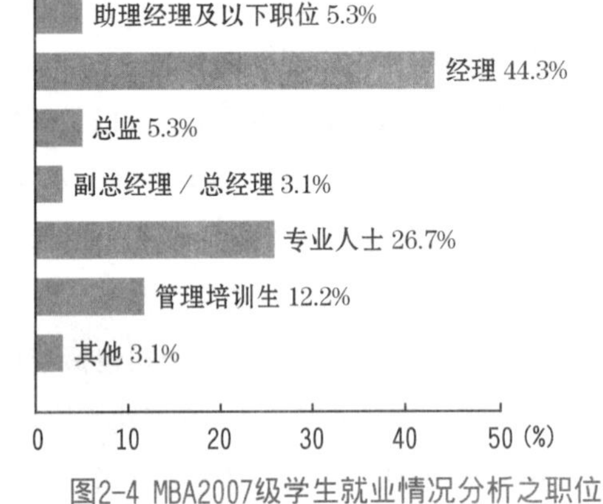


图2-4 MBA2007级学生就业情况分析之职位分析

爱德华多·卡萨多（Eduardo Casado，西班牙籍）、托尔斯藤·泽格（Thorsten Seeger，德国籍）和西达尔塔·萨尔卡（Siddhartha Sarkar，印度籍）组成的中欧国际工商学院“龙之队”在印度举行的“会聚2005国际商学院大赛（Corfluence 2005）”上，从76支来自哈佛大学、普渡大学、加州大学洛杉矶分校、加州大学伯克利分校、密西根大学等名校的MBA代表队中脱颖而出，获得冠军。在此前后，中欧国际工商学院MBA代表队还多次在国际大赛中摘金夺银，为学院和国家争得

表2-4 中欧MBA课程历年在英国《金融时报》全球百强排名中的名次

| 年份 | 名次 |
|---|---|
| 2009 | 8 |
| 2008 | 11 |
| 2007 | 11 |
| 2006 | 21 |
| 2005 | 22 |
| 2004 | 53 |
| 2003 | 90 |
| 2002 | 92 |

2009年1月29日，英国《金融时报》发布年度全球商学院MBA课程百强排名，中欧名列第八位

表2-5 中欧MBA在其他国际媒体的排名

| 刊物 | 名次 |
| --- | --- |
| 《商业周刊》中文版 | 连续两年在“中国优秀商学院”排名中位居第一 |
| 《福布斯》中文版 | 连续三年在“中国最具价值商学院”评选中位居第一 |
| 《福布斯》 | 在“2009年最佳商学院排名”（美国以外）中位居第四 |
| | 在“2007年最佳商学院排名”（美国以外）中位居第九 |

了荣誉。[1]

在2004年和2005年的《金融时报》全球MBA排行榜中，中欧国际工商学院MBA课程的名次先后大幅度上升37位和31位，创造了管理教育的“中国奇迹”，其中最主要的因素就是当年参加排名的MBA1999级和MBA2000级毕业生在就读前后收入增长幅度等指标上的突飞猛进。正是由于毕业生在职业发展上的超群表现，中欧国际工商学院从2004年到2009年连续六年在权威的英国《金融时报》排名中名列亚洲第一，2009年更跻身全球十强，名列第八，再次创造了管理教育的“中国奇迹”。

1 《追梦中欧：亚洲第一MBA校园生活实录》，王建铆等编著，上海人民出版社，2006年8月。

# 第三节　全球最大的EMBA课程

## 一、EMBA在中国

1943年，芝加哥大学商学院开设了全球第一个EMBA课程，成立于1898年的芝加哥大学商学院，是全球最早创办的商学院之一。

EMBA英文全称为Executive Master of Business Administration，直译为高层管理人员工商管理硕士。读EMBA课程的学生一般由公司推荐，利用业余时间集中上课，课程内容广泛，理论与实践相结合。EMBA的实质是一种授予学位的在职培训，它对升至公司中高层而又无MBA学位的管理人员很有价值。

由于各国管理教育发展水平不同，EMBA教育在各国的规模也不相同。在美国，管理教育保持了相当程度的延续性，并能适应市场需求，每年新毕业的硕士中有20%是工商管理硕士。因此，美国的EMBA教育市场远小于MBA。

而在中国，大多数高层管理人士并未获得MBA学位，也缺乏系统的现代管理教育。在1994年中欧国际工商学院创建时，全国接受过MBA教育的商界人士还不到1 000人 。[1]但是，1994年外商在中国的直接投资流入已经达到了338亿美元，中国在以前所未有的速度融入国际经济体系，中国的经理人需要尽快提升商业理念和技能以适应这种变革。

1995年，中欧国际工商学院开设了中国大陆第一个EMBA课程。由于国内当时还没有针对企业高管的学历课程，在长达7年的时间里，中欧国际工商学院一直是国内EMBA教育的探索者，并且确立了国内EMBA教育的标准模式。2009年，中欧的EMBA课程招生规模达到了

1　截至1994年，中欧国际工商学院的前身CEMI培养了247名MBA毕业生，中美合作的中国工业科技大连管理中心培养了216名MBA毕业生。另外，1991年，国内实施MBA教育试点以来，大约有数百人接受了MBA教育。

EMBA2006级毕业典礼

12个班，招生人数达到720人左右，是目前中国乃至全球规模最大的EMBA课程。

2002年，中国政府批准了30所高校进行EMBA课程试点。由于中国EMBA教育师资严重匮乏，教育部要求EMBA课程的师资三分之一来自国外，也鼓励教育机构与国外大学合办EMBA课程。各大院校在EMBA课程的办学上取得了很大的自主权，纷纷和国际上著名的商学院进行合作。

2009年，中国政府又批准了32所高校开展EMBA教育。随着EMBA教育市场竞争日趋激烈，一些卖文凭的“学店”式合作项目逐渐淡出公众视野，EMBA教育正在从喧嚣浮华走向真正的实力较量。

## 二、中欧EMBA的历程

在中国举办EMBA教育，缺的不是市场，而是师资。从解决师资

表2-6 中欧历年EMBA课程招生和毕业人数

| 年份 | 招生数 | 毕业生数 |
| --- | --- | --- |
| 1995 | 42 | 41 |
| 1996 | 141 | 140 |
| 1997 | 108 | 106 |
| 1998 | 184 | 174 |
| 1999 | 272 | 257 |
| 2000 | 291 | 271 |
| 2001 | 429 | 409 |
| 2002 | 430 | 413 |
| 2003 | 492 | 480 |
| 2004 | 492 | 471 |
| 2005 | 557 | 542 |
| 2006 | 626 | 616 |
| 2007 | 710 | 698 |
| 2008 | 623 | 在读 |
| 2009 | 740 | 在读 |
| 总计 | 6 137 | 4 618 |

问题的角度来分析，国内商学院开展EMBA教育无非有三种模式，一是“顾问模式”，即依靠本校师资、颁发的是国内学位，主要通过请国外名校教授作为顾问培训本校师资，靠原有教师教学水平的逐步提高来达到提高教育质量的目标。

第二条道路是“外资模式”，用类似于“以市场换技术”的办法来解决师资问题。学校全盘聘用国外师资，直接授予国外学位。这条道路起点高、速度快、一步到位，能与国际接轨，但由于颁发国外商学院的学位证书，课程设置、招生规模等关键决策控制权掌握在外方手中，对中国市场的投入不足，结合中国国情不足。

中欧选择了一个开头虽难，却前景广阔的“创业模式”来办EMBA课程，既不依靠国外学位，也不依赖国外名校，而是白手起家，充分利用一所以全新体制创办的独立学院所拥有的优势，全面整合国际资源。中欧在全球范围为EMBA课程招聘教授，但颁发的是本院学位。这样既充分利用了国外资源，又最大限度地保留了中欧EMBA课程今后长期发展的战略自由。在这条创业道路上，中欧EMBA课程有很多创新之举，如：

**——选修课开发第一** 中欧打破国际EMBA课程的惯例，从2002年起开设EMBA选修课。这一做法既充分利用了中欧EMBA课程的规模优势，满足了不同学生的需要，又开创了一条课程创新和教授发展的新途径。2009年中欧EMBA课程的选修课数量达到26门，这一数量不仅在国内领先，在国际上也数一数二。

**——招生体系开发第一** 在巨大的招生规模下坚持严格的入学标准，是中欧EMBA招生工作所面临的一个难题。2003年，EMBA课程部把招生经理送到沃顿商学院EMBA课程部实习了一个月。然后，在学校IT团队的技术支持下，于2003年在国内率先开通EMBA网上报名系统。这不但使得报名过程对考生更友好，也推动了报名录取程序的制度化建设。随后，在课程主任梁能教授的倡导下，EMBA课程在2006年引入了对考生资料的统计分析，并在2009年采用国内尚鲜为人知的ZMET图像隐喻调查法，分析考生和毕业生的深层次心理需求。

**——领导力发展道路探索第一** 领导力发展历来是EMBA教育的重点， 但也历来是个难点。2006年起，中欧EMBA课程明确了“硬化软课程”的战略方针，把领导力发展提至首位，在国内首创了对全体学生进行360度领导力评估，然后由组织行为学教授指导，同学间相互辅导的

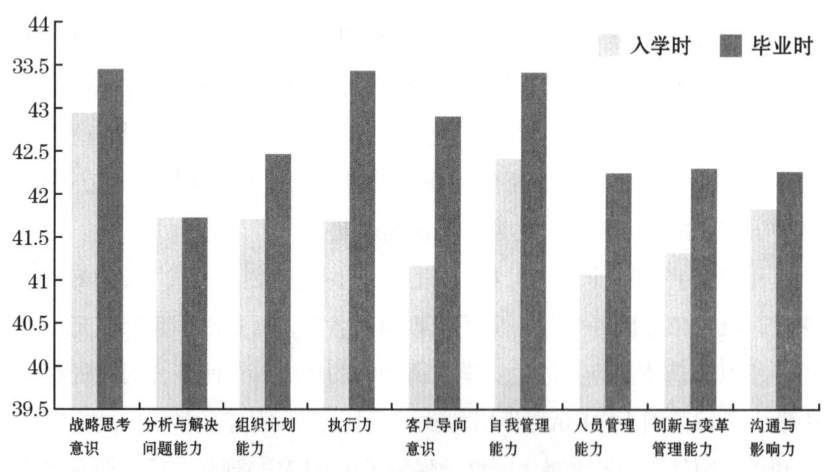


图2-5 EMBA课程与学生领导能力发展
他人评价（上司、同级同事、下属）

系统发展领导力的做法。并在毕业时，增加了对人生和事业进行反思的模块。

这一国内商学院首创的摸索已经取得了可喜的成就。EMBA2006级选修领导力课程的学生开学时和毕业时领导力能力测评结果显示，学生在参加中欧EMBA课程学习之后，在领导能力的九个维度上都有所提高，在七个维度上有明显的提高。

2007年起，在EMBA课程结束阶段，设立行为反思课程，通过“创作和分享生命图”的方式，引导学生展开对人生理念的哲学探索。这一做法，得到了学生的普遍好评。总结3年领导力开发的实践，中欧EMBA课程部在2009年明确提出了“转型性”学习要与“知识性”学习并重，要成为贯穿EMBA课程两年学习期主线的教学管理目标。这在国内外的EMBA课程中，都是走在最前列的。

“创业办学”的道路一开始非常艰难，初期所需的投资极其巨大。经过十五年的奋斗，中欧EMBA课程的发展道路越走越宽。1996年，为了占领战略制高点，中欧在名校云集的北京成功开办了EMBA班。2005年，中欧又在深圳成功开设了第一届EMBA班。2009年下半年，根据中欧下一个15年发展的战略规划，学院决定在北京和深圳分别增加一个EMBA班，将每年招生的班级数扩大到12个，招生数则从开办时的42人，增加为2009年的739人，平均年复合增长率达到22.7%。

目前，中欧拥有全球规模最大的EMBA课程，美国最大的哥伦比亚大学商学院EMBA课程每年招生人数约为350人，中欧EMBA课程的规模是其两倍之多。更重要的是，中欧EMBA课程的世界第一规模是EMBA申请人在中国市场激烈竞争的条件下用学费投票的结果。

2008年，中欧EMBA课程已经连续五年进入全球25强、独立品牌15强，建立了一个真正属于自己的、“中国制造”的国际品牌。正如已故张国华院长所言：“中国有许多优秀的EMBA课程，但是，他们的优势在很大程度上来自于百年老校的根基，或者在相当程度上依赖于所颁发的国外学位。中欧最值得自豪的是，我们是白手起家，发的是自己的学位证书，靠的完全是自己的努力。”

## 三、EMBA课程的管理团队

在建校之初的两年，EMBA课程和高层经理培训课程是作为一个部门存在的，统称高层经理培训部，比利时人范汇东担任部门主任。范汇东曾经担任诺基亚的培训经理，这一经历使他对企业高层的培训甚为熟稔。温伟德教授担任该部门的学术顾问，负责课程设置和教授聘请。李旻姝女士担任了负责EMBA课程的助理，并于1996年升任助理主任。

1996年，学院设立了单独的EMBA课程部，并开始招募有学术背景和教育管理经验的人士来负责这一课程。1997年5月，学院邀请曾任上海交大管理学院副院长的张维炯博士来负责EMBA课程。张维炯博士在加拿大不列颠哥伦比亚大学商学院获得市场学硕士学位和企业战略博士学位。

2002年初，学院邀请曾任北京大学中国经济研究中心BiMBA中方主任的梁能教授担任EMBA课程主任。梁能教授1986年在美国宾夕法尼亚大学沃顿商学院获得工商管理硕士学位，1990年在美国印地安纳大学获得国际商务博士学位，曾任美国马里兰洛约拉（Loyola）大学管理学终身教授、中国留美经济学会副会长。

其间，赖卫东先生和赵筱蕾女士先后出任副主任，分别负责课程管理和招生工作至今。

2009年12月，学院任命陈杰平教授担任EMBA课程主任。陈杰平教授1995年在美国休斯顿大学获得工商管理博士学位，曾任香港城市大学会计学系终身教授兼系主任、香港会计学会会长。

表2-7 EMBA课程管理团队沿革

| 时间 | 主任 | 副主任 | 助理主任 |
|---|---|---|---|
| 1994.11～1996.6 | | | 李旻姝 |
| 1996.6～1997.5 | | | 李旻姝 |
| 1997.5～1998.7 | 张维炯 | | 李旻姝 |
| 1998.7～2001.8 | 张维炯 | | 赖卫东 |
| 2001.8～2002.1 | 张维炯 | 赖卫东 | |
| 2002.1～2004.5 | 梁能 | 赖卫东 | |
| 2004.5～2009.11 | 梁能 | 赖卫东、赵筱蕾 | |
| 2009.12～ | 陈杰平 | 赖卫东、赵筱蕾 | |

EMBA课程的北京团队由院长助理、北京代表处首席代表马遇生先生，副首席代表肖斌女士负责。EMBA的深圳团队2005～2008年间由EMBA课程部直接管理；2009年扩招后，由学院深圳代表处首席代表梅文珏先生负责，业务上由EMBA课程部指导。

## 四、2002年的战略调整

在中欧EMBA课程发展过程中，2002年是至关重要的一年。随着30所中国最优秀的大学加入到EMBA教育市场，市场竞争日益激烈。此外一些合作项目鱼龙混杂，使得EMBA教育市场也变得复杂起来。

更重要的是，中国的EMBA课程试点方案给予试点院校很大的办学自主权，并且要求每个项目都要聘请三分之一以上的国际师资。因此，不但中欧的制度优势减弱了，而且中欧已有的国际化师资队伍也成了其他院校争夺的目标。

不仅如此，国外名校也纷纷进入中国市场，在国内开班。美国的西北大学、哥伦比亚大学，英国的伦敦商学院进入香港市场；法国的INSEAD和HEC商学院进入北京市场；美国的南加州大学商学院和马里兰大学商学院进入上海，都以名校学位和国际师资为号召争夺生源。

尽管当时中欧国际工商学院在中国EMBA市场已经深耕7年，确立了相当的领先优势。但是，EMBA市场在2002年向国内30所名校开放后，在中外合作办学机构越来越多的情况下，中欧在国内要面对拥有大批更了解中国经济环境师资的本土院校，在国际上要面对拥有世界一流师资的顶级名校，形势一时相当严峻。

在管理委员会的指导下，中欧EMBA在2002年对市场竞争进行了一系列的分析，全面客观地评估了自己的能力和竞争态势。在给董事会的报告中，中欧EMBA课程部提出了应对竞争压力的战略方向，提出要把学院办成“最国际的中国商学院，最中国的国际商学院”，把中欧EMBA课程定位为“立足中国的国际一流EMBA课程”，目标是为中国的和志在中国的企业培养世界一流的高级管理人才。

与国内的百年名校相比，中欧的体制和师资是国际化的，EMBA课程设置是与国际接轨的，教育质量是国际一流的；与世界其他一流商学院相比，中欧EMBA课程的立足点和战略重心是中国，对中国企业家的特点和需求了解得特别具体、特别深刻。同时，国际化体制又保证了中欧EMBA课程可以以最先进、最合理和国际化的方法来教学，更善于把国际最先进的理论与中国实践相结合，这又是中欧区别于其他国内院校的特色。

国际化体制保证了中欧用最先进的方式来建设和管理学院，而它的中国导向则保证了中欧在与世界级商学院的竞争中，可以形成并坚持自己的特色，在这一特定领域赶超世界最优秀的商学院。根据这一定位，学院确立了EMBA课程要成为具有自己独立品牌、中国最好、世界一流的管理教育项目的愿景。

根据这一愿景，学院管理委员会决定，中欧EMBA应坚持从开办以来始终遵循的教学质量优先的策略，同时逐步提高品牌知名度和研究实力，并在保证教学质量的前提下，通过各种活动增强学生之间的凝聚力。EMBA课程主任梁能教授明确提出，中欧EMBA要办成“商界精英的思想健身房”，而不是富人俱乐部。2002年的战略调整帮助上海、北京和深圳三地的EMBA团队统一了思想。大家一致同意，为了办好EMBA课程，必须做对三件事：招对学生，问对问题，搞正学风。

所谓“招对学生”，就是中欧要招的是那些“不但成功，而且好学” 的企业家和高层管理人员。这就是中欧为什么坚持入学时要考试，入学后要坚持严格管理的原因。对于那些只想走捷径，只想“四两拨千斤”，靠“寻租”赢利的学生，中欧宁可放弃也绝不降格以求。

所谓“问对问题”，就是要求中欧EMBA任课教授不但要了解现代管理理论，而且要了解学生实际工作中碰到的管理难题。中欧的EMBA学生经验都非常丰富，平均工作经验是15年，EMBA的学习更多地是帮助他们梳理反思，只要教授把问题问对了，通过同学间的分享互动，学生的认识水平和思维框架就可能出现一个质的飞跃。

为了达到帮助学生反思升华的目标，EMBA课程必须把制度搞对，

表2-8 中欧EMBA课程历年在英国《金融时报》全球排名中的名次

| 年份 | 综合排名 | 独立品牌排名 |
|---|---|---|
| 2008 | 23 | 15 |
| 2007 | 23 | 15 |
| 2006 | 17 | 12 |
| 2005 | 13 | 12 |
| 2004 | 20 | 18 |
| 2003 | 34 | 31 |
| 2002 | 42 | 42 |
| 2001 | 29 | 29 |

把学风搞正。学生很容易形成一种错误观念，认为学费很贵，每个人又很成功，EMBA课程不过是一个富人俱乐部。其实不然，中欧非常重视教学管理，强调认真，强调端正制度和学风。为此，学院专门成立了纪律委员会，严肃处理违纪事件。与此同时，EMBA课程部把学术道德声明置于每门课教材的首页，又设立了优秀学生奖，从正面加强引导。

一个优秀的EMBA项目，不但要关注“知识”的传授，更须重视“人”的培养。EMBA学生不但应该懂专业、懂管理、懂国际惯例，还应该有思想深度、有文化品位、有人格魅力、有比商业成功更高的追求。

2006年，在“思想健身房”的口号已经被普遍接受之后，中欧EMBA课程部又明确提出，EMBA课程也应当是学生“全面发展的精神乐园”。因此，中欧高度重视学生的人文素养和课程之外的非正式学习。为此，EMBA组织了高层管理人员人文素养讲座，文化艺术节，人文艺术大讲坛等活动，邀请杰出的思想家和艺术家与学生进行交流。王蒙、朱学勤、铁凝、余秋雨、周海宏、罗大佑、谭盾、金星、于丹和一大批杰出的人文学者和艺术家，把哲学、文学、音乐、美术、历史带进了中欧。

同时，根据学生增进相互了解的要求，中欧增加了很多跨班级和跨地区甚至出国游学的活动。每年春季班开学时，三地的学生全部到上海参加开学住读模块；而秋季班开学，则全部到北京校区参加开学住读，极大地促进了三地学生间的相互了解和交往。

2008年，针对改革开放深化后开始变得日益突出的社会矛盾和转型经济所带来的特殊问题，学院又设立了“中欧EMBA善为奖”，专门用来号召和鼓励EMBA学生承担企业家应尽的社会责任。这一举措，使得原来分散在各个班级、学生的自发行为，在更高的层面上得以推广开来。

这一系列战略措施，使中欧保持了在中国EMBA市场的领先优势。

## 五、最国际化的EMBA班

办学初期，在教学管理中，学院很快发现EMBA学生的英语水平参差不齐，统一授课可能无法保证教学质量，为此，管理委员会迅速做出一个决定，即将一个班级的EMBA学生分为两个小班：一个英文班20人；而另一个班22人仍然由同样的外教授课，配以现场中文翻译，这意味着学院的EMBA教育成本大幅增长。但是，学院毫不犹豫地采取了分班教学的办法， 并沿袭至今。这种根据学生学习过程中的实际需要调整教学内容和管理方式的传统，是中欧EMBA课程成功的关键因素之一。

2005年，为了满足市场对国际化人才的巨大需求，中欧EMBA英文班特别增设了海外模块，通过与沃顿商学院这一国外一流院校的交流学习和对跨国企业的实地考察，培养学生的国际视野。

试行三年后，英文班学生普遍对沃顿模块反响非常好，而学院也积累了足够的推行海外模块的经验。于是，学院于2008年将EMBA英文班定位为“国际班”，将招生目标锁定于在中国工作的外籍经理、邻国的企业家经理人以及中国企业国际业务的负责人。国际班的课程设置充分考虑外籍经理与国际学生的特殊需求，此外每个学生必须在国外完成一个以上模块的学习。

2008年7月，国际班的全部学生在沃顿完成了一个全球模块的学习，这个模块受到了学生们的普遍欢迎。在此基础上，2009年国际班开设了第二个全球模块，在西班牙IESE商学院和瑞士IMD商学院举办。

## 六、周到服务，严格管理

中欧EMBA学生均为国内商界精英和领导干部。历年新生的平均年龄是38岁，平均工作年限为15年，来自各行各业。入读中欧之前，三分之二以上的EMBA学生为公司总裁、首席执行官、董事长等高级管理人员。这样一种学生结构形成了一个完美的组合。他们有着多种多样的职业经验、出类拔萃的管理经历，在课堂讨论中往往会碰撞出智慧的火花，令整个班级乃至EMBA课程受益匪浅。

时任学术委员会主席的雷诺教授曾经这样评价中欧的学生质量："真正让中欧区别于其他商学院的，正在于它所录取的学生的质量。世界上任何一所商学院的生源都无法和中欧媲美，中欧录取的学生职位之高，有时简直难以置信。"

但是，高层次的学生，也带来了教学管理上的难题。既要在后勤生活上服务周到，又要在教学管理上一丝不苟，本来就已经很困难，何况面对的又是主管千人万人企业的老总。不过，中欧确实做到了。

"'我不论你们是什么头衔，不论你们身价多少，你们只是中欧的学生。'下面鸦雀无声。'但从今天起这些人都是学生，都不许带秘书，都必须统一住宿，都必须把手机关掉（而不是振动）。'"这是EMBA2003级上海五班沈迦在报到后所写的日记，也是所有EMBA学生都必须面对的一堂入校教育。学生们私下说，这是"先把丑话说在前头"。

这种严格的管理贯彻在所有细节，一厚本《学生手册》把学术要求、学籍管理、行为规范等写得详细明确。连作业的格式、用什么字体都做了明确的规定。两年20门课，门门有作业，门门要考试。

对EMBA学生来讲，最关心的还是考勤。每一堂课都有两次考勤，迟到10分钟即作缺课半小时处理。而在为期两年的学制中，缺课累计天数如超过8天，就会被取消学籍。每年EMBA开学典礼，由于议程颇紧，院长致辞往往只有10分钟，而有关教学管理规则的解释则至少安排30分钟。

1995年，一些EMBA学生曾因无法接受学院严格的考试而罢考，但学院丝毫没有改变坚持考试的决心，执行院长冯勇明说：“宁可关掉这所学校，也不能接受不考试的要求。”

比较一下EMBA历年入学人数和毕业人数，就会发现有好几年毕业人数都比入学人数少了20人左右，除了部分学生因个人原因中途退出外，相当一部分是因为无法完成学业而被除名或者延期毕业的。

由于学生在职学习的特点，学习时间特别紧张，对各种课程服务的要求也特别高。同时，又由于EMBA学习“转型性”的特点，大量的学习和交流发生在课堂之外的非正式活动中，这样一来，班主任的作用就显得尤为关键。中欧的班主任团队在这方面发挥了极其重要的作用。

中欧EMBA课程部给班主任制定了四方面的角色要求。他们既是执行学院制度的管家，又是班级活动的组织协调者、推动班级文化建设的思想工作者，同时也是在教育第一线代表学院的形象大使。上海、北京、深圳三地的班主任团队以自己的敬业精神、高品质服务和严格管理赢得了学生的由衷尊重。

中欧EMBA课程的严格管理也体现在招生工作的每个环节上。每个招生环节都有专人负责、专人跟踪，还引入统计分析、ZMET形象调查法等先进管理手段对考生特点和学生需求进行调查。很多考生就是在报考EMBA课程的过程中，通过比较中欧与其他院校招生接待人员的态度和招生体系的严谨周到程度，而最终决定报考中欧的。2009年，尽管我国经济形势受到全球金融危机的严重影响，中欧EMBA招生团队仍然出色地完成了扩招任务。

EMBA课程部主任主任梁能教授说，除了体制优势、师资优势之外，EMBA班课程管理团队和招生团队可能是中欧EMBA课程最关键的核心优势。

## 七、面向实践的管理教育

中欧国际工商学院的EMBA学生在入校时都担任相当级别的企业高管，这使得教授在授课时面临来自学生的很大挑战。因此，中欧特别重视教授的实践经验和授课能力。更重要的是，中欧特别重视教授对中国企业的实际了解和研究中国问题的能力。因为像国内其他商学院一样，中欧所用的教材、所教的管理理论大部分都是在西方发展起来的。但是学生遇到的问题却往往有东方特点。虽然，理论本身未必有东方、西方的差别，但是它的出发点和落脚点是不一样的。

EMBA课程部认为，哈佛讲跨国公司，中欧也讲跨国公司，可是哈佛所讲的跨国公司案例都是以发达国家为基地的跨国公司，哈佛案例讲的都是总公司怎么控制发展中国家的子公司。但是，中欧的学生面临的是一个相反的问题，也就是中欧的学生作为西方跨国公司海外分部的管理人员，应该如何在跨国公司总公司的管理框架下取得发展，如何处理与总公司的关系；此外对中国市场而言重要的产品，往往不是跨国公司总公司的战略重点。由此可见，中欧学生所碰到的问题和哈佛学生碰到的问题往往是不一样的。

为了帮助国际教授了解中国国情，从1999年开始，在时任课程主任张维炯教授的带领下，EMBA课程增加了学术交流和参观访问的内容，参观的企业包括宝钢、上海汽车、上海石化、美特斯·邦威等众多在中国市场领先的企业。这种注重研究中国企业实际问题的做法一直延续至今。EMBA课程部每年都会为新加盟中欧的教授安排企业访谈，还组织上海、北京、深圳三地跨校区的企业参观访问。

同时，中欧与其他院校的EMBA课程有一个较大的区别，就是要求学生完成一个以实际问题为对象的研究项目，这有别于那种仅要求学生修完15或18门课就算完成学业的做法。要在中欧取得学位，必须完成小组课题研究报告。在教授的指导下，学生要用所学的知识去解决一个实际问题，且必须有所突破。很多小组课题报告后来发展成了实际创业的商业计划书。赢得CCTV大型创业节目“赢在中国”总冠军的宋文明，其获奖计划的原型就来源于就读中欧EMBA课程时的研究报告。

课堂上的EMBA学生

## 八、中欧EMBA的办学成绩

首先，EMBA课程为中国企业界系统培养了一大批最早的管理精英，至今已有6 000多位企业家、领导干部和高层管理者接受了正规的国际化工商管理教育，极大地提升了这些企业的管理水平。由于其庞大的规模和很高的起点，中欧EMBA课程为中国企业培养了大批高级管理人才，从EMBA学生中走出了许多诸如中组部副部长、重庆市常务副市长、黑龙江省常务副省长这样的高级干部，也走出了大批诸如CCTV年度人物、“赢在中国”总冠军这样的杰出企业家。这对中国经济、社会的发展和改革开放的深化，起到了直接的推动作用。

其次，作为中国第一个EMBA课程，中欧为中国EMBA探索出了一条“既国际，又中国”，“严而有格，导尔弗牵”的办学道路，为后来的EMBA课程提供了宝贵的借鉴经验。中欧首创的每月四天集中授课的学制，外教上课配以现场翻译的授课模式，对教学效果鼓励学生评估的质量控制手段，笔试和面试并重的招生方式，都已成为中国EMBA教育界普遍接受的惯例。

最后，中欧EMBA课程倡导了中国EMBA教育严谨而又活泼的学习风气。在争夺EMBA优质生源的竞争中，中欧所坚持的严谨学风可谓一股清风，与迁就学生、把教育项目办成出售文凭的财富俱乐部的做法划清了界限，正在受到越来越多的学生与企业的认可；中欧EMBA课程的“商界精英的思想健身房”、“全面发展的精神乐园”、“推动社会发展的积极力量”的独有定位也越来越深入人心。

此外，EMBA校友也是学院赞助的重要来源和社会公益事业的积极参与者。1997～1998年，当浦东校园建设遇到资金方面的困难时，EMBA学生所在的企业共捐助了大约905万元人民币。获得“中欧EMBA善为奖（2007级）”事件奖的EMBA2007级上海2班，在两年学习过程中，仅以一个班的力量，就援建了四所希望小学。

## 第四节　国际一流的高层经理培训课程

中欧国际工商学院的前身CEMI开设了中国最早的高层经理培训课程（EDP）[1]。从1984年开始，CEMI开设了一系列培训班，其性质已经类似于今天的高层经理培训课程。1994年3月，CEMI南迁上海之后，首先开设的课程就是EDP。

1994年11月，中欧推出了第一个高层经理培训课程。当时，尽管有一些中外合作的培训机构和教育机构在中国大陆提供高层经理培训课程，但是常年开设高层经理培训课程的商学院，中欧是第一家。在中国，体制内的商学院普遍开设高层经理培训课程是在2003年前后，中欧国际工商学院一直是中国高层经理培训课程的领军者。

一直以来，高层经理培训课程都是学院教授了解中国、开展研究、应用理论的一个平台。通过这个平台，他们与当地的学员建立了联系，从而更加深入地了解中国的商业环境和实践，有效开展与中国及课堂教学有关的研究，并通过学员把他们的管理理念应用于商业实践。

### 一、EDP的发展历程

基于CEMI有10年开设高层经理培训课程的经验，中欧国际工商学院的创始人对EDP寄予厚望，希望EDP在建校4年后能够领先亚洲，对学院财务自立做出贡献。

1　在国际上，高层经理培训课程系指包括EMBA课程在内的、区别于全日制MBA课程的高层管理人员培训课程，其英文名称为Executive Education。EDP（Executive Development Programmes）是中欧在其初创时期对包括EMBA课程在内的高层管理人员培训课程的称谓。在成立EMBA课程部后，中欧的EDP仅指非学位教育的高层管理人员培训课程。这一称谓先后被一些国内商学院沿用，并形成习惯。因此，在国内EDP仅指非学位教育的高层管理人员培训课程。因此，本书中出现的“高层经理培训课程”和“EDP”若非特别指出，均指非学位教育的高层管理人员培训课程，同时EDP也是“高层经理培训课程”的简称。

但中国的EDP教育市场就像一个藏在深山的富矿，尽管储量丰富、品位极高，但开采也难度极高。当第四个年头来临时，EDP仍然是中欧国际工商学院的亏损项目——而在国外的一流商学院，EDP是商学院最重要的收入来源。

1995年，高层经理培训部开设了“合资企业的人力资源管理”等9个公开课程，亏损300万元。1996年，EDP的经营陷入很大的困境，当时甚至出现将高层经理培训部裁撤的传言。[1]为摆脱困境，很多员工后来回忆，高层经理培训部员工在1996年拜访客户几近“疯狂”，加班熬夜是家常便饭。

管理委员会和学术委员会也为EDP的盈利而努力，1996年，中欧为准备进入中国的跨国公司董事们举办了“透过面纱看中国”课程。为适应全球化的进程，中欧和美国密歇根大学和西班牙IESE商学院联合举办了“管理的全球化”课程。

1996年，学术委员会主席雷诺教授在中欧开设了“中国的商务与投资环境”课程，这是中欧EDP第一个国际课程，来自世界各地的17名学员参加了这一价格不菲的课程，每人收费达到1.1万美元，尽管收费颇高，课程仍然很受欢迎。

经过高层经理培训部的努力，到1996年底，虽然仍处于亏损状态，但培训人数已经大大增加了。1997年，公开课程培训人数从1996年的517人增加到1 707人。

为了提高业绩和控制成本，从1998年开始，高层经理培训部将中欧的课程与世界同类商学院的类似课程进行基准比较，寻找自身的差距和问题。例如，中欧EDP每门公开课程平均学员数一直在14人以下，而他们发现，如果一门课程的学员不超过14人，则无法盈利。因此，学院果断停开了一批销售长期不见好转的课程，并提高课程的价格，终于在1998年实现了盈利。

“最初的3～5年间，EDP的最大买家是外资公司。”高层经理培训部第三任主任刘湧洁回忆，大众汽车、ABB等公司急需培养他们在中国

1 《中欧神话：亚太第一商学院的传奇创业史》，李月庆著，中信出版社，2009年1月。

2003年9月开班的首期CEO课程师生合影

本地的员工，在海外他们习惯于从商学院购买定制化的EDP，正是这个习惯，给中欧带来了一个全新的机会。跨国公司发现，同样在欧美的大牌教授，在中国授课的课程价格只有欧美的三分之一。

EDP另一个转折点发生在2001年中国加入WTO前后，经理人对国际商务培训的需求剧增，当年EDP的收入增加43%。近年来，EDP的市场发生了明显变化，国有和私营企业的需求迅速上升。公司对特设课程的需求也迅速上升，尤其是中资企业，公司特设课程的准备期越来越短。

2002年前后，一些国际知名商学院都在中国开设了各式各样的高层经理培训课程，市场竞争加剧了。为此，中欧高层经理培训部采取了一系列策略，来构建自己的竞争优势。这些措施包括：开发高质量和独特的课程，提升内部效率和有效性，与全球教授和领先组织建立网络关系，以及努力建立卓越的客户关系。

在产品方面，高层经理培训部推出了CEO课程、医院管理文凭课程、金融系列课程等。在构建全球领先的师资网络方面，高层经理培训部注重在所有重要领域建立教授库。在内部效率管理方面，高层经理培训部改进了管理流程，建立了客户关系管理（CRM）系统，利用网站推销课程并招收学员，并且通过培训客户经理和课程主管增加他们的专业知识，以便更好地为咨询者和学员服务。

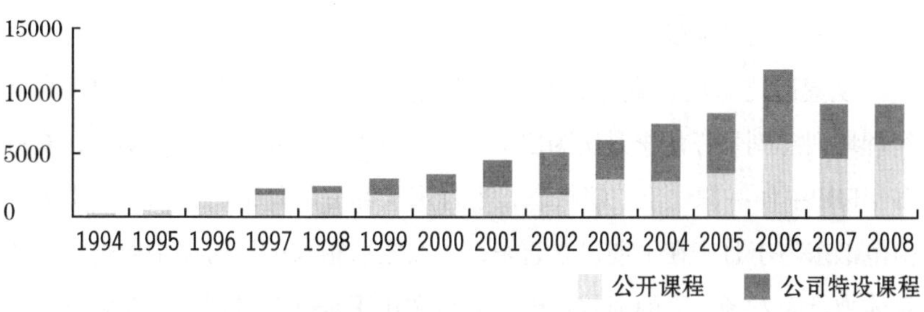


图2-6 历年高层经理培训课程学员人次

这些措施保证了中欧EDP的快速发展。除2003年受SARS危机影响收入增幅有所降低外，EDP的收入和学员总数一直保持快速增长。EDP对学院的财务贡献比重也在大幅增加，2006年，EDP销售收入首次突破亿元大关。

2008年5月，高层经理培训部推出中欧陆家嘴国际金融研究院系列金融类课程，为上海建设国际金融中心添砖加瓦。2008年，尽管受到全球金融危机影响，各大企业纷纷削减培训支出，但中欧的高层经理培训课程收入仍然比2007年增长30%以上。

## 二、EDP的管理团队

范汇东是高层经理培训部的第一任主任，李月庆担任副主任。范汇东先生研究过汉学，能说一口流利的汉语。更让人钦佩的是，他是营销高手。当学院还没有校舍和教授时，他就在CNN上为中欧做广告，国际杂志上也出现了中欧国际工商学院的广告。

范汇东具有很强的竞争意识。他不仅想方设法建设中欧的EDP，而且千方百计地了解竞争对手，他的竞争精神在高层经理培训部留存至今。

1998年，范汇东离任。何俊于2002年3月接任了范汇东的课程主任一职，但却于半年后辞职。何俊任职虽然时间很短，但他实施了诸如工作辅导、正规销售培训、规范公司拜访等诸多新举措，使高层经理培训部获益良多。2002年9月何俊离任后，课程主任的位置一直空缺。2004年，学院从内部提拔刘湧洁担任高层经理培训部主任，2007年又从内部提拔李洁担任副主任，一直延续至今。

从建院之日起，直到2003年离任创办天翼图书为止，一直担任高层经理培训部副主任的李月庆为EDP的发展做出了重要贡献。事实上，有许多年EDP主任一职处于空缺状态，李月庆实际上就是部门的第一负责人。由范汇东与李月庆在早期建立起来，并在之后很长一段时期中通过李月庆身体力行而发扬光大的绩效管理制度与文化正是许多其他学校在管理方面所欠缺的。多年来先后有多家学校前来考察中欧的绩效管理制度与文化。

在第一个5年中，学院董事兼学术委员会主席雷诺教授也对EDP贡献良多，不但亲自开设课程，担任课程负责人，也为组织课程、寻求师资奔波于海内外。

先后担任副院长、执行院长和院长的博纳德（Albert Bennett）博士对EDP给予了很大的关注和支持，博纳德博士曾经担任强生公司中国区总裁，对中国的商业环境和国际商务有着深刻的了解，同时他对高层经理培训部的文化建设也起到了关键性的作用。

2006年，为进一步提升EDP的学术水准，学院任命飞利浦人力资源管理教席教授杨国安担任副教务长，分管高层经理培训课程并担任学术顾问。杨国安教授是人力资源管理领域的国际权威之一，这也代表了学院让优秀教授参与课程管理的一种努力。

表2-9 EDP课程管理团队沿革[1]

| 时间 | 主任 | 副主任 | 助理主任 |
|---|---|---|---|
| 1994.3～1998.10 | 范汇东 | 李月庆 | |
| 1998.10～2002.3 | | 李月庆 | |
| 2002.3～2002.9 | 何俊 | 李月庆 | |
| 2002.9～2002.11 | | 李月庆 | |
| 2002.11～2003.1 | | 李月庆、刘湧洁 | |
| 2003.1～2004.8 | | 刘湧洁 | 李洁 |
| 2004.8～2006.12 | 刘湧洁 | | 李洁 |
| 2006.12～2007.3 | 刘湧洁 | | 李洁、朱炎 |
| 2007.3～2007.12 | 刘湧洁 | 李洁 | 朱炎、牛培华 |
| 2007.12～ | 刘湧洁 | 李洁 | 朱炎、高效云 |

1　1994年3～11月，范汇东和李月庆分别担任CEMI高层经理培训部的主任和副主任。

## 三、我们是服务提供商

激烈的市场竞争使EDP的组织和推行更富于市场化特征，“我们打造了一个把知识当作产品销售的模式。”刘湧洁说。

高层经理培训部把自身定位为一个服务提供商，以向学员提供培训服务为目标，同时向教授提供良好的支持服务，形成一个良好的服务流程。

服务提供商的定位使高层经理培训部确立了以客户为导向的评价机制，对教授的评价大幅参照了学员的评价，一些不适应中国市场、学员评分在4分以下的教授即会被解聘。过去15年里，被高层经理培训部解聘的国际大牌教授不在少数。

高层经理培训部的每一个销售人员，在拜访客户结束后，都会被要求撰写一份拜访报告。现在，每年超过2 000份拜访报告被及时输入CRM（客户关系管理）系统，以便根据不同需要提取出有价值的结果。

刘湧洁强调：“在合适的时间招收到合适的学员，请到合适的教授向他们讲授合适的内容。”合适的时间意味着针对不同时期企业与管理者的需求，推出不同的课程。中欧高层经理培训部每年都会推出至少5～6门新课程，以适应当下的需求。

高层经理培训部也把授课教授作为自己最重要的服务对象来对待。由于EDP课程的授课教授大多享有国际声誉，如何为教授提供周到的服务，使一些对中国感兴趣的教授能长期留下来执教，是一项很大的挑战。能否提供专业化的教学支持，也是与教授继续合作的基础。

为此，高层经理培训部对服务细节的要求甚至达到了近乎苛刻的地步，单就课程宣传册而言，就不惜花大价钱聘请奥美公司设计，确保与国际一流商学院的形象相匹配。

由于国内缺乏组织EDP的经验，高层经理培训部一直在不断向国际最优秀的同行学习。建院伊始，学院就把班主任派到国外一流商学院进行访问学习，跟这些商学院的班主任们一起工作，从而优化了中欧的服务流程。

IMD商学院是全球EDP的领先者之一。这家商学院的前身是成立于1946年的日内瓦国际管理学院和成立于1957年的洛桑国际管理学院。这两家独立的商学院于1990年合并成为IMD商学院。

表2-10 2008年最受欢迎的10门高层经理培训课程

| 课程 | 培训人数 |
|---|---|
| 领导艺术与变革管理 | 292 |
| 领导力发展战略 | 150 |
| 人力资源管理 | 145 |
| 市场营销战略与规划 | 143 |
| 发展组织能力，推动战略实施 | 143 |
| 战略销售队伍管理 | 128 |
| 总经理课程 | 115 |
| 决策者的管理会计 | 104 |
| 决策者的财务报表解析 | 103 |
| 非财务经理的财务 | 93 |

IMD建立了全球商学院最优秀的EDP服务流程，因此高层经理培训部邀请曾经为IMD设计服务流程的一位爱尔兰女士根据中欧的特点，设计完整的符合国际规范的服务流程。她为EDP设计了三大标准：课程运营标准、市场营销标准和形象推广标准，建立了包括职位描述、工作流程图、员工手册、课程运营手册、课程助理手册、课程管理标准手册等一整套规范。该规范对高层经理培训部的每个岗位、每个环节、每个流程节点，都进行了清晰的定义，实施之后使高层经理培训部的服务焕然一新。

时任高层经理培训部副主任的李月庆说："这套标准的细致，无可挑剔。比如，怎么制作胸卡、台卡，格式如何整齐划一，都有明确规范；台面上准备好的铅笔，削到什么程度、摆成什么角度，都有严格标准。而且，她要求我们给客户的铅笔永远是新的。"

在规范制订好之后，高层经理培训部在上海希尔顿酒店召开了几次业务培训会，教大家如何实施整套标准。从此之后，中欧的EDP服务俨然达到了五星级酒店标准。[1]

2007年，管理委员会特批给高层经理培训部业绩增长奖金，高层经理培训部就用这笔奖金在2008年进行了3次团队建设和内部培训，10多人次获得赴海外顶尖商学院考察、交流、学习的机会。这些对标学习，对组织提升起到了积极作用。

1 《中欧神话：亚太第一商学院的传奇创业史》，李月庆著，中信出版社，2009.1。

## 四、品牌管理

作为亚太地区长期领先的高层经理培训课程，中欧国际工商学院的EDP已经确立了其强大的品牌优势。刘湧洁说：“中欧的EDP已经实现了系统化管理。对高层经理教育来说，品牌就是一切，我们绝不会为了短期利益去牺牲学院的品牌。”

这种品牌优势最核心的体现是EDP的口碑传播。在中欧国际工商学院，60%的学员来自其他校友的介绍；在企业客户中，60%以上是老客户。这在中国的商学院是前所未有的。成功的公司特设课程不仅会给

表2-11 与中欧国际工商学院保持10年以上合作关系的著名企业列表

| ABB | 光明乳业<br>股份有限公司 | BP | 帝斯曼 |
|---|---|---|---|
| 阿克苏·诺贝尔 | 拜耳 | 拉法基 | 礼来 |
| 罗氏 | 马士基 | 诺华 | 施耐德 |
| 美赞臣 | 西门子 | 上海汽车集团股份<br>有限公司 | 巴斯夫 |
| 液化空气 | 中国惠普有限公司 | 苏威（上海）有限公司 | 上海市对外服务<br>有限公司 |
| 贝卡尔特 | 上海通用汽车<br>有限公司 | 万科企业股份<br>有限公司 | 联合汽车<br>电子有限公司 |
| 玫琳凯 | 德国费森尤斯卡比<br>医药有限公司 | 玛氏食品 | 道康宁 |
| 诺基亚 | 诺和诺德（中国）<br>制药有限公司 | 百特(中国)投资有限公<br>司 | 上海庄臣<br>有限公司 |
| 杜邦中国集团<br>有限公司 | 飞利浦（中国）<br>投资有限公司 | 欧莱雅 | 葛兰素史克 |
| 联想 | 北京飞机维修<br>工程有限公司 | 上海家化联合<br>股份有限公司 | 爱立信 |
| 可口可乐(中国)<br>饮料有限公司 | 汽巴精化 | 通用电气 | |

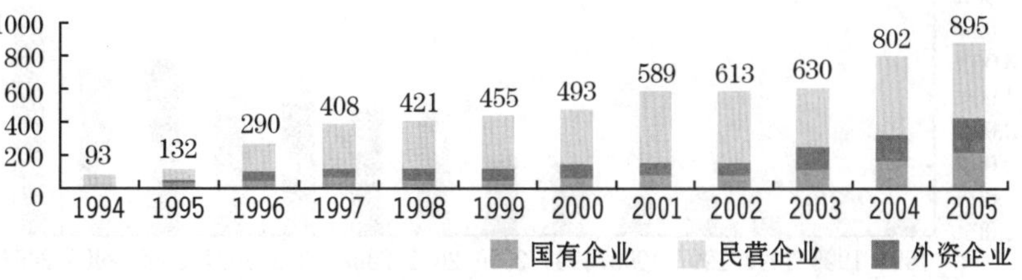


图2-7 历年高层经理培训课程按所有制分类的企业客户数

学院带来丰厚的收益，还会吸引客户把他们的高层管理人员派来学习EMBA课程、来学院招聘MBA毕业生乃至为学院的发展贡献财力。

为了维护品牌，高层经理培训部对CEO课程等多模块课程的每一张报名表都认真审核，有时甚至要安排面试。为招收到合适的企业家，中欧2009年的全球CEO课程只选择了两个招生渠道。其一是高层经理培训部根据其锁定的目标，主动邀请适合的企业家来参加，其二是通过以往的CEO校友推荐。

强大的品牌优势，使中欧EDP和一批全球最优秀的公司建立了良好的合作伙伴关系，其中包括电气巨头ABB，石油巨头英国石油（BP），中国的万科集团、上汽集团等。这些公司与中欧EDP的合作均已超过10年。

## 五、以国际化优势屹立于市场顶端

如同中欧国际工商学院提供的其他课程一样，国际化也是EDP在中国市场的最大优势，不同的是，中欧充分利用了这种优势，使EDP不断向市场最有价值的高端延伸。

从1994年开始，中欧就吸引了相当数量的国际学员，目前中欧国际工商学院的EDP学员来自全球60多个国家和地区，形成了真正意义上的多元文化。

更重要的是，中欧把与国际商学院的合作作为提升自身办学水准和品牌最重要的途径，而其一贯坚持的国际化、市场化办学，以及与欧洲学术界的良好关系，都为中欧实现与其他国际一流商学院无缝对接式

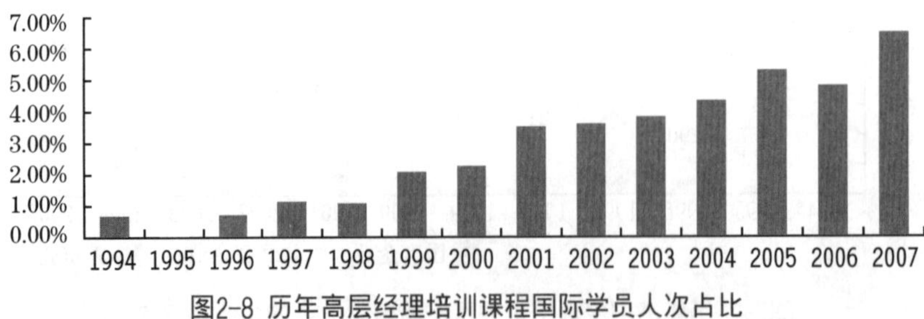


图2-8 历年高层经理培训课程国际学员人次占比

表2-12 历年高层经理培训课程学员人次

| 年份 | 公开课程 | 企业特设课程 |
|---|---|---|
| 1994 | 242 | 50 |
| 1995 | 437 | / |
| 1996 | 1 122 | 71 |
| 1997 | 1 694 | 331 |
| 1998 | 1 917 | 443 |
| 1999 | 1 808 | 1 278 |
| 2000 | 1 944 | 1 401 |
| 2001 | 2 341 | 2 200 |
| 2002 | 1 763 | 3 352 |
| 2003 | 3 031 | 3 063 |
| 2004 | 2 882 | 4 491 |
| 2005 | 3 508 | 4 715 |
| 2006 | 6 046 | 5 766 |
| 2007 | 4 844 | 4 214 |
| 2008 | 5 755 | 3 251 |
| 2009 | 在读 | 在读 |
| 总计 | 39 334 | 34 626 |

的合作创造了良好条件。

中欧携手国际6所知名院校共同开发课程，这些商学院包括：哈佛商学院、沃顿商学院、密歇根大学商学院、IESE商学院、INSEAD商学院和哥伦比亚大学商学院。

与此同时，中欧也在全球视野中开发EDP市场。2005年，高层经理培训部为TCL公司在法国开设了特设课程，为IBM公司在新加坡开设了公司特设课程。2006年，中欧国际工商学院的全球CEO课程增加了美国和西班牙模块。2008年，高层经理培训部还开设了CEO校友美国游学课程。

作为占领高端市场最重要的项目，中欧EDP在中国最有影响的课程是全球CEO课程，它吸引了中国最优秀的企业家群体。2006年，针对中国企业国际化发展的趋势与需求，中欧携手哈佛商学院和IESE商学院在中国首次推出了“全球CEO课程”，紧密结合中国企业如何在全球范围内可持续增长、发展的问题，在原来CEO课程设计的基础上融入了原汁原味的哈佛商学院的案例式教学，加大了国际化元素。3所著名商学院联手组成一流教授团队，对学员进行悉心指导，通过有效的互动式教学，深入探讨管理问题，帮助学员形成全新的思维模式。

全球CEO课程学员、神州数码（中国）有限公司总裁兼首席执行官郭为评价说："参加这一课程使我拓宽了思路，学会了从全球视角来看待经济发展和行业潮流的整体趋势，并掌握了有关新战略及财务模式的思维方式。对我来说，该课程极具启迪作用。"

高层经理培训部认为，中欧EDP之所以价格不断上升而需求有增无减，在于这些高端课程能帮助中国企业家打破定向思维，提供一种新思路。中国很多企业家经过几年的成功发展之后，往往容易陷入定向思维，但眼前的成功并不代表未来的成功，而中欧EDP则能最好地满足其获得新思路的需求。

"思路决定出路"，这是高层经理培训部一贯强调的。

表2-13 中欧EDP历年在英国《金融时报》全球排名中的名次

| 年份 | 名次 |
| --- | --- |
| 2009 | 19 |
| 2008 | 20 |
| 2006 | 35 |
| 2005 | 37 |
| 2004 | 45 |
| 2003 | 41 |

## 六、EDP的办学成就和挑战

截至2008年底，高层经理培训课程以最快的速度为中国企业培养了7万多人次的中高层管理人员，这些学员在中国经济社会发展过程中发挥了积极作用。

在高层经理培训领域，中欧EDP确立了在中国的标杆地位，形成了一整套完整的办学体系和服务流程，中欧EDP也是国内唯一参加国际排名的同类课程，并且在英国《金融时报》排名中位居亚太地区前列。

高层经理培训课程市场潜力巨大。一份早前的报告显示，这一市场的全球价值高达数千亿美元。其中，中国的高层经理培训市场潜力超过40亿美元。

目前，中欧EDP面临全方位的竞争。除了本土商学院的效仿和追赶，哈佛商学院、密歇根大学商学院、芝加哥大学商学院、INSEAD商学院、IMD等世界名校均已进入中国市场。

中欧EDP的公开课程的标杆和主要竞争对手是哈佛商学院，而公司特设课程的标杆和主要竞争对手为杜克大学企业教育学院和IMD。不过中欧的优势在于更了解中国市场，能与客户结成真正意义上的伙伴关系。

# 第三章 群星璀璨的师资队伍

中欧国际工商学院执行院长雷诺（Pedro Nueno）教授指出："中欧国际工商学院是将高素质的教授同高质量的生源、课程设置和教材结合在一起，形成了自己的核心竞争力。"

高素质的教授资源，是中欧国际工商学院的核心竞争力所在，也是中欧国际工商学院高速发展的关键所在。建设一所国际一流的商学院，本质上就是打造一支国际一流的师资队伍，并以此来确立学院的国际学术地位和影响力。

在长达2年的建校谈判中，中欧国际工商学院的创业者们对学校未来的师资和学术研究做了详细讨论，这些讨论的结果被写入《中欧国际工商学院财务协议》，以两国政府间协议的形式确定下来。

《财务协议》规定："学院将从三个方面招聘教师：中国、欧洲和海外的华人。在合作初期，鉴于学院需要具有国际经验的人员，欧方教师将占较大的比例，欧方将通过合作教学和辅助教学，使中方逐步接管学院的教学工作，与此同时聘来的海外华人学者将起有益的桥梁作用。"

《财务协议》要求："遵照协议，欧方将在第一个5年里，提供一切手段，帮助中欧国际工商学院树立良好的学术形象，以此推动企业界的捐款。"

正是由于学院在创建初期就对师资和学术研究做了既符合当时实际情况又充分考虑未来发展的规划，才使得中欧国际工商学院在过去15年中一直保持了师资的国际水平，实现了高起点起步。在英国《金融时报》商学院排名中，中欧国际工商学院师资队伍的国际化程度已连续5年位居全球一流商学院前10名。截至2009年6月，中欧拥有来自13个国家的58名长期教授，其中国际师资占比达67%。

## 第一节　整合全球资源组建国际一流师资队伍[1]

教授是商学院最宝贵的资源。在全球范围内商学院教授资源一直处于稀缺状态，因而教授工作是学院的重中之重。

继承CEMI时期的利用欧方访问教授组织教学的经验，中欧国际工商学院从建院开始就确定了以访问教授为主、逐步培养长期教授的计划。这个计划在内部被称为“借鸡生蛋”和“筑巢引凤”。

2009年1月，在中欧国际工商学院通过国际商学院联合会（The Association to Advance Collegiate Schools of Business，简称AACSB）认证时，AACSB高级总裁兼首席执行官约翰·J.费尔南德斯（John J. Fernandes）在给郭理默（Rolf D. Cremer）教务长的贺信中，对中欧组织师资的模式给予了高度评价：

“在专业人士紧缺的情况下，中欧国际工商学院用极短的时间从一个由访问教授组成的学院成长为现在由长期教授组成的大规模学院。不仅学院对教师的吸引力和保持力是一大亮点，师资力量的多样化也值得称道。”

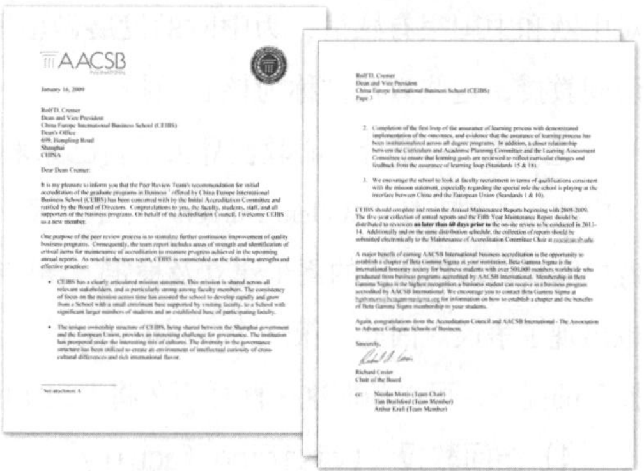

AACSB

January 16, 2009

Rolf D. Cremer
Dean and Vice President
China Europe International Business School (CEIBS)
Dean's Office
699, Hongfeng Road
Shanghai
CHINA

Dear Dean Cremer:

It is my pleasure to inform you that the Peer Review Team's recommendation for initial accreditation of the graduate programs in Business[1] offered by China Europe International Business School (CEIBS) has been concurred with by the Initial Accreditation Committee and ratified by the Board of Directors. Congratulations to you, the faculty, students, staff, and all supporters of the business programs. On behalf of the Accreditation Council, I welcome CEIBS as a new member.

One purpose of the peer review process is to stimulate further continuous improvement of quality business programs. Consequently, the team report includes areas of strength and identification of critical items for maintenance of accreditation to measure progress achieved in the upcoming annual reports. As noted in the team report, CEIBS is commended on the following strengths and effective practices:

- CEIBS has a clearly articulated mission statement. This mission is shared across all relevant stakeholders, and is particularly strong among faculty members. The consistency of focus on the mission across time has assisted the school to develop rapidly and grow from a School with a small enrolment base supported by visiting faculty, to a School with significant larger numbers of students and an established base of participating faculty.
- The unique ownership structure of CEIBS, being shared between the Shanghai government and the European Union, provides an interesting challenge for governance. The institution has prospered under the interesting mix of cultures. The diversity in the governance structure has been utilized to create an environment of intellectual curiosity of cross-cultural differences and rich international flavor.

[1] See attachment A

Rolf D. Cremer
Dean and Vice President
China Europe International Business School (CEIBS)
Page 3

2. Completion of the first loop of the assurance of learning process with demonstrated implementation of the outcomes, and evidence that the assurance of learning process has been institutionalized across all degree programs. In addition, a closer relationship between the Curriculum and Academic Planning Committee and the Learning Assessment Committee to ensure that learning goals are reviewed to reflect curricular changes and feedback from the assurance of learning loop (Standards 15 & 18).

3. We encourage the school to look at faculty recruitment in terms of qualifications consistent with the mission statement, especially regarding the special role the school is playing at the interface between China and the European Union (Standards 1 & 10).

CEIBS should complete and retain the Annual Maintenance Reports beginning with 2008-2009. The five-year collection of annual reports and the Fifth Year Maintenance Report should be distributed to reviewers **no later than 60 days prior to** the on-site review to be conducted in 2013-14. Additionally and on the same distribution schedule, the collection of reports should be submitted electronically to the Maintenance of Accreditation Committee Chair at [illegible].

A major benefit of earning AACSB International business accreditation is the opportunity to establish a chapter of Beta Gamma Sigma at your institution. Beta Gamma Sigma is the international honorary society for business students with over 500,000 members worldwide who graduated from business programs accredited by AACSB International. Membership in Beta Gamma Sigma is the highest recognition a business student can receive in a business program accredited by AACSB International. We encourage you to contact Beta Gamma Sigma at [illegible] for information on how to establish a chapter and the benefits of Beta Gamma Sigma membership to your students.

Again, congratulations from the Accreditation Council and AACSB International - The Association to Advance Collegiate Schools of Business.

Sincerely,

Richard Cosier
Chair of the Board

cc: Nicolas Mottis (Team Chair)
Tim Brailsford (Team Member)
Arthur Kraft (Team Member)

**国际商学院联合会（AACSB）高级总裁兼首席执行官约翰·J.费尔南德斯（John J. Fernandes）致郭理默（Rolf D. Cremer）教务长的信函**

1　关于中欧教授的姓名、执教年份和研究领域，见附录六“长期教授、核心教授、学术休假教授名单”。

## 一、教授制度的变迁

为建设国际化的高水平师资队伍，中欧在师资的管理体制方面进行了大量探索，教授制度也有诸多变化。中欧国际工商学院将教授定义为以下几种类型：

**1）全职教授（regular faculty）**

全职教授是指那些被中欧聘用且与其他学校没有长期合同关系的教授。这些教授一般都拥有博士学位，很多人已经是国外或境外商学院的终身教授。加入中欧后，他们都签署了长期工作合同，并辞去了原来的全职工作。

**2）合聘教授（联席教授）（joint faculty）**

合聘教授同时拥有两所学校的长期工作合同，双方学校有合作协议，并都承认该教授为本校及对方学校教授。该教授的研究成果归属双方学校共同拥有。

本书所称的中欧长期教授包括全职教授和合聘教授。一些著名企业向学院提供用于教学和研究的捐款，设立以企业名称命名的捐赠教席，由学院邀请具有深厚学术造诣的长期教授出任教席教授。例如，吴敬琏出任了宝钢经济学教席教授、杨国安出任了飞利浦人力资源管理教席教授等。

**3）核心教授（core faculty）**

中欧有一批访问教授，他们从CEMI时期起就每年都来学院执教，对中欧和中国很有感情，为中欧的发展做出了很大贡献。为区别于其他访问教授，这些教授被称为核心教授。

近年来，一部分核心教授辞去了自己原来的海外或境外教职，全职加入中欧，如柏唯良（Willem Burgers）、白诗莉（Lydia Price）和张春等。随着中欧长期教授队伍的逐步建立及稳定，学院内部对“核心教授”的叫法也出现了争议。因此，第二个5年协议期后期开始，中欧淡化了“核心教授”的提法，可以预期这一称呼不久将退出中欧的历史舞台。

**4）访问教授 （visiting faculty）**

学院根据需要，每年邀请世界各地著名商学院的一些教授来中欧讲授有关课程，这些教授和学院没有长期合同关系。中欧聘请访问教授的原则是，如果讲课没有达到预期效果，课程结束后就不再续聘。通过这样的选择过程，中欧保留了一批授课水平较高的访问教授，并成为补充长期教授队伍的重要来源。

未来中欧教授队伍将主要由全职教授和合聘教授所组成，学院也会根据课程需要灵活地聘请高水平的国际访问教授。

## 二、“借鸡生蛋”：第一个5年合同期的师资建设

建校初期，中欧确立了建立一支稳定的长期教授队伍的明确目标。各方都深刻意识到，符合国际标准的教学水准是学院的生命所在。除此之外，学院并无立基之地。

聘请国际师资难度很大。一流教授是国际管理教育界竞相争夺的稀缺资源。由于在文化、语言、社会和其他方面均存在一定程度的差异，外国教授来华工作要经历很长的调整和适应过程，子女就学、配偶就业、饮食习惯、业余生活、交友圈子、社区服务甚至税率等，都会对教授聘用产生很大影响。更大的难度在于，中欧当时在全球管理教育界还籍籍无名，中国大陆仍然是全球管理教育的洼地。

中欧国际工商学院继承了CEMI时期依靠访问教授的做法，CEMI时期积累的教授资源也成为学院建院初期的教授来源之一。根据协议，欧洲管理发展基金会利用其广泛的学术关系，为学院聘请了许多访问教授，学术委员会也为壮大师资队伍做出了不小贡献。

从CEMI时期开始，谢家伦教授与CEMI和中欧保持了长达20年的学术关系，并一度出任学院的副教务长。郭理默教授从1990年开始担任CEMI的访问教授，2003年开始受聘为学院的长期教授，并于2004年9月开始担任教务长兼副院长。

CEMI时期的访问教授安德烈·威尔茨玛（Andre Wierdsma）、顾凯诗（Keith Goodall）、任杰明（Jaume Ribera）也都先后成为中欧的长期教授，前后任教达20年之久。

谢家伦教授

任杰明（Jaume Ribera）教授

白诗莉（Lydia Price）教授

翟博思（Henri-Claude de Bettignies）教授

就访问教授而言，尽管学术水平无可厚非，但是一些教授因为个人原因临时取消学院课程的事情也时有发生，这对学院来说都是难以承受的波动。为解决这一问题，学院制订了教授分类管理制度，使学院教授队伍逐渐趋于稳定。

1995年开始，学院聘请了几位每年执教两个月的访问教授，西班牙IESE商学院的运营管理学任杰明教授和荷兰奈耶罗德大学的金融学教授谢家伦都是在这一时期加盟中欧的。

1996年，中欧聘请了一批“长期访问教授”[2]，这些教授在保留与

2 这些教授在当时称为“长期教授”，后来改称“合聘教授”，为区别于全职的长期教授，本书称之为“合聘教授”。

表3-1 从CEMI到中欧国际工商学院时期连续执教的教授

| 中文姓名 | 英文姓名 | CEMI时期任教年份 | 于中欧任长期教授年份 | 于中欧任核心教授年份 | 于中欧任访问教授年份 |
|---|---|---|---|---|---|
| 安德烈·威尔茨玛 | Andre Wierdsma | 1986, 1988, 1990 | 2009～ | / | 1995～1997, 2001～2008 |
| 任杰明 | Jaume Ribera | 1987, 1989 | 2005～ | 2001～2004 | 1995 |
| 谢家伦 | Kalun Tse | 1989～1990, 1992 | 2007～ | 2000～2006 | 1995～1999 |
| 顾凯诗 | Keith Goodall | 1990～1992 | / | 2001～ | 1995～1998, 1999 |
| 郭理默 | Rolf D. Cremer | 1990, 1992 | 2003～ | / | 1996 |
| 温伟德 | Wilfried Vanhonacker | 1989～1991 | 2000～2001 | / | 1995～2007 |
| 伯恩德·施密特 | Bernd H. Schmitt | 1991, 1992 | / | / | 1995～1999 |
| 大卫·本奈特 | David Bennett | 1990, 1992 | / | / | 1995 |
| 霍斯特·本德 | Horst Bender | 1988 | / | / | 1995 |
| 休·乔埃尔·贝西斯 | Hugh Joel Bessis | 1985 | / | / | 2000, 2004, 2006～2008 |
| 珍妮·盖切尔 | Jeanne-Marie Claydon Gescher | 1991～1992 | / | / | 1995～1996 |
| 冯勇明 | Joachim Frohn | 1988, 1990～1992 | / | / | 1999 |
| 何塞普·里韦罗拉 | Josep Riverola | 1991 | / | / | 1995, 2001 |
| 博斯迈 | Max Boisot | 1984～1988 | / | / | 1997～1998 |
| 迈克尔·弗斯 | Michael Firth | 1992 | / | / | 1995～1997 |
| 菲利普·拉塞尔 | Philippe Lasserre | 1991 | / | / | 1996, 2007～2008 |
| 波尔·舒尔茨 | Poul Schultz | 1990, 1992 | / | / | 2001 |
| 雷内·Y.达赫蒙 | Rene Y. Darmon | 1991 | / | / | 1995 |
| 萨尔瓦多·卡莫纳 | Salvador Carmona | 1991 | / | / | 1996～1997 |
| 赛尔焦·博托拉尼 | Sergio Bortolani | 1987～1988, 1991 | / | / | 1996, 2000 |
| 方伟翰 | Wilhelm Pfahler | 1991 | / | / | 1995～2006 |
| 威廉·安东尼·欧迪尔 | William Anthony O'Dea | 1991 | / | / | 1999 |

其他商学院合同关系的基础上，与中欧签订一份承诺3年内累计执教7个月的合同。

到1996年年底，有19位来自国际一流商学院的教授成为中欧的访问教授，另外还有9位教授准备在1997年加入中欧访问教授队伍。这时学院已初步建立起一支富有教学经验和国际学术水平的教授队伍。

但是，学院对此并不满意。即便有3年内累计授课7个月的承诺，一些“长期访问教授”与原机构的关系过于紧密，他们对中欧身份的认同并未达到中欧所期待的程度。

1997年，学院开始评估3年内累计授课7个月的合同形式，重新界定

表3-2 1996年的7位长期访问教授名单

| 学科及学衔 | 姓名 | 所属机构 |
|---|---|---|
| 英美烟草（BAT）市场学教席教授 | 史明博（Bernd Schmitt） | 美国哥伦比亚大学 |
| 汉高（HENKEL）广告学教席教授 | 方利祥（John Farley ） | 沃顿商学院 |
| 企业重组教授 | 托马斯·克拉克（Thomas Clarke） | 利兹大学 |
| 营销学教授 | 柏唯良（Willem Burgers） | 新奥尔良大学 |
| 人力资源管理研究员 | 顾凯诗（Keith Goodall） | 剑桥大学 |
| 财务会计学助理教授 | 项兵 | 香港科技大学 |
| 经验经济学助理教授 | 陈蒲 | 比勒费尔德大学 |

了教授类别，有6位教授被确定为“核心教授”。管理委员会在提交董事会的报告中说：“我们称呼他们为核心教授而不是长期教授，这样能更贴切地描述他们在发展一个更为协调的教授组合基础时所起的核心作用，也反映了我们所支付的报酬是以他们的服务性质而非服务时间为基础的。”

除吸引已在国际上享有盛名的教授外，学院开始积极寻找在学术上已经有所建树、并愿意扎根中欧从事教学和研究的年轻学者，前提是这些学者必须在国际著名商学院获得博士学位。

到1999年前后，学校决定，无论如何艰难，必须着手建立一支自己的长期教授队伍。在这一阶段，管理委员会成员和课程主任开始亲自授课：如教务长菲希尔（William A. Fischer）教授开设了《中国经营》，EMBA课程主任张维炯教授开设了《会计学导论》。

## 三、筑巢引凤：迅速壮大的师资队伍

1999年，浦东校园的建成为学院发展提供了良好的教学和办公条件。随着教学和研究水平的提高，学院的学术声誉不断提高，财务状况有所改善，管理委员会开始着手招聘长期教授。

2000年5月，中国政府与欧盟签署的第二期《财务协议》规定：“为了加强学院的研究能力并建设一支核心的教授队伍，项目第二期欧方将出资设立3个欧洲教席、引进8名助理教授，时间为2000～2004

白思拓（Alfredo Pastor）教授

表3-3 历年长期教授人数（截至2009年6月）

| 年份 | 2000 | 2001 | 2002 | 2003 | 2004 | 2005 | 2006 | 2007 | 2008 | 2009 |
|---|---|---|---|---|---|---|---|---|---|---|
| 长期教授人数 | 7 | 12 | 16 | 20 | 27 | 33 | 37 | 47 | 52 | 58 |

年。”基于中国经济在这一时期的飞速发展和管理教育需求的急剧增加，教授人数增长大大超出了计划。

中欧国际工商学院对教授招聘设置了严格条件。首要条件是必须具有国际知名学府经济或管理领域博士学位，拥有在全球一流商学院执教多年的经验，并在国际一流学术期刊上发表过论文。同时，还要求在相关领域从事过多年有关中国问题的研究。

访问教授的经历是学院与教授彼此适应、磨合和评估的过程，所以学院首先邀请访问教授中的合适人选转任长期教授。2000年，范悦安（Juan Fernandez）、霍华德（Howard Ward）和温伟德（Wilfried Vanhonacker）签约成为长期教授。

在第二个5年合同期，根据确定的重点学科领域，中欧国际工商学院总共聘请了7位教席教授，奠定了学院教授队伍的核心。

加入中欧之前，朴胜虎（Seung Ho Park）教授是美国新泽西州立罗格斯（Rutgers）大学商学院的战略学教授。在罗格斯商学院，他曾获得多项研究和教学奖，并且是《美国管理学会期刊》等多家学术刊物的编委。

柏唯良教授曾长期担任中欧的访问教授，其研究与著述集中于市场营销、战略与国际商务领域。他的营销学著作《细节营销》（*The Marketing You Never Knew*）被视为这一领域的经典，非常畅销。

杨国安教授拥有美国密歇根大学博士学位，主要研究领域为战略性人力资源管理。他在美国和中国都被视为人力资源管理领域的权威，曾任宏碁集团（ACER）首席人力资源官，负责推动宏碁集团的组织变革和领导力发展工作。

张春教授曾在美国明尼苏达大学卡尔森管理学院担任金融学教授长达17年之久。他是第一个从中国大陆到美国大学执教金融学的学者，

表3-4 2000～2004年聘请的教席教授

| 中文姓名 | 英文姓名 | 教席 |
| --- | --- | --- |
| 朴胜虎 | Seung Ho Park | 英美烟草市场学教席 |
| 白思拓 | Alfredo Pastor | 西班牙经济学教席 |
| 杨国安 | Arthur Yeung | 飞利浦人力资源管理教席 |
| 吴敬琏 | Wu Jinglian | 宝钢经济学教席 |
| 张 春 | Chun Chang | 荷兰银行风险管理教席 |
| 柏唯良 | Willem Burgers | 飞利浦市场学教席 |
| 忻 榕 | Katherine Xin | 米其林领导艺术及人力资源管理教席 |

许斌教授

梁能教授

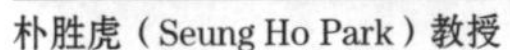
朴胜虎（Seung Ho Park）教授

柏唯良（Willem Burgers）教授

杨国安教授

张春教授

忻榕教授

吴敬琏教授（中）

也是第一个在美国大学取得金融学终身教职之后回国担任全职教授的学者。他曾担任过中国留美经济学会会长，目前还是研究中国经济问题的国际期刊《中国经济评论》（*China Economic Review*）的执行主编。

忻榕教授在美国加州大学欧文分校获得管理学博士学位。她是《美国管理学会期刊》和《领导艺术季刊》的编委，以及哈佛《商业评论》杂志中文版的首任主编。

吴敬琏教授在国务院发展研究中心退休后，并于2002年受聘为中欧宝钢经济学教席教授。

一批优秀的经济和管理学教授在这一时期先后成为中欧的长期教授，包括梁能教授、周东生教授、许小年教授、许定波教授和丁远教授等。另外，从INSEAD毕业的青年学者肖知兴博士也加入了中欧。

到2004年底，学院已经建立了以27名长期教授为核心的教授队伍，他们在各自领域享有广泛的学术声誉，一些教授还是本领域的权威并曾在其他的国际商学院担任管理职务。

## 四、雁阵翱翔：厚积薄发的教授梯队

学院从2005年起将师资队伍分为四大学科领域，分别为：经济学与决策科学、金融学与会计学、管理学和市场营销学，并任命了相应的学科主任，以更好地进行同一学科的规划与发展。2008年管理委员会根据2005年确定的四大学科领域设定了四个系并任命了系主任。

在第三个5年内（截至2009年6月），学院又聘请了4位教席教授，其中翟博思（Henri-Claude de Bettignies）是中欧全球责任领导力特聘教授，并担任全球管理和欧中企业关系教席教授之职。之前，他是INSEAD商学院英杰华（AVIVA）领导力和企业社会责任教席教授。

李秀娟教授是米其林领导力和人力资源教席教授，管理学系主任，中欧领导力行为实验室（Leadership Behavioral Laboratory）主任。加入中欧之前，她是长江商学院管理学教授和副院长。来中国之前，她曾在新加坡国立大学任教，担任新加坡国立大学商学院副院长，并且是该学院EMBA、国际MBA课程创始主任。

任杰明教授从访问教授转为长期教授，受聘为巴塞罗那港物流学教席教授。任杰明教授在美国佛罗里达大学获得工业与系统工程博士学位，他曾任西班牙IESE商学院副院长。

从2005年开始，雷诺（Pedro Nueno）教授出任执行院长，并于2008年受聘为成为基金创业学教席教授。

到2009年6月，学院的教席教授达到10位，他们在各自研究领域颇有声望，在国际学术界非常活跃，他们是中欧学术活动的中坚力量。

另外，第三个5年内加盟的长期教授包括来自香港科技大学的经济学教授朱天、荷兰奈耶罗德大学组织与共同创造学教授安德烈·威尔茨玛，他们也在各自领域颇有声望，并且年富力强。

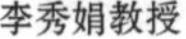

李秀娟教授

雷诺（Pedro Nueno）教授

芮博澜（Ambigaibalan Ramasamy）教授

表3-5 各类职称教师人数（截至2009年6月）

| 职称 | 人数 |
|---|---|
| 教授 | 44 |
| 副教授 | 6 |
| 助理教授 | 5 |
| 讲师 | 3 |

第三个5年内，学院还聘请了一批年轻的副教授、助理教授和讲师，包括原来执教于北大光华管理学院的学术新秀韩践博士和张炜博士等。这些年轻的教授在世界著名大学获得博士学位，并且有扎实的学术根基，学院的目标是将他们培养成学院未来学术发展的中坚力量。

截至2009年6月底，中欧形成了由44名教授、6名副教授、5名助理教授和3名讲师组成的长期教授梯队。

## 五、国际化教授阵容

中欧是中国大陆第一家在全球管理教育市场上招聘教授的商学院，97%的教授具有国际一流商学院的博士学位。中欧的教授中50%以上为华人教授，包括吴敬琏、许小年、张春、杨国安等在各个领域内学

表3-6 中欧与国内其他商学院师资横向比较（截至2009年6月）

| | 全职教师 | 外籍人士比例 | 海外博士学位比例 | 博士学位比例 |
|---|---|---|---|---|
| 中欧 | 58 | 67% | 97% | 97% |
| 清华经管 | 141 | | | 83.7% |
| 北大光华 | 100 | | 57% | 94% |
| 复旦管院 | 143 | | 27% | 89% |
| 交大安泰 | 105 | | | 85% |

贯中西的权威学者。

中欧的非华裔教授也不乏各个领域内的权威，而且许多教授在20世纪80年代就已在中国执教MBA课程，对中国文化和中国企业的管理有着深刻的理解。

## 六、明星闪耀的访问教授阵容

15年来，约有400多位访问教授曾在中欧执教，灵活的访问教授制度为中欧引入国际一流师资奠定了坚实基础。即使在教授队伍不断壮大的今天，高水平的访问教授队伍仍然是中欧发展的重要力量。

在访问教授中，前中国政法大学校长、中国民商法泰斗江平教授从1997年到2008年，一直担任学院访问教授，其醍醐灌顶式的讲解深受学生好评。从《我所能做的只能是呐喊》一书中可以深深体会到江平先生忧国忧民的博大胸怀。

江平教授说，“我在中欧国际工商学院担任了十几年法学教授，给EMBA学生讲课。讲课时，我深深感觉到法学家的思维和经济学家的思维根本不同。法学家考虑的是合法、规则性，而经济学家、企业家所关心的是如何生存、如何产生更大利益。”[3] 因此，2001年，江平和吴敬琏教授曾尝试推动法学与经济学的结盟。

已故上海交通大学管理学院首任院长杨锡山教授从1995年到2005年一直担任中欧学术委员会委员，也曾经作为访问教授授课。杨教授20世

3 江平，“解决经济危机，要有更多学者声音”，《南方周末》，2009年6月3日。

纪40年代在沃顿商学院获得MBA学位，是中国最早的MBA之一。

国内最知名的经济学和管理学教授几乎都曾受聘为中欧的访问教授，包括北京大学国家发展研究院院长周其仁教授、清华大学中国与世界经济研究中心主任李稻葵教授、上海财经大学程恩富教授、长江商学院院长项兵教授等。

国际上著名商学院的教授，包括纽约大学的厄尔·斯蒂斯（Earl Stice）教授、香港大学商学院院长白国礼（Gary Biddle）教授、百布森商学院的伍健民（Robert Eng Ng）教授、法国INSEAD的戴维·扬（David Young）教授、汉堡国立大学经济分配与市场竞争理论学院院长方伟翰（Wilhelm Pfaehler）教授等，也都曾为中欧的各种课程授课。

## 七、精彩的授课艺术

如何以有效、轻松的方式让学员理解和消化艰深的管理理论，是不少教授们毕生修炼的艺术。由于EMBA学生人生阅历和管理经验丰富，EMBA授课挑战性更大。为鼓励教授们提升授课艺术，中欧引入了让学员为教授评分的方法，施以压力；同时，中欧每年评选“教学优秀奖”，激发动力。如今，中欧已经拥有一批能在讲台上化深奥为浅显、化枯燥为生动的教授，成为学院的镇山之宝。

中欧EMBA2005级深圳班校友李亚东写道：

“在中欧学习，所遇名师不少，其中堪称大师者，当数吴敬琏、江平二老。我一直惊异于吴敬琏这样一个干瘦的老人，上课时怎么能有如此的力量与激情？四天的课里，每天8点半准时上课，下午5点半准时下课，已76岁高龄的一代大师，竟能底气十足、声音洪亮、激情澎湃地每天讲课近8个小时。更使我深受感染的是他那一腔忧国忧民的赤子情怀和饱经风霜后仍秉热忱的活力心态。

“另一位大师江平也是1930年代生人，同样的激情澎湃，同样的率真爽直。江平老师同样有许多发人深省的点拨，令人有醍醐灌顶之感。听了江平老师的课，我对法理学产生了浓厚的兴趣，课后从书店搬回了

江平教授
前中国政法大学校长，
中欧民商法访问教授

几本砖头厚的书，每当研读到困惑处，想起江平老师讲过的一句话，就似有所通。他说，私权是‘权利’，公权是‘权力’，法律无非是解决权利和权力的问题。这就是悬在法律这根绳两头的东西。

“授人以鱼，不如授人以渔。大师与其他老师的根本不同之处，也许就是授我们以渔吧！”

回忆起许小年教授的精彩授课，EMBA2006级校友秦艳玲说：

许小年教授

顾凯诗（Keith Goodall）教授

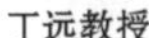
丁远教授

许定波教授

“有同学说许小年教授的宏观经济学是‘余音绕梁，三日不绝于耳’。可我觉得那种对头脑、心灵的震撼，岂止是三日，一定是三年、三十年，直至坟墓了。从定义、假设、模型，到实证，他循循善诱，引领同学们步步深入经济学的殿堂。如绵绵细雨，一点点地浸润干涸的土地。华丽的语言之下，一步步都是冷静的经济理论分析，同学们透过弥漫的硝烟，看清了金融大战的实质。四天的课程，教授不但讲了经济学，更涉及社会、历史、宗教、文化，从经济学的角度给予理性的解释，同学们有如醍醐灌顶，换了一种思维。不管讲的是什么内容，他的神情始终平静，波澜不惊。在他一贯的语调和语速下，同学们常常是哄堂大笑。教授的幽默不是来自诙谐，而是来自智慧，点到要害之处。中欧曾用‘高山仰止君子剑’来形容许小年教授。”

EMBA2008级学生戴剑说：

“不得不说，上丁远教授的课是一种享受，一种自虐式的享受。他深入浅出，常常颠覆我的一些概念和观点，但更多的是激起我的思考和共鸣。”

EMBA2004级校友唐建国说：

“以前也学过‘管理学’课程，但是中欧顾凯诗（Keith Goodall）

教授把这门枯燥无比的课教得如此有趣、生动、鲜活是我压根儿没想到的；以前也学过‘商法’，但是江平教授把它讲得如此清晰、简洁、明白，我才领教了什么叫高人！”

EMBA北京班2003级校友管洁如此评价杨国安教授和他的“杨三角”：

“我不知道是否所有的教授都有实践自己所信奉的东西的勇气；我也不知道是否所有教授宣讲的都是自己实践过的东西；我更不知道忙于著书立说的教授是否敢用自己的学说去挽救一个濒危的企业……能做到这些的，当然应该是中欧的教授。下课后，很多同学长时间的思维方式还是‘三角形’的。”

上过许定波教授管理会计课的人都不会忘记相思山。韩践副教授说：“有幸旁听许定波教授的管理会计课程，受益匪浅。真正能把管理会计讲得如此深入浅出，并妙趣横生的确是需要些‘仙气’的。”[4]

2009年9月，杨国安教授和许定波教授荣获“中欧教学名师奖”。此前，吴敬琏教授也于2006年荣获该奖，这是中欧所设立的最高教学奖。

## 八、师资发展是长期挑战

在2003年董事会会议上，董事埃里克·科尼埃尔（Eric Cornuel）教授提出，国际商学院联合会（AACSB）已经提醒各家商学院重视未来师资短缺的问题。欧洲管理发展基金会和国际商学院联合会都十分清楚，10年后目前全球商学院师资中会有一大批退出讲坛，仅美国就将有7 000名教授退休。能否拥有足够数量的优秀教授将成为全球商学院的最大挑战。

2009年，朱晓明院长对中欧如何发展师资提出了思考和规划：

“如何打造一支强大的教授队伍是我们的核心任务。中欧目前可以说拥有国内最优秀的教授队伍。但是也面临一些挑战。其一，教授数量较少，导致疲于应付繁重的教学任务，在研究方面的投入不足；其

4 韩践，“管理会计学习笔记”，《首席人才官》，2008年8月29日。

二，个别学科过于倚重一两个明星教授，后备力量有待加强；其三，一些教授的社会影响力还不够。中欧一些非常受学生欢迎的教授在社会上了解的人却不多，这不利于学院的品牌建设。未来5年–10年，中欧必须建立一支百人左右的长期教授队伍，每个学科必须有3年–5名起带头作用的明星教授。同时，教授必须在教学、研究和社会实践方面取得平衡的发展，努力通过创新性的研究成果去影响政府决策和公众认知，提升社会影响力。中国经济在快速地发展和演变，其中有大量的问题值得商学院的教授去关注、研究和献计献策。学校有责任使教授们在社会知名度上获得更大的提升。”[5]

5 朱晓明，2009年学院战略研讨会上的报告，2009年1月10日。

## 第二节　融合国际理念与本土实践的学术研究

在建院谈判中，中国政府与欧盟双方都认识到，学院要扎根于中国，就必须开展针对中国问题的深入研究，这些研究同时又必须符合国际学术规范。15年来，中欧国际工商学院在学术研究上一直坚持不懈，并且已经开始进入学术成果的收获期。

在学术研究方向上，《财务协议》要求：

“中欧国际工商学院的研究，一方面应集中于应用研究，这类研究将列入有创收潜力的具体研究计划中；另一方面，教授个人所从事的与教学平行的和有利于完善教学的科研活动和项目也将得到支持。这些被视为教授学术水平提高和发展的组成部分和必要条件。其研究重点将放在中国经济的国际化方面。”

对于商学院来说，案例开发是学术研究的重要组成部分。对于学院的案例开发我们将在本章第三节单独叙述。

### 一、学术研究政策

学术研究政策与学院的两个重要领域密切相关，即师资和财务。学院设立了研究委员会（Research Committee），由主管学术的副教务长负责，对学院的研究做出规划和评价。

学院为学术研究提供一系列的支持，包括研究的启动经费和项目经费，成立研究中心等。另外，中央和地方政府的研究项目和企业赞助等都为研究提供了经费保障。

学院鼓励教授在英国《金融时报》认可的40种管理类核心期刊上发表学术论文，教授每发表一篇FT40论文，学院将减少一定的教学工作量作为奖励。另外，学院还设立了年度优秀研究奖。

## 二、学术研究的发展历程

在第一个5年中，学院领导与教授确立了研究政策，编写了一些教学案例，出版了《中欧管理译丛》并发表了一系列的学术文章。

在第二个5年中，学院建立了一系列学科研究中心，构建了研究工作的主要组织架构。除了课题研究之外，研究中心也参与或组织了各种领域的学术会议，扩大了与企业界、政界和学术界的交流，提升了学院的影响力。

在第三个5年中，学院的重心仍然在于各个研究中心的发展，以及教授研究水平的提升。同时学院也确立了两个研究方向，即一般意义的学术研究和有针对性的智囊型研究，后者主要包括中欧陆家嘴国际金融研究院和中国服务外包研究中心，这两个中心分别由全国人大常委、财经委副主任委员，原中国人民银行副行长吴晓灵教授和中欧国际工商学院院长朱晓明教授领衔。

最近几年，学院几位著名教授的多篇论文获得了国际学术机构的奖项，确立了中欧在这些领域的话语权。至少在这些领域，中欧已经不是一个模仿和追随者，它开始用自己的思想和国际同行对话了。

毫无疑问，尽管在过去15年中中欧的学术研究开展得有声有色，但即便从创始人的期待而言，所有这些工作还只是为一所百年商学院奠定的初步基础。随着教授资源的扩展，学院在国际学术舞台上将会有更好的表现。

## 三、智力资本开发

在建校初期，根据教学的需求，学校将研究重点放在基于中国商业环境的教学案例的编写上。1995年，学术委员会批准了四个研究项目，包括托马斯·克拉克（Thomas Clarke）教授的《中国企业的管理方法》、《中国经济变革过程中的计量经济学模式》，冯勇明教授（Joachim Frohn）和陈蒲博士负责的《汉语量词主题对消费者信息处理及消费行为的影响》等，学院还招聘了一些研究助理来协助研究。

1996年，管理委员会确认学院的主要工作之一是开展研究，并要求以国际学术界关注的前沿研究为重点，同时逐步加强对中国问题的研究。学院为此努力和中国的优秀企业建立联系，并搜集关于中国经济的高质量的资料和数据。

学院对研究工作提出了一系列的规划，重点放在战略、人力资源、市场营销及财务和会计四个领域。例如，学院一直坚持在中外合资企业中进行人力资源调查，分析中国经济在过渡时期的变化情况。这些研究不但获得了重要的研究成果，也对教学有所促进。

即便大牌教授云集，中欧仍然认为教学的成效依赖于高质量的研究，这是学院达成的一项共识。尽管经费紧张，学院仍然为合聘教授和访问教授制订了研究资助计划，推动对中国问题的研究。

1997年，学院资助的研究计划达到了11个，研究所获得的成果也成为学院研究论文系列，使得研究成果在初始阶段就得以进行国际交流。1997年，这个系列已经有16篇论文，到1999年底，则达到了25篇。

1998年，学院明确提出了“智力资本开发”的口号，因为学院的领导者已经认识到，学生之所以来参加中欧的课程，是因为他们相信，通过学习他们能够提升现代经理人所需的专业技能。赞助公司之所以和学院建立关系，是因为他们相信，这样会使自己更好地了解在中国经济环境中的管理实践，最终能更好地了解中国经济转轨过程。所有各方都希望通过学院使自己变得“更睿智”。满足这些需求的唯一途径就是通过创造各种智力资本，帮助学生深入了解中国的管理实践。支持智力资本创造的研究使命成为中欧事业成功的关键。

1998年，学院取消了直接发放研究基金的方法，明确了研究立项过程，研究项目经过审核后才发放研究基金，引入事前论证和事后评价。

1998年，温伟德教授在《哈佛商业评论》上发表了一篇有关中国的文章，柏唯良教授在《加利福尼亚管理评论》上发表了一篇关于合资企业谈判的文章，而史明博教授出版了《市场营销美学》一书。

1990 年代末，国际知名媒体开始把中欧教授及其中国经验奉为评论中国经济和商务问题的权威，学院话语权不断提升。1998年，《远东经济评论》引用了访问教授项兵关于中国经济的看法，菲希尔教授根据中国外资企业的经验在英国《金融时报》的“掌握全球管理”系列中，发表了专栏文章。2006年，王建铆教授在《远东经济评论》发表了“中央王国需要中层经理”一文。这些成果见证了中欧国际工商学院建构国际话语权的最初努力。

学院也不断积累组织大型学术会议的能力，以促进新知识在中国管理舞台上的传播。这些会议包括，“工商学院公共管理研讨会”、澳大利亚及太平洋地区组织研究（APROS）研讨会、中国市场竞争研讨会、中国金融市场研讨会。从1999年开始，学院开始举办一系列的产业论坛，涉及金融、汽车、健康、媒体等领域。论坛和会议进一步扩大了学院的学术影响力，也在公众领域提升了学院的知名度。

为进一步推动上海国际金融中心的建设，上海市政府与中国人民银行、中国银监会、中国证监会、中国保监会决定联合主办国际规格的“陆家嘴论坛”。首届陆家嘴论坛于2008年5月9日、10日隆重举行，吸引了数百位全球金融界翘楚，王岐山副总理出席并做主旨演讲。2009年5月15～16日第二届陆家嘴论坛举行时，已经具备了相当的国际国内影响力。与上海市金融办等单位一起，中欧国际工商学院承办了连续两届陆家嘴论坛，朱晓明院长出任陆家嘴论坛组委会副主任。陆家嘴论坛秘书处挂牌于位于陆家嘴心脏地带的中欧陆家嘴国际金融研究院。此外，朱晓明、吴晓灵、许小年、张春、许斌等中欧教授也在陆家嘴论坛发表演讲或担任主持人。

## 四、雨后春笋般的研究中心

从2001年开始，中欧国际工商学院开始建立一系列的研究中心，以集中力量在学院确认的重点研究领域展开研究。

到2008年年底，中欧已成立了案例中心等13个研究中心和中欧陆家嘴国际金融研究院，总计14个研究机构，奠定了学术研究的基本架构。这些研究中心通过撰写学术论文、出版专著和召开研讨会等方式，和国内外学术界展开交流。中国民营企业研究中心每年发布的《中国民营上市企业百强排行榜》、中国服务外包研究中心出版的《中国服务外包发展报告》等，都已经成为公众关注的热点。

## 五、研究委员会的成立

自2008年1月1日起，张春教授被任命为主管学术研究的副教务长。学院设立了研究委员会，张春教授担任委员会主席，成员包括：许

表3-7 研究中心列表

| 中文名称 | 英文名称 | 负责人 | 成立年份 |
|---|---|---|---|
| 案例研究中心 | Case Development Center | 刘胜军 | 2001 |
| 中国民营企业研究中心 | Center of Chinese Private Enterprises | 张维炯 | 2002 |
| 新兴市场战略研究中心 | Center for Emerging Market Strategy (CEMS) | 朴胜虎（Seung Ho Park） | 2004 |
| 人力资源与组织管理研究中心 | Center of Organization and People Excellence | 杨国安 | 2004 |
| 中国金融研究中心 | China Center for Financial Research | 张春 | 2005 |
| 医疗保健政策及管理中心 | CEIBS Center for Health Care Policy and Management | 宋瑞霖 | 2006 |
| 中欧企业领导力与社会责任研究中心 | The Euro-China Center for Leadership and Responsibility | 翟博思（Henri-Claude de Bettignies） | 2006 |
| 全球管理中心 | Center for Global Management | 雷诺（Pedro Nueno） | 2006 |
| 领导力研究中心 | Leadership Behavioral Laboratory | 李秀娟 | 2007 |
| 中欧－浙大国际创业研究中心 | CEIBS-Zhejiang University Center for International Entrepreneurship | 郭默理（Rolf D. Cremer）/王重鸣 | 2007 |
| 市场营销与创新中心 | Center of Marketing & Innovation (CMI) | 鸿嘉吉马（Kwaku Atuahene-Gima） | 2007 |
| 中国服务外包研究中心 | China Outsourcing Institute | 朱晓明 | 2007 |
| 中欧陆家嘴国际金融研究院 | CEIBS Lujiazui International Finance Research Center | 吴晓灵 | 2007 |
| 全球运营管理与价值链整合中心 | Center for Global Operations Management and Value Chain Integration | 柯雷孟（Thomas E. Callarman） | 2007 |

张逸民教授

斌教授、周东生教授、翟博思教授和张逸民教授。研究委员会主席的职责包括将中欧的研究活动与学院的使命密切结合；指导学院研究工作的开展；负责相关奖金的设立，确保中欧的国际化水准和对中国商业实践的关注。研究委员会的成立标志着中欧国际工商学院学术研究框架的进一步完善和研究规划的正规化。

在实现自身使命的过程中，中欧成功培养了大批中国商界领袖，为中国的经济发展做出了贡献。在巩固国内地位的同时，学院也正考虑抓住外部机遇。

在快速发展的同时，中欧也必须面对如下选择：要么走哈佛商学院的道路，致力于建设一所享有世界声誉但立足中国的商学院；要么走INSEAD或IMD商学院的路线，利用世界扁平化趋势，成为一所“高度国际化的商学院”。

多数中欧教授认为，学院应该充分发挥本土优势，重点关注应用型研究。学院的竞争优势就在于它是中国与世界交流的界面。长远来看，学院的目标应该是成为全球首屈一指的中国问题研究专家。

此外，学院总部设在上海本身也是一个战略机遇，因为中国政府早已将上海国际金融中心建设定为一项国家战略。如果学院能够充分把握机遇，有朝一日完全可能与伦敦商学院和设在纽约的哥伦比亚商学院并驾齐驱。2009年3月，国务院审议并原则通过了《关于推进上海加快发展现代服务业和先进制造业、建设国际金融中心和国际航运中心的意见》，上海国际金融中心建设站在了新的历史起点上。在金融学领域，中欧不仅拥有许小年、张春、许斌等著名教授，而且成立了中国金融研究中心、中欧陆家嘴国际金融研究院，已经站在一个非常高的起点上。

## 六、15年学术成就斐然

在学术研究上，中欧国际工商学院已经取得相当成就，对于一个成立仅15年的商学院来说，可谓硕果累累。

吴敬琏教授被授予首届中国经济学杰出贡献奖，并连续两年被

吴敬琏教授所著《当代中国经济》（英文版）

雷诺教授所著《Compitiendo en el Siglo XXI》

国际管理学会《管理学习与教育》杂志年度最佳论文奖状——《中美两国MBA案例中隐含的思维模式分析》（梁能与林淑合著）

评为CCTV年度经济人物。[1]吴敬琏教授的著作《当代中国经济》几度再版，成为有关当代中国经济改革的权威教科书，并发行了英文版（*Understanding and Interpreting Chinese Economic Reform*）。吴敬琏教授还出版了《中国增长模式抉择》一书，成为推动中国经济增长方式转型的领军学者。2007年，吴敬琏出版《呼唤法治的市场经济》一书，指出："改革的两种前途严峻地摆在我们的面前：一条是政治文明下法治的市场经济道路，一条是权贵资本主义即官僚资本主义的道路。在这两条道路的交战中，后者的来势咄咄逼人。"

作为创业领域的权威学者，雷诺教授出版了18部专著，包括：《企业的起死回生》（已在美国、法国、荷兰以及西班牙出版）、《光与影——企业创新》（已在英国、西班牙、德国和中国出版）、《创业》等。

2007年，梁能教授与林淑博士合著的论文《西学之误？中国1992年和1999年出版MBA案例的比较分析》，获得Carolyn Dexter最佳国际论文奖、管理教育最佳论文奖。

同年，梁能教授和王佳茜合著的另一篇论文《中美两国MBA案例中的隐含的思维模式分析》，也获得国际管理学会《管理学习与教育》

1 被授予首届中国经济学杰出贡献奖的其他三人分别是薛暮桥、马洪和刘国光。

鸿翥吉马（Kwaku Atuahene-Gima）教授

方睿哲（Ramakrishna S. Velamuri）教授

弗沃德（Waldemar Pfoertsch）教授

（*Academy of Management Learning and Education*）杂志2005年度最佳论文奖。

2007年鸿翥吉马教授被评为全球对国际市场营销及创新管理文献有卓越贡献的研究人员。他在世界最佳1 179位管理创新学者中排名第四位，其研究成果多次获得最佳论文奖和Annbar杰出贡献奖，以及由美国市场营销协会（AMA）所颁发的4项声望很高的最佳报刊奖，包括大会最佳论文奖（2001年冬）。他在《市场营销杂志》上发表的文章（2005年10月）荣获2007年度AMA TechSig最佳论文奖。鸿翥吉马教授是产品开发及管理协会（PDMA）和美国管理学会会员。他组织了2006年10月21～22日在美国亚特兰大举行的PDMA研讨会并担任会议主席。

《管理科学季刊》（*Administrative Science Quarterly*）2007年第一期的开篇之作是由中欧管理学教授肖知兴撰写的论文《当“结构洞”失效：中国高科技企业中文化因素对社会资本的影响》。《管理科学季刊》是全球管理学者公认的国际一流的管理科学学术期刊，每年只接受16篇左右论文，肖知兴教授成为首位在该顶级学术刊物上发表论文的大陆学者。

由中欧创业学副教授方睿哲（Ramakrishna S. Velamuri）博士与研究员许雷平合作撰写的案例《俏江南集团：追寻“美丽”的成长历程》荣获欧洲管理发展基金会（EFMD）2008 年度案例写作竞赛之“来自中国的新兴全球竞争者”类别大奖，这是内地商学院首次获得该奖项。

范悦安教授与安若丽女士合著的《中国CEO》

许小年教授所著《自由与市场经济》

杨国安教授，忻榕教授，刘胜军博士，戴华研究员所著《鲜花与荆棘——探寻中国企业全球化之路》

张春教授所著《写给中国企业家的公司财务》

丁远教授、张华讲师和张俊喜的合著论文《盈余管理：中国私营与国营上市公司的对比》刊发在权威学术期刊《公司治理》上，并获得该期刊2007年度“最佳论文奖”。

另外，柏唯良教授出版了畅销书《细节营销》（*The Marketing You Never Knew*，2004年出版，被翻译为多种语言出版，包括英文、中文、西班牙文和越南文等）。

范悦安教授和安若丽（Laurie Underwood）女士合著的《中国CEO》（*China CEO: Voices of Experience from 20 International Business Leaders*）一书也成为有关外籍人员了解中国管理问题的经典著作，并以中、英、日、韩等多种语言出版。

长期坚持市场经济理念的许小年教授一贯保持了学者的独立思考和批判精神，并于2009年出版了《自由与市场经济》一书。

在长期跟踪研究TCL、明基、趋势科技、格兰仕、中集集团等中国企业国际化的基础上，杨国安教授、忻榕教授和刘胜军博士、戴华研究员合作出版了《鲜花与荆棘：探寻中国企业全球化之路》一书。杨国安教授还著有《学习力：创新，推广和执行》等书。

2006年，张春教授出版了《写给中国企业家的公司财务》，2008年，他出版了新书《公司金融学》。

李秀娟教授所著《富过三代：破解家族企业的传统诅咒》

肖知兴教授所著《中国人为什么组织不起来》

柏唯良教授所著《细节营销》

弗沃德教授与菲利浦·科特勒（Philip Kotler）合著《B2B品牌管理》

针对中国家族企业普遍存在的接班人挑战，李秀娟教授和李虹女士编著出版了《富过三代：破解家族企业的传统诅咒》一书。

肖知兴教授的《东张西望》一书被评为2004年十大最有价值的商业书籍之一；他的《中国人为什么组织不起来》一书被评为2006年十大管理类好书之一。肖知兴教授还著有《论语笔记》和《纸上谈兵说管理》等著作。

弗沃德（Waldemar A. Pfoertsch）教授和全球营销大师菲利浦·科特勒（Philip Kotler）教授合著了《B2B品牌管理》一书。在互联网营销方面，他还出版了《互联网生存》（*Living Web*）一书，着重介绍商业中的互联网营销和互联网战略。

表3-8 2005年以来主要学术成果统计*

| | 2005 | 2006 | 2007 | 2008 | 2009 |
|---|---|---|---|---|---|
| FT40论文** | 3 | 5 | 4 | 7 | 15 |
| 案例 | 53 | 25 | 40 | 25 | 2 |
| 其他文章 | 68 | 69 | 65 | 42 | 78 |
| 学术会议报告 | 52 | 39 | 23 | 36 | 11 |
| 专著 | 14 | 14 | 13 | 14 | 15 |
| 专著章节 | 9 | 10 | 11 | 9 | 18 |

* 以上学术成果是指截至2009年6月30日加盟的长期教授和研究人员的学术成果。

** FT40论文是指发表在英国《金融时报》所列的40种管理类核心期刊上的论文。

## 第三节　国际标准的中国案例

案例教学法的生命力何在?

1940年，哈佛商学院的查尔斯·葛莱（Charles I. Gragg）教授给出了一个耐人寻味的答案：因为智慧难以言传（because wisdom can not be told）。

哈佛法学院在1870年率先使用案例教学法，而哈佛商学院引入案例教学法则是在1920年之后的事情。商学院的案例与法学院的案例有很大区别，因为企业管理更为复杂和不确定，不像法院判例那样有比较标准的解答或依据。事实上，很多法学院的案例现成地取材于法院的判决，而撰写商学院的案例则须进行大量调研与访谈。

商学院一直以来分为两大阵营：理论派和案例派。前者以卡内基－梅隆大学泰珀（Tepper）商学院为代表，包括赫赫有名的沃顿商学院、斯坦福大学商学院、芝加哥大学布斯（Booth）商学院等。他们坚持把管理当作一种科学来对待，案例在教学中只是辅助性的。后者以哈佛和加拿大毅伟（Ivey）商学院为代表，认为管理是一种职业（profession），坚持以案例教学为主体。不过，两大阵营并非泾渭分明，众多商学院游移在两者之间。

管理大师彼得·德鲁克（Peter Drucker）曾经致信时任中欧国际工商学院学术委员会主席的雷诺教授说：

“管理是实践而不是‘科学’，尽管管理要从许多门科学中汲取营养。因此，作为以实践取胜的教育机构，医学院是商学院的典范。医生要不停地治病救人……我期望管理学教授也通过咨询、担任企业董事等方式活跃于企业界和经济当中……因为管理是一种实践。”

商学院的案例教学，正是借鉴了医学院和法学院的案例教学，由

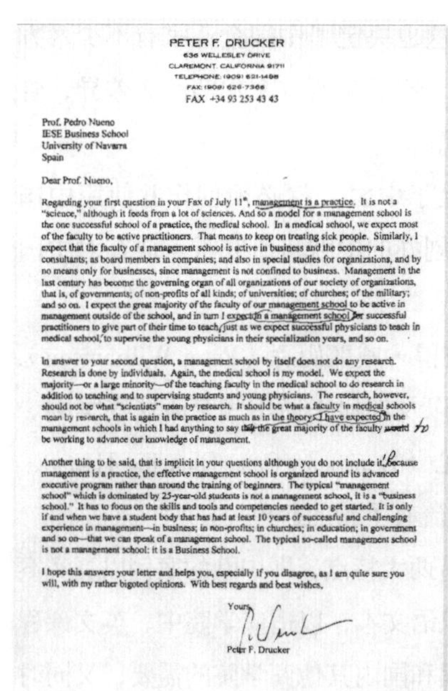

PETER F. DRUCKER
636 WELLESLEY DRIVE
CLAREMONT, CALIFORNIA 91711
TELEPHONE: (909) 621-1488
FAX: (909) 626-7366
FAX +34 93 253 43 43

Prof. Pedro Nueno
IESE Business School
University of Navarra
Spain

Dear Prof. Nueno,

Regarding your first question in your Fax of July 11th, management is a practice. It is not a "science," although it feeds from a lot of sciences. And so a model for a management school is the one successful school of a practice, the medical school. In a medical school, we expect most of the faculty to be active practitioners. That means to keep on treating sick people. Similarly, I expect that the faculty of a management school is active in business and the economy as consultants; as board members in companies; and also in special studies for organizations, and by no means only for businesses, since management is not confined to business. Management in the last century has become the governing organ of all organizations of our society of organizations, that is, of governments; of non-profits of all kinds; of universities; of churches; of the military; and so on. I expect the great majority of the faculty of our management school to be active in management outside of the school, and in turn I expect in a management school for successful practitioners to give part of their time to teach, just as we expect successful physicians to teach in medical school, to supervise the young physicians in their specialization years, and so on.

In answer to your second question, a management school by itself does not do any research. Research is done by individuals. Again, the medical school is my model. We expect the majority—or a large minority—of the teaching faculty in the medical school to do research in addition to teaching and to supervising students and young physicians. The research, however, should not be what "scientists" mean by research. It should be what a faculty in medical schools mean by research, that is again in the practice as much as in the theory. I have expected in the management schools in which I had anything to say the great majority of the faculty to be working to advance our knowledge of management.

Another thing to be said, that is implicit in your questions although you do not include it: because management is a practice, the effective management school is organized around its advanced executive program rather than around the training of beginners. The typical "management school" which is dominated by 25-year-old students is not a management school, it is a "business school." It has to focus on the skills and tools and competencies needed to get started. It is only if and when we have a student body that has had at least 10 years of successful and challenging experience in management—in business; in non-profits; in churches; in education; in government and so on—that we can speak of a management school. The typical so-called management school is not a management school: it is a Business School.

I hope this answers your letter and helps you, especially if you disagree, as I am quite sure you will, with my rather bigoted opinions. With best regards and best wishes,

Yours,

Peter F. Drucker

管理大师彼得·德鲁克（Peter Drucker）致时任中欧学术委员会主席雷诺教授的信函

教授引导学员，模拟企业遇到的经营决策问题，辨证施治，是以学员为中心的教学模式。案例教学的精髓，就是让学员模拟尽可能多的商业决策过程，一方面积累可以举一反三的见识，另一方面修炼“运用之妙，存乎一心”的艺术。由于中欧EMBA学生众多，这更加大了对案例教学的需求。从一开始，案例教学就深深融入了中欧的教学体系。

## 一、早期的案例研究

全球商学院使用的案例，主要来自哈佛商学院，但是各国的商学院都或多或少地开发了自己的案例，因为教授在教学中使用自己所撰写的案例更得心应手。此外，国家之间的文化与制度环境差异在一定程度上制约了案例的普遍适用性，这一点对中国而言更是如此：首先，中国企业的历史比较短但成长迅速，与西方典型的跨国公司相比在组织特性上有很大差异，因而如通用电器等世界级企业的管理方法未必对其适用。其次，中国仍处于经济转轨时期，制度环境变迁迅速，企业往往不得不努力适应没有清晰规则的竞争，这也决定了中国企业家有不少西方经理人都未遇到过的决策变量。再次，鉴于东西方文化的巨大差异，管理者不可能脱离文化背景去思考和决策。

中欧国际工商学院既然决定立足于中国，就必须创作并使用中国本土的教学案例。从1995年开始，新创办的中欧将研究重点放在对中国制度环境下的教学案例的编写上。

法国INSEAD商学院欧亚中心的彼得·威廉姆森（Peter Williamson）教授帮助中欧建立了案例编写规范，以及如何来使用和交流这些案例。学院在1996年加入了欧洲案例交流中心（European Case Clearing House，简称ECCH），此后，案例的撰写和交流有了新的起色。

从一开始，中欧编写的案例就具有两大特点，即中欧的案例以真实案例为主，并且其中绝大多数有中英文双语文本，以适应学院中、英文课程并存的特点。这使其既能适合本院课程和国内其他商学院的需要，又同时符合国际学术规范。

1997年，彼得·威廉姆森教授完成了“中国东方航空公司”案例，史明博教授完成了“梅凯琳化妆品公司”案例，顾凯诗教授完成了“唐山汽车厂”案例。所有的“长期访问教授”都承诺进行关于中国的案例研究。这也是中国大陆商学院撰写的第一批符合国际规范的教学案例。温伟德教授至少编写了10篇案例，成为建院初期撰写案例最多的教授。

在第一个5年内，学院就已开始雄心勃勃地搜集各种中国商业问题的素材，并转化为教学案例。但受制于缺少全职教授和足够的资金，案例开发总量非常有限。

## 二、案例中心的成立

进入新世纪，中国经济的快速发展和全球化进程使中国商界出现了无数值得研究的案例，国际学术界对中国企业的研究兴趣也大大增加，中欧校友的增加也为案例开发提供了宝贵的商界资源支持。2001年，中欧成立了案例研究中心，由王建铆教授担任主任。案例研究中心的研究员具有博

由案例研究中心编著的《中欧案例经典：体验EMBA精英的管理风暴》

士或硕士学位，在教授指导下进行资料收集、案例访谈和撰写。

自成立以来，中欧案例研究中心有200多篇教学案例通过欧洲案例交流中心得以在全球交流。为推动案例教学的普及，案例研究中心还出版了《人力资源与组织行为学》案例集（机械工业出版社）、《中欧案例经典：体验EMBA精英的管理风暴》（中信出版社）、《管理的镜子：中欧校友企业案例集》（上海远东出版社）。此外，范悦安教授和案例中心副主任刘胜军还合作出版了《中国CEO：给在华商界领袖的案例指南》（*China CEO: A Case Guide for Business Leaders in China*）一书。

在案例开发方面，中欧也与美国沃顿商学院、德国WHU商学院、西班牙IESE商学院、法国INSEAD商学院等国际商学院开展合作，共同开发了不少教学案例。此外，中欧也与加拿大毅伟商学院出版社、西班牙IESE商学院出版社在案例销售方面进行了国际合作。

## 三、案例教学在中欧的应用

得益于师资队伍的多元化，中欧国际工商学院融合哈佛商学院和沃顿商学院等不同商学院的教学模式，形成了独树一帜的教学方法，案例研究在多数课程上都得到了广泛使用。

中欧的MBA学生在为期18个月的学习期间大约要阅读170个案例，EMBA学生在为期2年的学习期间大约要阅读220个案例。这些案例既有关于通用电气、西南航空、星巴克、诺基亚、丰田汽车等公司的由国外商学院开发的案例，也有中欧开发的如关于青岛啤酒、上汽集团、华为、海尔、巨人集团、联想集团等公司的案例。

与欧美国家相比，在中国进行案例教学更具挑战性：其一，中国学生在沟通时略显拘谨，为避免“丢脸”，他们常常三思而后“言”；其二，中国学员习惯于等待教授给出解决问题的方案，为他们搭建分析问题的框架、传授有用的工具，而仅仅开展案例讨论显然无法满足他们的期望。因此，精彩的讲授与案例讨论互为补充非常重要。对此，杨国安教授颇有感触：

“哈佛商学院为所有商学院树立了一个榜样，他们先把案例写作转为应用研究——比如作为论文刊登在《哈佛商业评论》上——然后在课堂上使用这些案例，增加授课的价值。这个循环令人赞叹，案例教学法的确卓有成效。不过，在中国的课堂上教授案例难度很大，因为不少学员忙得连仔细阅读案例的时间都没有。然而，没有学员的参与，你又怎能独自起舞？”

作为哈佛商学院校友和100多篇教学案例的作者，雷诺院长也是案例教学法的忠实拥趸。他深信，案例教学法应该能够适用于各种文化背景：

“我们不能把案例教学法在部分课堂上效果欠佳归咎于中国学生。无论是在哈佛还是沃顿的MBA课堂上，我都曾亲眼目睹中国学员的活跃表现，他们精力充沛，富有幽默感，创造力十足，在任何方面都不输给他们的美国同学。与使用幻灯片的授课方式相比，案例教学法显然对教授提出了更高的要求。”

商学院要求学员掌握如何应对各种必须做出决策的复杂形势，而案例法的长处则在于将现实引入课堂，引导学员从不同的视角来看待问题，并适当运用结构性知识，向教授和同学学习和取经。

## 第四节 高效的教学与研究支持系统

合作办学使中欧国际工商学院得以借鉴欧美一流商学院的经验，这不仅包括课程设置和学术规范，也包括高效的教学和研究支持系统。过去15年，中欧高品质的教学和研究成果固然引人瞩目，而在这背后是学院先进的支持系统，它们沉默而坚韧，却发挥着不可或缺的作用。

### 一、教授服务系统

中欧国际工商学院教授日常的支持工作由教学助理、研究助理和研究员（Research Fellow）及教授秘书组成。教学助理由MBA、EMBA课程部和高层经理培训部分别聘用和管理，主要负责教授的日常课程服务，研究员、研究助理和教授秘书由教务长办公室统一管理。

研究助理及研究员的主要职责是协助教授开展研究工作。为更有效地开展教学与研究，大多教授都聘有研究助理，协助进行文献查阅、数据收集及处理，以及公司采访，合作撰写案例及学术论文或著作，并准备教材及课件等。

教授服务系统的对象也包括访问教授。中欧将教授视为学院最重要的资源，提供细致而标准的服务，包括接待、餐饮、教学安排、资料准备等，这些流程参照了国际顶尖商学院的服务规范，严谨而细致，也成为中欧留住优秀教授的重要因素。

### 二、翻译支持系统

在中欧这样一所国际化的商学院里，翻译工作是教学和研究支持系统中最重要的环节之一。如果没有一支高质量的翻译队伍，中欧的办学规模和教学质量，断然难以达到今天的水平，中欧也很难有今天的成就。

中欧拥有一支国际化的师资队伍，因此EMBA中文班和EDP许多课程的教授是用英语授课的。为使EMBA中文班和高层经理培训课程中用中文学习的学员能够毫无障碍地学习国际先进的管理知识和技能，中欧从建院起就设立了翻译部。多年来，翻译部随着学院的蓬勃发展而不断壮大，人员结构也大大优化，由最初仅提供笔译并外聘口译，发展到既提供口译，也提供笔译。

目前，翻译部笔译人员主要承担EMBA和高层经理培训课程的教材翻译，同时还承担学院其他部门一些活动的资料翻译。口译人员除了完成EMBA和高层经理培训课程的课堂口译外，还参与学院各项重大活动的口译工作，如董事会会议、外事接待和各种论坛等。

翻译部还组织翻译出版了“中欧管理新著译丛”、“中欧–华夏新经理人书架”、“中欧–密歇根创新管理译丛”、“中欧新经理人译丛”等十套丛书，对传播全球最新管理知识，提升学院影响力产生了重要作用。

## 三、图书和信息系统

从建院之初，学院就着手建立一个与国际化商学院地位相匹配的为教学和研究服务的图书和信息服务支持系统。

1995年，在上海交大闵行校区过渡期间，学院借用包玉刚图书馆六楼作为临时图书馆。虽然当时馆舍比较简陋，但是馆员们始终坚持国际化理念，并于1995年加入全球最大的图书馆合作组织OCLC（联机计算机图书馆中心）。图书馆在建馆初期就采用了电子订购方式，通过互联网发送外文图书与期刊的订单，大大提高了工作效率。图书馆还引进了世界上最先进的管理类期刊索引及全文光盘箱（Jukebox）系统，为教学和研究提供了很大便利。

图书馆于1999年10月搬迁至浦东校园。香港亚洲资源集团（后改名环球资源）捐赠了100万美元用于建造图书馆，新馆因而冠名为“环球

馆藏丰富、设施先进的图书馆是学生学习的理想场所

资源信息中心”。经过15年的发展，图书馆已逐步建成以经济、管理文献为核心的专业馆藏体系，现拥有中、英文印刷版图书3.6万多册，外文电子图书近1 000册，印刷版期刊330种，全文电子期刊近2万种，电子数据库近30个和视频资料200余份。

为满足教授和学员的信息查询需求，馆员定期为用户培训，并邀请产品提供商为学员介绍各类电子资源的使用方法。图书馆还举办过不少专题书展，如“100本最有影响力管理图书展”、“诺贝尔经济学奖得主著作展”、“明茨伯格著作展”、“中欧教授著作展”、“中欧校友著作展”、“走近中国文化，迎接精彩世博”书展等，以此激发读者的阅读兴趣，让更多的人了解并利用图书馆。

中欧图书馆在完善自我的同时，也十分注重馆际交流，尤其是与国际图书馆界同行的交流。2006年，中欧国际工商学院图书馆作为亚太商学院图书馆长组织（APBSLG）的会员承办了第五届亚太商学院图书馆长年会。同时，中欧图书馆还是OCLC最高级别的编目会员。

## 四、一流的IT系统

1995年，学院设立拥有60多台台式电脑的计算机中心，并建设了校内网，同时通过CERNET（中国教育和科研计算机网）接入国际互联网。1997年，学院在国际互联网上发布了官方主页www.ceibs.edu。

1999年搬迁到浦东校园后，网络系统有了长足的发展，校园网从过去的300多个点的10兆以太网升级成2 000多个点的100兆以太网，互联网接入服务迁移到了更能适应业务需求的电信互联网，同时建立了企业邮件系统；在2004年浦东校园二期改造中，对校园网络进行了全面升级，信息点增加到4 000个，网络升级到了千兆以太网，在随后的几年中还实施了无线覆盖，同时服务器的装机量也增加到了十几台，更新了原有的计算机中心。2005年升级了后台办公自动化（OA）系统，还陆续实施了安全系统。如今，中欧上海校园已经通过专线与北京、深圳等地的分支机构互联，形成了一个融合统一的信息系统基础架构。另外，

IT团队也为教学科研提供了多种高标准的服务支持，包括行为实验室、金融实验室、视频点播系统，为学员提供灵活多样的支持服务，为教学研究提供高标准定制服务。

中欧早期的信息系统采用基于手工的独立个体模式，数据分布各地且不同步，无法有效地发挥系统的功能。自2001年年底至今，信息中心对学院进行了系统性的信息化改造和升级，这个过程主要经过了4个阶段的变迁：

2002～2003年，建立MBA/EMBA网上招生系统。中欧是中国大陆首家采用网上招生系统的商学院，目前中欧已经全部采用网上形式招生，并且每年都会根据入学学生的反馈不断完善改进，该系统的质量与效率已可以比肩国际一流商学院。

2003～2004年，建立了基于甲骨文ERP系统的高层经理培训课程运作平台，中欧EDP从手工不连续的运作发展成流程化的管理，极大地提高了工作效率和自身竞争力，蜕变式地提升了客户管理和服务质量。

2004～2006年，建立了全校性的CRM（客户关系管理）系统和校友会系统。这两个系统的搭建和完善，为宣传学院品牌、拓展市场渠道、举办各种论坛、招生和服务校友等提供了一个良好的平台，大大提升了信息沟通的效率和准确度。此系统在中欧的成功实施获得了GCCRM（一家全球性的独立第三方的CRM评估和认证机构）颁发的2005年度大中华区最佳CRM实施奖（同时上榜的还有中国平安和上海大众）。尤其是校友会系统，可以追踪每位校友的发展轨迹，并且疏通了校友和在校学生之间的沟通渠道。

2007～2008年，学院引入了世界顶尖的教学系统Blackboard。该系统的实施有效传递了教学信息，不断积累了教学资源及课程管理与服务的经验，加强了学生和学院之间的联系，增强了学生的归属感和荣誉感，让学生不再受到时间及地理位置的限制方便地使用教学资源，提升了服务价值和管理效率。此系统的实施对学院顺利通过AACSB的认证起到了重要的作用。

先进的信息系统使中欧从招生到教学、学生就业，再到毕业后的校友服务更加系统化，从而打造了一条完整的服务链，并在此基础上使教学和服务质量得到不断提高。

## 五、卓越的后勤服务

1994年建校初期，学院的后勤工作归在行政办公室，随着后勤事务的增加，1996年，学院成立了后勤部。

在中欧，无论教授、学生还是员工，都能体会到后勤系统标准化的细致服务。由于中欧的学员普遍在企业担任高级职务，这对后勤服务提出了严格要求。和其他高校不同的是，中欧的后勤部总揽了除教学外所有的校园服务，而这些内容在其他高校通常是由多个部门来承担的。

后勤部拥有中欧最稳定的团队，许多员工都是在闵行时期和迁入浦东校园初期进入中欧并一直工作至今的，这也保证了中欧高质量后勤服务的延续性。

中欧后勤部不但要为校园内长年累月开设的各门课程提供保障、还要为校内外密集举办的各种论坛、会议、外事接待提供保障，有时甚至一天之中几档活动同时进行或连轴运转，其辛苦程度令常人难以想象。然而，尽管条件有限、人手不够，后勤部员工仍以高度负责和艰苦创业的精神，出色地做好了每一项工作，赢得了师生员工的赞扬。

作为一所商学院的后勤部门，中欧后勤部还把先进的管理理念应用到日常服务中来，如使用服务外包，提高员工的工作效率，以使运营成本最小化。

中欧也是国内高校中最早进行设备租赁的。中欧有大量的教材和课程资料需要复印，在创业初期，中欧原本计划购买一台高速复印机，但供应商报价高达280万元，购买后的维修费用也相当高昂。在几番询价比较之后，后勤部和一家企业签订了一份租赁合同，租用了一台高速复印机。当时社会上复印一页A4文件的收费是0.4元，而中欧的复印成本已经降低到了0.15元/页。

现在学院每年的印次已从1996年的200万次增加到了1 100万次，但正式员工仍只有2位，与建院初期相同。在每次上课前，后勤部的员工总能准时把印好的课程资料和文具摆放在各个教室。

对曾经大量依靠访问教授的中欧来说，除了薪资之外，能否提供细致周到的服务，也是吸引教授来中欧授课的关键之一，多年来中欧一直为教授提供免费的机场接送服务就是其中一例。来自国外的教授大多是后半夜抵沪的，15年来，司机班每次都能准时到机场迎接。

外部对中欧的服务感受到的是细节，而后勤部则强调“效率”。当初贝聿铭设计事务所（PCF）设计上海校园时，为了建筑的美观采用了较多的落地玻璃，但是这样的设计不利于空调环境的保温和节能。在倡导“绿色校园”活动中，后勤部为所有的玻璃安装了建筑窗膜，减少了能耗。

正是后勤部员工默默无闻的奉献造就了中欧发展神话最坚韧的基石。

# 第四章　携手并进的伙伴

## 第一节　中国和欧盟合作的结晶

中欧国际工商学院是中国和欧洲友好合作的典范。它在中国政府和欧盟的关怀呵护下成长起来，亦得益于社会各界尤其是企业界的支持和滋养。

中欧国际工商学院所创造的奇迹，源于自身的不懈追求，也离不开良好的外部环境。在经济全球化、知识无国界的时代背景下，人类文明的交流和融汇已经成为不可阻挡的潮流。中国经济的持续发展和企业的快速成长，也催生了对管理教育的巨大市场需求。

应当说，中欧的创建、发展和成功，体现了人类可贵的合作精神、分享理念和探索勇气，也是管理理论和企业实践相结合、东方与西方相融合的典范。中欧的成功，有其偶然的因素，但从根本上讲是历史的需要和时代的召唤。

学院自1994年成立以来，一直是沟通中国与全球学术界、企业界的桥梁。中欧恰如一座沟通东西方思想的桥梁，它把当代中国的复杂性呈现给欧洲人，并帮助中国人了解今天的欧洲。学院的成功本身就是中国与欧洲良好合作关系的一个典范。来自全国和世界各地的学生聚集在这里，通过学院设计的面向中国并融合国际最新研究成果的课程设置，学习最新的管理知识。

建院之初，学院就已开课介绍欧盟、欧洲文化和中欧友好关系发展史，并通过MBA、EMBA学生赴欧交流实习，使其更了解欧洲。中欧的MBA、EMBA和高层经理培训课程每年都要接受数百名各种层次的海外学员，同时也派遣一定数量的中国学员赴海外进行交换学习或公司实习。这种双向的交流促进了中国与世界各国的相互了解和各民族之间的文化交融。

2008年1月15日，上海市委副书记殷一璀等领导于中国–欧盟商务管理培训项目启动仪式当日前来学院调研

## 一、中国和欧盟双方政府的支持

从1994年创办到2003年间，中欧国际工商学院已经获得来自欧盟和上海市政府的总计4 712万欧元的资助。

2007年11月，中欧国际工商学院中标“中国－欧盟商务管理培训项目”，获得欧盟约800万欧元的资金支持。该项目旨在增进学员对欧洲的认识，提升中国的管理教育，通过中国和欧盟学术界和企业界的相互交流，进一步加强双方的商业和文化交流。

除了资金支持，上海市政府在浦东金桥开发区为中欧辟出了近120亩土地（其中60亩目前正在规划实施中），使学院在中国的国际金融中心城市——上海建立了根据地。

2007年，在上海市政府的关心下，中欧留学生得以与上海其他体制内高校留学生一样，享受上海市外国留学生政府奖学金。

比资金更重要的是，中国政府批准学院建立一套完整的符合国际规范的办学制度，在中国创建了一个国际化、市场化的“管理教育特区”，使得中欧能够高起点整合国际资源，并按照国际化、市场化原则来开展办学。

## 二、领导人的关怀和支持

全国人大常委会委员长、时任上海市委书记吴邦国在1994年中欧国际工商学院成立前夕，为学院题写了校名。

2007年11月28日，第四届中欧工商峰会在人民大会堂举行，国务院总理温家宝称赞中欧国际工商学院“已成为众多优秀管理人士的摇篮”。如今，这句话已经成为激励中欧师生员工前进的巨大动力。

前中共中央政治局常委、国务院副总理李岚清一直关注中欧的发展，中欧成立之初他就寄语中欧“办一所不出国也能留学的学院”，他在学院成立仪式上为中欧题词：中欧合作培养工商管理人才，为发展上海对外经贸合作做贡献。2009年，李岚清再次为中欧题词：为培养更多振兴中华之英才而努力。

原国务院副总理吴仪是《中欧国际工商学院财务协议》的签署者，她在2009年7月24日致函中欧国际工商学院，希望中欧“继续坚持市场化办学方向，发挥独立商学院的灵活办学机制优势，努力打造属于中国的世界级管理教育品牌，为中国经济腾飞培养更多优秀的企业家，为中国和欧盟友谊和交流做出更大贡献”。

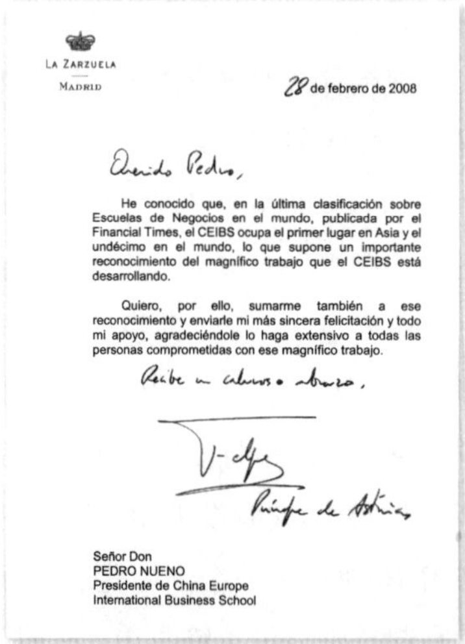

LA ZARZUELA
MADRID

28 de febrero de 2008

Querido Pedro,

He conocido que, en la última clasificación sobre Escuelas de Negocios en el mundo, publicada por el Financial Times, el CEIBS ocupa el primer lugar en Asia y el undécimo en el mundo, lo que supone un importante reconocimiento del magnífico trabajo que el CEIBS está desarrollando.

Quiero, por ello, sumarme también a ese reconocimiento y enviarle mi más sincera felicitación y todo mi apoyo, agradeciéndole lo haga extensivo a todas las personas comprometidas con ese magnífico trabajo.

Recibe un cariñoso abrazo,

Felipe
Príncipe de Asturias

Señor Don
PEDRO NUENO
Presidente de China Europe
International Business School

西班牙王储费利佩·德博尔冯－格雷西亚（Felipe de Borbón y Grecia）为庆贺中欧MBA课程排名全球第十一位，于2008年2月28日致雷诺执行院长的贺信全国人大常委会副委员长、原教育部部长陈至立也希望中欧“坚持改革，大胆借鉴，结合实际，努力把中欧国际工商学院建设成国际一流商学院”。

1999年10月，中欧浦东校园落成启用之际，全国政协副主席、时任上海市市长的徐匡迪同志为中欧题写了“认真、创新、追求卓越”的校训。

2003年10月13日，中国政府在首次发表的《中国对欧盟政策文件》中提出，要“办好中欧国际工商学院，培养更多高层次人才”。这充分表明了中国政府对该项目的重视程度。

在中欧办学15年期间，许多欧盟领导人曾经到访中欧，其中包括欧盟委员会主席罗马诺·普罗迪（Romano Prodi）、若泽·曼努埃尔·巴罗佐（Jose Manuel Barroso），欧洲议会议长，欧盟委员，欧盟驻华大使等。

一些欧洲国家领导人如西班牙国王胡安·卡洛斯（Juan Carlos）一世与王后、比利时首相吉恩-吕克·德阿纳（Jean-Luc Dehaene）、意大利总理朱利亚诺·阿马托（Giuliano Amato）、西班牙王储费利佩·德博尔冯-格雷西亚（Felipe de Borbón y Grecia）、爱尔兰总统玛丽·麦卡利斯（Mary McAleese）、法国前总统瓦莱里·吉斯卡尔·德

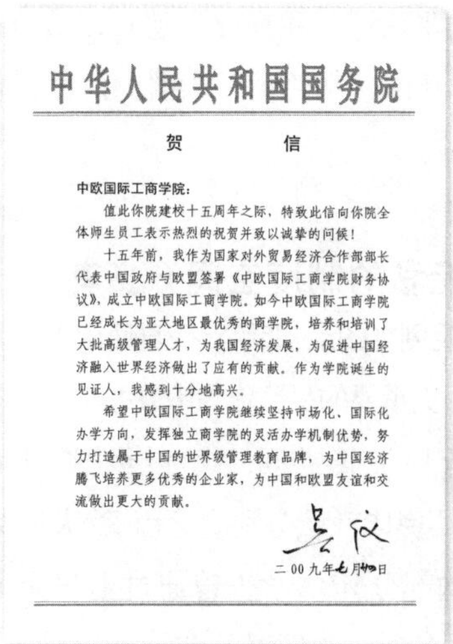

中华人民共和国国务院

贺　信

中欧国际工商学院：

值此你院建校十五周年之际，特致此信向你院全体师生员工表示热烈的祝贺并致以诚挚的问候！

十五年前，我作为国家对外贸易经济合作部部长代表中国政府与欧盟签署《中欧国际工商学院财务协议》，成立中欧国际工商学院。如今中欧国际工商学院已经成长为亚太地区最优秀的商学院，培养和培训了大批高级管理人才，为我国经济发展，为促进中国经济融入世界经济做出了应有的贡献。作为学院诞生的见证人，我感到十分地高兴。

希望中欧国际工商学院继续坚持市场化、国际化办学方向，发挥独立商学院的灵活办学机制优势，努力打造属于中国的世界级管理教育品牌，为中国经济腾飞培养更多优秀的企业家，为中国和欧盟友谊和交流做出更大的贡献。

吴仪

二00九年七月廿四日

2009年7月24日，原国务院副总理吴仪为中欧15周年校庆发来的贺信

斯坦（Valéry Giscard d'Estaing）、德国前总理格哈德·施罗德 (Gerhard Schroeder)、西班牙副首相玛利亚·特雷萨·费尔南德斯·德拉维加（Maria Teresa Fernandez de la Vega）等也曾前来中欧访问或演讲。

在欧盟诸成员国中，西班牙政府对中欧国际工商学院的支持最为有力。1998年5月，西班牙外交大臣在访沪时参观了中欧国际工商学院，明确表示愿资助中欧200万美元用于浦东校园的建设。教育部发函照会西班牙驻华使馆，表示愿意接受此项资助。原定于1998年11月西班牙首相访华时签署协议，但因西班牙首相因故未能成行，资助暂被搁置。1999年3月28日，西班牙国务秘书费尔南多·比利亚隆加（Fernando Villalona）一行访问中国，延期半年的资助协议终于在1999年3月28日得以签订，而且资助金额也从200万美元增加为300万美元。对于正在建设中的中欧浦东校园来说，300万美元可谓雪中送炭，随后中欧命名了“西班牙中心”和“西班牙之家”两处建筑物。

2008年2月28日，西班牙王储费利佩致函执行院长雷诺（Pedro Nueno）教授，对中欧MBA课程在英国《金融时报》全球商学院排名中再获佳绩表示祝贺。贺信说：“我得知在英国《金融时报》最新的全球商学院排名中，中欧国际工商学院位居亚洲第一、世界第十一位，这无疑是对中欧工作的重要认可。我在此向您致以最真诚的祝贺并表达我对您的全力支持，同时感谢一切为此付出努力的同仁们！”

## 三、上海交大：无私的制度空间开拓者

中欧国际工商学院创办的最初5年，一直使用中方办学单位上海交大闵行校区最好的教学设施。更重要的是，作为中方办学单位的上海交通大学为中欧提供了在中国特殊国情下的制度空间，成为中欧国际工商学院与中国管理体制衔接的桥梁，中欧的党组织与工会分别接受上海交大党委和工会的领导。

建院之初，中欧部分MBA学生曾通过上海交大申请中国的MBA学位。此外，上海交大在为中欧发展的有关事项与教育部等主管部门进行沟通方面也发挥了重要作用。

## 四、EFMD：学术资源的组织者

中欧国际工商学院的欧方办学单位欧洲管理发展基金会是管理学界最大的国际组织，拥有500多家机构成员，12 000多位来自学术界、商界、公共服务业以及咨询业等不同领域的个人成员，其成员遍及全球65个国家和地区。

EFMD有一套完善的管理教育质量认证体系：EQUIS（European Quality Improvement System），全称是欧洲质量发展认证体系。这一体系是国际上公认的工商管理教育界的质量认证体系。到目前为止，已有来自28个国家的82所商学院通过了该体系的认证。在过去的30年里，EFMD举办了许多学术界和公司交流对话活动，在这方面积累了丰富的经验。EFMD还多次与中欧国际工商学院联合主办与中国相关的国际学术研讨会。

EFMD利用其广泛的学术资源，帮助中欧在建院之初就立足于高起点和高标准，并在此基础上获得了快速的发展。

## 五、金桥开发区：与中欧合作的贡献者与受益者

在上海市政府做出承诺后，金桥开发区领导积极争取，为中欧提供了建院用地。对中欧而言金桥不仅是昔日、今日的贡献者和受益者，也将是明日的贡献者和受益者。

1994年下半年，全球500强企业柯达公司派出全球副总裁率团考察，为该公司的中国地区总部选址。当时的金桥公司总经理朱晓明接待了他们。出乎意料的是，这位副总裁的第一个提问是："请问金桥的教学环境怎么样？"惊诧一闪过后，朱晓明利索地答道："金桥有上海设施最好的中福会幼儿园；有平和学校（中、英文双语中、小学），有清华、北大、上海交大联办的杉达学院，有即将开办的中欧国际工商学院……"这位副总裁似乎一开始就对考察显露满意之色。

1995年7月，朱晓明出任上海市外经贸委主任后出访位于美国的柯达公司总部，该公司CEO、著名企业家乔治·费舍（George Fisher）会见他后，释出柯达中国总部将选址金桥。就在这一年，上海逾10亿美

金桥出口加工区内的金桥现代科技园区

元的外资项目共4个：通用汽车、柯达、（华虹）NEC以及克鲁勃，前三个均选址在金桥开发区。

上海市金桥出口加工区规划图册

开发区的教学环境对成功招商居然如此有效。

坐落于金桥开发区的中欧国际工商学院吸纳了金桥两个地缘优势：一是金桥工业园区外商云集，群雄毕至：截至2008年底，54个世界500强公司投资87个项目，共计1 500多个项目，吸引投资169亿美元，连续8年年均工业产值超1 500亿元，累计上缴国家税收逾700亿元，在全国开发区中称雄。二是碧云国际社区，沪上跨国公司CEO首选入住地。开发区同行们把上述这两个地缘优势归功于有一部含金量很高的金桥规划（曾获上海市科技进步二等奖）和一套成功的市场营销策略。但在朱晓明、杨小明、俞标、沈荣等金桥历任领导眼里，中欧是金桥含金量最高的明珠。

本书初成时，金桥开发公司总经理俞标和金桥股份公司总经理沈荣特嘱本书编者，金桥公司将一如既往为中欧国际工商学院提供各项满意的服务，希望与中欧在新的起点上继续合作。

## 第二节 企业捐赠

在西方社会，一般优秀的商学院都拥有捐赠基金作为学院财务后盾。这些基金大多来自企业和个人的捐助，如2008年哈佛大学捐赠基金高达369亿美元，其中哈佛商学院的基金达到30亿美元左右，为其运作提供了强大后盾。

中欧国际工商学院建院之初，创业者们就清楚，两国政府的资助在协议期满后将结束，因此学院必须通过学费收入和社会筹资获得办学资金。

《财务协议》要求中欧尽快成立一个独立的基金会，目的在于募集资金并进行谨慎投资。基金会的最终目标是使学院在经济上实现自立。因此，从建院第一天开始，筹资即成为教学和学术研究之后的第三大任务。

### 一、筹资政策的发展历程

中欧国际工商学院从建院伊始，就借鉴了西方传统大学的筹资制度，建立了一整套符合国际惯例的筹资制度和资金使用办法，为募集资金奠定了基础。

《财务协议》规定，学院的流动资金来源于学费收入，而社会捐款则用于学院的长期发展、学术研究以及奖学金。

1995年1月，董事会委托雷诺教授起草筹资管理办法。这个办法确定了筹得资金的使用方针，即以投资收益而非基金本身支持学院发展。

1995年9月，董事会委托欧洲管理发展基金会驻华首席代表杨亨（Jan Borgonjon）先生起草了《中欧国际工商学院的筹资策略》，对

1995年到2000年的筹资计划做了详细规划。

建院第二年，学院的赞助机构从1994年的20家增加到1995年10月的29家，并且有5家中国企业成为第一批赞助机构，其中4家企业提供了总额50万元、为期3年的赞助款项。另外，金桥集团因为提供了学院建设用地，也被列为赞助机构。

1995年8月30日，英美烟草公司捐献100万欧元用于设立营销学教授席位。这是中国大陆设立的第一个捐赠教席，因而在当时国内教育界引起很大轰动。

与此同时，学院完善了相应的捐助政策，明确了赞助者权益和答谢方式以及捐助要求。学院将赞助分为企业机构捐助和研究职位捐助两种类型，并规定企业捐助起点为3年100万元人民币，研究职位（如教席捐赠）的起点为1 000万元人民币。

赞助者的权益包括：

——优先遴选中欧MBA学生进行小组咨询及加盟企业团队；

——优先为赞助企业培养EMBA及开设高层经理培训课程；

——优先与合作伙伴企业合作开发案例；

——加入学院的公司顾问委员会；

——联合举办中欧高端产业论坛，并邀请合作伙伴高管做客主讲；

——获邀参与中欧校友活动。

对赞助企业的答谢方式包括：

——在校园突出位置以显著的方式宣传赞助企业的贡献；

——成为中欧国际工商学院的伙伴，优先享有学院提供的各种信息资源。

赞助商给予的不仅仅是资金。中欧最早在中国大陆商学院中设立公司顾问委员会（Corporate Advisory Board），定期听取赞助机构负责人对学员培养、课程设计、课程管理、发展战略等重大问题的意见和建议。从共同开设公司特设课程到推荐EMBA学生，从联合开发教学案例到成为中欧毕业生雇主，赞助商们在不断地以各种形式深度拥抱中欧。

近年来，学院收到的各类捐助越来越多，因此已从类型上将捐助分为中欧教席基金、中欧校园基金、中欧发展基金、中欧奖学金基金、中欧研究基金、中欧物资基金以及专项基金等。据统计，时至2009年3月，共有64家合作伙伴支持了中欧70个项目，其中外国机构44家，国内机构20家。

## 二、筹资人和筹资机构

1995年，学院在香港成立的捐助基金会是中欧国际工商学院第一个筹资机构。冯勇明（Joachim Frohn）执行院长、雷诺教授和杨亨先生为在香港筹资费尽心机。到1995年底，设立在香港的捐助基金共获得了95万欧元、11.8万美元和343万元港币的捐赠。这项基金逐年增加，并因为20世纪90年代末期债券市场的良好表现而收益良好。

美国人韩礼士（Merle Hinrichs）于20世纪70年代在香港建立起一家广告公司，名叫亚洲资源（后更名环球资源，Global Sources）。作为创始人，韩礼士先生一直在为环球资源的发展而忙碌。但当他在上海参加市长咨询会议时了解到中欧的项目后，却毅然拿出100万美元支持中欧，以冠名“环球资源信息中心”的方式捐建了中欧图书馆，深为中欧师生员工所感戴。

同时，中方院长和副院长在为学院行政事务操劳的同时，也努力向国内企业筹资。1998年，学院浦东校区建设出现资金缺口，李家镐教授和张国华教授向国内企业募集了将近1 000万元，弥补了校园建设资金缺口。

1999年，学院成立了企业与公共关系部，积极贯彻实施学院筹资战略，通过开展中欧赞助合作伙伴项目，为学院的持续发展寻求长期的财务支持。

2005年，学院成立了中欧教育发展基金会（CEIBS Education Development Foundation），名誉院长刘吉教授出任理事长。他任劳任怨，花费了大量的时间和精力积极游说公司捐赠。虽然中国的捐赠文化尚不成熟，但过去10年来学院获得的捐赠总额已经过亿。对一所年轻的商学院而言，取得这一成绩实属不易。

## 三、教席捐赠

1995年，中欧获得了第一个捐赠教席："英美烟草市场学教席"；1999年，西班牙政府捐赠了"西班牙经济学教席"；2000年，西班牙巴塞罗那港捐赠了"巴塞罗那港物流学教席"；2001年，米其林公司捐赠了"米其林领导艺术和人力资源管理教席"。

近5年来，教席捐赠与年俱增，如"西班牙巴斯克政府竞争力研究教席"、"拜耳市场战略教席"、"英国劳氏船级社安全文化及战略风险管理教席"、"成为基金创业学教席"等。

如今，中欧接受捐赠的教席已达11个。每个教席都帮助学院聘请到一位知名教授，引领学院的研究和学术活动。

## 四、 研究基金捐赠

中欧研究基金是为了吸引企业或其他机构支持学院的学术研究而设立的，最近几年该基金的筹资工作取得了颇为喜人的进展。

如今，学院已拥有西班牙桑坦德银行、萨瓦德尔银行、西班牙电信支持的中欧全球管理中心；西班牙政府、西班牙坎塔布利亚政府、西班牙对外贸易发展局支持的中欧-浙大国际创业研究中心；拜耳医药支持的中欧医疗保健政策及管理中心；欧莱雅（亚洲）扶持的中欧企业领导力与社会责任研究中心；浦东发展银行、上海银行、华安基金管理公司、深圳迈瑞、汇丰银行、安永华明会计师事务所、西班牙对外银行（BBVA）、中国银联、中国外汇交易中心、金蝶软件、上海市黄浦区政府及众多金融机构等共同支持的中欧陆家嘴国际金融研究院；研祥集团支持的中欧中国服务外包研究中心；陶氏化学支持的中欧市场营销与创新中心等研究机构。

2006年7月13日，西班牙旅游、贸易国务秘书佩德罗·麦其亚（Pedro Mejia Gomez）与雷诺执行院长签署有关捐款支持中欧-浙大国际创业研究中心的协议

## 五、发展基金捐赠

中欧发展基金用于学院的日常运营。早期资助中欧发展基金的赞助伙伴包括：ABB、阿尔卡特、BP中国、美国礼来亚洲公司、汉高亚太、欧莱雅中国、路威酩轩、诺华制药、飞利浦电子（中国）。所有这些赞助商至今仍与中欧保持着紧密的合作关系。它们的捐赠对学院的日常运营做出了贡献。

近几年，学院又与以下诸多捐助于发展基金的知名公司携手合作，它们是：安盛保险集团、西班牙萨瓦德尔银行、贝卡尔特、汽巴精化、高露洁-棕榄、艾默生、胜利石油管理局和银城地产等企业。

## 六、奖学金捐赠

捐赠奖学金也是政府及企业支持中欧办学的重要途径之一。这些赞助者通过提供奖学金直接对MBA学生给予支持，使学院得以吸引最优秀的学生，帮助来自不同背景、不同国家的优秀学生追梦中欧。

目前，中欧的奖助学金共有8种，大致可分为两类：一类是提供给一年级新生的，包括中欧MBA奖学金、华侨银行奖学金、博世（中国）奖学金、上海市外国留学生政府奖学金、巴塞罗那养老金储蓄银行奖学金、吴敬琏学术基金助学金、刘吉管理教育基金助学金等。另一类是针对二年级学生的，包括艾默生奖学金、宝钢奖学金、LVMH亚洲奖学金、亚州联线交换生奖学金等。

除非特别规定，大部分的中欧奖学金均面向全体MBA学生，不分国籍，人人机会均等。

## 七、校园和物资捐赠

中欧校园建筑冠名后，一般永久保留，以铭记捐赠者对中欧做出的重大贡献。1998年，环球资源获得了对中欧校园建筑的冠名权，学院图书馆被命名为“环球资源信息中心”。

在此前后，中欧又有若干校园建筑冠以赞助商名称，他们分别为：上海石化演讲厅（1999年）、华泰证券教室（1998年）、上海家化集团教室（1997年）、上海天原集团教室（1997年）、上海万泰集团教室（1997年）、西班牙中心及西班牙之家（2001年）、光明乳业餐厅（2003年）、Wind资讯金融实验室（2004年）等。

最近几年，一些企业向学院捐赠了设施和设备，或支持学院的文化交流活动、校园建设用地或建筑设计等项目，这些公司包括上海市电信公司、富时指数、西班牙IDOM设计集团、德国汉莎航空公司、上海金桥集团、TCL集团等中外知名企业。

## 八、校友和教授的赞助

校友网络是衡量商学院实力的重要标准之一，中欧目前拥有中国大陆商学院中阵容最强、最为活跃的校友网络。通过15年的不懈努力，校友会为校友搭建了一个接触世界最新管理知识、了解最新管理技能以

2009年8月27日，吴敬琏学术基金捐赠仪式合影（从左至右：郭理默副院长兼教务长、银城地产股份有限公司董事长黄清平校友、吴敬琏教授、朱晓明院长、刘吉名誉院长、莱蒙鹏源国际集团董事长黄俊康校友）

及同学间相互交流和学习的平台。多年来从中欧毕业的校友们，也为母校先后贡献了自己的力量。近年来，又有越来越多的校友纷纷加入到支持母校发展的行列中来。

TCL集团CEO李东生是首届CEO班校友，2004年，TCL集团成为中欧物资捐赠基金赞助伙伴。李东生说："中国有句古话：投我以桃，报之以李。在中欧为TCL的成长提供帮助的同时，我也非常希望能为中欧的发展略尽绵薄之力。"

学院EMBA2002级校友王佳芬时任上海光明乳业股份有限公司董事长兼总裁。2003年，光明乳业冠名捐赠了"光明乳业餐厅"，成为学院的校园赞助伙伴。

2009年，旭辉集团与鹏欣集团在中欧15周年校庆前夕各向学院捐赠

100万元。

在广大校友为母校添砖加瓦贡献的同时，学院部分领导和教授也为学院发展捐献了自己的劳动所得。

例如，刘吉名誉院长捐款500万元，设立了刘吉管理教育基金。吴敬琏教授捐款设立了吴敬琏学术基金，银城地产股份有限公司和莱蒙鹏源国际集团分别向该基金捐赠200万元和100万元人民币用以支持学院为优秀MBA学生提供奖学金。张国华院长生前带头为中欧校友基金会的创立捐款5万元。他们的无私行动不但支持了学院发展，也为人师表，促进了学院捐赠文化的确立。

# 第三节 智力资本回馈社会

除开设管理教育课程和开展学术研究之外，中欧国际工商学院还利用论坛、演讲、会议、出版、文化交流等多种形式，扩大知识交流，提升社会影响力。

## 一、知识改变企业

商学院是企业成长的重要合作伙伴。企业管理团队通过在中欧的学习，提升管理水平，则是中欧奉献社会的最佳方式。

从建院开始，中欧就和电气巨头ABB集团保持良好的合作关系，ABB中国有限公司总裁兼董事长路义普（Peter Leupp）先生说："ABB为能与中欧结盟感到十分骄傲。在过去的10年中，中欧为瞬息万变的商业世界培养了大量优秀毕业生，显示了它卓越的实力。同时，中欧与我们紧密合作，为我们成功培养和发展了大量中国地区的企业领袖和职业经理人。"

银城地产股份有限公司董事长黄清平也把与中欧的合作，视为企业业绩迅速提升的关键之一。黄清平说："商学院天生就是给企业解决问题的地方。但商学院所能提供的往往是理论，而不是实践。中欧则与众不同。中欧的办学特征是直接让理论回归实践，学员收获的不单是理论修养的提高、他人经验的获得，而且是在理论的启发下直接切入自己的实践。经过中欧EDP、EMBA课程的历练，银城的管理团队不但获得了解决企业实际问题的理论知识，而且还收获了实践的能力。与中欧密切合作6年多，银城地产业绩增长了20倍，这是历史的巧合，也是银城的幸运！"

同样，米其林、飞利浦、TCL、阿特拉斯·科普柯、熙可、礼来、艾默生、汉高、施耐德电气、深圳迈瑞、深圳中航集团、银城地产、莱蒙鹏源等著名企业都把中欧视为提升自身管理能力最重要的伙伴，这些企业在中国一直是行业领导者。

15年来，近万名企业家在中欧接受国际一流商业管理教育，而他们所在企业业绩的改善，映射了中欧为中国经济增长所做出的贡献。由于中欧采用了国际化的管理教育内容和方法，因而培养了具有国际视野的经理人，也推动了中国经济与世界经济的融合。

## 二、论坛激发智慧火花

从建院开始，学院就陆续组织各种研讨会、论坛以促进学院与企业界的关系。论坛是中欧以智慧资本回馈社会的重要途径，也是中欧的教授和学生与企业联系交流的平台。随着全球化融合的快速发展和中国经济的迅速变迁，各个产业都不断涌现出新现象、新问题和新商机。

借助各种论坛，学院教授、学生、校友与国内外政界、学术界和企业界、文化界知名人士共同探讨重要问题，进行面对面的交流，并借助思想碰撞和头脑风暴点燃智慧火花。

学院举办的论坛不胜枚举，主要有三大类：行业论坛、高层管理论坛和巡回管理论坛。2001年市场及公共关系部成立后，把举办行业论坛作为加强中欧与企业界联系的平台，先后创办了包括汽车、健康产业

表4-1 中欧主办的主要的行业论坛

| 名称 | 创始年份 |
| --- | --- |
| 中国汽车高峰论坛 | 2003 |
| 中国健康产业高峰论坛 | 2005 |
| 中国银行家高峰论坛 | 2007 |
| 全球管理论坛 | 2008 |
| 中国传媒产业高峰论坛 | 2008 |
| 全球创新与创业高峰论坛 | 2009 |
| 首届中国服务外包高峰论坛 | 2009 |
| 顶级品牌高峰论坛 | 2009 |

2008年第二届中国银行家高峰论坛

在内的八大系列年度论坛，成为中欧与各个行业的精英年度交流对话的平台。

截至2009年年底，中欧的行业论坛已经产生近1 000万元的经营收入。但学院更着眼于建设一个商学院与各个行业加强紧密联系的平台，以此来促进教学和研究，更强调论坛的公益性质。

因此，从2007年开始学院投入大量资金，不断提升行业论坛的影响力和知名度。2008年12月，中欧国际工商学院还与第一财经传媒联合举办了首届全球管理论坛，经济学泰斗萨缪尔森（Paul Samuelson）在论坛上做书面发言，诺贝尔经济学奖得主詹姆士·莫里斯（James Mirrlees）发表了演讲。该论坛对中国30年改革开放的历史进行深度观察，对中国企业崛起的过去、现在和将来进行探索，取得了很好的效果。

此外，学院还经常主办一些全国性或全球性的会议，如2004中国国际金融年会、世界经济论坛上海企业家圆桌会议、全球供应链大会；2003中国并购年会；2008、2009中欧－华安锐智沙龙等，这些会议成为建设中欧学术话语权的重要途径。

2004年4月15日，欧盟委员会主席罗马诺·普罗迪（Romano Prodi）访问中欧并发表演讲

## 三、出版分享智力成果

中欧国际工商学院把立足中国的学术研究视为学院的生命力所在。学院在1998年就提出了“智力资本开发”的口号。面向公众的出版工作，则体现了学院与全社会分享智力资本的努力。

从1999年开始，学院启动了一项雄心勃勃的管理译著出版计划，其目的是向中国经理人提供一条学习国际管理新概念、新知识和新技能的捷径，帮助他们为所在企业和自身创造更大价值。

通过与一些著名学者及出版商的有效合作，中欧已有《中欧－密歇根创新管理译丛》、《中欧管理新著译丛——经理人书架》、《中欧管理新著译丛——卓越领导》、《中欧－华夏新经理人书架》、《中欧百森创业学系列》、《中欧－华夏电子商务译丛》、《中欧－沃顿创新管理译丛》、《中欧客户关系管理译丛》、《Smart经理人系列》和《中欧管理实战译丛》等10个系列100多种优秀管理译著问世，受到了市场的好评和欢迎。

2008年，中欧出版集团成立。最近出版的《中欧大讲坛》（三卷本），汇集了近10年来著名的政要、人文学者和艺术家在中欧的演讲，将知识传播的范围进一步扩大。管理月刊《中欧商业评论》的问世，更是打造了一条全新的管理思想传播渠道。

## 四、友谊之花“中欧文苑”

2002年，现任中欧国际工商学院文化事务负责人、从事中国与欧盟关系研究的高大伟（David Gosset）先生提出了成立“中欧文苑”的倡议。经白思拓教务长同意和刘吉执行院长批准，“中欧文苑”在学院成立。

从创办至今，中欧文苑开展了丰富多彩的活动，促进了中、欧之间信息、观念、知识与经验的交流，深化了中、欧双方的对话和友谊。这些活动得到了中国和欧盟及其成员国领导人始终如一的大力支持。

中欧文苑先后在法国、爱尔兰、波兰和保加利亚等国举办了8届“中欧工商论坛”。有关各国的领导人纷纷出席，论坛的影响力越来越大。2008年9月18～19日，第七届中欧论坛在乌克兰首都基辅举行。乌克兰副外长亚历山大·戈林（Oleksandr Gorin）、法国前总理洛朗·法比尤斯（Laurent Fabius），保加利亚副外长拉迪昂·波波夫（Radion Popov），中国驻乌克兰大使周力，中欧国际工商学院名誉院长刘吉等与会并发言。

2009年4月28～29日，为纪念中华人民共和国成立60周年和庆祝中欧国际工商学院建院15周年，学院在天津主办了以“加强中欧合作，面对全球挑战”为主题的第八届中欧工商论坛。中共中央政治局委员、市委书记张高丽，全国政协副主席、原香港特别行政区行政长官董建华，全国人大外事委员会主任委员、原外交部部长李肇星，天津市长黄兴国出席了开幕式。德国前总理格哈德·施罗德（Gerhard

Schroeder），法国前总理、前国民议会议长洛朗·法比尤斯参加了论坛并发表主题演讲。法国前总理希拉克（Jacques René Chirac）专门给论坛发来贺词说："创立于2002年的中欧论坛一直以来为中欧两个伟大文明之间的对话提供了一个绝佳的平台。"刘吉名誉院长做了"中欧友好合作应上新水平"的主题演讲，受到中外来宾的热烈欢迎。

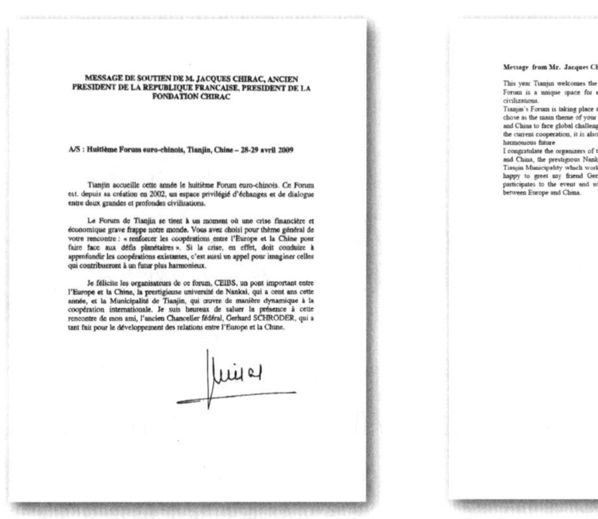

**MESSAGE DE SOUTIEN DE M. JACQUES CHIRAC, ANCIEN PRESIDENT DE LA REPUBLIQUE FRANCAISE, PRESIDENT DE LA FONDATION CHIRAC**

**A/S : Huitième Forum euro-chinois, Tianjin, Chine – 28-29 avril 2009**

Tianjin accueille cette année le huitième Forum euro-chinois. Ce Forum est, depuis sa création en 2002, un espace privilégié d'échanges et de dialogue entre deux grandes et profondes civilisations.

Le Forum de Tianjin se tient à un moment où une crise financière et économique grave frappe notre monde. Vous avez choisi pour thème général de votre rencontre : « renforcer les coopérations entre l'Europe et la Chine pour faire face aux défis planétaires ». Si la crise, en effet, doit conduire à approfondir les coopérations existantes, c'est aussi un appel pour imaginer celles qui contribueront à un futur plus harmonieux.

Je félicite les organisateurs de ce forum, CEIBS, un pont important entre l'Europe et la Chine, la prestigieuse université de Nankai, qui a cent ans cette année, et la Municipalité de Tianjin, qui œuvre de manière dynamique à la coopération internationale. Je suis heureux de saluer la présence à cette rencontre de mon ami, l'ancien Chancelier fédéral, Gerhard SCHRODER, qui a tant fait pour le développement des relations entre l'Europe et la Chine.

**Message from Mr. Jacques Chirac, Former President of French:**

This year Tianjin welcomes the 8th Euro-China Forum. Since its creation in 2002 this Forum is a unique space for exchanges and dialogue between two great and deep civilizations.

Tianjin's Forum is taking place at a time of a serious financial and economic crisis. You chose as the main theme of your gathering : "Enhancing the cooperation between Europe and China to face global challenges". If, indeed, the crisis needs to lead to a deepening of the current cooperation, it is also a call to imagine those which will contribute to a more harmonious future

I congratulate the organizers of the Forum, CEIBS, an important bridge between Europe and China, the prestigious Nankai University which is 100 years old this year and the Tianjin Municipality which works in a dynamic way for international cooperation. I am happy to greet my friend Gerhard Schroder, the former German Chancellor, who participates to the event and who did so much for the development of the relations between Europe and China.

**法国前总统希拉克给第八届"中欧论坛"发来贺信说：创立于2002年的中欧论坛一直以来为中欧两个伟大文明之间的对话提供了一个绝佳的平台**

## 第四节 企业社会责任的积极倡导者

中欧国际工商学院是最早在中国提倡企业社会责任的商学院，它不仅是企业社会责任的积极倡导者，更是社会责任的认真实践者。

建院伊始，学院就为MBA学生开设了商业伦理课。从2006年开始，每届MBA学生都主办“中欧企业社会责任国际论坛（Being Globally Responsible Conference）”，这个旨在提升未来商业领袖企业社会责任感的高端学术论坛，已成为迄今为止亚太地区由MBA学生组织的最大规模的企业社会责任论坛之一。

早在1998年全国性抗洪救灾活动中，中欧就组织了学院历史上第一次大规模的救灾筹资。历年各种全国性重大自然灾害发生后，学院均有学生自发或学校组织的筹资活动。中欧校友更是发起了大量的慈善行动，堪称奉献爱心的社会中坚。

### 一、中国最大规模的校友网络

校友网络是衡量商学院实力的重要标准之一，校友也是学院品牌的最终拥有者。

中欧国际工商学院目前拥有中国大陆阵容最强、最为活跃的庞大校友网络。遍布全球各地的8 000余位校友在各行各业成绩斐然，已成为推动中国经济发展和社会进步的生力军。

截至2009年底，中欧校友会注册校友总数为8 557名，来自55个不同的国家，每年递增人数超过1 000名。校友俱乐部总数为29个，校友分会总数为32个。

一如自己的母校，中欧校友高端、高雅而不高调。他们中有艰苦

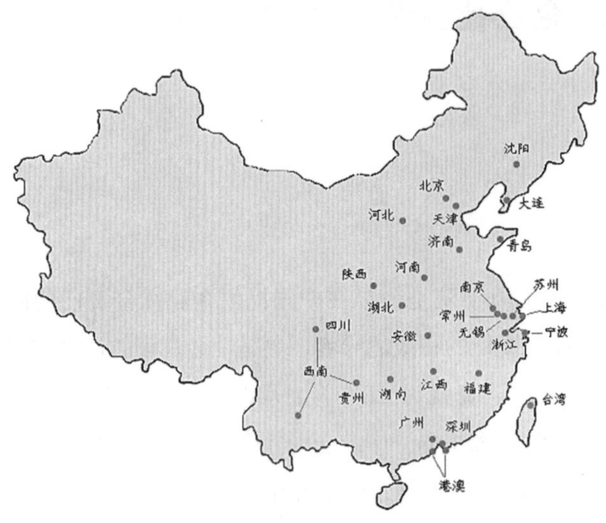


中欧校友会国内各分会分布图

创业终成大器的“创造性破坏者”，也有跨国公司的中坚力量；既有兢兢业业的政界精英，亦有不遗余力推进改革的国有企业掌门人。

校友是中欧最宝贵的财富，也是中欧“认真、创新、追求卓越”精神的集大成者。中欧优秀，来自于校友的优秀；中欧成长，也同样要依靠校友的进步与发展。他们是一个多样化的优秀群体；他们具有国际化的视野，善于融合东西方的管理；他们敢于创新，尝试新的商业模式；他们胸怀社会，有比成功更高的追求；他们拥有一颗感恩的心，不断以实际行动回报自己的母校和社会。

## 二、大爱无疆——献给四川地震灾区的爱

2008年5月12日14时28分，四川汶川发生的8.0级强烈地震牵动着每一个中欧人的心。中欧人第一时间做出反应，通过捐款、捐赠灾区急需物资、组织献血、帮助灾区重建希望小学和领养灾区孤儿等各种形式竭

2008年5月18日，聚集于成都青年旅社的首批赴川志愿者（后排左一为中欧EMBA2006级校友任涛）

尽全力支援灾区救援和重建。部分中欧学子还奔赴抗震救灾第一线，直接参与抗震救灾工作。

中欧校友以实际行动，证明他们是有爱心、负责任的社会精英和国家栋梁。

EMBA2006级5班学生任涛和汪灵江在参加完论文答辩后，背起行囊，来不及与家人道别，就从上海乘飞机赶往四川重灾区，奋战在抗震救灾第一线。他们与来自全国各地的其他志愿者一起，在当地抗震救灾指挥部的统一指挥下，协助救援受困人员，帮助运送药品和物资。

EMBA2003级校友万方的公司位于成都，是国家救灾指挥部救灾医药物资定点仓储基地，他主动帮助参与抢险的校友解决救灾物资的仓储问题。由中欧校友提供的上千箱救灾医药物资就是通过这个渠道源源不断流向灾民手中的。

EMBA2005级深圳班校友张静，在什邡市红白镇灾区坚持做了一个月志愿者，创建了三个帐篷小学。EMBA2004级校友汪洪波除了积极参

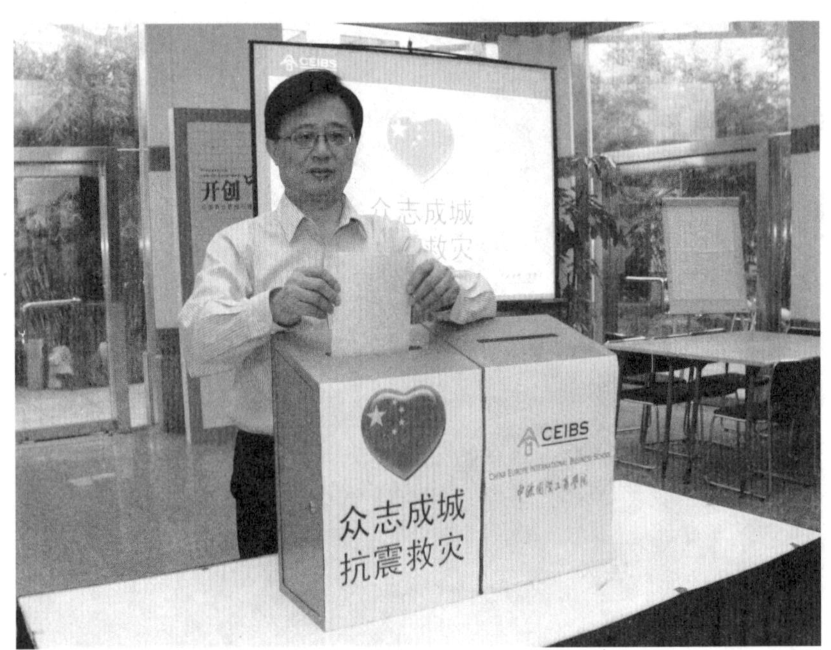


2008年5月21日，朱晓明院长带领全院师生员工积极为地震灾区人民捐款赈灾

加救灾活动外，还在2008年六一儿童节组织北京校友募集礼品派发给都江堰的小朋友。

EMBA2002级校友林启泰是北京仁爱基金发起人和秘书长，长期组织开展慈善公益活动，在5·12地震发生后，一直坚持在灾区组织募款救灾，是在灾区救援时间最长的校友。

中欧校友还以他们各自的专长服务灾区。2008中欧医院管理文凭班（DIHMP）校友、重庆医科大学附属第二医院副院长张玲于5月14日赶赴德阳灾区，在连续不断的余震中坚持了6天高强度的抢救工作。

EMBA2005级校友、深圳茂业百货总经理邹明贵，在物流管理方面经验丰富，帮助当地救灾部门建立了高效、简洁的物流体系，使救灾物资以最快速度送达灾民。

EMBA2006级校友汪灵江、EMBA2007级校友王尉朝、刘强等深入灾区服务达一周以上。更有大量中欧校友，以个人、班级的名义，奔赴灾区，积极救援，并将一些灾后重建活动规划为长期项目，至今仍在持续运作。

2008年5月14日，学院举办了救灾募捐活动，全院师生员工纷纷来到现场，为灾区人民捐款，献上了自己的一份爱心。5月21日，朱晓明院长号召全院师生员工在举国哀悼日的最后一天，再次举行全院性的募捐活动。在前后两次举行的募捐活动中，中欧师生员工共计捐款44万余元。8月份，中欧国际工商学院还组织了22名志愿者前往浦东新区血液中心为四川灾区献血。

中欧校友爱心联盟和上海东方少儿哈哈频道倾力合作主办了“哈哈－中欧校友慈善嘉年华”活动，共拍得卖义卖款15万元，所有款项全部用于资助受到意外伤害的贫困家庭儿童。

据统计，汶川大地震发生后，中欧校友企业捐赠达25亿元，中欧校友募集善款1 000万元以上，其中包括：上海“6・1”慈善拍卖，筹得善款130多万元，用于在重庆梁平建立中欧校友爱心学校；深圳校友会“慈善之光”拍卖筹得善款110多万元；EMBA2006毕业慈善拍卖筹得善款40多万元；“返校日”慈善拍卖筹得善款68万元；北京“永远红”慈善义卖，每个班级都捐款近10万元。可统计的慈善行动30多个：如“手拉手，心连心”与灾区孩子结对活动，许小年教授率领30多名校友探访灾区活动，校友向灾区学校捐助电脑70多台以及大量书包文具等，援建爱心多功能活动教室20间，分布于都江堰、什邡、绵竹、北川、中江等地。

## 三、百年奥运的中欧荣耀

2008年，第29届奥运会在北京举行。中欧人不甘人后、心系奥运，朱晓明院长、郭理默教务长、张维炯副院长、吴敬琏教授、中国移动上海公司董事长郑杰校友（EMBA1996级）等均担任奥运火炬手，分享了北京奥运的无限荣光。

奥运形象大使、CEO2004级校友杨澜从2001年开始，就参加了北京申奥工作，申奥成功后一直为奥运会的举办贡献力量。

EMBA2005级校友、中建国际设计顾问有限公司总经理兼创始人赵小钧作为中方总设计师，参与了奥运标志性建筑——“水立方”的设计。

EMBA2004级校友姚映佳带领的联想团队，在300多个火炬方案中脱颖而出，中标奥运火炬方案。

北京团市委书记、北京奥组委志愿者部部长、中欧EMBA2002级校友刘剑以崇高的理想、坚定的信念，吸引着无数“水滴”汇聚到北京奥运会、残奥会志愿者工作中，为奥运会的成功举办构筑了一道坚实的后盾。

# 第五章　杰出人物

伟大的事业总与伟大的灵魂相结合。15年里，中欧国际工商学院能够从零起步成长为一所世界知名的商学院，有赖于一个高瞻远瞩、舍身忘我的领导团队和一支勤奋敬业、创新进取的员工队伍。中欧的一砖一瓦一草一木，无不凝聚着创业者和每一位员工的汗水和辛劳。

朱晓明院长指出："学院的成功在很大程度上应该归功于那些卓有远见的创始者和兢兢业业的员工们。如果没有他们为实现理想而不断追求卓越的精神，没有他们的兢兢业业和无私奉献，我们就不可能取得今天这样的成功。"

过去15年中，9位杰出人物为中欧国际工商学院的创办和发展建立了卓著功勋，而作为中国现代管理教育的开拓者，他们的远见、智慧和人格塑造了中欧的办学特色和价值观，也深深影响了中国的管理教育。

中欧创始院长、杰出管理教育家——李家镐

## 第一节 李家镐：老骥伏枥，志在千里

李家镐教授是中欧国际工商学院首任中方院长。作为创建国际化商学院的出色教育家，他为学院开拓了国际化办学的成功之路，他的功绩不可磨灭，并将永载史册。

1998年4月，李家镐教授由于过度劳累，身感不适，入院检查后竟被确诊罹患晚期胰腺癌。虽经全力救治，终无力回天。1998年5月29日，李家镐教授不幸与世长辞，享年75岁。

治疗期间，李家镐教授仍以异乎常人的毅力勤奋工作。为了不影响学院工作，他只同意少数员工代表前往探望。他坐在病床上用棍子顶着腹部疼痛部位，坚持批阅文件。

李家镐教授留给中欧全体教职员工最后一封信的开头写着："各就各位，坚守岗位……"

## 一、因为这对中国很重要

李家镐教授的父亲李熙谋先生毕业于上海交通大学的前身上海工业专门学校，公费在美国获得麻省理工学院机电学硕士与哈佛大学博士学位，回国后先后任教于浙江大学和暨南大学，抗战期间曾担任内迁重庆的国立交通大学教务长。抗战胜利后，李熙谋先生任上海市教育局副局长。1949年后，任台湾"教育部常务次长"等职务，并参与创办了台湾新竹交通大学。新竹交大特在校园内建造了以李熙谋先生的字冠名的"振吾亭"，以纪念他为该校做出的贡献。

李家镐教授1924年生于浙江省嘉善县西塘镇。1938年在上海南洋模范中学读书时，就参加了抗日救亡活动。抗战艰难时刻，李家镐教授投笔从戎，参加青年军，当过英语翻译。其间，李家镐教授因写大字报揭发国民党的腐败黑暗等而被捕，经浙江大学竺可桢校长营救和李熙谋先生施加影响始得出狱。

1943年，李家镐教授进入国立交通大学电机系读书，接受了共产主义思想。1947年初，他参加了交大的学生运动。1947年5月30日深夜，在大批军警搜捕参加"五二〇运动"的交大革命学生的危急时刻，他开出父亲的小汽车，将十几名陷入危境的同学转移到了安全的地方。当年11月，李家镐教授加入中国共产党。次年，在党组织的安排下，他与30名进步同学一起奔赴苏北解放区。

新中国成立后李家镐教授进入上海工业界。他先后担任上海大众橡胶厂厂长和上海金山石油化工总厂厂长，1983年起先后担任上海市经济委员会主任，上海市人大常委会副主任、财经委员会主任委员等职务。1993年，李家镐教授离休后担任了上海交通大学管理学院名誉院长。

正是这种教育世家的出身、舍身革命的经历，以及在领导经济建设中认识到的培养管理人才的重要性，使李家镐教授在杨亨（Jan

Borgonjon）先生1992年底来沪寻求合作时，立即意识到这件事情对于中国经济发展的意义所在。这位历经生死荣辱、年近古稀的革命者，以“活着一分钟，奋斗六十秒”的激情，把生命的最后6年献给了中国管理教育事业。

雷诺（Pedro Nueno）教授曾问李家镐：“你为什么这么拼命?”他回答道：“因为这对中国很重要。”无论抗战从军、参加学生民主运动、奔赴解放区还是领导经济建设，作为一个爱国的共产党人，李家镐教授贯穿一生的立足点，就是所有这些事情“对中国很重要”。

## 二、“教育特区”制度空间的开拓者

1992年10月，汪道涵先生将建设一所国际商学院的计划介绍给了时任上海交大管理学院名誉院长的李家镐教授，并促成了杨亨先生与李教授和张国华教授的第一次会面。

在和杨亨先生的会谈中，双方很快就欧方提出的《成立欧洲管理发展基金会与中国某大学合资合办中国国际管理发展中心公司的项目建议书》[1]达成了共识，但这个合作办学的宏伟设想要在当时中国的教育制度下得以实施实在令人难以想象，而此刻，李家镐教授的远见、资历和人脉却为学院开辟制度空间起到了一般学者和教育家难以起到的作用。

杨亨先生提出，要办一所全球一流的商学院，就必须有教学、财务、行政和人事等方面的自主权，为了确保这些办学自主权，拥有独立法人地位是非常必要的；同时，欧方要求中方的合作院校能够为项目提供配套资金。

事实上，中欧管理中心在北京与其他学校谈判时也提出过同样要求，然而在办学自主权问题上很难有所突破，而且也没有找到愿意提供配套资金的院校和政府机构。[2]

作为中国最大直辖市的前经济主管官员，面对浦东开发和上海快

---

1 引自中欧档案室存李家镐教授工作笔记第26～32页。

2 关于建校的制度争议，参见第一章。

速融入国际经济体系的浪潮，李家镐教授深切感受到经济转轨过程中国际化管理人才的匮乏对经济发展的制约，他开始游说上海交大、上海市政府和中国政府的领导人来支持这项计划。

1997年10月16日，李家镐院长致辞欢迎欧盟委员会副主席列昂·布里坦（Leon Brittan）爵士来我院视察并演讲

作为政治家，李家镐教授以现实主义的态度寻求制度突破的可能。他说："为了解决中方办学主导权和独立法人地位这一两难问题，未来的合作学院在拥有独立法人资格的同时，应通过学院董事会和委派学院中方院长的方式，实现上海交通大学和上海市对学院的领导。"

在谈判初期，1992年12月14日，李家镐教授曾致函主管经济工作的朱镕基副总理，报告了有关国际工商学院建设的事项。汪道涵先生也向朱镕基副总理反映了他所了解的情况和意见。

李家镐教授还十几次拜访时任上海市计委主任的华建敏先生。2009年6月2日，已担任全国人大常委会副委员长的华建敏先生视察中欧国际工商学院时，深情地回忆起李家镐教授当年办学的艰难："李家镐同志来到我的办公室，对我说，老华，我有点难事。就是学院这个项目，原来是要放在北京的，后来又和大连谈，都不成，落不了地，所以想争取放在上海。"[1] 1993年6月，华建敏先生陪同时任上海市市长的黄菊先生访问布鲁塞尔，之前李家镐教授还特意与他沟通了去欧盟总部谈学院项目的有关事宜。

建院后直到1997年，中欧作为一个具有特殊性的教育合作项目，其机构代码证、土地权证及员工聘用资格等一直未能落实。于是，李家镐教授写信给上海市主要领导请求帮助。1997年6月13日，受上海市领导委托，时任上海市政府副秘书长的殷一璀女士召集上海市教委、计委、外资委、人事局、上海交大和中欧等各方面，召开中欧办学有关问题的协调会议。

有些与会部门对中欧的办学方式不理解，质疑之声不断。根据当时参会的中欧信息中心主任杜谦回忆，李家镐院长心急如焚，拍着桌子站起来，双手叉腰说："你们总是按照老的条条框框提出各种质疑，这说明改革开放的观念还没有树立起来，被禁锢的思想还没有解放出来。"

在20世纪90年代，"解放思想、大胆尝试、大胆开创"是时代的

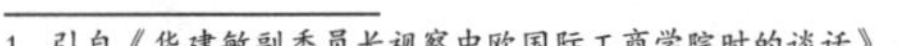

1 引自《华建敏副委员长视察中欧国际工商学院时的谈话》。

主旋律，李家镐教授以改革开放的正确性压倒了因循守旧的机械性，并在上海市主要领导的支持下，通过殷一璀副秘书长的指导和协调，使中欧所面临的一系列与当时制度对接的障碍在这次协调会后以“特事特办”的方式得到了集中解决。

## 三、合作办学制度的设计者

李家镐教授也是中欧国际工商学院的办学框架和管理制度的主要设计者之一。

1992年年底，在和杨亨先生会谈后不久，李家镐教授向上海交大翁史烈校长和谢绳武副校长做了汇报，之后还向徐匡迪副市长做了汇报。得到支持后，李家镐院长亲笔草拟了给中欧管理中心（CEMI）的十点回复，内容涉及办学单位、合作方式、经费筹措等详细内容，基本奠定了学院制度架构的雏形。这也是CEMI在长达2年寻求合作中得到的最乐观的回应 。[1]

在第一次给欧方的回复中，他虚怀若谷地主动提出：“在学院创办初期，由中欧管理中心派人担任院长，中方担任副院长，这样有利于办好国际水准的工商管理学院，以及加强与欧洲企业家和学术界的联系” 。[2]

在学院创办阶段，李家镐教授还亲笔草拟了《关于上海交通大学与欧洲管理发展基金会（EFMD）合资创办中国国际工商学院的协议（讨论稿）》[3]，以及向中国政府、上海市政府汇报的各种公文，这一系列文件成为中国政府与欧盟谈判的基础，最后形成了学院建立的基础性文件《财务协议》及其附件《中欧国际工商学院办学合同》，确立了双领导制、市场化办学、国际化师资等制度基础。

建校后，根据中欧双方的协议，李家镐教授负责教学、学院行政管理、新校园建设，并在执行院长外出期间，负责学院日常工作。他

---

1　引自中欧档案室存李家镐教授工作笔记第26～32页。

2　同上。在后来的谈判中，确立了中欧国际工商学院双领导制的体制，李家镐教授也提出由欧方委派有经验的资深人士担任执行院长和教务长，以确保学院的学术水准，以及与欧洲企业界、学术界的联系。

3　引自中欧档案室存李家镐教授工作笔记第26～32页，“中国国际工商学院”的名称后在谈判中修订成现用名。

还担负全院EMBA“中国经济制度概论”课的教学任务，并参与MBA和EMBA课程招生面试。

李家镐教授起草了中欧国际工商学院的人事制度、财务制度、各级领导人职责等一系列规范性文件，并提出了关于校园文化的讨论，这些都已成为今天中欧国际工商学院管理制度的基础。

在当时，计算机办公尚未普及，年逾古稀的李家镐教授亲笔起草了这些文件，用心甚切，用情至深。许多年后，人们翻阅这些笔记时仍然能感受到一位革命老人对中国管理教育事业的拳拳之心。

## 四、校园建设者

根据分工，李家镐教授在承担日常行政事务的同时，还负责中欧国际工商学院浦东校园的建设工作。校园建设的复杂和艰难，远远超出当初人们的预料。李家镐教授为此殚精竭虑，遗憾的是，在校园开工仅半年后，他就不幸辞世了。

在校园建设中，成立了由李家镐教授和欧方副院长苏史华（David B. Southworth）先生负责的基建委员会，而他们所面临的首要难题就是所需资金远远超出预算。

随着办学活动的开展，学院逐渐发现中国市场对管理教育的需求远远超出原先的预料，因此管理委员会经董事会批准，决定把建设规模从1993年项目论证时的13 000平方米增加到20 000平方米。从1993年项目论证预算到1997年开工建设，累计通货膨胀率超过20%。由于选择了贝聿铭先生创办的P.C.F.建筑设计事务所（Pei Cobb Freed & Partners Architects LLP），导致设计成本大大超出预算，而总面积的增加更增加了设计与施工成本。由于上述原因，到1997年，资金总缺口达到了3 684万元。[1]

为筹措校园建设资金，李家镐教授承担了向中国企业筹资的任务，总筹资额超过1 000万元人民币。这些资金基本上来源于他曾经供

1 根据1998年9月10日管理委员会给董事会的年度报告，资金缺口是根据当年已批准建设面积计算的。

职多年的化工系统，其中他曾担任过厂长的上海石化捐资达500万元。[1]在20世纪90年代，上海的国有企业效益普遍不好，而李家镐教授为筹资所付出的艰辛，外人很难体会万一。

由于面积变化导致设计的反复修改，P.C.F.和中方设计单位华东设计院的沟通不顺畅，以及金桥地区地质松软导致的土建地基深挖等复杂原因，校园建设的工期不断延迟。各种磕磕碰碰，在校园建设中不断出现，而年逾古稀的李家镐教授不畏困难、不辞辛劳地与各参建单位沟通协商，终于一一解决了这些问题。

## 五、有价值的人生

为开拓市场，李家镐教授曾在上海交大举办推广会，依靠自身曾为上海经济主管官员的号召力召集上海市各大企业一把手赴会，向他们推广中欧国际工商学院的EMBA和高层经理培训课程。他还请有关委办局召集所属企业一把手出席的会议，由他前去推广中欧课程。

在张国华和其他员工拜访企业时，李家镐教授经常亲笔写好介绍函，希望对方企业关注管理培训，送学员来中欧接受现代管理教育。他常对招生部门的员工说，“客户的事，什么时候你们觉得需要我来打电话联系，就通知我。”

李家镐教授这种一往无前的勇气来自他的无私，他只把自己的影响力用在发展管理教育上，从不为己谋私利。李家镐教授生活朴素，在市场营销学教授柏唯良（Willem Burgers）记忆中，对他最深刻的印象凝固在1996年冬天，李家镐教授身穿厚毛衣及外套，冒着寒风骑自行车来学院出席市场营销学培训的最后一课，并为学员颁发证书。

1996年，中国的银行助学贷款制度尚未覆盖MBA教育领域，在李家镐教授建议下，学院主动联系上海浦发银行，希望给那些缺乏经济实力的青年精英提供助学贷款。银行方面提出提供贷款须有实物或货币担保，而根据当时的学院制度，一时还不能解决这一问题。李家镐教授立

1 关于校园建设筹措资金请参看第四章第二节。

1997年5月23日，李家镐院长在汉高公司工业市场学教席捐赠仪式上致辞

即从学院把自己从未领取过的工资转入银行作为担保，从而使许多需要财务帮助的合格考生得以入学，并开创了国内MBA课程助学贷款的先例。

李家镐教授还利用自己和上海汽车集团的关系设立了一个上汽教育基金，用于培养汽车业管理人才，并资助经济困难的学员去欧洲实习。

1998年5月29日李家镐教授因病去世，党和国家领导人江泽民、朱镕基和上海市主要领导都送了花圈，一位国家领导人称赞他是“真正的布尔什维克”。

李家镐教授曾问学院的年轻人：“你们觉得人之为人是为了什么？”他的答案是：“人这辈子就是为社会创造价值。”

《人民日报》发表的一篇纪念文章以“创造有价值的人生”为题，并称他“正直、清廉，有口皆碑”、“心底无私，平生唯实”、“心里只有国家和人民的利益，唯独不考虑个人得失”。

2001年4月，为了表彰李家镐教授的历史性贡献，中欧国际工商学院追授李家镐教授“中欧国际工商学院杰出贡献人士”称号。由雷诺教授捐赠的李家镐教授铜像，矗立在浦东校园第一教学楼的小竹园里，底座上镌刻的“求真理、讲真话、献真心”九个大字真实地刻画了李家镐教授光辉的一生。李家镐教授铜像已成为全校师生员工寄托感念之情、激励奋斗之志的校园一景。

中欧创始院长、杰出管理教育家——张国华

## 第二节　张国华：我的梦想是把中欧带入世界前十名

张国华教授是中欧国际工商学院的创始人之一，从1992年开始与欧方谈判，1994年担任首任中方副院长和1995年兼任首任中方教务长，到2005年担任院长，直至2006年病故，他把生命最后的14年全部献给了中欧国际工商学院，献给了中国的管理教育事业。他生前最大的梦想，就是把中欧建成全球十强商学院之一。2009年1月，在英国《金融时报》公布的全球MBA课程排名中，中欧名列第八位，这是对张国华教授最好的告慰。

## 一、追回青春

张国华教授1948年出生于上海的一个普通家庭，他的父亲是一位职员，母亲是一位勤劳的家庭妇女。

张国华教授在1978年初作为恢复高考后的首届大学生进入了上海交通大学电子工程系，他的入学成绩是全系第一名。此前，他作为“老三届”毕业生，在“文革”中丧失了继续深造的机会，在上海第五钢铁厂做了10年电焊工，并因此造成腰肌劳损。

和所有“老三届”学生一样，当进入大学校门时，张国华教授已年届三十，回望那些被政治运动耗费的青春，他决心用自己的勤奋把它追回来。在交大就学期间，张国华还担任了4年的班长与党支部书记。毕业后，他留校从政治辅导员做起，之后又先后担任电子工程系党总支副书记和校党委办公室副主任。

1990年，43岁的张国华教授获得去英国伯明翰大学留学的机会，1991年获得工商管理硕士学位，回国后担任上海交通大学管理学院常务副院长，主持日常工作。

为了调动教师的积极性，鼓励提高教学与研究的质量，他设计了一套与教师工作量和教学、研究质量挂钩的薪酬制度。尽管遭遇了习惯势力设置的重重障碍，但他坚持不懈，努力奋争，终于在广大教师的支

1991年，张国华在英国伯明翰大学获得工商管理硕士学位

持下获得了成功。

他还牵线上海交大管理学院和新加坡国立大学联合举办MBA课程，并将教师派往新加坡上课。这一运营至今的合作项目是上海交大乃至中国高校首次海外办学的成功尝试。

预计到中国经济发展对管理教育将产生巨大需求，并有感于国内外商学院之间的巨大差距，张国华教授一直在为办一所国际化商学院寻找国际合作伙伴，当得知杨亨先生关于合作创办一所国际化商学院的建议后，自然是英雄所见略同，相见恨晚。自此以后，他把自己的一切忘我地献给了创办与发展中欧的事业。

## 二、学院创办者

作为上海交大管理学院常务副院长，张国华教授全程参与了建院谈判，他与李家镐教授亲密合作，承担了大量具体工作，终于使创建一所独立的国际化商学院梦想成真。

根据中欧双方协议，中欧国际工商学院的副院长之一由中方委派，协助两位院长开展教学学术工作，另一副院长由欧方委派，协助两位院长开展市场及对外关系工作。两位副院长还共同负责学院行政工作。

张国华教授负责学院日常管理，并负责校友会和MBA课程。1995年，学院增设中方教务长，并由他兼任这一职务。

作为主管学生事务和人力资源的副院长，张国华教授负责招募了建院初期的大多数员工。一方面，他带领上海交大一些志同道合的同事与他一同参与建院，另一方面，也从社会上招聘了一批精干人才。这些员工在教学支持、课程销售与后勤保障等工作中发挥了重要作用，他们中的许多人已为学院服务10年以上，并获中欧十年服务纪念奖。[1]首任执行院长冯勇明（Joachim Frohn）教授说：“张教授准确判断应聘者素质的能力令我十分赞叹。”

为了解国际商学院的办学惯例和先进经验，张国华教授多次带

1 参见附录十五“十年服务纪念奖获得者名单”。

队远赴美国和欧洲一流商学院访问学习。而每次访问，他总是满载而归，激动不已。从机场一出来就直奔学校，立即与大家分享学习的收获与体会。

副教务长兼EMBA课程主任梁能教授对张国华教授的评价是：“既对全局有良好的把握，又对细节给予扎实的关怀。”除了参与学院发展的重大决策，他还承担着繁重的日常事务。而且，由于建校初期人手紧张，每个人都在加班加点，很多事情不得不由他亲力亲为，例如租借大小合适的教室，采购质量可靠的课桌椅，安排外籍教授的食宿、交通等……尽管这些工作相当繁琐，但他认识到，做好这一切对于保证高质量的办学水平极为重要，因此不厌其烦，细致打理，务求尽善尽美。

## 三、市场开拓者

曾经担任高层经理培训课程副主任的李月庆先生，把对张国华教授的印象定格在1994 年的上海外滩。

“1994年春季，当时天气有点热，我和张国华穿着普通的西装，拎着旧皮包，不厌其烦地拜访各家公司。”李月庆回忆说，“直到现在，两个教书匠拎包走大街的样子，在我脑海中依然十分清晰。”

学院创建阶段，面临的最大困难是缺乏社会影响力，而当时社会上对MBA教育的认知也处于普及阶段。在最初一两年里，无论是EMBA还是高层经理培训课程的招生都遇到了很大困难，张国华教授成了学院最重要的课程推销员。

2005年，张国华教授在接受采访时回忆说：“当时我们请了不少人，包括很多工业局改制后的集团公司领导，去访问他们或者请他们来做客。希望他们能够派企业里的一些高级管理人员到我们学校来学习。但是走了那么多公司，结果并不理想，尽管我们当初给国有企业很高的奖学金。当时确实非常困难。”[1]

为了能够在学院初创时期招到合适的学员，张国华教授甚至拜

1 2004年，中欧国际工商学院宣传电视片《见证腾飞，实现梦想》。

托太太王维勤女士联系合适的人选，王女士时任上海市胸科医院的副院长。

当获知从上海调任江西省委书记的孟建柱在给江西省干部讲话时曾经提及中欧后，张国华教授随即两次拜访江西经济管理干部学院，并签订了合作意向书，通过学费优惠的培训课程来为学院打开市场。孟建柱现任国务委员兼公安部长，20世纪80年代初曾经参加过上海交大与香港中文大学合办的管理培训班。

当中欧国际工商学院声誉渐起后，张国华教授转而将精力放在教学质量的提高上。他坚持用国际标准聘请世界一流教授，并对课程进行评估。通过学生对授课质量和授课态度打分，教、学双方实现了良性互动。张国华教授也致力于不断强化学院的质量和品牌意识，并鼓励和支持三大课程参加国际排名，通过排名结果来见证和提高中欧的实力。

## 四、动荡时期的“中流砥柱”

从1997年开始，中欧的创业进入艰难时期，学院财务尚未实现平衡，欧盟是否会在下一个五年投入资金也是个未知数，浦东校园建设资金出现大量缺口。而在此刻，管理委员会也出现了动荡。

1997年10月，冯勇明教授因个人原因辞去执行院长兼教务长职务回国，由菲希尔教授（William A. Fischer）接任；1998年5月，院长李家镐教授病逝；1998年9月，欧方副院长苏史华（David B. Southworth）先生离职，由博纳德（Albert Bennett）博士接任；在不到12个月时间里，首届管理委员会四位成员中离职两人，病逝一人，虽有两位新成员接任，但张国华教授肩上的担子显然加重了许多。

在学院管理层的动荡中，作为创始人之一的张国华教授成了学院的中流砥柱。学院大多数事务都落在他的肩上，除了自己作为副院长兼中方教务长承担的工作之外，他还不得不承担李家镐教授生前承担的校园建设及其他有关行政工作。

1999年6月，董事会任命博纳德博士担任执行院长，刘吉教授担

2002年2月，张国华副院长在为MBA课程首次跻身全球百强而举行的新闻发布会上致辞

任院长，菲希尔教授不再担任执行院长而仅任教务长。根据《财务协议》，从2000年1月开始，刘吉院长转任执行院长，博纳德博士转任欧方院长，学院的第二届管理委员会正式形成。

在刘吉教授担任执行院长之后，作为副院长兼中方教务长，张国华教授与刘吉教授形成了默契的合作。刘吉教授颇具领袖气质，擅长战略规划和思考，并且以其声望为学院开拓市场和生存空间，张国华教授则主要承担了日常运作和战略执行工作。

因此，刘吉院长曾经感慨地说："学院谁都可以没有，但不能没有张国华。"

刘吉院长在5年任期届满时主动提出辞职，向上海市政府力荐张国华教授担任学院下一任中方院长，希望他放手大干，实现建设国际一流商学院的梦想。

## 五、中国管理教育的追梦人

创立中欧时，他想把学院办到亚洲一流，当国际排名连续多年亚洲第一之后，他又梦想把学院带到全球十强。他还梦想中欧国际工商学院在未来能够办成一个拥有法学院和医学院的大学。而直到他生命的最后几个月，他仍盼望着有一天可以重新回到学院。

副院长张维炯教授回忆说："他去哈佛也会不开心，因为看到人家许多方面做得比我们好。他只能做第一，做第二睡不着觉。他最常说的一句话就是‘我不会输给人家的’。”

张国华教授常说：“北大、清华是百年老店，而我们只有短短几年的历史。我们没有资本可输，也输不起，因此我们必须比它们做得更出色。”他也意识到，通过世界权威机构的认证，不仅能为中欧国际工商学院贴上“优秀”标签，而且有助于学院不断自我完善和自我超越。2004年，学院获得欧洲EQUIS认证，成为中国大陆第一家通过国际认证的商学院之后，他又要求学院积极申请美国AACSB国际认证，并最终取得了成功。

张国华教授认为，为了学院的长远发展应该有一个基金来支持，因为类似哈佛商学院那样的学校，都有金额巨大的基金支持教学和研究，而中欧90%的运营资金却是来自学费。在他的倡议下，学院成立了“中欧教育发展基金会”。在多方寻求创始基金捐赠的同时，张国华教授个人带头捐献了5万元。

有关学院的品牌建设，张国华教授认为未来的方向是做出一流的研究成果，并对中国的经济管理问题做出权威性的阐释。他说：“我们必须走自己的路，必须把自己的品牌打起来。我们一定要成为在研究中国问题上最有权威的一个机构。”[1]

## 六、学院的成功深深地沉淀着张教授的贡献

多年来张国华教授总是把工作视为生活。他一直是中欧国际工商学院每天下班最晚的人。张国华教授从来没有休过年假，虽然他总会说，明年他一定要休假，这样跟他做事的人也可休假，否则他们太辛苦了。

多年来超强度的工作状态严重损害了张国华教授的健康。2005年4月，张国华教授被诊断为罹患淋巴癌，在这样的时刻，他仍心怀中欧跻身世界十强的梦想。

在上海华山医院的病榻上，张国华教授依然不忘工作。他与前来

1 2004年，中欧国际工商学院宣传片《见证腾飞，实现梦想》。

探望的同事商讨学费调整工作，热切嘱咐EMBA校友多多帮带年轻的MBA学生，并向前来看望他的朋友一一介绍建立“中欧教育发展基金会”的重要意义。

中欧EMBA课程部在纪念张国华教授的挽文中写道：一个人怎么可以做得这么多?

2004年，张国华教授在住院期间对张维炯教授说，他觉得自己这辈子似乎没有好好生活过。直到病倒后，才想起一家人还从来没有一起旅游过。但他又说，不工作，就觉得活着没什么意思。

张维炯教授说：“我不能说每个人都该像他一样，但这就是他的风格，为了学院发展，他夜以继日地工作，没有享受过生活，确实是工作和生活难以两全啊。”

2006年，张国华教授被国际商务学会追授“全球商学院年度最佳院长奖”

2006年1月10日，张国华教授终因医治无效，在上海华山医院逝世，享年57岁。《第一财经日报》以“中欧痛失领军人物”为标题，撰述了张国华教授的生平及贡献，其他媒体也以很大篇幅报道了他对中欧国际工商学院和中国管理教育事业的贡献，而整个学院则沉浸在一片哀痛之中。

当年6月，张国华教授被国际商务学会追授“全球商学院年度最佳院长奖”，以纪念他对中国管理教育做出的杰出贡献。他还曾在2004年获得西班牙政府授予的“国民成就大十字勋章”。

在学院为张国华教授制作的纪念册扉页上写着一句话：“中欧国际工商学院的成功深深地沉淀着张教授的贡献。”中欧国际工商学院首任执行院长冯勇明教授得悉张国华教授病逝的消息后写道：“对于我，他是一位挚友，一位值得信赖、思想开放、身体力行、品德高尚的朋友。”

2007年1月8日，毗邻学院学生活动中心的庭院中，由雷诺教授捐赠的张国华教授铜像揭幕，名誉院长刘吉教授在致辞中说：“我们活着的人，要学习张国华同志对中欧无限热爱、无限忠诚的精神，继承他的遗志，努力实现他生前没有实现的愿望，这将是我们对张国华同志最好的纪念。”

中欧院长、创始人之一——雷诺（Pedro Nueno）

## 第三节 雷诺：大师风范，浸润中欧

雷诺（Pedro Nueno）教授是中欧国际工商学院的创始人之一。在过去25年中，雷诺教授一直在关心、支持和指导着中欧的前身CEMI和中欧的创建与发展。

中欧国际工商学院建校10周年的纪念专辑——《十年卓越路》中说："相对于他对学院的巨大贡献，任何赞美的言辞都显得十分苍白。"而在此之后的5年中，作为执行院长的雷诺教授不遗余力地工作，为推动学院发展做出了新的贡献。

20世纪80年代，雷诺教授担任欧洲管理发展基金会董事和副主席，提出了在中国合作开展管理教育的想法，并参与创办了中欧的前身CEMI 。[1]1994～2004年间，雷诺教授一直担任中欧学术委员会主席和董事，2004～2009年，担任中欧执行院长。

## 一、管理教育的全球布道者

雷诺教授，1944年出生于西班牙，1973年在哈佛大学商学院获得工商管理博士学位，他还获得了巴塞罗那工业大学工业工程师和技术架构师证书。

雷诺教授早年萌生商学院创业念头并付诸行动，是因为受到哈佛商学院弗兰克·福尔茨（Frank Folts）教授的影响。20世纪70年代，雷诺教授初次遇到80岁的福尔茨教授，当时福尔茨教授正热衷于在世界各地帮助创建商学院，并将此视为职业生涯的重要部分。两人很快成了知交。从此以后，雷诺教授走上了创建商学院的道路，并一发不可收。

雷诺教授曾经目睹二战后管理教育对欧洲发展产生的巨大促进作用。基于切身体会，雷诺教授认为，提升管理对发展中国家的成长极为重要。他早年在西班牙参与创办的IESE商学院，有力助推了西班牙的企业发展，这番成功经历使他更加坚定了自己的信念。雷诺教授目前仍是IESE商学院的创业学教授。

除了IESE商学院和中欧，雷诺教授以各种形式参与创办的另外三所商学院也以卓越著称。位于葡萄牙的AESE商学院、阿根廷的IAE商学院，以及墨西哥的IPADE商学院皆已成为本国最好的商学院。

20世纪80年代，担任欧洲管理发展基金会执行副主席的雷诺教授，在与布鲁塞尔的同事们论及国际工商管理教育发展话题时表示，美国在第二次世界大战之后，将MBA教育引入了欧洲，那么，欧洲人为什么不能先于美国人将MBA教育引入中国呢？雷诺教授将目光投向了中国，并在中国得到了极大支持，中欧国际商学院的前身——CEMI由此而来。

1 参见第一章第一节“中国现代管理教育的探路人”。

## 二、学术桥梁

1993～2000年间，雷诺教授担任国际管理学会（International Academy of Management）会长，并于2000年起担任副会长。雷诺教授也是包括世界银行、经济合作与发展组织、摩根士丹利等众多国际知名企业和机构的咨询顾问以及多家公司的董事。

作为国际管理学会会长，雷诺教授领衔组建了中欧第一届学术委员会，并通过对教学课程和研究项目的评估，保证了学院办学活动达到国际标准。

雷诺教授推动了中欧和其他世界顶级商学院的合作。培养第一届MBA学生时，中欧在国际商学院中还远未出名，但雷诺教授仍安排西班牙IESE商学院与中欧开展交换学生项目。

目前，中欧已分别和哈佛、沃顿、INSEAD等几十家全球著名商学院达成有关合作协议。雷诺教授认为，与世界顶级商学院合作十分有利于教授间的相互交流，有利于他们始终站在学科前沿。

凭借很高的国际声望，他也为中欧引来世界顶尖的师资力量。2008年，通过电子邮件，雷诺教授和99岁高龄的哈佛大学前案例中心主任安德鲁·托尔（Andrew Tower）教授相互交流了案例教学经验，并最终促成安德鲁·托尔教授来到中欧－哈佛－IESE全球CEO课堂为学员授业解惑。同年，在中欧首届全球管理论坛上，雷诺教授还邀请到诺贝尔经济学奖得主、经济学泰斗保罗·萨缪尔森（Paul Samuelson）教授做书面发言。萨缪尔森教授在发言中建议中国的经济领导人执行一种“适度的中间路线”。

在全球办学取得极大成功的同时，雷诺教授并不因此沾沾自喜，相反，他总以一个和蔼的学者形象出现在每个人的面前。雷诺教授目前已经出版了18部专著、发表了100多篇学术论文。作为哈佛商学院校友，雷诺教授是哈佛案例教学法的坚定信徒，并不遗余力地加以推行。多年来，雷诺教授撰写了100多个企业管理案例，这也是让他最感自豪的学术成果。

## 三、最佳募捐人

雷诺教授是中欧的国际“推广大使”，只要有机会，他就会将中欧介绍给他所能接触到的国际社会名流。他曾向美国两位前总统乔治・布什（George H. W. Bush，即老布什）和比尔・克林顿（ Bill Clinton）热情介绍过中欧办学情况，并引起了对方的兴趣。

雷诺教授通过拜访和游说，为学院募集了大量资金。学院初创时期，雷诺教授几乎每个月都去香港，和诸如英美烟草、德国拜尔等跨国公司亚太区总部沟通。这些世界一流的公司最终成为学院的长期赞助商，有些公司赞助学院更是长达10年以上。

在学院设立的众多教席和各种捐赠基金中，西班牙各界做出了最为显著的贡献，这是与雷诺教授的努力分不开的。迄今为止，西班牙政府和商界已向学院捐赠三个教席，冠名两座校园建筑，赞助一个研究中心，并提供了1份发展基金和5份MBA奖学金。

1998年，在浦东校园建设资金最为紧张之际，雷诺教授积极促成了西班牙政府向学院捐款300万美元，这也是中欧历史上获得的最大一笔捐款。西班牙国王、王后、王储、首相和许多大臣都曾到访学院，体现了对学院的关心和支持。

雷诺教授向美国前总统比尔・克林顿（Bill Clindon，左）介绍中欧办学情况

## 四、他比有些中国人更爱中国

吴敬琏教授和雷诺教授熟识多年，在谈到雷诺教授时，吴教授感慨地说：“他真的是对中国好，比有些中国人更爱中国。”

1996年，雷诺教授预见到国际游资可能对亚洲发动攻击，立即给中国领导人江泽民、李鹏、乔石、朱镕基等写信，提醒中国政府慎重对待有关积极实现人民币自由兑换的建议。他以墨西哥金融危机为例，强调:

“中国必须防止卷入国际货币风暴，防止大量不稳定的货币快进快出，以及防止股市和房地产市场人为的激增和急降，如果允许这些不稳定的投机风浪存在，那就可能激起通货膨胀或者无法控制的货币贬值。”[1]

雷诺教授在欧洲管理发展基金会发起了一项鼓励中国案例开发的奖项，而欧洲管理发展基金会将此奖项命名为“佩德罗·雷诺奖”，从中不难看出雷诺教授对中国的深厚感情。

雷诺教授专注于对中国问题的研究，作为创业专家，他也给中国企业提出建议。他认为先要完成工业化，然后才能谈革新。当前中国经济遇到的很多问题都类似于欧洲经济在二战后碰到的问题，比如单纯模仿他国企业、坏账等，但创新是至关重要的，他相信，不久以后创新就会成为中国企业发展的重中之重。

2007年9月29日，上海市市长韩正（右）向雷诺执行院长颁发上海市“白玉兰荣誉奖”，以褒奖他为中国管理教育事业所做出的贡献

1 见中欧档案室存雷诺教授给中国领导人的信《为何中国目前不应允许外汇自由兑换》。

## 五、睿智的长者

出现在中欧校园里的雷诺教授，总是衣着考究，一脸严肃，一旦你和他交谈，就会发现他的慈祥和蔼，就会立刻觉得放松，因为你所面对的是一位睿智宽厚的长者。雷诺教授坚持“尊重”、“团队合作”、“激发主动性”的领导理念，而这也成了他个人魅力所在。

雷诺教授认为家庭是人生最重要的部分，他是一位拥有7个孙儿的祖父，经常乐意提到妻子莫采（Montse）和他们的3个孩子。雷诺教授喜爱绘画和设计。除了撰写著作和案例之外，他也写一些短小文章，目前他还是西班牙一家大报的专栏作家。

为了表彰雷诺教授为中国管理教育事业所做出的杰出贡献，2004年11月8日，上海市政府为其颁发了“白玉兰纪念奖”。2007年，雷诺教授获得上海市“白玉兰荣誉奖”。

2007年6月25日，雷诺教授获得了西班牙国王胡安·卡洛斯（Juan Carlos）一世亲自授予的2007年国际Gresol勋章。该勋章由西班牙Gresol基金会提供，旨在表彰当年最具国际影响力的领袖人物。此前，该殊荣的获得者包括前苏联总统戈尔巴乔夫、国际货币基金组织总裁罗德里戈·德·拉托（Rodrigo de Rato）等。

授予该勋章的同时，西班牙国王胡安·卡洛斯一世指出：“雷诺教授的当选，不仅是因为他取得的职业成功，如推动中欧国际工商学院成为世界一流商学院，以及中欧与哈佛商学院等学术机构的成功合作，更是因为他拥有的优秀个人品质。”

2009年，雷诺教授获得中国政府颁发的“中华人民共和国友谊奖”，并获邀参加中华人民共和国60周年庆典观礼。

中欧名誉院长——刘吉

## 第四节 刘吉：匣中剑声铮铮鸣

1998年5月，李家镐教授去世后，中欧中方院长职位一度空缺。1999年，上海市委书记黄菊提议刘吉教授担任中欧院长。刘吉教授是中国著名的学者，刚刚从中国社科院副院长任上退休。在刘吉教授任内，学院完成了起步后的腾飞。

## 一、智者的历史高度

刘吉教授1935年出生于安徽省安庆市，他从小就跟随从事中小学教育的母亲长大。身为教师，母亲崇尚知识，对子女管教甚严，也培养了刘吉教授博览慎思的习惯。

1953年，刘吉进入清华大学动力机械系学习，毕业后分配到上海内燃机研究所工作，并成为新中国培养的第一代工程师。1966年“文化大革命”爆发，受家庭背景所累，刘吉教授被送往工厂劳动改造8年。改造期间，专业技术不让搞，他就系统地自学马列主义。他几乎阅读了当时出版的所有马列主义经典著作，并开始研究自然辩证法。

改革开放后，刘吉教授被彻底平反，并以人文学者的身份，开始步入中国思想界的前沿。刘吉教授最早参与了“科学学”研究，研究科学技术发展规律及其社会影响，以指导中国科技体制的改革，成为中国科学学研究的开拓者之一。早在20世纪80年代初期，他就提出“后工业时代”应该强调知识经济，强调科学技术发明能迅速地推动生产力，强调知识分子的历史作用，而这些理论观点在中国被广泛认可，则是在10年之后。

刘吉教授在20世纪70年代末写下《论现代领导艺术》等论文，并与他人合著《领导科学基础》一书，开创中国“领导科学”研究之先河。该书发行了150万册，对提高中国各级干部的领导水平起到了重大作用。

刘吉教授20世纪80年代初与夏禹龙等合著了中国第一本科学学专著《科学学基础》，引起了上海市市长汪道涵和市委组织部部长周克的重视，上海因此成立了“上海市科学学研究所”，刘吉教授担任了研究员和副所长。

刘吉教授的研究成果受到了越来越多的领导人重视，他也因此走上了领导岗位，先后担任上海市科学技术协会专职副主席和上海市委宣传部副部长等职务，致力于中国改革开放理论研究和宣传。1991年，他出任上海市经济体制改革委员会主任，直接参与中国经济体制改革。

刘吉教授提出了关于经济体制改革的一些思考和呼吁，引起了各界重视。1993年调任中国社科院副院长后，他一方面致力于组织改革开放领域的学术研究、政策研究，另一方面将研究成果传递到中南海，作为党和国家领导人政治经济决策的参考依据。

刘吉教授在1995年中国留美经济学会的会议上发表了一篇论文，标题是“政企分开，政企分开，政企分开”，他一连用了三个“政企分开”来强调其重要性。不仅在当时引起震撼作用，时至今日，仍未失去其意义和影响力。

刘吉教授的著作和论文如《论科业革命》、《经济全球化的本质和战略对策》、《当代资本主义社会分析》、《知识分子历史地位和作用》等，都对中国政界和思想界产生了广泛影响。这些著作与论文收入《刘吉文集》两集。刘吉教授是第七、八、九届全国政协委员，还多次参与起草中共全国代表大会和中央全会文件等重要的历史性文献。这种纵横捭阖的广阔视野，使他能够站在历史的高度指导中欧的发展。

## 二、中欧腾飞的领路人

在尽览当代中国社会风云变幻的执行院长刘吉教授带领下，中、

2003年10月，董事会会议期间，执行院长刘吉教授与欧洲管理发展基金会总干事埃里克·科尼埃尔（Eric Cornuel，左）教授在一起

欧双方精诚合作，团结一致，使学院迎来了发展最快的5年。

1999年10月，刘吉教授在董事会会议上做了“学院未来5年战略”[1]的报告，提出了学院发展的两个目标：学术卓越和财务自立，并提出了一系列行动方案。刘吉教授提出了吸引国际一流师资与发展学院核心教授的远期规划，在他的任期内，学院的师资从仅有的几名长期教授发展为一支人数近30名并达到国际水准的长期教授队伍。在此期间学院还获得了EQUIS认证。

刘吉教授任期内，中欧的知名度大幅提高。他要求学院每周至少见报一次，特别是每次英国《金融时报》的最新排名公布以后，他就要求学院快速做出反应，如第二天即邀请记者进行深入报道。

为了增加中欧国际工商学院的曝光率，刘吉教授也改变了以往为人低调、很少接受电视传媒采访的习惯，而是通过接受采访和发表演讲等方式积极地宣传中欧。在刘吉教授坚持之下，中欧的曝光度逐渐增加。社会开始了解中欧，中欧也能更好地为社会服务，形成了良性循环。

刘吉教授高瞻远瞩，提出了中欧校训——“认真、创新、追求卓越”，并邀请时任上海市市长的徐匡迪题写了校训。刘吉教授还提出了培养“经济元帅”、“经济将军”，“21世纪具有国际竞争力的企业家和高级管理人才”等目标，形成了中欧校园文化，加强了中欧“软实力”。

刘吉教授讲究兼容并蓄，融会贯通，所以将西点军校的“行动教育”介绍给了中欧。他十分赞赏西点军校的某些教学方法，他还称西点军校是最好的商学院，其根据是“商学院教的是领导课程，而西点军校培养的恰是领导方式”。

刘吉教授也带动了中欧国际工商学院的人文建设，以他的学术声望和社会关系，邀请了王蒙、铁凝等大量人文学者、艺术家前来学院演讲。

## 三、核心公关专家

在刘吉教授的努力下，困扰多年的中欧MBA学位获得国家教育主

1 在1999年10月的董事会会议上，欧方院长博纳德也做了同题报告。

管部门认可的问题终于得到了解决。

刘吉教授亲自给教育部写报告，阐明认可中欧MBA学位的理由和意义，并多次向时任教育部部长的陈至立汇报，以百折不挠的精神恳请教育部承认中欧的学位。2002年，在陈至立部长亲自关怀下，花了一年多时间协调，最终找到了合适的处理办法，国务院学位委员会办公室正式颁文同意中欧国际工商学院颁发本院的MBA学位。

自从上述文件颁发以后，政府经济部门官员和国有企业领导都纷纷入学，大大扩大了中欧国际工商学院的社会地位和企业界影响力。

刘吉教授在给中欧人留下和蔼可亲印象的同时，也有金刚怒目的时刻，每遇有损学院声誉和有碍学院发展的行为时，他总是寸步不让，力求纠正。

1999年，浦东校园刚落成，但因施工单位疏忽，校园某些地方的建筑质量明显不合格，如大理石铺就的地面居然坑坑洼洼。刘吉教授马上召集设计、施工、监理单位开会，见到施工单位领导，他当场就拍着桌子，朝对方怒吼道："你们马上改！你们不改，我就找建设部！建设部不管，我就走法律途径，把你们送上法庭！"

据在场中欧同事回忆，施工方人员都被刘吉教授的愤怒震慑住了。之后施工方立即出资返修，整整花了一年时间完成了整个校园的整改。

卸任院长的刘吉教授仍然心系中欧，并担任中欧教育发展基金会理事长。他还发起了刘吉管理教育基金，并捐款500万元，资助需要帮助的优秀学生。即便到了今天，他仍在帮助中欧国际工商学院筹资，并希望有生之年能筹到足够多的资金，帮助中欧奠定坚实的财务基础。

## 四、"四高分子"的匣中剑声

刘吉教授给自己的书房取名"五乐斋"：助人为乐、知足常乐、苦中作乐、自得其乐、百事可乐。刘吉教授曾把自己的生活状况概括成一名"四高分子"，即高血压、高血脂、高血糖，外加情绪高涨。由于时时保持着高涨的情绪，以至于他的前"三高"总不见回落，也由于情绪高涨，虽然已经退休，他却没有清闲。

海外媒体曾称刘吉教授为某位国家领导人的政治智囊，刘吉教授则断然回应说："千万不要这么说！海外报刊不了解中国共产党的体制，没有什么智囊之说，我不过是作为一名知识分子，以知识报国而已。"

刘吉教授著有一部著作《匣中剑声》，引用战国时期齐国孟尝君手下谋士冯谖弹铗而歌的典故，表达了自己知识报国的理想。他形容自己那一代人时说："我们这代人的世界观、人生观已经定型了，虽然不是了无私念，有时也激愤牢骚几句，但根深蒂固的观念是国事重于家事，公事重于私事，集体重于个人。"刘吉教授谈话出口成章，演讲则热情高昂，富有激情，恰似野马脱缰，现场效果奇佳。2004年11月11日，在中欧建校10周年庆典晚会上，刘吉教授和夫人缪彤珠女士对唱一曲《康定情歌》，刘吉教授歌声嘹亮，缪彤珠女士歌喉妙丽，整个上海音乐厅为之沸腾，掌声不绝。

鉴于刘吉教授对学院做出的重大贡献，学院董事会一致通过决定，自2005年1月1日起，聘请他担任学院名誉院长。

在2003年3月9日中国和西班牙建交30周年纪念日，为表彰时任中欧执行院长刘吉教授和学术委员会主席雷诺教授为促进中西友好合作所做的贡献，西班牙王后索菲娅（Sofia de Grecia）亲临学院向他们两位颁发了西班牙国民成就勋章，刘吉教授也是第一位获得这一勋章的中国人。

2003年3月9日，刘吉教授获颁西班牙国民成就勋章

中欧宝钢经济学教席教授——吴敬琏

## 第五节 吴敬琏：心怀天下、情系中欧的“中国良知”

吴敬琏教授是中国最著名的经济学家之一，从1984年开始担任CEMI的教授，之后又担任CEMI学术委员会成员。1994年中欧国际工商学院创办后，他即担任学院学术委员会成员，同时任访问教授与核心教授，2002年起，受聘担任长期教授，同时出任宝钢经济学教席教授。20多年来，吴敬琏教授对CEMI和中欧国际工商学院的各个方面产生着积极影响。

作为中国经济的积极改革者，吴敬琏教授将中国经济最前沿的知识精髓传播给中欧学子。同时，他也积极参与了中欧学术标准的制定和师资队伍的发展。

## 一、中国经济学泰斗

吴敬琏教授1930年出生于江苏省南京市。出生翌年，吴敬琏的父亲，《新民报》创始人之一吴竹似患肺病去世，因此吴敬琏教授的家庭影响主要来自母亲邓季惺。

吴敬琏教授在纪念母亲的文章中曾经深情地写道：母亲“以企业家的创新精神、求实态度和顽强拼搏去实现自己的人生追求的性格特征，是值得作为子女的我们学习和继承的宝贵财富。如果在这方面能够效法她的榜样，报效国家于万一，就是对她的最好纪念”。

1950年，吴敬琏进入金陵大学经济系，全国高校院系调整后，1954年从复旦大学经济系毕业，被分配到中国科学院经济研究所工作。

1966年开始的“文化大革命”，使吴敬琏陷入对中国政治与经济发展的历史根源的深深思索之中，并在干校劳改队中和著名思想家、经济学家、首先提出中国市场经济理论的顾准先生结成忘年之交，开始了与顾准先生一起读书、探寻真理的思想之旅。

20世纪80年代初，波兰经济学家弗·布鲁斯（Wlodzimierz Brus，亦称W·布鲁斯）和捷克经济学家奥塔·锡克（Ota Sik，亦称O·锡克）先后来中国讲学，带来了东欧改革经济学的新鲜思想和经验教训。1983年1月，吴敬琏教授前往美国耶鲁大学经济系和社会政策研究所（ISPS）从事访问研究，在现代经济学分析框架下研究东欧国家改革的理论和政策问题。

从此，吴敬琏教授把对中国经济体制改革的研究放到了更为坚实的理论经济学基础之上。他逐渐树立了这样的理念：中国经济体制应该走市场经济的道路。

1990年，在一次高层会议关于计划与市场的激烈辩论之后，吴敬琏教授因坚持市场经济，而被坚持计划经济的人们意在贬抑地加上了“吴市场”的绰号。而在1992年邓小平南巡讲话之后，“吴市场”却成了对吴敬琏教授的美誉。1984～1992年，吴敬琏教授连续五次获得了“孙冶方经济科学奖”，并连续两年被评选为“CCTV中国经济年度人物”。

年逾古稀仍坚守在教学第一线的吴敬琏教授

## 二、25年中欧情

20世纪80年代CEMI时期，吴敬琏教授即担任学术委员会成员及教授。1989年政治风波后，CEMI的办学受到了一些影响，有些中方教授因顾虑而退缩，吴敬琏教授却依然坚持为CEMI上课。此外，吴敬琏教授也是CEMI学术委员会中唯一的中方成员。

吴敬琏教授还促成了中欧国际工商学院在浦东金桥落户。1993年吴敬琏教授来上海拜访原上海市市长汪道涵和时任副市长徐匡迪期间，抽空前往浦东访问。时任金桥开发公司总经理的朱晓明抱病接待吴敬琏教授，一边打吊针，一边谈话。谈话中，吴敬琏教授提及合作办学之事，朱晓明总经理听者有意，不日即决定拿出备用地块作中欧建校之用，使得学院选址问题迎刃而解。

当吴敬琏教授谈及中国到底是要继续改革开放还是走回头路的问题时，有学生问他：作为一个学者，你能怎么做？这时，吴敬琏教授以一种坚定的语气告诉大家："我要站在这个讲台上，继续让更多的企业家和管理者知道什么是正确的方向。能改变多少人是多少人。"正是这种强烈的历史使命感和愚公移山的执著精神，支撑着他年近八十却不弃教鞭。

在中欧国际工商学院成立后，吴敬琏教授不顾年迈，奔波于京沪两地，坚持为中欧学生上课达15年之久。EMBA课程在体力上挑战最大，连续4天、每天8个小时的讲课，对一位本该颐养天年的老人而言绝非轻松。但吴敬琏教授15年风雨无阻，坚守自己的"阵地"。

在"中国经济"课堂上，吴敬琏教授会先用比较制度的方法分析中国改革的全过程，进而使得学生建立起一个分析中国经济的框架。在为新生上的第一堂课上，吴敬琏教授总会先讲解为什么要重视经济理论。他指出，企业家也应学会使用现代经济学知识来指导企业实践。

吴敬琏教授1998年出版的专著《当代中国经济改革：战略与实施》，即来自他多年课堂使用的讲义。2002年，吴敬琏教授又将此书从内容到体例进行了修订，更名为《当代中国经济改革》后再版。随后出版了此书的英文译本、日文译本和繁体字版，成为海外学人研究中国经济问题的重要参考书。

吴敬琏教授对学生要求严格，对抄袭和作弊行为绝不留情。曾有一位级别很高的学生抄袭作业被吴敬琏教授发现，受到了严厉的处分。

吴敬琏教授认为，在推动历史发展的两个轮子——技术和制度中，制度重于技术。很多企业家热衷于寻租，从根本上讲还是因为制度存在问题。因此，建立小政府、大社会，消除企业寻租的空间，是改革的主要任务，也是防止中国滑入权贵资本主义的根本出路。

## 三、中国经济学界的良心

吴敬琏教授每次出席重要的论坛，休息时总是遭遇记者的围追堵截。有些年轻的记者往往会问一些稍显幼稚的问题，他就会微笑着劝记

2004年6月13日，吴敬琏教授获得国际管理学会颁发的杰出成就奖

者先去中欧读读书，提升自己的专业能力。

2007年，为了支持中欧国际工商学院的办学，吴敬琏教授捐资设立“吴敬琏学术基金”，并于2008年6月正式启动，用于为优秀的MBA学生提供奖学金，以及支持学术队伍的建设。

课堂之外，即便是在食堂用餐，吴敬琏教授也时常被学生包围求教或索要签名，到了夜晚，吴敬琏教授依然会在办公室工作。学院考虑到他年事已高，曾几次与他商量减少授课工作量，但他却一直没有答应，直到最近才稍许做了一些变动。

2003年12月22日，《华尔街日报》一篇讨论中国经济的文章称吴敬琏教授是“经济问题诊断大师”。而更早之前的2000～2001年在围绕股市的一系列争论中，吴敬琏教授也被称为中国经济学界的良心和勇于戳穿“皇帝新衣”的斗士。

2004年6月13日，国际管理学会在中欧国际工商学院向吴敬琏教授授予杰出成就奖，表彰他在管理科学领域的突出贡献。他也是中国乃至亚洲地区首位获此殊荣的学者。

2005年3月24日，吴敬琏教授被授予首届中国经济学杰出贡献奖。

他在答辞中说：“中国走向法治市场经济的道路还很长，中国经济学的成长和完善更无有穷期。愿经济学界同仁在今后的岁月中相互帮助，砥砺切磋，使我们的学科取得更大的进步!”

中欧创始院长——冯勇明（Joachim Frohn）

## 第六节　冯勇明：从严治学，精益求精

### 一、创始院长

中欧国际工商学院成立前后，欧方办学单位欧洲管理发展基金会（EFMD）就开始为中欧物色执行院长。1995年3月，经EFMD推荐和董事会批准，德国教育家冯勇明（Joachim Frohn）教授出任中欧国际工商学院执行院长兼教务长。

冯勇明教授是德国著名的教育家，曾经担任德国统计学会副会长，1990～1991年曾受EFMD委派，担任CEMI教务长。EFMD认为，冯勇明教授熟悉中国的情况，并对中国抱有深厚感情。

按照《财务协议》，欧方的主要工作是为学院组织国际一流的师资以维护学院的学术水准，同时，还要尽一切可能为学院募集资金。

建院之初，冯勇明教授所开展的各项卓有成效的工作，也为学院未来的快速发展打下了良好基础。

冯勇明教授也为中欧带来了先进的管理教育思想和经验。他十分重视师资队伍建设，并帮助中欧从世界各地聘请高水准的访问教授，从而从根本上保证了学院建院之初的教学质量。

学院初创时期，冯勇明教授积极拜访驻华外资企业，努力开拓市场。在冯勇明教授的努力下，包括国际电气行业巨头ABB等一批欧洲企业与中欧结下了不解之缘，过去15年中，一直把中欧作为最重要的培训伙伴。

冯勇明教授对师资队伍要求严格，从一开始就奠定了中欧国际工商学院从严管理和治学的传统。曾经有一位德国籍教授不顾学院规章制度，私下到与学院存在竞争关系的咨询公司上课，冯勇明教授得知此消息后，丝毫不顾及同为德国教授的情面，直接告诉他说："你要私自给跨国公司上课，我就不能给你中欧的教职。"

此外，冯勇明教授也对学院内部制度建设投入了大量精力，使学院运作从一开始就走上了健康发展的轨道。

## 二、宁可关掉这所学校

为了培养出世界一流的学生，冯勇明教授也给中欧学生制定了严格的标准。1996年冯勇明教授生日那天，他正在庆典上和宾客们相互致意，这时，一名EMBA课程部的员工出现在他的面前，匆匆碰了一杯红酒，并向他问候一声"生日快乐"之后，所讲的第二句话就是："EMBA学生罢考了。"

"Oh，my God！"冯勇明教授放下酒杯就冲了出去。他后来终于得知，由于中欧EMBA考试题目难度较高，评分标准非常严格，第一批EMBA学生很难适应，便一哄而起罢考了。

学院在后来的处理过程中，一方面严肃批评了罢考学生，同时也给予其参加重考的准备时间。第二年，学院不仅继续坚持严格的考试，同时还在每个教室配备两名工作人员从严监考。

EMBA罢考多年后，参与罢考的学生回忆起当年情景时说：“当时我们认为自己已经工作多年，院长怎么还能把我们当小学生一样来对待？可冯勇明教授却严厉地说：‘宁可关掉这所学校，也不能接受不考试的要求。’”

## 三、 那个骑永久自行车的德国老人

工作之外的冯勇明教授，是一位慈祥而又谦和的老人，对待员工既严格要求又非常随和。在工作过程中，他总是以商量的口吻提出问题，同时，也把自己的想法告诉员工做参考。

学院在上海交大闵行校区办学期间，为生活在闵行的外籍教授每人配备了一辆永久牌自行车，以方便他们的生活，然而，考虑到冯勇明教授执行院长的身份，学院没有给他配备自行车。

为此，冯勇明教授较真地问管事的员工，为什么不给他买自行车？不知是谁在下面嘀咕了一声：“How can you imagine Dr. Joachim Frohn sitting on a bicycle?（有谁能想象冯勇明博士还骑车？）”他听了以后，非常惊讶居然有人会这么想！惊讶之余，他仍然坚持也要一辆自行车。

许多年后，教授和校友们回忆在上海交大闵行校区的生活时，关于冯勇明教授，除了他的严格和幽默以外，那个骑着与他高大身材不协调的永久自行车在学术活动中心和图书馆这两个办学场所之间往返的德国老头，也是大家对他的印象之一。

1997年10月，冯勇明院长惜别中欧

中欧董事、创始人之一——杨亨（Jan Borgonjon）

## 第七节　杨亨：20年不离不弃

杨亨（Jan Borgonjon）先生毕业于比利时著名的鲁汶大学汉语系，曾任中欧国际工商学院的前身CEMI的主任，是学院的创始人之一。杨亨先生现任英特华投资咨询公司的创始总裁，并担任着欧盟驻华商会副会长。

杨亨先生已在中国生活多年，他不仅说得一口流利的普通话，还会以中国人的思维方式说话和行事。事实上，除了汉语，杨亨先生还会英、法、德、西、日语及母语荷兰语等6种语言。

## 一、中欧管理教育合作的拓荒者

杨亨先生于20世纪80年代初来到中国，1988年担任CEMI行政主管，并于1990年起担任CEMI主任。在CEMI后期面临种种动荡的过程中，杨亨先生与中国政府、欧盟以及中国企业家联合会等方方面面保持了有效的沟通。

杨亨先生在回忆1989年最为艰难的岁月时曾经说过，“我们知道，中方有人希望我们走，但出于政治考虑，他们又不会明说。我们就‘厚着脸皮’赖着不走。不知道是不是巧合，各种‘趣事’出现了。先是那年冬天没有暖气，而且楼里有的窗户关不上，供电老是有问题。显然，一些人是要我们走，可我们偏偏就不走。”

虽然20世纪80年代国家经委开办的一些其他合作办学项目（如中美大连培训中心）最终被关闭了，杨亨先生的努力和坚持却使CEMI得以薪火相传。

1992年，在CEMI的合作办学合同行将期满时，杨亨先生根据欧盟意见开始考虑如何将该中心从一个合作办学项目扩展为一个符合国际管理教育惯例的独立商学院。

基于对合作办学经验的总结，杨亨先生构思了今天中欧国际工商学院的运营雏形。即他的“一个愿景”和“两个条件”的办学方针，“一个愿景”是指建立一所一流的国际化商学院，“两个条件”则是独立法人地位和合作高校的支持。

杨亨先生曾把自己的想法总结成一份《合作办学建议书》[1]与北京的一些大学做了交流，然而却遭到了冷遇。失望之余，在吴敬琏教授的提醒下，他和欧共体驻华大使杜侠都（Pierre Duchateau）南下上海，经过汪道涵先生牵线，与李家镐与张国华教授一拍即合，达成了最基本的合作办学框架。

从1992年年底～1994年年底，杨亨先生奔走于欧盟、北京、上海之间，努力消除各方的分歧，寻求最佳解决方案，经过长达两年的艰苦谈判，终于促成CEMI南迁和中欧国际工商学院成立。

1 具体内容见第一章第二节“潮生海上：中国第一所国际商学院创建”。

1994年11月8日，代理执行院长杨亨（右）与董事兼学术委员会主席雷诺（中）、前CEMI代理教务长温伟德（Wilfried Vanhonacker）在浦东校园奠基典礼上

## 二、学院创始人

在得到中国及欧盟高层的官方支持后，在各位创始人的协同努力下，中欧国际工商学院终于在1994年11月8日在上海宣告成立，杨亨先生随即担任了代理执行院长。建院初期，他在中、欧双方沟通协调，以及把CEMI运营经验传授给学院等方面起到了重要的作用。

由杨亨先生与中方合作起草的《财务协议》明确规定了“由欧方选派有教学经验和学术水准的资深人士”担任执行院长。据此，EFMD在1995年初选派德国籍管理教育家冯勇明教授担任执行院长，杨亨先生便在此后离开了学院的管理岗位。

从1995年开始，杨亨先生担任欧方办学单位EFMD驻华首席代表，使中欧国际工商学院和欧方保持了良好的沟通，他还为推进学院筹资工作尽心尽力。同时，作为观察员，他列席了1999年之前的历次董事会会议，并从2000年起担任董事至今。

建院初期，杨亨先生把募捐的目标集中在香港，几乎每个月都赴香港拜访潜在的捐款人，在他和雷诺教授的共同努力下，英美烟草公司赞助了学院的第一个捐赠教席。杨亨先生负责了外资企业中的市场推广工作，以其语言优势为学院在外资企业的市场开拓打下了坚实基础。

基于杨亨先生的远见，《财务协议》对中欧国际工商学院所做的基础性设计不但成就了“中欧奇迹”，其国际化、市场化的道路，也深刻影响了中国的管理教育。

## 三、15年来一直为中欧服务

离开中欧国际工商学院之后，杨亨先生创办了自己的企业英特华投资咨询公司，但他对学院的关心却丝毫没有改变。

1998年，通过雷诺教授的努力，西班牙政府决定向学院捐款300万美元。由于该项捐款涉及西班牙捐赠法律与中国相关法律的冲突，杨亨先生利用自身的公关优势，做了很多沟通工作，为最终落实该项捐款打下了良好基础。这也是中欧历史上接受的最大一笔捐款。

从CEMI到中欧，在将近20年的岁月里，杨亨先生亲历了中欧的诞生、成长，至今仍在为学院赢得更多的支持而努力。

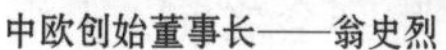

中欧创始董事长——翁史烈

中欧第二任董事长——谢绳武

## 第八节 翁史烈、谢绳武：胸襟博大的董事长

翁史烈教授和谢绳武教授曾经先后担任上海交大校长。根据《财务协议》，中欧国际工商学院的董事长由中方办学单位上海交大校长担任。因此，翁史烈教授和谢绳武教授先后担任了学院董事长。[1]

在学院创建阶段，翁史烈教授担任上海交大校长。谢绳武教授担任分管国际合作交流与研究生教育的副校长，从1992年开始，两位教授一直关心指导学院的发展，在不干预中欧独立办学的同时，为处理好学院与中国教育制度的衔接尽其所能，为拓展学院的制度空间做出了重要贡献。

为了表彰翁史烈教授在担任学院董事长期间做出的贡献，2001年，学院授予他“中欧国际工商学院杰出贡献人士”称号。在翁史烈教授和谢绳武教授卸任学院董事长后，他们都被授予名誉董事长称号。

1 2008年6月，谢绳武教授卸任中欧国际工商学院董事长，并由上海交通大学校长张杰教授接任。

## 一、翁史烈：改革开放的胸襟

作为中欧国际工商学院第一任董事长，翁史烈教授对于学院体制外办学给予了极大的支持。

翁史烈教授回顾当年支持创办中欧的原因时说：“办这样一个专门培养MBA和EMBA的学校，可以从各个渠道引进欧洲的以及美洲的办学思路和办学资源，我认为非常之好，非常需要，而且非常及时，所以我以很积极的态度参与了学院创办。”

杨亨先生在1992年接触到上海交大后能迅速达成共识，除了李家镐教授和张国华教授的远见，也是与翁史烈教授的支持分不开的。

作为当时全国高校改革的桥头堡，早在杨亨先生拜会之前，上海交大已开展了一些中外合作项目，而当获知杨亨先生的设想后，翁史烈教授仍然表现出意料之外的兴趣，并积极推动着双方谈判的开展。

随着谈判的进展，作为中国合作方的上海交大意识到，杨亨先生的最终目的是想建立一所独立的商学院，这在当时国内教育体制中是没有先例的。

翁史烈教授赞同将未来的合作项目办成独立商学院的思路，因为他认为，办一所世界一流的商学院，是一个值得骄傲而富有远见的项目。对于这样一个项目，应该以改革的思路和开放的心态进行积极的探索和尝试。同时上海交大也承诺在中欧校园建成之前的过渡时期，为学院提供闵行校区硬件最好的学术活动中心和图书馆作为办公和教学场地。[1]

在讨论校园选址方案之初，翁史烈教授曾表示愿意在上海交大闵行校园内提供60亩土地，但李家镐教授和张国华教授，以及外方和上海市徐匡迪副市长，都表示希望建立一个独立的校园，认为那样做有助于建设一个“教育特区”。对此翁史烈教授表示了支持。

为了帮助学院实现办学目标，翁史烈教授积极与教育部沟通，解决了许多问题。譬如在北京办学的计划，就是通过翁史烈教授斡旋获得教育部批准后才得以顺利实施的。

1998年6月11日，翁史烈董事长（左）接受联合利华奖学金捐赠

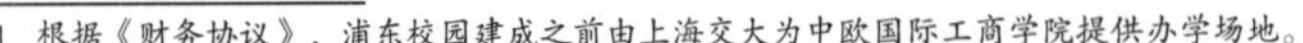

1 根据《财务协议》，浦东校园建成之前由上海交大为中欧国际工商学院提供办学场地。

在担任学院董事长期间，翁史烈教授始终本着求同存异的态度协调董事会中的双方关系。当回忆起当年召开董事会会议的情景时，他说道："五年间董事会一直很和谐，没有什么事情让双方不开心的。"

## 二、谢绳武：宽容理解和支持

谢绳武教授担任中欧国际工商学院董事长长达9年，不仅学院董事，还有学院许多工作人员都很熟悉他，他那温良敦厚的形象给大家留下了深刻印象。

学院在创办后的十多年中，事业蒸蒸日上，与翁史烈教授和谢绳武教授先后主持董事会工作是分不开的。

1997年谢绳武教授担任上海交大校长。2000年初，他从翁史烈教授肩上接过中欧董事长的重担。继翁史烈教授开明之风，谢绳武教授继续大力支持学院向前迈进。谢绳武校长曾对他所应履行的董事长职责定义为："为中欧国际工商学院营造宽松的办学氛围，支持中欧在体制、机制上创新。"

谢绳武教授主持了8届学院董事会会议，他开会从不搞一言堂，而是虚心听取各位董事的见解，尊重外方的意见和经验。他领导董事会做出了学院历史上的一些重大决定，如校园扩展、学院发展战略的审定等。他还为国务院学位委员会办公室批准、认可中欧MBA学位做出了积极努力。

谢绳武教授还总结了中欧"独立自主办学"的经验，给上海交大一些二级学院很大的办学自主权，并取得了很好的成效。

2006年6月5日，谢绳武董事长在朱晓明院长任命仪式上宣读任命书

## 三、两位中国一流的科学家

尽管翁史烈和谢绳武教授是以教育管理者的身份担任中欧国际工商学院董事长的，但两位教授本人都是中国一流的科学家。

翁史烈教授1932年生于浙江宁波，中国工程院院士；1952年毕业于上海交大，1962年获得前苏联列宁格勒造船学院科学技术副博士学位。20世纪80年代初起，翁史烈教授先后在上海交大创建多个国家重点实验室，开展相关领域研究。1984～1997年，翁史烈教授担任上海交大校长。

作为中国著名的热力涡轮机专家，翁史烈教授曾经主持了中国航空涡轮风扇发动机的多用途改型研制，并开发出中国新一代热力发动机。翁史烈教授还成功研制了我国第一台陶瓷绝热涡轮复合柴油机原理样机，完成了我国第一批增压器陶瓷涡轮转子的设计和试验台建设。

20世纪80年初起，在翁史烈教授的主持和组织下，上海交大先后创建了振动、冲击、噪声国家重点实验室、教育部动力机械重点实验室，翁史烈教授所组织、主持的项目也多次荣获国家和省部级科技进步奖。1995年，凭借卓越的研究成就，翁史烈教授当选为中国工程院院士。

谢绳武教授1943年生于浙江上虞；1960～1966年就读于上海交大工程物理系核反应堆专业，1966～1997年先后在上海交大物理教研室、激光研究室、应用物理系、研究生院、副校长岗位任职，1997年7月–2006年11月任上海交大校长。

谢绳武教授长期从事激光应用和晶体中非线性光学的研究，并主持了许多科研课题。其中，“水下激光电视”获1978年全国科学大会重大科技成果奖，“飞点扫描式水下激光电视”获1986年国家教委优秀科技成果奖。

1999年，谢绳武教授被国家人事部评为“有突出贡献的中青年专家”。1999～2005年间先后获得香港城市大学、美国三一学院、日本早稻田大学、韩国国立釜庆大学、日本湘南工科大学、英国谢菲尔德大学、爱尔兰科克国立大学等七校名誉博士学位。

谢绳武教授还担任国务院学位委员会委员、上海市科协副主席、上海市政协常委，以及上海市学位委员会副主任等职务。

# 第六章 继往开来

中欧国际工商学院只有短短15年历史，而全球管理教育却已经发展了100多年。

在欧洲，1898年德国商业教育协会成立了一个专门委员会来研究商业教育问题，并决定成立一个学院，深入、科学地研究所有与工商事务有关的问题。根据这一模式，成立了5所商学院：莱比锡、科隆、法兰克福和曼海姆商学院。

在美国，企业家詹姆士·戈登·贝内特（James Gordon Bennett）于1824年创办了美国第一家私立商学院。贝内特的学校成为许多私立教育机构的榜样，其中一些还发展成为全国性连锁学校。当年一些著名的工商界人士就是在这些学校汲取经营管理知识的，其中包括IBM创始人托马斯·沃森（Thomas Watson）和美国亨氏食品集团的创始人亨氏（H. J. Heinz）。

但是，我们今天所理解的管理教育的创始人荣誉应该归功于约瑟夫·沃顿（Joseph Wharton），1881年，他向宾夕法尼亚大学捐款10万美元建立了沃顿商学院。

哈佛大学在1900年开始考虑开设工商管理研究生课程，并在1908年宣布成立哈佛商学院，很快得到了美国工商界的支持。

管理教育百年风起云涌，对人类进步贡献甚巨，但商学院也在不断推陈出新，那些曾经声名显赫的学校，有的已经烟消云散，有的不过苟延残喘，但也有如哈佛商学院和沃顿商学院者，百年来引领风骚，至今仍是管理教育的旗帜。

下一个15年中欧将迎来什么样的前景？它能否像哈佛、沃顿那样屹立百年，甚至引领全球商学院的潮流？未来中欧将面临哪些重要的挑战？立足中国培养具有国际竞争力的管理人才的中欧，未来如何与时俱进？

# 第一节 中欧经验

## 一、中欧对中国管理教育的贡献

中欧国际工商学院15年的探索，对于中国的管理教育做出了重要贡献。

首先，过去15年中，中欧创建了国际管理教育领域一个真正的中国品牌，成为亚洲第一个MBA课程进入全球前10名的商学院，大大缩短了中国管理教育与国际水平的差距，并带动了国内管理教育水平的整体提升。

其次，中欧在中国管理界走出了一条国际化办学的道路。中欧国际工商学院引进国际教育资源、高起点高质量的办学模式，为中国商学院的成长探索了一条独特的道路，实现了“不出国也能留学”的目标。

2002年，国务院学位办对开设EMBA课程院校的师资结构明确规定：具有博士学位的教师须达到授课教师总数的50%以上，具有企业实践经验的教师须达到授课教师总数的80%以上，国外或境外有较好教学声誉的教师须达到授课教师总数三分之一以上。这正是中欧EMBA课程一贯以来的做法，因此也可以说上述规定是对中欧经验的肯定。

再次，中欧确立了按照国际公认的规范和标准办学的模式，积极参加国际权威认证和排名，使得教学研究水平和学院声誉迅速提升。目前，国内上海交大、清华大学、复旦大学等不少优秀商学院和管理教育项目，都和中欧一样启动了相应的认证和排名计划，借助国际接轨实现自我提升。

第四，中欧开辟了一条市场化办学的道路。通过自主招生、不断更新课程内容，以及推行市场化的运作流程，中欧得到了市场的认可，并证明以市场为导向的办学模式能更好地培养适合中国市场经济需求的经营管理人才，具有强大的生命力。

中国科学院院士、德国科学院院士、第三世界科学院院士、上海交通大学校长、中欧国际工商学院董事长张杰教授

最后，中欧进行了一系列体制上的创新：董事会领导下的管理委员会制度、学术委员会制度、双院长制，以及教授对学院管理的有效参与，为中国教育改革积累了宝贵经验。

## 二、中欧国际工商学院的四大经验

2009年4月15日，中国科学院院士、上海交通大学校长、中欧国际工商学院董事长张杰教授在《科学时报》发表了《发挥后发优势是中欧国际工商学院快速发展的关键》一文，对中欧的办学经验进行了总结。

张杰教授在文中指出：

“中欧国际工商学院之所以能够在国内外商学院激烈的竞争中脱颖而出，用15年的时间跻身世界一流商学院的行列，其成功经验在于学院通过细致分析自身的优势劣势，牢牢把握改革开放以来中国经济社会发展的历史机遇，实施体制创新、市场导向和国际化办学等策略将劣势转化为后发优势，从而实现跨越式发展 。”[1]

1 《科学时报》，2009年4月15日，《发挥后发优势是中欧国际工商学院快速发展的关键》。

**发挥后发优势是中欧国际工商学院快速发展的关键**

上海交通大学校长、中欧国际工商学院董事长　张杰

今年2月3日的《科学时报》上刊登了笔者撰写的《中国研究型大学的后发优势》一文，文章探讨了如何利用我国拥有的政治、经济、科技、社会和文化等方面的后发优势，加快建设世界一流大学；今天，笔者想向大家介绍一个利用后发优势快速发展的成功案例——中欧国际工商学院（CEIBS）。

科学时报

武汉城市圈“两型社会”建设获科技支撑

出生后小鼠卵巢中存在生殖干细胞

2009年4月15日，《科学时报》第一版刊登了中国科学院院士、上海交大校长、中欧董事长张杰教授撰写的《发挥后发优势是中欧国际工商学院快速发展的关键》一文

## 经验一：抓住改革开放的历史机遇

中国经济的快速发展和增长模式转变，为中欧的跨越式发展创造了良好的社会环境。诞生于1994年的中欧，适逢邓小平南巡讲话带来中国经济新一轮快速增长。2001年底中国正式加入世界贸易组织，中国经济迅速与世界经济相融合。在这一过程中，中国企业的规模不断扩大，企业成长的阵痛带来了不少管理上的挑战，对管理者的领导力提出了更高的要求，中国企业管理者迫切需要汲取全球领先企业的管理经验。同时越来越多的中国企业渴望跻身跨国公司俱乐部，积极参与全球市场的竞争，如联想集团和TCL集团的海外收购就是典型案例，中国企业对国际化经理人的需求与日俱增；另一方面，越来越多的跨国公司加入到中国市场的竞争，也需要大批本土化的、具有国际视野的高层次管理人才。

面对这一商学院发展的历史机遇，中欧国际工商学院提出了自己的办学使命：培养立足本土、面向世界，并具备国际合作与竞争能力的高级经营管理人才。学院同时也确立了办一所亚洲第一、世界知名的一流商学院，跻身全球商学院十强的宏伟目标。事实上，中欧国际工商学院15年短暂的历史，就是一部学院管理层和教职员工围绕使命和目标，抓住时代机遇，为我国经济腾飞和社会进步培养人才，并加速实现自身发展目标的奋斗史。

### 经验二：自主办学的制度保障

中欧国际工商学院是中国高等教育改革开放的先行者，是中外合作开展实质性办学的排头兵，在国内而言并没有现成的经验可以借鉴和参考。中欧国际工商学院从成立之初，就充分利用“教育特区”和“特事特办”的政策支持，不断突破当时国内传统教育体制的局限，积极探索办学体制机制的创新，为学院的跨越式发展提供了强有力的制度保障。

作为中国和欧盟的重要合作项目，中欧国际工商学院享有最充分的办学自主权，从成立之日起就实行董事会领导下的管理委员会负责制。在这种管理体制下，中欧国际工商学院在财务、人事招聘、课程设置和招生等方面，具有较大的办学自主权。可以说，这是中欧国际工商学院办学成功的前提。学院在充分发挥办学者想象力的同时，坚持面向市场、融合实践、国际接轨的运作，保持了自己的特色，实现了差异化竞争。

### 经验三：市场导向的办学理念

中欧国际工商学院在办学过程中，始终重视社会需求，面向市场办学。中欧国际工商学院日常办学经费除一部分来自企业赞助外，90%以上依赖学费收入。这也使学院在办学过程中体现出高度以市场需求为导向的办学理念，全心全意为学生和企业客户提供满意的教学和服务。学院的核心教授大都具有丰富的企业咨询经历，课程主任与教授要定期走访公司，对客户需求进行持续评估。此外，学院还鼓励企业界通过每年召开的公司顾问委员会会议，积极参与学院的课程设计，根据学生的不同学习目的，设置不同课程项目，建立灵活多样的课程体系，尽量满足各类学生的要求，如EMBA课程分设国际班、中文班等。因此，学院推出的各项课程能始终结合市场和特定企业的需求，不断推陈出新，为客户带来全球最新的经营理念以及中国最佳管理实践。

中欧国际工商学院也始终坚持“质量第一”的原则。即便在办学初期生源不足的情况下，学院依然坚持宁缺毋滥的原则，严把入学关，并把对学生能力和潜质的考察放在第一位；而在MBA热潮时期，学院依然坚持“稳定规模，提高质量，打造品牌”的战略。

**经验四：国际化办学道路**

中欧国际工商学院创办者从办学之初就意识到全球化是不可阻挡的历史趋势，确立了走国际化道路、按国际一流标准办学的方针，利用没有历史负担的后发优势走高起点的发展道路。中欧国际工商学院积极开展与国际顶尖商学院的实质性合作，联手哈佛商学院、西班牙IESE商学院推出了“全球CEO”课程，至今已举办4届。学院还先后与沃顿商学院、哥伦比亚大学商学院、密歇根大学商学院、伦敦商学院、法国INSEAD和西班牙IESE等32所著名商学院交换学生、合作研究或开设合作课程。半数以上的学生有机会赴海外交换学习。广泛的国际合作与良好的国际声誉使得许多海外学员慕名前来求学，目前MBA课程海外学生们来自美、英、法、德、西班牙等20多个国家，占到全体学生的40%，学院的浦东校园已经成为一座名副其实的国际化校园。

15年来，学院充分利用自身的体制优势，不仅建立了国际一流的师资队伍，同时也加强了与世界一流商学院的实质性合作，此外，学院主动参与国际权威认证和英国《金融时报》全球商学院排名，这也为提升学院国际知名度提供了最为直接的途径。

## 三、未来必须坚持的方向

当我们回顾过去、展望中欧国际工商学院的未来时，可以肯定上述经验是中欧在未来开展办学活动时必须坚持和发扬光大的。

中欧15年来的经验告诉我们，《财务协议》所确定的“充分的法人资格”，以及“学术、财务、行政、人事政策、外事和其他必要领域内做出决策时具有必要的自主权”是中欧之所以成功的制度保障。

中国政府和欧盟合作办学的20年合同期将于2014年结束，在未来合作办学期间继续保持中欧已被实践证明为成功的办学机制，是学院更好发展的关键所在。

## 第二节 未来挑战

面对这些成绩，中欧国际工商学院管理层十分清醒。他们知道，中欧在未来几年将会面临更多的挑战："与前几年相比，未来的形势将更加严峻。我们在庆祝成功的同时，还应当考虑如何开拓创新、努力工作、开展团队合作 。"[1]

### 一、与国际顶尖商学院的差距

应该承认，虽然发展迅速，但中欧与国际顶尖商学院相比还存在不小的差距。

首先，在财务上，中欧国际工商学院的年收入不足哈佛商学院的六分之一。这使得学院在聘请优秀教师和开展学术研究上，都难免捉襟见肘。由于财力有限，学院给予优秀学生的奖学金也难以望国际顶尖商学院之项背，在争夺一流生源方面也存在不小的难度。

目前，学费收入占中欧总收入比例达到93%，在所有国际商学院中几乎是最高的。哈佛商学院的学费占收入比例只有41%，伦敦商学院也不过70%。对学费的过度依赖，也意味着财务上对市场波动的高度敏感性，抗风险能力较弱。如何扩展财务来源，增加捐赠和其他收入，为师资建设、学术研究和奖学金发放提供更强大的财务保障，是中欧未来一段时间的核心任务之一。

其次，中欧国际工商学院的学位课程的招生规模已经接近甚至超过国际顶级商学院，但教授人数不到哈佛商学院的四分之一。这导致学院一方面需要大量访问教授参与授课；另一方面，长期教授将大量时间

1 转引自朱晓明院长2009年1月10日在学院战略研讨会上的报告。

用于教学活动，导致学术研究投入不足。

最后，学院从事教学辅助工作的员工人数也远低于其他院校。因此建立强大的教学支持系统，也是未来学院发展的重点。特别是，由于尚未开设博士课程，教授在开展学术研究方面遭遇了资源瓶颈。

表6-1 中欧国际工商学院与国际顶尖商学院的差距[2]

| | 中欧 | 哈佛 | 沃顿 | 欧洲工商管理学院 | 伦敦商学院 |
|---|---|---|---|---|---|
| 学费收入占总收入的比例 | 93% | 41% | NA | NA | 70% |
| 学生人数（学位课程） | 830 | 900 | 1 600 | 880 | 700 |
| 长期教授人数 | 52 | 206 | 211 | 138 | 93 |
| 访问教授人数 | 59 | NA | 67 | 84 | NA |
| 员工人数 | 276 | 1 109 | >1 000 | 512 | NA |

## 二、标杆学习，更进一步

作为一所年轻的商学院，中欧国际工商学院深知自己的短板，并力求通过标杆学习寻找差距，广泛借鉴国内外其他商学院的最佳实践。

商学院需要建立自己的灵魂与核心竞争力。1921年，哈佛商学院第二任院长华莱士·唐汉姆（Wallace Donham）召集教授投票决定从“问题教学法”转向“案例教学法”，从此义无反顾地踏上了案例教学的征途，成就了如今案例教学的王者地位。瑞士IMD商学院把资源聚焦于高层经理培训课程，而MBA和EMBA课程分别只有一个班的规模，在教授招聘、教授激励方面则全部围绕高层经理培训课程这一核心业务，最终打造了全球领先的高层经理培训课程。此外，商学院在某个领域的突出建树往往能够成为品牌宣传和吸引教授的有力武器。例如，沃顿商学院、纽约大学斯特恩商学院在金融领域，哈佛商学院、达顿商学院、毅伟商学院在案例教学领域，西北大学凯洛格商学院在市场营销领域，百布森商学院和斯坦福商学院在创业学领域都建立了强大的品牌优势。

中欧要改变办学经费过度依赖学费的现状，也必须向海外商学院

2 转引自张维炯副院长2009年1月10日在学院战略研讨会上的报告，所列数据截至2008年12月31日。

认真学习筹资经验。美国顶尖商学院都有强大的校友会，定期拜访分布在全球的校友，交流信息、深化感情。这些日常的积累和细致的工作，为大型的筹资活动奠定了基础。2003年，哈佛商学院发起了目标为5亿美元的筹资活动，到2006年2月已筹集到6亿美元，取得了圆满成功。

如何培养大师级的教授，更是长期艰巨的挑战。领导力大师华伦·本尼斯（Warren Bennis）在《哈佛商业评论》上曾撰文抨击“迷失了方向的商学院”，指责很多教授沉迷于撰写那些没有几个人读得懂的晦涩论文，而忘记了商学院的真正使命。同样，管理学宗师彼得·德鲁克（Peter Drucker）终其一生也以观察和参与企业的管理实践为理念。

芝加哥大学素以深厚的经济学理论闻名，在总共61名诺贝尔经济学奖获得者中，有24名与芝加哥大学有关。但是芝加哥大学校友大卫·布斯（David Booth）以自己数十年的实践证明，理论可以创造财富，而不仅仅是象牙塔里的智力游戏。

布斯于1981年和校友一起创办的Dimensional Fund Advisors公司目前在全球管理的资产超过1 400亿美元。该公司利用市场的有效性而非错误作为自己的投资哲学，正是受了芝加哥商学院著名教授尤金·法玛（Eugene Fama）提出的有效市场理论的启迪。布斯在芝加哥大学读博士期间曾担任法玛教授的研究助理。芝加哥大学校长罗伯特·锦穆尔（Robert Zimmer）称赞布斯对母校的回报是“证明思想之巨大威力的鲜明案例”。2008年，布斯向芝加哥大学商学院捐赠3亿美元，刷新了全球商学院单笔捐赠的历史纪录，远远超出原来的纪录保持者：耐克创始人向斯坦福商学院捐赠的1.05亿美元。芝加哥大学又宣布计划募集2亿美元用于建立弗里德曼研究所（Milton Friedman Institute），既可充分利用弗里德曼在美国金融史上的影响力，又可借此宣传芝加哥大学对商业社会的巨大价值。

清华大学经济管理学院依托学院雄厚的品牌和网络资源，组建了实力庞大的顾问委员会，现任主席为沃尔玛百货公司总裁兼首席执行官李斯阁（H. Lee Scott），成员包括英特尔公司主席克瑞格·贝瑞特（Craig R. Barrett）、日产汽车有限公司总裁兼首席执行官卡洛斯·戈恩（Carlos Ghosn）、哈佛商学院院长杰·莱特（Jay O. Light）、凯雷集团共同创始人兼董事总经理大卫·鲁宾斯坦（David M. Rubenstein）等全球最知名公司负责人。如此高规格的顾问委员会大大提升了清华经管学院的全球影响力，也为其发展提供了高水准的智力、经验和资源支持。

## 三、影响学院未来发展的重大战略问题

中欧国际工商学院的管理者们正在认真考虑对学院未来几年的发展具有重大影响的问题。

### 问题一：世界金融危机的影响

过去10年间，中国经济一直呈现两位数的增长，中国的工商管理教育迅猛发展，中欧国际工商学院把握住了这个大好时机。然而，始于2007年的美国次贷危机愈演愈烈，已经演变成一场全球性的经济危机。

在这样的情况下，培训成本成为很多公司最先削减的一项开支，欧美一些企业已经采取了这样的措施。那么，这会对中国企业产生何种影响？学院必须直面这种状况，做好应对低谷（尤其是EDP）的思想准备。

### 问题二：增长机会与资源限制

面对本土企业和个人对管理教育的巨大需求，学院先后在上海、北京和深圳开设了EMBA和高层经理培训课程。1999年，由贝聿铭先生所在的P.C.F.建筑设计事务所（Pei Cobb Freed & Partners Architects LLP）设计的上海校园落成；为提升在北京市场的竞争力和影响力，学院又斥资兴建了北京校园，并将于2010年初投入使用。

由于市场潜力巨大，学院可能会进入国内更多地区乃至国际市场，而且不时会发现新的合作机会。可是，学院如何在有限的资源和诸多的市场机会之间取得平衡？在实施多校区运营的同时，如何改进内部管理以提供有效支撑？

## 问题三：教学和研究之间的平衡

学院已经建立了一支由58名长期教授为核心的教师队伍。由于市场对培训课程的需求很大，几乎每位教授都在超负荷地开展教学工作。学院应该继续遵循这种偏重教学的模式吗？另外，与其他国家相比，中国的经济发展模式非常独特。学院的教授应该注重国际主流的学术理论研究，还是聚焦与中国国情有关的研究？

即将建成的北京校园外景效果图

**问题四：从课程主导结构转变为矩阵管理结构**

成立之初，学院的教授寥寥无几，因此，无论是学院的决策还是课程的开展都非常倚重于课程主任。课程主任独立设计课程、聘请教授、开展宣传和招生工作。虽然这种管理体系运行得相当顺畅，而且十分有效，但它本身存在一些潜在不足。随着越来越多的长期教授加盟，学院如何调整管理结构，让更多的教授参与决策？

上述问题，很大程度上都是快速发展所带来的阵痛。如何有效应对这些挑战，需要学院做出战略性选择。无疑，一旦突破上述资源和管理瓶颈，中欧将迎来更为广阔的发展空间。

# 第三节　中欧愿景

建校之初，中欧国际工商学院就确立了如下使命：为中国培养立足本土、面向世界、适应全球经济一体化趋势，具有参与国际合作与国际竞争能力的高级经营管理人才，为中国经济发展服务，并促进中国经济融入世界经济。作为“立足中国，面向世界”的商学院，中欧未来将继续为实现“管理改变世界”这一历史使命而奋斗。

朱晓明院长把中欧办学目标概括为“摇篮、智库、平台、品牌”八个字，即把学院建成培育经济全球化领军人才的摇篮、政府重大经济管理决策的智库、中国与欧洲乃至世界沟通的平台以及中国管理教育的世界级品牌。这一概括既很好地诠释了中欧的战略定位，也指明了未来发展的主要方向。

## 一、摇篮：培育经济全球化的领军人才

2007年11月28日，温家宝总理在第四届中欧工商峰会上指出：“中欧国际工商学院已成为众多优秀管理人士的摇篮。”这一对中欧国际工商学院办学成绩的高度褒扬已经成为鞭策学院前进的不竭动力。中欧一贯注重培养国际化的顶尖人才，使其具有全面的国际化视野，能够在中国企业国际化的大潮中引领潮流。目前，中国企业参与全球商业角逐仍任重而道远，唯有从管理切入，提升管理能力，打造核心竞争力，才有可能真正培育出世界级企业。中国要诞生世界级企业，离不开世界级商学院的支撑，这将成为中欧新时期的新使命。

## 二、智库：中国经济管理问题权威阐释者

从全球商学院发展历史看，顶尖的商学院不仅仅以教学为使命，而且注重以知识优势影响公众认知和政府决策，从而影响整个社会的变革进程。

一直以来，中欧国际工商学院通过对中国经济的深度研究，力争在国际、国内赢得更多话语权。面对到2020年把上海建设成为与中国整体经济实力和人民币国际地位相适应的国际金融中心这一宏伟目标，中欧国际工商学院于2007年成立了中欧陆家嘴国际金融研究院，并邀请金融界权威人士全国人大常委、财经委副主任委员，中国人民银行原副行长吴晓灵女士出任研究院院长。同时，作为商务部与上海市共建的国家服务外包“千百十工程”的重要组成部分，中欧成立了中国服务外包研究中心，并以中英文双语发布了权威的年度《中国服务外包白皮书》。

## 三、平台：联系欧洲和世界的桥梁

中欧国际工商学院既是中国和欧盟友好合作的典范，也是沟通中国和欧盟乃至世界各国友好关系的桥梁。过去15年来，中欧国际工商学院一直是欧洲及世界各国政要、著名企业家和学者访问中国的重要一站，未来也会有更多欧洲与世界各国的领袖、企业家和学者来访并与师生交流，从而使学院成为一个国际化的高端学术交流平台。2007年10月，学院中标中国－欧盟商务管理培训（BMT）项目，更是被赋予了推动中国和欧盟文化教育交流的重要使命。

中欧国际工商学院一直在不断拓展国际网络。2008年，学院在欧洲设立了国际联络办公室，成为学院对欧交流的中枢和平台。该办公室多次与西班牙对外贸易发展局联合举办中欧高层管理论坛，并在此基础上开展企业关系活动，为西班牙桑坦德银行、安达卢西亚自治区政府贸促会、巴斯克自治区政府等提供了特设课程。

中欧中国服务外包研究中心发布的
《中国服务外包发展报告2008》

## 四、品牌：世界级的管理教育品牌

过去15年来，中欧精心呵护、培育了一个出自中国本土的国际化管理教育品牌。中欧的品牌价值来自于其高度关注客户需求的价值观，来自于其融合国际理念与中国功夫的独特能力，来自于其认真、创新、追求卓越的锲而不舍的精神，来自于其作为中国管理教育领军者的创新风范，也来自于其作为世界管理教育的中国奇葩这一独特角色。使中欧国际工商学院成长为一个比肩哈佛、沃顿，引领发展方向的世界级管理教育品牌将成为激励一代代中欧人不懈努力的远大目标。

依托中国政府和欧盟的强大支持，在上海市委和市政府的关怀下，在中国和欧洲企业界、学术界、新闻界等社会各界的关爱、支持、帮助和监督下，在双方办学单位上海交通大学和欧洲管理发展基金会的指导下，在中欧师生员工和校友的不懈努力下，中欧国际工商学院将继续高歌猛进，中欧人的目标一定要实现，中欧人的目标一定能够实现！

# 附录一 编年纪事

| 时间 | 事件 |
|---|---|
| 1983年年初 | 国家经委和欧共体就合作举办工商管理硕士项目达成一致，双方委托的执行单位——国家经委经济干部培训中心与欧洲管理发展基金会开展筹备工作。 |
| 1984年9月1日 | 国家经委与欧共体决定在北京联合举办中国-欧共体管理项目（CEMP），1989年改名为中欧管理中心[1]（CEMI）。CEMI开设MBA（工商管理硕士研究生）班，学制3年，由欧共体负责聘请专家、教授来华授课，全部课程均用英语讲授。第一期MBA班共招收34名学生。 |
| 1985年3月3日 | 在北京西苑饭店举行CEMI第一届MBA开学典礼。出席开学典礼的中方领导有：邓力群、吕东、袁宝华、李瑞山、张彦宁、马仪、朱镕基等。欧方代表有欧洲管理发展基金会主席西尔伯根[2]，欧洲教育理事会主席汤姆·拉普顿（Tom Lupton）和丹麦、希腊、卢森堡大使，意大利、美国、法国、联邦德国、荷兰、爱尔兰、比利时等国驻华参赞，以及欧共体成员国有关企业的代表。 |
| 1987年1月 | CEMI34名MBA学生分8批，赴西班牙、比利时、联邦德国、荷兰、法国、英国和意大利等国家实习。 |
| 1987年3月28日 | 举行第二届MBA班开学典礼。出席开学典礼的有邓力群、袁宝华、张彦宁、马仪、沙叶、何勇等领导，欧方代表有：欧共体对外贸易委员德克莱尔（Willy de Clercq）、欧洲管理发展基金会主席安东尼·比卡特、欧共体对外关系委员会办公室主任亚历山大·肖伯（Alexander Schaub）以及欧共体驻华大使、参赞等。本届研究生班共招收学生66人。 |
| 1987年<br>6月21日～7月1日 | CEMI第一届学生在布鲁塞尔集中完成论文答辩，并于7月1日在布鲁塞尔举行毕业典礼。 |
| 1989年11月4日 | CEMI主办方中国企业联合会领导汪浩、颜桐卿与欧洲管理发展基金会总干事比尔布克（Jan Bilderbeek）、CEMI欧方教务主任约翰·查尔德（John Child）进行会谈，讨论了中方教师队伍建设问题，探讨了建立中欧管理学院的可行性。 |
| 1989年11月7日 | 国家经委领导张彦宁会见欧洲管理发展基金会总干事比尔布克和欧共体教学理事会主席依欧努，就中欧合作项目的发展和第四届MBA招生工作交换了意见。 |
| 1990年3月21～22日 | CEMI与中国企业联合会研究部联合举办“中外合资企业管理实践国际研讨会”。刘鸿儒、张彦宁、沙叶，欧共体驻华使团团长杜侠都（Pierre Duchateau），欧洲管理发展基金会副主席雷诺（Pedro Nueno）出席研讨会。会上发表了CEMI与中国企业联合会研究部双方合作完成的《中外合资企业的管理实践》研究报告。 |
| 1990年7月 | CEMI与中国企业联合会培训中心联合举办的“外向型国营企业厂长（经理）培训班”。 |

1 本书除特殊情况外，对中欧管理项目和中欧管理中心统称为CEMI，请参见第5页脚注。
2 个别外籍人士因资料原因暂缺原名。

（续表）

| | |
|---|---|
| 1993年7月2～21日 | CEMI与中国企业联合会培训中心联合举办的“外向型国营企业厂长（经理）培训班”开学。来自全国十几个省的外向型国营企业的厂长（经理）30多人参加培训。该班开设的主要课程有管理会计、国际商法、国际市场、国际金融、质量管理、国际化战略、谈判技巧等，均由在CEMI任教的外国专家讲授。 |
| 1993年7月31日 | CEMI第六届MBA举行毕业典礼，34名学生经过两年多的学习取得了毕业证书。张彦宁出席毕业典礼并讲话。国家经贸委培训司副司长孙克强，欧共体驻华使团大使杜侠都，欧洲管理发展基金会总干事盖伊·哈斯金斯（Gay Haskins）、国际管理学会会长雷诺出席了毕业典礼。张重庆、李东江、汤茂义、宋芬桂等也参加了毕业典礼。 |
| 1994年2月28日 | 中国政府与欧盟签署了《中华人民共和国政府与欧盟关于组建中欧国际工商学院的备忘录》。 |
| 1994年3月 | 经外经贸部和教育部批准，中欧管理中心搬迁到上海，在上海交大闵行校区过渡，为筹备中欧国际工商学院做准备。 |
| 1994年9月16日 | 欧盟委员会副主席列昂·布里坦（Leon Brittan）爵士代表欧盟签署《中欧国际工商学院财务协议》。 |
| 1994年10月25日 | 中国对外贸易经济合作部部长吴仪代表中国政府签署《中欧国际工商学院财务协议》。 |
| 1994年11月8日 | 中欧国际工商学院在上海市浦东新区金桥出口加工区举行成立典礼。上海交大校长兼学院董事长翁史烈与欧洲管理发展基金会总干事盖伊·哈斯金斯分别代表双方办学单位签署了《中欧国际工商学院办学合同》。同日还举行了浦东校园奠基典礼，原上海市市长汪道涵、上海市副市长谢丽娟、欧盟委员会副主席列昂·布里坦、欧盟驻华大使魏根深（Endymion Wilkinson）培土奠基。出席典礼的还有：外经贸部国际经济关系司副司长李仲周、国家教委外事司副司长王仲达、上海市计划委员会主任华建敏、上海市教委主任王生洪、上海市教委副主任郑令德、上海市委组织部副部长陈士杰、金桥出口加工区开发公司总经理朱晓明、中欧院长李家镐、学术委员会主席雷诺。 |
| 1994年11月 | 推出首个高层经理培训课程“大型国有企业外向型人才课程”。 |
| 1994年11月 | 开设首个公司特设课程，客户公司为ABB公司。 |
| 1995年1月14日 | 首届董事会会议召开。 |
| 1995年3月13日 | 首届MBA班预科模块开班。 |
| 1995年3月 | 在香港召开首次公司顾问委员会会议，来自19个赞助公司的代表出席了会议。 |
| 1995年5月8日 | 举行首届MBA和EMBA班开学典礼。 |
| 1995年5月 | 开设首个公开课程“人力资源管理课程”和首个国际课程“中国的商务与投资环境”。 |
| 1995年5月 | 召开首次学术委员会会议。 |
| 1995年10月7日 | 在上海交大闵行校区召开1995年董事会会议。 |

（续表）

| | |
|---|---|
| 1995年10月13日 | 举办世界能源市场及电力工业研讨会。 |
| 1996年3月25日 | 举行第二届开学典礼。诺贝尔经济学奖获得者莱因哈特·席尔顿（Reinhardt Selten）教授出席典礼并做学术演讲。 |
| 1996年5月12～18日 | 举办“走进中国”论坛。上海市政府副秘书长兼上海市对外经济贸易委员会主任朱晓明，学院李家镐院长、学术委员会主席雷诺出席。 |
| 1996年5月 | 英美集团向学院捐赠市场学教席，这是中国大陆商学院首次获得捐赠教席。国际市场学专家、美国哥伦比亚大学商学院教授史明博（Bernd Schimitt）于同年10月4日出任该职。 |
| 1996年9月 | 6位MBA1995级学生作为首批海外交换学生，分赴英国伦敦商学院及西班牙巴塞罗那IESE商学院学习。 |
| 1996年10月 | 召开1996年董事会会议。 |
| 1996年11月25日 | 举行首届MBA毕业典礼。 |
| 1997年4月8日 | 举行首届EMBA毕业典礼，西班牙巴塞罗那市副市长马拉维亚·罗霍（Maravillas Rojo）做主题演讲。 |
| 1997年6月21日 | 校友会成立，首批校友会成员共计335人。 |
| 1997年8月18日 | 与金桥出口加工区开发公司共同举行浦东校园土地使用权转让协议签字仪式。学院李家镐院长与金桥出口加工区开发公司杨小明总经理分别代表双方在协议书上签字。 |
| 1997年8月 | 欧盟派出专家组对中欧国际工商学院项目进行中期评估。评估组的主要结论是：中欧国际工商学院项目是成功的，是欧盟在亚洲援助项目的典范，专家组对学院发展前景充满信心和期望。 |
| 1997年10月11日 | 在上海交大闵行校区召开1997年董事会会议。 |
| 1997年12月28日 | 浦东校园破土动工。 |
| 1998年1月13日 | 举行接受上海制皂（集团）公司赞助签约仪式。 |
| 1998年2月1日 | 协办主题为“中国经济展望与MBA发展方略”的经济论坛，上海市科协专职副主席、中国社科院副院长刘吉与学院张国华副院长在论坛上发表演讲。 |
| 1998年3月9日 | 举行万泰集团资助校园建设签字仪式。 |
| 1998年3月12日 | 举行上海天原（集团）有限公司资助校园建设签字仪式。 |
| 1998年4月12日 | 举行EMBA1998级开学典礼。 |
| 1998年4月18日 | 召开1995级校友返校座谈会。 |
| 1998年5月8日 | 在上海交大闵行校区学术活动中心举行MBA1998级开学典礼，全国政协副主席陈锦华做了题为“关于中国发展知识经济的若干思考”的演讲。 |
| 1998年5月18日 | 在上海波特曼大酒店召开公司顾问委员会会议。 |

（续表）

| | |
|---|---|
| 1998年5月19日 | 在上海商城剧院举行MBA1996级毕业典礼。上海市副市长周慕尧、欧盟驻华大使魏根深发表讲话，国家经贸委副主任陈清泰做主题演讲。 |
| 1998年5月29日 | 首任院长李家镐因病医治无效，不幸逝世。 |
| 1998年5月 | 发行第一期校友会简报，内容包括校友会活动、学院最新动态、学院参观访问纪事、学术动态以及公司赞助商简介。 |
| 1998年5月 | 上海石油化工股份有限公司向学院提供专项资助人民币500万元，用于建设浦东校园报告厅。 |
| 1998年6月11日 | 首例奖学金由联合利华设立。在为期3年时间内，每年将有一位品学兼优的学生接受这一资助，用以完整修完MBA课程。 |
| 1998年7月27日 | 在上海国际贵都大饭店举办中国市场竞争研讨会，全国人大常委会副委员长成思危、海峡两岸关系协会会长汪道涵、欧盟驻华大使魏根深、学院菲希尔（William Fischer）执行院长、张国华副院长、学术委员会雷诺主席、吴敬琏教授等出席。 |
| 1998年8月19日 | 举办中国金融市场研讨会。 |
| 1998年9月16日 | 与金桥出口加工区企业协会举办联谊座谈会。 |
| 1998年10月11日 | 召开1998年董事会会议。 |
| 1998年11月3日 | 举行邮电部设计院赞助校园建设签字仪式。 |
| 1998年12月31日 | 北京代表处成立。 |
| 1998年 | 率先推出全国首个MBA助学贷款。 |
| 1999年2月1日 | 由国家烟草专卖局与英美集团中国公司联合主办、学院承办的中外企业管理体制国际研讨会在北京中国大饭店举行。 |
| 1999年3月9日 | 与亚洲资源在上海新锦江大酒店共同举行中欧国际工商学院亚洲资源信息中心捐赠仪式。 |
| 1999年3月28日 | 举行西班牙政府捐赠协议签字仪式。 |
| 1999年5月22日 | 在上海商城剧院举行1997级MBA和EMBA毕业典礼。 |
| 1999年6月11日 | 董事会通过决议，根据欧洲管理发展基金会主席赫拉德·范斯海克（Gerard van Schaik）提议，对学院管理委员会两位欧方管理人员职务做如下调整：1）免去菲希尔教授执行院长职务，并由其继续担任教务长；2）任命博纳德（Albert Bennett）博士为学院执行院长，同时免去其副院长职务。 |
| 1999年6月25日 | 董事会通过决议，根据上海市人民政府教育委员会提议，任命中国社会科学院原副院长刘吉担任中方代理院长。 |
| 1999年8月18～19日 | 在上海园林宾馆举行第二届中国金融市场国际研讨会。 |
| 1999年10月15日 | 举行浦东校园落成典礼，上海市委副书记龚学平，副市长周慕尧、周禹鹏，市政协副主席谢丽娟、王生洪，欧盟驻华大使魏根深等贵宾出席。 |

（续表）

| | |
|---|---|
| 1999年10月16日 | 在浦东校园召开1999年董事会会议。 |
| 1999年10月26日 | 举行1998级管理文凭课程毕业典礼。 |
| 1999年10月 | 在《亚洲企业》杂志评选的亚太地区50所最好的商学院中，中欧MBA课程名列第十七位。 |
| 1999年11月1日 | 举行联合利华奖学金授奖典礼。 |
| 1999年12月14日 | 举行5周年校庆暨首届全国校友联谊会。 |
| 2000年1月18～20日 | 与美国国际共和研究所、北京亚太经济技术研究院共同主办的风险资本与高科技板块研讨会召开。 |
| 2000年1月20日 | 欧盟委员会委员彭定康（Christopher Patten）代表欧盟签署了《中欧国际工商学院第二期项目财务协议》。 |
| 2000年4月3～5日 | 主办主题为“如何在21世纪培养领导干才，以配合全球发展”的2000年世界商学院高层经理人教育联盟年会。 |
| 2000年4月22日 | 举行迁入浦东校园后的首场毕业典礼——MBA1998级毕业典礼。 |
| 2000年5月5日 | 举行迁入浦东校园后的首场开学典礼——MBA2000级开学典礼，共123名新生参加典礼。 |
| 2000年5月25日 | 中国对外贸易经济合作部部长石广生代表中国政府签署了《中欧国际工商学院第二期项目财务协议》。 |
| 2000年5月 | 在《亚洲周刊》杂志评选的亚太地区50所最好的商学院中， 中欧MBA课程名列第十四位，EMBA课程名列第十位。 |
| 2000年6月28日 | 举办“西班牙-中国上海企业交流会”。西班牙首相何塞·玛丽亚·阿斯纳尔（José María Aznar）、上海市副市长周慕尧、全国政协副主席经叔平、学院学术委员会主席雷诺出席。 |
| 2000年10月14日 | 在上海校园召开2000年董事会会议。 |
| 2001年4月7日 | 举行1999级MBA和EMBA毕业典礼。同日，举行了已故李家镐院长铜像揭幕仪式。 |
| 2001年5月9日 | 举办欧洲日活动，瑞典驻沪总领馆总领事埃斯基尔·伦德伯格（Eskil Lundberg）、经济商务大臣弗朗兹·耶森（Franz Jessen）出席。 |
| 2001年8月22日 | 举行米其林领导艺术及人力资源管理教席捐赠仪式。 |
| 2001年8月 | 在《亚洲企业》杂志评选的亚太地区50所最好的商学院中，中欧MBA课程名列第十四位，比1999年提前三位。 |
| 2001年9月 | 在英国出版的2001年版《MBA职业指南》“国际用人单位对MBA满意度调查”中，中欧跻身亚太地区最受跨国公司欢迎的10所商学院之一，排名并列第五，是中国大陆唯一一所入选的商学院。 |
| 2001年10月18日 | 举行飞利浦市场营销教席捐赠仪式。 |

（续表）

| | |
|---|---|
| 2001年10月 | 英国《金融时报》发布全球商学院EMBA课程年度排名，中欧EMBA课程首次进入全球50强，名列全球第二十九位、亚洲第二位。 |
| 2001年12月16日 | 举办全球校友日。 |
| 2001年 | 召开EMBA课程进驻深圳媒体见面会。 |
| 2002年1月8日 | 国务院学位委员会办公室发文批准我院授予中欧国际工商学院MBA学位。 |
| 2002年1月21日 | 英国《金融时报》发布MBA课程全球百强排名，中欧MBA课程首次入围、名列全球第九十二位和亚洲第三位。 |
| 2002年1月23日 | 在布鲁塞尔召开2001年董事会会议。 |
| 2002年3月12日 | 与高乐高续签赞助协议。 |
| 2002年4月5日 | 与哈佛商学院出版社共同举办主题为“关注中国管理思想的孕育、发展以及与世界主流的融合”的论坛。 |
| 2002年4月12日 | 3位MBA学生在“欧莱雅在线”商业策略大赛中，名列所有参赛中国学生榜首、取得亚洲第三、全球第十一的成绩。 |
| 2002年4月13日 | 举行2000级MBA和EMBA毕业典礼。米其林集团合伙人、原首席执行官弗朗索瓦·米其林（Francois Michelin）及现任首席执行官爱德华·米其林（Edouard Michelin）参加典礼并发表演讲。 |
| 2002年5月8日 | 与环球资源联合推出“出口营销管理课程”。 |
| 2002年5月10日 | 举行宝钢经济学教席捐赠仪式。上海宝钢集团公司总经理谢企华等出席签字仪式，吴敬琏教授出任该教席教授。 |
| 2002年5月10日 | 与西班牙国际合作署共同举办中国—西班牙国企改革研讨会。 |
| 2002年5月27日 | 英国《金融时报》发布公司特设课程全球排名，中欧公司特设课程名列全球第四十五位，亚洲第一位。 |
| 2002年5月30日 | 与胜利石油管理局签订赞助协议。 |
| 2002年6月4日 | 与博世续签赞助协议。 |
| 2002年6月6～7日 | 在福州举办“2002民营企业发展（福建）论坛”。刘吉执行院长、张维炯副院长、吴敬琏教授、柏唯良（Willem Burgers）教授分别做了主题演讲。6日晚，福建省省长习近平会见了刘吉院长一行。 |
| 2002年6月24日 | 与先灵药业签订赞助协议，赞助资金将用于学院的研究项目。 |
| 2002年7月18日 | 深圳联络处成立。 |
| 2002年7月29日 | 与高露洁-棕榄签订赞助协议。 |
| 2002年8月15日 | 与ABB公司续签赞助协议。 |
| 2002年8月22日 | 举行米其林领导艺术与人力资源管理教席捐赠签字仪式。忻榕教授出任该教席教授。 |

（续表）

| | |
|---|---|
| 2002年8月25日 | 与金蝶软件共同举办供应链研讨会。 |
| 2002年9月4日 | 在北京代表处举行EMBA2002级北京班开学典礼。刘吉执行院长出席典礼并致辞，联想集团董事局主席柳传志做了题为“诚信”的主题演讲。 |
| 2002年9月17日 | 在北京举办人力资源研讨会，忻榕教授做题为“致力于成为成功的变革领导者”的主题演讲，200多位企业高层领导人出席研讨会。 |
| 2002年9月25日 | 举行上海校园建设二期工程总承包签字仪式。 |
| 2002年9月29日 | 举办华人经济论坛。 |
| 2002年10月9日 | 召开2002年学术委员会会议。 |
| 2002年10月10日 | 在上海校园召开2002年董事会会议。 |
| 2002年10月11日 | “经济学人（The Economist）”集团的年度刊物《Which MBA》发布MBA全球100强排行榜，中欧MBA课程名列亚洲第一位，全球第四十三位。 |
| 2002年10月14日 | 英国《金融时报》发布EMBA课程全球排名，中欧名列第四十二位，连续两年位居全球50强。 |
| 2002年10月18日 | 举行飞利浦市场学教席捐赠签字仪式。柏唯良教授出任该教席教授。 |
| 2002年10月21日 | 第一届英中CEO论坛在学院举行。英国贸工部部长帕特里夏·休伊特（Patricia Hewit）主持并发表演讲。 |
| 2002年10月24～26日 | 与德国宝马公司赫伯特·克万特基金会共同举办的以“未来的领导艺术——人才竞争与管理文化差异”为主题的首届中国—欧洲青年领导人论坛在学院举行。 |
| 2002年11月13日 | 方利祥（John Farley）教授举办并主持“商业和学术研究中的多元统计”研讨会。来自上海9所大学约50名教授和研究生参加了该研讨会。 |
| 2002年11月14日 | 与戴姆勒-克莱斯勒股份公司及上海市政府共同主持题为“汽车产业与大城市的交通和环境”的研讨会。 |
| 2002年12月10日 | 上海校园二期工程动工。 |
| 2002年 | 西班牙萨瓦德尔银行、浙江第一银行、艾默生和欧莱雅中国先后共向6名MBA学生颁发了奖学金。 |
| 2002年 | 在南都集团控股有限公司赞助下，学院建立了“中国民营企业研究中心”。张维炯教授出任该中心主任。 |
| 2002年年底 | 香港“2002紫荆花杯杰出企业家”评选产生25位获奖企业家，中欧向文波等3位学生和校友入选。 |
| 2003年1月7日 | 与伦敦商学院联合举办的“2003全球论坛”在沪召开，论坛主题为“如何在全球化环境下成为世界级的竞争者”，旨在为中国企业参与全球竞争提供启示。 |
| 2003年1月 | 英国《金融时报》发布全球MBA课程年度百强排名，中欧名列第九十位。 |

（续表）

| | |
|---|---|
| 2003年3月9日 | 由学院主办，上海市旅游事业管理委员会协办，西班牙国际合作署赞助的中国—西班牙国际旅游研讨会在学院举行，西班牙王后索菲娅（Sofia de Grecia）一行出席，上海市副市长姜斯宪出席开幕式并致辞。 |
| 2003年3月9日 | 西班牙王后索菲娅向刘吉执行院长和学术委员会雷诺主席颁发西班牙国民成就勋章，表彰他们为促进中国和西班牙合作所做的贡献。 |
| 2003年3月30日 | 与环球资源联合开发的出口营销管理课程首次在深圳推出。 |
| 2003年4月3日 | 在西班牙为EMBA2001级上海班学生举行毕业典礼，中国驻西班牙大使邱小琪参加。西班牙王储费利佩·德博尔冯–格雷西亚（Felipe de Borbón y Grecia）出席了随后举行的毕业酒会。 |
| 2003年4月8日 | 与环球资源联合开发的出口营销管理课程首次在北京推出。 |
| 2003年4月19日 | 举行2001级MBA、EMBA毕业典礼。学院经叔平董事、上海市市长韩正、欧盟驻华使团大使安高胜（Klaus Ebermann）、比利时驻华大使万德斯（Gaston van Duyse-Adam）、上海市人大常委会副主任朱晓明、学院谢绳武董事长、吴敬琏教授、市府副秘书长杨定华、市府外办主任杨国强、市教委副主任王奇和欧盟八国驻沪总领事等出席。韩正市长做题为“上海：加快迈向现代化大都市”的主题演讲。 |
| 2003年4月20日 | 首届中国并购年会暨2002中国十大并购人物颁奖典礼举行，该活动由学院与全球并购研究中心、中央电视台《对话》栏目、《英才》杂志以及《经济观察报》共同主办，中国并购联盟协办。 |
| 2003年4月 | 吴敬琏教授、顾凯诗（Keith Goodall）教授、谢家伦教授荣获2003年度中欧教学优秀奖。 |
| 2003年5月15日 | 启动社会工作创业者计划大赛。 |
| 2003年5月 | 英国《金融时报》发布全球高层经理培训课程年度排名，中欧公司特设课程名列第五十位，连续两年进入全球50强，公开课程也首次进入了全球50强，名列第四十一位，综合实力名列全球第三十九位、亚洲第一位。 |
| 2003年6月2日 | 举行MBA2003级开学典礼。 |
| 2003年6月 | MBA2002级学生阿米尔（Aamir Khan）和彭云雁在西班牙ESADE商学院举办的全球MBA管理文章评选中进入前10名。 |
| 2003年6月 | 由学院主办的《国际商务综述》网络版正式推出。 |
| 2003年6月 | MBA2003级新生孙虹获得欧莱雅MBA奖学金，获奖金额为12万元。 |
| 2003年6月 | EMBA2001级学生耿小平在2003年6月出版的《2003年路透社机构投资者亚洲股本投资报告》中被评为中国区上市公司最佳CEO。 |
| 2003年7月1日 | 正式启用在线报名/招生系统。 |
| 2003年7月4～7日 | 决策科学协会第七届全球会议暨决策科学协会亚太分会第八届年会在学院召开。会议主题为“信息与知识时代的决策科学”。这是决策科学协会第一次在中国召开全球会议。 |

（续表）

| | |
|---|---|
| 2003年7月12日 | 德波诺思维培训师詹姆斯·P.凯里斯尔（James P. Cailisle）做客中欧北京代表处沙龙活动，发表题为"六顶思考帽"的演讲。 |
| 2003年7月 | 阿尔卡特、艾默生、礼来制药分别与学院续签赞助协议，承诺从2003～2006年继续支持学院办学。 |
| 2003年8月22日 | 医院管理文凭课程在上海开学，刘吉执行院长、上海市政府副秘书长薛沛建、上海市卫生局局长刘俊、上海市医疗保险局局长周海洋出席并致辞。 |
| 2003年8月29日 | 在北京举行EMBA2003级北京班开学典礼，张国华副院长、白思拓（Alfredo Pastor）教务长出席。 |
| 2003年8月29日 | "中欧校友金融与投资俱乐部（上海）"宣布成立。 |
| 2003年8月 | 国际管理科学学会运营管理分部授予史璞兰（Linda G. Sprague）教授2003年度运营管理学杰出学者奖。 |
| 2003年9月18日 | 与美国密歇根大学商学院签署协议，决定在教育与研究领域展开合作。 |
| 2003年9月19日 | 首届CEO课程开班，这是中国大陆首个真正意义上的CEO课程。该课程旨在培养CEO学员企业与国际巨头竞争必不可少的战略营销思维、再创业精神、创新能力及领导艺术。 |
| 2003年9月 | 由中欧文苑及爱尔兰都柏林大学共同举办的2003年欧洲—中国论坛在都柏林举行。论坛主题为"欧洲与中国迈向新的发展关系"。 |
| 2003年10月2～5日 | 由宝马公司赫伯特·克万特基金会与学院等合作主办的"欧亚青年领导论坛"在德国慕尼黑举行。论坛主题为"不确定性的挑战"。 |
| 2003年10月7日 | 在西班牙外交部大厦举行EMBA2001级北京班毕业典礼，西班牙外交部国际合作署科技国务秘书科尔特斯和中国驻西班牙大使邱小琪出席并致辞。 |
| 2003年10月9日 | 由学院主办、西班牙巴塞罗那港务局赞助支持的"2003年港口物流会议"举行。会议主题为"港口物流——战略与操作的影响"，西班牙巴塞罗那港务局主席霍华金·多萨斯（Joaquim Tosas）和学院张维炯教授分别致辞。任杰明（Jaume Ribera）教授做开幕发言。上海市港口管理局副局长缪长宝以及上海市物资流通行业协会会长李厚圭做闭幕发言。 |
| 2003年10月10日 | 在布鲁塞尔召开2003年董事会会议。 |
| 2003年10月10日 | 校友人力资源俱乐部在上海校园举行成立仪式。 |
| 2003年10月13日 | 中国政府发表首个《中国对欧盟政策文件》，要求"办好中欧国际工商学院，培养更多高层次人才"。这是中国政府首次在重要外交文件中提及具体教育合作项目。 |
| 2003年10月19日 | "2003中国MBA发展论坛"在上海国际会议中心举行，刘吉执行院长与张国华副院长出席并演讲。 |
| 2003年10月25日 | 举行EMBA2001级北京班毕业典礼。上海市人大常委会副主任朱晓明、学院刘吉执行院长、博纳德院长、张国华副院长、白思拓教务长出席。 |
| 2003年10月30日 | 中欧"西班牙创业中心"和"FINAVES中国创投基金"成立。前者由西班牙政府出资，后者由西班牙政府、西班牙和美国两国的企业家共同出资。 |

（续表）

| | |
|---|---|
| 2003年10月31日 | 举行首届中欧-礼来现代医院管理文凭课程毕业典礼，原全国人大常委会副委员长吴阶平、上海市副市长杨晓渡、礼来亚洲公司总裁司瑞哲（Richard A. Smith）、礼来中国总裁萧凯仕、学院张国华副院长、白思拓教务长，以及卫生部代表出席。这是由学院与卫生部卫生经济研究所于2000年共同创办、并由美国礼来亚洲公司赞助的我国首个医院高层综合管理课程。 |
| 2003年10月 | 英国《金融时报》发布全球EMBA课程年度50强排名，学院名列第三十四位，连续3年入围该项排名。 |
| 2003年11月1日 | 校友会首个地区分会——无锡分会成立。 |
| 2003年11月5日 | 校友会苏州分会举行成立仪式，吴敬琏教授出席并做题为“经济形势分析与展望——如何实现稳定和有效的增长”的主题演讲。 |
| 2003年11月25日 | 与西安高新技术产业开发区签订协议，在经济和企业管理培训领域为西安高新区提供智力支持。这是地方政府首次与学院协作培养高级管理人才。 |
| 2003年11月25日 | 校友会陕西分会成立。 |
| 2003年11月27日 | 由中华全国青年联合会、中国青少年发展基金会及部分新闻单位联合主办的第十四届“中国十大杰出青年”评选在北京揭晓，中欧EMBA2001级北京班校友王伟斌获选。 |
| 2003年12月9日 | “2003中国汽车产业高峰论坛”举行。这一国内首次由商学院主办的汽车高峰论坛主题为“中国汽车产业新政策：机遇与挑战”。 |
| 2003年12月10日 | 校友会南京分会在南京金陵饭店举行成立仪式。 |
| 2003年12月13日 | 校友会天津分会在天津中国汽车技术研究中心举行成立仪式。 |
| 2003年12月14日 | “2004年中欧之夜新年音乐会暨中欧校友会北京分会成立仪式”在北京中山音乐堂举行，张国华副院长致辞。 |
| 2003年12月21日 | 联手吉林省人民政府在长春举办“振兴东北老工业基地战略发展”专题报告会，由刘吉执行院长、吴敬琏教授、杨国安教授等组成的专家报告组就我国经济发展形势和振兴吉林老工业基地战略发展等问题做专题报告。 |
| 2003年12月21日 | 张国华副院长在《经济观察报》举办的“观察家年会”闭幕式上做题为“三大协调”的发言。 |
| 2003年12月28日 | 2003CCTV年度经济人物在北京举行颁奖典礼，刘吉执行院长和吴敬琏教授任颁奖嘉宾。 |
| 2003年 | 美国《时代》杂志和美国有限新闻网联合评出“2003年全球最具影响力企业家”。中欧首届CEO课程学员鲁伟鼎是中国大陆唯一入选的企业家。 |
| 2004年1月1日 | 校友会多伦多分会成立。 |
| 2004年1月8日 | 爱尔兰政府向中欧文苑捐赠5万美元，对这一致力于促进中国与欧盟相互理解和文化交流的机构提供支持。 |
| 2004年1月10日 | 校友会深圳分会成立。 |
| 2004年1月11日 | 校友会广州分会成立。 |

（续表）

| | |
|---|---|
| 2004年1月24日 | 刘吉执行院长参加主题为“建立繁荣和安全的伙伴关系”的世界经济论坛第三十四届年会。30多位国家元首、政府首脑，200多名各国政要，1 000多名著名公司和企业的代表以及经济学家、科学家、记者、宗教界和非政府人士在内的2 200余人聚集一堂，研究和探讨当今世界经济的现状和前景，促进国际经济技术的合作与交流。 |
| 2004年2月27日 | 举行由西班牙政府捐赠设立的“西班牙政府创业中心”成立仪式，刘吉执行院长致辞，西班牙驻华大使何塞－佩德罗·塞瓦斯蒂安·德埃里塞（Jose-Pedro Sebastian de Erice）、驻沪总领事J.索里利亚（J. Zorrilla）、驻沪商务处领事豪尔赫·达贾尼（Jorge Dajani）等揭幕。 |
| 2004年2月 | 英国《金融时报》发布全球MBA课程年度百强排名，中欧名列全球第五十三位，亚洲第一位。 |
| 2004年2月 | 与吉林省政府签订合作框架协议，在人才培养、招商引资等方面展开全面合作。 |
| 2004年2月 | 金融学和经济学教授许小年以及会计学副教授许定波加盟中欧。 |
| 2004年3月13日 | 校友会青岛分会成立。 |
| 2004年<br>3月23日、25日 | 分别在杭州和北京举办主题为“医院风险管理”的医院管理论坛，吸引了来自全国各地的百余名医院院长。论坛由任杰明教授主讲。 |
| 2004年3月24日 | 举行EMBA2004级上海班开学典礼。 |
| 2004年3月29～30日 | 与英国皇家国际事务研究院在英国伦敦合作举办“展望中国2020”论坛。本次论坛围绕对中国2020年发展前景的展望进行探讨。会上，全国人大常委会副委员长成思危、国务院发展研究中心副主任李剑阁、英国皇家国际事务研究院委员会成员安德鲁·陶西格（Andrew Taussing）、中国国家外汇管理局综合司司长刘光溪、全球并购研究中心秘书长王巍、学院白思拓教务长、许小年教授及其他中外专家做了主题报告和发言。 |
| 2004年3月30日 | 与贝卡尔特签订赞助协议。 |
| 2004年3月31日 | 获得欧洲质量认证体系（EQUIS）认证，成为中国大陆首家获得该认证的商学院。 |
| 2004年4月14～15日 | “全球供应链管理大会”召开，该会由学院与荷兰埃因霍温科技大学、香港科技大学和斯坦福大学联合主办，由世界银行资助，主题为“中国——站在全球供应链的十字路口”。 |
| 2004年4月17日 | 校友会浙江分会成立。 |
| 2004年4月18日 | “浙江民营企业CEO圆桌会议”在杭州世贸中心大酒店举行，该圆桌会议由学院和浙江省工商联主办，由上海浦东发展银行杭州分行协办，浙江省60多位民营企业家出席。刘吉执行院长，吴敬琏教授，许小年教授就制度环境、宏观经济、民营企业的成长和国际化等热点问题做了主题发言，国家发改委体制改革司副司长徐善长解析了经济体制改革与政策演变趋势。会前，浙江省委书记习近平、常务副省长章猛进会见了刘吉执行院长一行。 |
| 2004年4月18日 | 校友会河南分会成立。 |

（续表）

| | |
|---|---|
| 2004年4月22日 | 与欧盟驻华使团共同在北京举办"中国2004：政策分析与经济展望"报告会，阿尔及利亚、孟加拉、印度、突尼斯、冰岛、波兰、西班牙和罗马尼亚八国驻华大使，世界20多个国家的驻华经济官员和跨国公司驻华总部的高层主管共120余人出席。吴敬琏、江平和许小年教授分别对中国当前经济形势与政策，以及十届人大二次会议通过的宪法修订案进行了诠释。 |
| 2004年4月25日 | 校友会西南分会成立。 |
| 2004年4月 | Wind资讯成为中欧校园基金赞助伙伴。根据为期3年的协议，Wind资讯为学院提供100个Wind.NET信息终端，并在此基础上结合Wind金融财经数据库，建立Wind资讯金融实验室。 |
| 2004年5月10日 | CEMI北京校友座谈会在学院北京代表处举办，十几位CEMI校友欢聚一堂，"忆母校难忘岁月，叙往昔同窗之情"。 |
| 2004年5月13日 | 庆祝欧盟扩容的活动之一——"欧洲日"举行。该活动由学院和爱尔兰驻上海总领事馆联合举办。 |
| 2004年5月13日 | "21世纪的中国与欧洲"研讨会举行，斯洛伐克副总理兼经济部长帕沃尔·鲁斯科（Pavlo Rusko）、欧盟各国驻沪总领事以及国内外知名学者专家参加。刘吉执行院长就新形势下的中欧关系发表了见解。 |
| 2004年5月17日 | 英国《金融时报》发布全球高层经理培训项目（EDP）年度50强排名，中欧公开课程名列第四十五位，连续3年入围该排名。 |
| 2004年5月20日 | 2004年管理文凭课程开学。 |
| 2004年5月28日 | 举行2004级MBA课程开学典礼，上海市人大常委会主任龚学平参加开学典礼并致辞。 |
| 2004年5月 | EMBA2002级北京班学生潘刚获得"中国青年五四奖章"这一团中央和全国青联授予当代青年的最高荣誉。 |
| 2004年6月 | TCL成为中欧物资捐赠基金赞助伙伴。 |
| 2004年6月13日 | 国际管理学会（International Academy of Management）向学院吴敬琏教授授予杰出成就奖，以表彰他在管理科学领域的突出贡献。吴教授是中国及亚洲地区首获该奖项的学者。 |
| 2004年6月17日 | 与世界经济论坛联合举办的上海企业家圆桌会议召开，世界经济论坛首席执行官何塞·玛利亚·菲格雷斯（Jose Maria Figueres）等出席。世界经济论坛创始人兼主席克劳斯·施瓦布（Klaus Schwab）通过录像致辞。这是世界经济论坛首次与国内商学院联合举办这一高规格会议。 |
| 2004年6月20日 | 第一届中欧北京校友论坛于北京代表处召开，国务院国有资产监督管理委员会副主任邵宁、世界银行中国代表处高级企业重组专家张春霖发表主题演讲。 |
| 2004年6月22日 | 与欧盟驻华使团共同举办"中国2004：政策分析与经济展望"高峰报告会，吴敬琏教授和许小年教授分别对中国当前经济形势与政策，以及十届人大二次会议通过的宪法修订案进行了诠释。英国等16国的驻沪总领事、领事、商务官员以及来自各大企业的高层主管共300余人出席了报告会。 |

2004年

（续表）

| | |
|---|---|
| 2004年6月26日 | 由《经济观察报》主办的“2004科龙杯中国杰出营销奖决赛暨颁奖典礼”举行，来自全国企业界、学术界、媒体的350多位嘉宾出席。学院作为此次活动的唯一学术支持单位，特派周东生、张维炯、王建铆教授等先后参与评选。张维炯副教务长作为评委参加了决赛评审。 |
| 2004年6月 | EMBA1999级校友周桐宇被评为第十一届“上海十大杰出青年”。周桐宇是首位获此称号的中欧女性学生。 |
| 2004年7月3日 | 在CCTV“绝对挑战”节目上，MBA2003级学生郑东拔得头筹，赢得招聘单位威视股份公司高级海外市场经理职位。 |
| 2004年7月8～10日 | 2004中国金融国际年会在上海国际会议中心举行。该年会由学院与清华大学中国金融研究中心、麻省理工学院斯隆管理学院联合举办。会上，中国人民银行行长周小川做了题为“再谈中国经济的股本/债权比例关系”的主题演讲，国务院发展研究中心副主任李剑阁、上海市副市长冯国勤、中国人民银行金融稳定局局长谢平以及麻省理工学院斯隆管理学院前院长莱斯特·瑟罗（Lester Thurow）、斯图尔特·C.迈尔斯（Stewart C. Myers）教授、中欧吴敬琏和许小年教授等出席并就中国金融改革发表见解。 |
| 2004年7月23日 | 2004级医院管理文凭课程公开班开学，刘吉执行院长、卫生部医院管理研究所副所长陈洁出席，国务院法制办公室教科文卫法制司副司长宋瑞霖发表演讲。 |
| 2004年7月24日 | 中欧第二届年度社会企业商业计划大赛在上海校园石化演讲厅举行。 |
| 2004年7月中旬 | 汽巴精化成为中欧发展基金赞助伙伴，承诺2004～2007年为中欧办学提供资助。 |
| 2004年7月 | 史璞兰教授和任杰明教授分别当选决策科学协会亚太分会和欧洲经营管理协会的下一任主席。 |
| 2004年7月 | EMBA2002级4班学生代表和来自上海南洋模范中学的张茂昌老师一行前往四川省雅安市，为当地200多位初、高级中学的校长做了题为“校长的职业修养和教育管理实务”的主题演讲。“雅安行”为该班“西部助学计划”揭开了序幕。 |
| 2004年7月 | 金融学教授张春、管理学教授杨国安、金融学教授张逸民、经济与金融学副教授许斌、管理学助理教授肖知兴以及金融学助理教授高岩加盟中欧。 |
| 2004年8月19日 | 第二届CEO课程开学。 |
| 2004年8月20日 | 校友会新加坡分会成立。 |
| 2004年8月26日 | 校友会港澳分会成立。 |
| 2004年8月27日 | EMBA2004级北京班举行开学典礼，博鳌亚洲论坛秘书长、原外经贸部副部长龙永图发表主题演讲。 |
| 2004年8月30日 | 在深圳举办新闻发布会，宣布将在深圳开设EMBA课程，首期招收一个中文班，共60名学生，并将于2005年3月开学。张国华副院长表示，此举旨在更好服务粤港澳地区蓬勃发展的经济，为企业提供更大、更直接的智力支持。 |

（续表）

| | |
|---|---|
| 2004年8月30日 | 在深圳举办名为“携手粤港澳，服务大中华”的华南论坛，吴敬琏、许小年教授等中国经济学界、金融学界、管理学界的顶尖人物在论坛和咨询会上开设讲座，对当今中国的宏观经济发表见解。论坛后还举办了“光荣与成就，中欧十年路”的华南校友晚会。 |
| 2004年8月 | 在匈牙利布达佩斯召开的国际库存研究协会（ISIR）双年度会议上，史璞兰教授当选为ISIR副主席及下任主席，于2006年正式出任主席一职。 |
| 2004年9月1日 | 董事会宣布，郭理默（Rolf D. Cremer）教授于2004年9月1日起接替白思拓教授担任学院教务长。 |
| 2004年9月7日 | 张国华副院长代表学院与北京中关村软件园发展有限责任公司签署《土地开发建设协议书》。北京校园将坐落于国家级软件产业基地——中关村软件园中心湖畔，占地3.3公顷，与百余家国内外大中企业毗邻。 |
| 2004年9月18日 | 联手上海市创业投资协会与深圳市创业投资同业公会在上海共同举办“创业投资论坛”，为投资人和创业者创造一个开放交流的平台。这是国内首个由商学院组织的投资创业论坛。 |
| 2004年9月23日 | 与汕头市政府就共同开展创业课题项目签订为期一年的合作协议，在创业环境评估和比较、创业制度选择、创业者成长与本地文化、创业与资本市场等方面进行研究。 |
| 2004年9月24日 | 举行首届医院管理文凭课程公开班毕业典礼，国务院法制办教科文卫法制司副司长宋瑞霖出席。 |
| 2004年9月27日 | 成立“人力资源及组织管理研究中心”，并召开“中国企业全球化论坛”。在论坛上，台湾宏碁集团董事长施振荣和TCL-汤姆逊首席执行官赵忠尧介绍了企业在全球化过程中的实战经验。执行院长刘吉向施振荣颁发了“荣誉顾问”聘书。 |
| 2004年9月 | 据环球资源调查显示，在国内EMBA教育机构中，中欧以高达72%的认知度稳居榜首。 |
| 2004年10月20日 | 飞利浦人力资源管理教席签字仪式在上海校园西班牙中心举行。杨国安教授出任该教席教授。 |
| 2004年10月20日 | 西班牙“亚洲之家”主席杨·德·拉里瓦（Ion de la Riva）代表西班牙政府授予执行院长刘吉“亚洲之家”经济奖。 |
| 2004年10月22日 | 召开第二届年度人力资源论坛，33位各行业人力资源专业人士参加。飞利浦电子中国集团人力资源副总裁徐承楷、索尼（中国）有限公司人力资源发展部副总裁张燕梅以及中国惠普有限公司执行副总裁兼人力资源部总监张国维发表演讲。 |
| 2004年10月29～30日 | 与台湾标杆学院共同举办“两岸人力资源主管交流研习会”，来自台湾宏碁基金会标杆学院的人力资源主管与学院人力资源俱乐部的人力资源主管共同研讨内地人力资源管理的挑战和应对方法。 |
| 2004年11月7日 | 在上海校园召开2004年董事会会议。 |
| 2004年11月7日 | 举办校庆“家庭日”活动。 |
| 2004年11月7日 | 校友会上海分会成立。 |

（续表）

| | |
|---|---|
| 2004年11月7日 | “中欧医药健康产业同学会暨战略协作伙伴联谊会”在上海证券交易所举行，中欧医药健康产业同学会副会长兼上海分会会长钱琎主持，中欧医药健康产业同学会会长宋瑞霖、副会长张象麟等约40位来宾出席。中国执业药师协会、中华医院管理学会、中国药房杂志社分别与学院高层经理培训部和医药健康产业同学会签订三方战略合作协议。 |
| 2004年11月8日 | 庆祝建院10周年。国务院副总理吴仪、国务委员陈至立、全国政协副主席徐匡迪、商务部部长薄熙来发来贺信。 |
| 2004年11月8日 | 在上海科技馆举行“10周年校庆大会暨2002级EMBA毕业典礼”，上海市人大常委会主任龚学平、上海市委副书记殷一璀出席，上海市副市长严隽琪致辞。 |
| 2004年11月8日 | 在上海音乐厅举行10周年校庆晚会。 |
| 2004年11月8日 | 西班牙坎塔布利亚地区发展协会（SODERCAN）会长米格尔·安赫尔·佩斯克拉（Miguel Ángel Pesquera）率团来访。举行了西班牙坎塔布利亚政府地区发展与经济整合教席捐赠仪式，西班牙驻上海总领事亚历杭德罗·阿尔瓦冈萨雷斯（Alejandro Alvargonzalez）及多位合作伙伴代表也参加了捐赠仪式。设立该教席旨在促进有关经济增长、地区发展和经济一体化领域的研究、发展和创新。 |
| 2004年11月8日 | 颁发“2004年度中欧教学优秀奖”，金融学教授谢家伦、管理学教授忻榕和会计学教授许定波获奖。 |
| 2004年11月18日 | 郭理默教务长被南昌大学聘为客座教授。 |
| 2004年11月21日 | 首届CEO班学员王振滔被评选为第十五届“中国十大杰出青年”。本次评选活动由中华全国青年联合会、中国青少年发展基金会与人民日报、中央电视台、中央人民广播电台等10家新闻机构联合主办。 |
| 2004年11月22日 | 主办主题为“中国汽车产业：寻求决定胜负的竞争力”的2004中国汽车产业高峰论坛。 |
| 2004年11月25日 | 汽巴精化赞助学院协议签字仪式举行，汽巴精化全球董事会主席兼首席执行官梅尔（Armin Meyer）出席并就“变化环境中的领导力”这一主题发表演讲。 |
| 2004年9月、11月 | 与IESE联合举办中国国际高层经理课程。 |
| 2004年11月 | 英国《金融时报》发布全球EMBA课程年度50强排名， 中欧EMBA课程连续3年上榜，名列全球第二十位。 |
| 2004年11月 | 德斯高成为中欧发展基金赞助伙伴，承诺2004～2007年为学院提供办学资助。 |
| 2004年12月11日 | 举行MBA2003级毕业典礼。 |
| 2004年12月11日 | 举办主题为“冲破玻璃天花板：中国女性管理者的误区、机遇和挑战”的首届中国女性管理者论坛。加拿大皇家学会院士、客座教授董林雪英主持会议并发表主题演讲。 |
| 2004年12月13日 | 举行2003级管理文凭课程毕业典礼。 |

（续表）

| | |
|---|---|
| 2004年12月 | 谢绳武董事长宣布，新一届管理委员会由雷诺教授（执行院长）、张国华教授（院长）、郭理默教授（副院长兼教务长）和张维炯教授（副院长兼中方教务长）组成，上任日期为2005年1月1日。鉴于刘吉教授对学院做出的重大贡献，董事会一致通过决定，自2005年1月1日起，聘请刘吉教授担任名誉院长。 |
| 2004年12月 | 白思拓教授在西班牙被授予国民成就大十字勋章，以表彰其为促进中国与西班牙两国友好关系所做出的贡献。授勋仪式在巴塞罗那的IESE商学院校园举行，前西班牙驻华大使欧亨尼奥·布雷戈拉特（Eugenio Bregolat）为白思拓教授、张国华副院长以及高大伟（David Gosset）博士颁发了勋章。颁奖典礼由IESE商学院院长若尔迪·卡纳尔斯（Jordi Canals）与雷诺教授共同主持。 |
| 2004年12月 | 英国财政大臣在2004年度预算报告中指出，世界50所顶尖商学院的MBA毕业生将自动获得在英国工作的权利，他们将不必申请工作许可即在英国工作12个月。中欧成为亚洲唯一获此资格的商学院。 |
| 2004年 | EMBA-MBA“良师益友”项目正式启动。 |
| 2005年1月12日 | 由胡润推出的“2004中国千万富翁品牌倾向调查”显示，中欧EMBA课程成为中国富翁们首选的教育品牌。40%的中国富豪们最青睐我院EMBA课程。 |
| 2005年1月 | 英国《金融时报》发布全球商学院MBA课程年度百强排名，中欧名列全球第二十二位、亚洲第一位。 |
| 2005年1月 | 《世界经理人》网站揭晓2004“中国最具影响力的MBA”，中欧荣登榜首。 |
| 2005年2月18日 | 与沃顿商学院就合作开发案例事宜正式签订协议。根据协议，双方将在2005年共同开发撰写8篇案例，这些案例将立足于多个行业，真实反映上海及周边省份的创业企业所面临的管理和经营挑战。 |
| 2005年2月 | 第二届CEO课程学员周海江登上《福布斯》封面。 |
| 2005年3月1日 | 张国华院长一行访问复星医药集团，与汪群斌总裁就中高层管理人员培养问题进行探讨，并签署“中欧-复星战略合作伙伴关系协议书”，约定在人才培养、管理研究、互助发展等方面展开全面合作。 |
| 2005年3月5日 | “中欧校友会济南分会成立仪式暨首次经济论坛”举行，山东省政协、省委统战部领导和张国华院长出席活动，许小年教授发表题为“制度改革与增长模式的转变”的演讲。 |
| 2005年3月5日 | 首届“华语图书传媒大奖”颁奖仪式在中国现代文学馆举行，吴敬琏教授所著《当代中国经济改革》获得经管类图书奖。 |
| 2005年3月6日 | 校友会济南分会成立。 |
| 2005年3月18～20日 | 和弗里德里希·艾伯特基金会（Friedrich Ebert Stiftung）共同主办主题为“中国如何影响国际化——从引擎室到驾驶座”的国际研讨会。 |
| 2005年3月19日 | EMBA课程首度在深圳开班，从而宣告正式进驻华南地区。 |

（续表）

| | |
|---|---|
| 2005年3月24日 | 吴敬琏教授荣膺首届中国经济学奖“杰出贡献奖”这一终身荣誉。中共中央政治局委员、国务院副总理曾培炎出席颁奖仪式并讲话。“中国经济学奖”是目前国内唯一授予个人、对经济学家的长期成就进行奖励的奖项，它由国家发改委所属的中国宏观经济学会和中国经济体制改革研究会共同设立，考察经济学家对经济发展的综合贡献。 |
| 2005年4月16日 | 与深圳中航集团正式确立战略伙伴关系，张维炯副院长和邵克雄副书记分别代表学院和深圳中航签署合作协议。 |
| 2005年4月 | 在《福布斯》中文版进行的“中国最有价值商学院”调查中，中欧获评全日制MBA课程回报率最高的商学院。 |
| 2005年5月20日 | 英国《金融时报》发布全球商学院高层经理培训课程年度百强排名，中欧名列第三十七位，第四次跻身全球50强，并继续保持亚洲领先地位。 |
| 2005年5月25日 | 举办2005级管理文凭课程上海班开学典礼。 |
| 2005年5月25日 | 与INSEAD联合举办IBM-CEP课程，这是中欧首次与INSEAD在公司特设课程中的深度合作。 |
| 2005年5月29日 | 中欧创业中心联合案例发展中心与红杉国际有限公司共同组织“中国企业海外IPO”系列专题研讨会，携程旅行网执行副总裁兼运营总监范敏携手美国国际数据集团、兰馨亚洲投资集团以及凯雷等多家创业投资机构来到学院，从商业模式、组织管理和市场策略等多个层面剖析了携程的诞生和发展。 |
| 2005年5月 | 雷诺执行院长荣任哈佛商学院巡视委员会委员一职。 |
| 2005年6月11日 | 校友会常州分会成立。 |
| 2005年6月12日 | 携手《东方企业家》杂志、第一财经共同主办“第二届民营企业发展国际论坛暨2005民营上市企业100强揭晓典礼”。 |
| 2005年6月16～17日 | 中欧联合埃维昂组织（Evian Group）在北京东方君悦大酒店举办“埃维昂组织首届中国会议”，会议主题为“建立21世纪新的全球经济秩序”。来自政府、学界和企业界的80多位嘉宾围绕中国如何融入世界经济体系和建立21世纪全球经济新秩序的议题展开了热烈讨论。全国人大常委会副委员长成思危、教育部副部长吴启迪、外交学院院长吴建民、国家外汇管理局副局长魏本华、原国务院发展研究中心副主任陈清泰、全国社会保障基金理事会副理事长高西庆、中国社科院学术委员会主席王洛林等出席了会议。来自企业界的嘉宾包括香港利丰集团主席冯国经、第一东方投资集团董事长诸立力、麦肯锡大中华区董事长欧高敦（Gordon Orr）、埃力生集团董事长吴国迪。此外，雷诺执行院长、刘吉名誉院长、张维炯副院长、吴敬琏教授、杨国安教授、忻榕教授、张春教授等参加了会议。同日，埃维昂组织中国顾问委员会也正式成立，由吴敬琏教授和埃维昂组织主席迈克尔·加勒特（Michael Garrett）担任联合主席。 |
| 2005年6月21日 | 由重庆市政府主办，学院与重庆市侨联等单位承办的“2005重庆发展战略论坛”举行。吴敬琏教授、杨国安教授分别做了主题演讲。重庆市市委副书记、市长王鸿举出席了此次论坛，重庆市市委常委、常务副市长、中欧校友黄奇帆致欢迎辞。 |

（续表）

| | |
|---|---|
| 2005年6月 | 与IMD商学院签订合作协议，将翻译并在国内销售IMD商学院部分案例。 |
| 2005年6月 | 任杰明教授在欧洲经营管理协会年会上出任该协会会长。此外，任杰明教授将在巴塞罗那出席由IESE商学院主办的决策科学协会第八届国际研讨会，并担任会议主席。 |
| 2005年7月1日 | 市场营销学和创新管理学教授鸿翥吉马（Kwaku Atuahene-Gima）和金融学副教授赵欣舸加盟中欧。 |
| 2005年7月15～17日 | 举行首届CFO课程开学典礼。 |
| 2005年7月28日 | 在北京代表处举行中欧传媒业同学会成立仪式暨首次论坛，50多位传媒行业同学与校友参加。 |
| 2005年8月25日 | 在北京龙城丽宫酒店举行EMBA2005级北京班开学典礼。 |
| 2005年8月27日 | 第三届中国杰出营销奖决赛及颁奖典礼举行。张维炯副院长担任裁判，并致颁奖词。 |
| 2005年8月29日 | 在上海校园举行MBA2005级开学典礼。 |
| 2005年<br>8月29日～9月2日 | 国际经济学联合会在摩洛哥召开第十四次世界会员大会，选举本届（2005～2008）执行委员会和下一届主席（2008～2011）。吴敬琏教授当选执行委员会委员。 |
| 2005年8月 | 全日制MBA招生人数扩大至180人，并采用新的MBA课程设置。 |
| 2005年8月 | Apax Partners公司成为中欧赞助伙伴。 |
| 2005年9月5日 | 举办“2005中国健康产业高峰论坛”。 |
| 2005年9月24日 | 举行EMBA2003级毕业典礼。典礼上还颁发了“2005年度中欧教学优秀奖”，丁远副教授、许定波副教授和许小年教授获奖。 |
| 2005年9月27～29日 | “2005环球企业家高峰论坛”在上海举办，该论坛的主题为“跨越边界——全球化浪潮中的跨国公司与中国企业”。郭理默教务长出席论坛并发表演讲。 |
| 2005年9月28日 | “2005商学院院长论坛”在北京世纪金源大饭店举办，张维炯副院长发表了演讲。 |
| 2005年9月 | 运营管理学教授柯雷孟（Thomas E. Callarman）、管理学教授言培文（Per V. Jenster）和经济学教授朱天加盟中欧。 |
| 2005年9月 | MBA课程部发起“学生亲善大使”活动，该活动旨在为MBA申请人提供一个与在校学生交流的平台。 |
| 2005年10月14日 | 与戴姆勒-克莱斯勒公司、德意志银行共同举办题为“政府与企业的新型合作关系”的论坛，探讨“企业社会责任和可持续发展”问题。 |
| 2005年10月19～20日 | 和UPS、哈佛商学院出版公司共同主办主题为“2005纬度——协调亚洲供应链”的国际研讨会。 |
| 2005年10月 | 英国《金融时报》发布全球商学院EMBA课程年度排名，中欧名列第十三位，连续第四年跻身全球50强。 |

（续表）

| | |
|---|---|
| 2005年11月2日 | 第二届总经理课程开学。 |
| 2005年11月11日 | “2005‘第一资本’高峰论坛——CEO眼中的人力资源管理”在上海香格里拉大酒店举行。国内外知名企业高管和专家围绕“CEO眼中的人力资源管理”这一主题探究企业在中国高速变革的商业环境下的人才发展战略、人才国际化战略等问题。本届论坛由学院携手上海世博（集团）有限公司、第一财经传媒有限公司、第一财经日报社共同主办，由世博集团上海市对外服务有限公司承办。 |
| 2005年11月14日 | 中国国家主席胡锦涛在对西班牙国事访问期间出席欢迎晚宴时，与雷诺执行院长亲切交谈，他祝贺学院取得令人瞩目的成绩，并对中国管理教育产生了较大影响，同时勉励学院为中国经济发展做出更大贡献。 |
| 2005年11月20日 | 与上海浦东新区政府联合举办“发展现代服务业”研讨会，刘吉名誉院长，中国社会科学院学术委员会主任王洛林，国务院发展研究中心副主任李剑阁，中共上海市委常委、浦东新区区委书记杜家亳，上海市人大副主任朱晓明等著名专家学者、高层政府官员、企业家，以及香港和台湾地区的著名企业家出席。会议主席吴敬琏教授在发言中强调了发展现代服务业对国民经济建设的重要性。 |
| 2005年11月23日 | 言培文教授在美国获得了“增加通讯网络带宽用法的途径和系统”专利权。该专利将用于移动通讯领域，其基础是对该行业价格战略的研究。 |
| 2005年11月27日 | 在11月24日－27日于印度阿默达巴德市举行的“汇聚2005国际商学院大赛”上，由吴敏、经纬、爱德华多·卡萨多（Eduardo Casado）、托尔斯滕·泽格（Thorsten Seeger）和西达尔塔·萨尔卡（Siddhartha Sarkar）5位MBA学生组成的代表队在包括哈佛、普渡、加州大学伯克利分校、密歇根、南洋理工等强队在内的76支代表队中脱颖而出，夺得竞赛总分第一名。 |
| 2005年11月28日 | 举办“2005中国汽车产业高峰论坛”。 |
| 2005年12月3日 | 举办首届“EMBA家庭日”。 |
| 2005年12月4日 | 学院高层经理培训部携手校友关系事务部首次在国外开设校友特设课程。本次课程由雷诺执行院长和飞利浦人力资源教席教授杨国安共同设计并亲自带队。 |
| 2005年12月9日 | 在布鲁塞尔召开2005年董事会会议。 |
| 2005年12月12～13日 | 中欧文苑在巴塞罗那举办“第四届中欧论坛”。该论坛由中欧文苑、西班牙亚洲研究中心以及国际关系与发展研究中心基金会共同举办，刘吉名誉院长、法国前总理洛朗·法比尤斯（Laurent Fabius）以及西班牙前副首相纳西斯·塞拉（Narcís Serra）在开幕式上发表主旨演讲。 |
| 2005年12月16日 | 第二届商学院院长圆桌论坛在北京举行，张维炯副院长和MBA课程行政主任李瑗瑗与其他19所顶尖商学院院长和MBA课程主任，共商国内MBA教育的发展大计。 |
| 2005年12月18日 | 举办2006中欧之夜新年音乐会。全国人大常委会副委员长韩启德、全国政协副主席张梅颖、全国人大教科文委副主任委员桑国卫等应邀出席音乐会和中欧医药健康产业发展教育健安基金签约仪式。 |

（续表）

| | |
|---|---|
| 2005年12月23日 | 招商局集团董事长秦晓与EMBA2004级北京班、2005级深圳班同学及华南地区校友召开座谈会，共同探讨“现代大型公司总部管理之道”。 |
| 2006年1月10日 | 下午5点25分，张国华院长在华山医院病逝，享年57岁。 |
| 2006年1月14日 | 由沃顿商学院“沃顿知识在线”举办的“中印国际征文大赛”颁奖典礼在北京中国大饭店举行。MBA2005级学生龚武在大赛中荣登榜首，赢得联想荣誉大奖。本次征文主题为“中国和印度可以相互学习些什么？”。 |
| 2006年1月26日 | 在上海校园举行MBA2004级毕业典礼。 |
| 2006年1月26日 | 近30位台湾校友和学生（包括2006级新生）在台北亚太会所举行中欧校友会台湾分会成立仪式暨2006年新生迎接大会。 |
| 2006年1月 | 全球责任领导力特聘教授翟博思（Henri-Claude de Bettignies）和经济学副教授芮博澜（Bala Ramasamy）加盟中欧。 |
| 2006年1月 | 世界经济论坛在瑞士日内瓦公布2006年度“全球青年领袖”名单，EMBA2002级校友潘刚等8名中国杰出青年精英获此殊荣。 |
| 2006年2月13日 | 举办“华人企业全球化高峰论坛”，100多位中国企业高管出席，分享中欧人力资源及组织管理研究中心一年来在华人企业全球化方面的研究成果。 |
| 2006年2月 | 英国《金融时报》发布全球商学院MBA课程年度排名，中欧名列全球第二十一位，亚洲第一位。至此，MBA课程已连续3年名列亚洲第一，连续5年跻身全球百强。 |
| 2006年2月 | 郭理默教务长被委任为欧洲质量认证体系（EQUIS）委员会委员。 |
| 2006年2月 | 与哈佛商学院、IESE商学院联合推出全球CEO课程。该课程内容切合当前中国CEO的经营管理需求，并注重国情差异对企业决策和组织竞争力所带来的影响。 |
| 2006年3月12日 | 由北京代表处和中欧传媒业同学会共同主办、主题为“文化体制改革与文化产业发展”的2006中欧传媒业校友论坛在北京举行，北京大学中国经济研究中心周其仁教授应邀出席论坛并发表主题演讲。 |
| 2006年3月14日 | 香港大学举行第173届学位颁授典礼，香港特首曾荫权主持，吴敬琏教授获香港大学名誉社会科学博士学位，该学位颁授对象为对大学、当地社会或在学术方面有杰出贡献的人士。 |
| 2006年3月15日 | 与拜耳（中国）有限公司联合举行拜耳医药保健市场战略教席与中欧医疗保健政策及管理中心开幕仪式。拜耳教席设立于上海校园，而医疗保健政策及管理中心的基地设在北京代表处。 |
| 2006年3月18日 | 举行EMBA2006级开学典礼，访问教授江平做题为“企业家与社会责任”的主题演讲。 |
| 2006年3月23日 | 中欧MBA创业俱乐部举办风险投资与新企业融资讲座。 |
| 2006年3月30日 | 与金蝶国际软件集团有限公司及《南方都市报》共同主办题为“借助客户导向创新，推动业务持续增长”的论坛。鸿翥吉马教授做主题演讲。 |

（续表）

| | |
|---|---|
| 2006年4月2日 | 由中欧MBA社会事业俱乐部组织、众多MBA学生俱乐部参与的2006中欧慈善义卖活动在上海校园举行。 |
| 2006年4月4日 | 《福布斯》杂志中文版发布“2006年中国最具价值商学院”榜单，中欧连续两年蝉联榜首。在其中“毕业生薪资增长最快的商学院”和“中国最具价值全日制MBA课程”两项排名上，学院均名列前茅。 |
| 2006年4月7日 | 与欧盟委员会驻中国及蒙古国代表团联合举办“2006年中国政策及其影响解读会”，以帮助跨国公司高层管理人员理解两会上通过的中国新政策及其影响。吴敬琏、许小年和江平教授，分别就“经济增长方式的转变”、“金融的改革与开放”和“未来五年中国法制建设的展望”做主题演讲。 |
| 2006年4月13日 | 中欧三支MBA代表队在美国麻省理工学院斯隆运营管理俱乐部举办的第二届国际运营管理模拟大赛中分获第二、第八和第十名。 |
| 2006年4月16日 | 与天津市工商联共同举办主题为“经济增长与创新”的管理论坛，500余名天津企业家和政府官员出席，天津市市长戴相龙出席并致辞，吴敬琏与鸿翥吉马教授发表主题演讲。 |
| 2006年4月23日 | 33名MBA2005级学生参加了一年一度的“金桥8公里长跑赛”。该赛事是金桥当地具有慈善性质的传统体育项目，部分比赛报名费用将用作慈善经费。 |
| 2006年4月 | 成为“案例发行机构国际联合会（International Community of Case Publishers, ICCP）”会员。 |
| 2006年4月 | 全球CEO课程海外模块在西班牙IESE商学院开课。在此期间，学员们与雷诺执行院长、张维炯副院长受到西班牙王储费利佩·德博尔冯–格雷西亚接见。 |
| 2006年5月 | 与哈佛商学院出版公司签署协议，取得建立“哈佛商学院案例中欧发行中心”的授权，负责部分哈佛商学院案例和《哈佛商业评论》文章英文版在中国大陆和香港地区的销售。 |
| 2006年6月5日 | 上海交通大学校长、中欧董事长谢绳武教授代表董事会宣布，任命朱晓明博士担任学院院长。上海交大党委书记马德秀出席任命仪式。当天，朱晓明博士以院长身份接待了前来调研的上海市委副书记殷一璀。 |
| 2006年6月9～11日 | 由MBA学生主办的“企业社会责任全球论坛”举行，这是亚洲第一个由商学院学生独立组织的论坛。来自西班牙IESE商学院、墨尔本商学院、诺丁汉大学、香港科技大学、亚洲理工学院、南洋理工大学、早稻田大学、上海交通大学等世界著名学府的近150位学生出席。欧盟驻华大使赛日·安博（Serge Abou）、德固赛（中国）投资有限公司董事长兼首席执行官林德恩（Eric Baden）出席。“联合国全球协议”高级顾问杜晖贤（Fred Dubee）发表主旨演讲。 |
| 2006年6月15日 | 与《东方企业家》杂志共同主办的“第三届民营企业发展论坛暨2006民营上市公司100强揭晓典礼”在中欧举行。 |
| 2006年6月23日 | 由校友自编、自导、自演的四幕话剧《同学许仙》在上海话剧艺术中心上演。一群商界精英以“票友”身份现身舞台。中欧是中国大陆第一家成立校友剧社的商学院。 |

（续表）

| | |
|---|---|
| 2006年6月23～26日 | 第四十八届国际商务学会年会在北京召开。已故院长张国华教授被追授“全球商学院年度最佳院长奖”。自1985年设立该奖以来，张国华院长是亚洲商学院中获得该奖项的第一人。 |
| 2006年6月26日 | 和IBM公司签订为期3年的赞助协议。 |
| 2006年6月 | 收到GMAT考试主办机构美国“管理类研究生入学委员会”（GMAC）正式邀请，成为该委员会在中国大陆唯一的成员机构。 |
| 2006年6月 | MBA课程行政主任李瑗瑗获得“管理类研究生入学委员会”（GMAC）正式邀请，作为学院代表，成为GMAC所属的“管理类研究生入学考试（GMAT）院校顾问团”成员，于6月14日赴美国旧金山参加了顾问团首次会议并出席了6月15日－17日在同城举行的GMAC年度行业峰会。 |
| 2006年7月6日 | 中欧管理中心（CEMI）校友联谊会在CEMI首届校友毕业20周年之际举行，6届CEMI校友重返母校，以“忆往昔，看今朝，展未来”为主题，与当年的教授、老师畅叙情谊，原CEMI教授迪厄克·戴舒麦斯特（Dirk Deschoolmeester）、教务长陈德蓉应邀出席。 |
| 2006年7月22日 | 中欧睿富创投基金信息发布会举办。60多位学员和校友以及创业投资领域专家参加。中欧睿富创投基金成立于2004年，由西班牙政府、西班牙及美国企业家共同出资设立，旨在为在读学生和校友创业提供资金支持。该基金的运作理念和管理方式在国内尚属首例，它在提供启动资金，帮助实施原创商业理念的同时，也提供了一个投资管理“实验室”，帮助学员和校友通过投资实践加深对所学知识的理解。 |
| 2006年8月3日 | 上海校园扩建项目土地使用权转让合同签字仪式在上海国际会议中心举行。张维炯副院长和上海金桥出口加工区联合发展有限公司总经理俞标分别代表双方签字。此次土地转让是朱晓明等院领导积极争取浦东新区政府支持的成果，该地块毗邻现有校园，面积约为36 000平方米。扩建项目建设完成后，上海校园面积将扩大近一倍。 |
| 2006年8月3日 | 正在大连访问的刘吉名誉院长、朱晓明院长拜访了大连市市长夏德仁。夏德仁市长高度评价了学院的办学成绩，并向两位院长介绍了大连的发展近况。 |
| 2006年8月4日 | 朱晓明院长就“服务外包”课题为在大连市参加暑期学习的商务部领导和各司局级干部做专题报告。商务部部长薄熙来对此报告非常满意，特地宴请朱晓明院长和正在大连市访问的刘吉名誉院长，听取了学院办学情况，并表示将继续支持学院发展。 |
| 2006年8月10日 | 由中国艾菲（EFFIE）奖推广委员会、学院北京代表处、市场观察·广告主杂志社三方共同举办的实效广告研讨会在北京代表处举行。研讨会采取了圆桌会谈的方式，由中国艾菲奖推广委员会主任、中国艾菲奖评委会主席肖开宁与中国传媒大学黄升民院长共同主持。 |
| 2006年8月18日 | 由中国企业家杂志社与上海市经济委员会联合主办、主题为“投资上海——本土企业的新机会”的中国企业领袖年会举行，刘吉名誉院长发表主题演讲。 |
| 2006年8月24日 | 举行EMBA2006级北京班开学典礼。 |

（续表）

| | |
|---|---|
| 2006年8月25日 | 张维炯副院长担任搜狐教育频道“MBA会客室”栏目嘉宾，与众多网友共同探讨“中国EMBA教育的今天和明天”。 |
| 2006年8月28日 | 在上海校园举行MBA2006级开学典礼，雷诺执行院长、朱晓明院长、郭理默教务长、张维炯副院长出席了开学典礼。家乐福中国区总裁施荣乐（Jean Luc Chereau）先生在典礼上做了题为“在中国获得成功”的演讲。 |
| 2006年8月 | 与清华大学经济管理学院和哈佛商学院联合推出高级经理人课程。该课程由3个模块组成，分别在北京、上海和波士顿授课。 |
| 2006年8月 | 由张维炯副院长、范悦安（Juan A. Fernandez）教授以及案例中心撰写的6篇案例被中央电视台经济频道“赢在中国”赛事机构采用，并占该赛事全部案例的三分之二，显示了中欧案例的高质量和实用价值。 |
| 2006年8月 | 国内第一本由MBA学生撰写的MBA校园生活实录——《追梦中欧——亚洲第一MBA校园实录》由上海人民出版社出版发行。该书由学院30多位2005年毕业的MBA学生精心策划，并在多方努力下共同完成。《追梦中欧》记述了这批充满理想和活力的年轻人在为期18个月的MBA学习过程中的体验和感受。 |
| 2006年8月 | 管理学教授李秀娟、决策科学教授威廉·帕尔（William C. Parr）和战略与创业学助理教授葛定昆加盟中欧。 |
| 2006年9月8日 | 《追梦中欧——亚洲第一MBA校园生活实录》新书发布会暨 MBA2004级校友重聚活动举行。 |
| 2006年9月16日 | 召开第二届中国健康产业高峰论坛，探讨中国医疗改革的希望之路。 |
| 2006年9月23日 | EMBA2004级毕业典礼举行，来自全国和世界各地的1 000余名师生及其亲友参加。前来祝贺的还有欧盟委员会驻华代表团大使赛日·安博和汉莎航空公司董事长兼首席执行官沃尔夫冈·麦亚胡伯（Wolfgang Mayrhuber）。毕业典礼上还颁发了“2006年度中欧教学优秀奖”，许小年、杨国安和白诗莉（Lydia Price）教授获奖。 |
| 2006年9月25日 | 由商务部、上海市政府和人民日报社联合主办的“首届中国国际跨国采购高峰论坛”在上海举行，朱晓明院长出席并发表题为“跨国采购的新趋势”的演讲。 |
| 2006年9月26日 | EMBA2002级校友徐航任董事长的公司——迈瑞生物医疗电子有限公司在纽约证券交易所上市。 |
| 2006年9月 | 总部位于新加坡的华侨银行（OCBC）向学院慷慨出资，成立“华侨银行奖学金基金”，用以支持学院吸引优秀MBA学生。华侨银行除了将在2007、2008和2009学年分别向学院一年级MBA学生提供两个全额奖学金名额外，还会从2006年开始每年全额资助两名MBA学生赴华侨银行实习。 |
| 2006年10月10日 | 校友会安徽分会成立。 |
| 2006年10月23日 | 英国《金融时报》发布全球EMBA课程年度50强排行榜，中欧名列第十七位，连续6年跻身全球50强。 |
| 2006年10月30日 | 举办第四届中国汽车产业高峰论坛，探索中国汽车产业的可持续发展之路。 |

（续表）

| | |
|---|---|
| 2006年11月2日 | 朱晓明院长应上海市政府之邀，在2006中国国际工业博览会论坛上发表题为“转移与承接——坚持创新，发展上海服务外包”的主题演讲。 |
| 2006年11月2日 | 13位中欧学子荣登《福布斯》2006年度中国富豪榜。他们分别是郭广昌、丁磊、祝义才、黄怒波、吴征/杨澜夫妇、刘志强/翟美卿夫妇、徐航、胡葆森、虞锋、张德生、王振滔、杨绍鹏和梁小雷。 |
| 2006年11月11日 | 两百多名中欧1995、1996级EMBA、MBA校友重聚学院，举行庆祝活动。 |
| 2006年11月18日 | 在上海校园举行第二届“EMBA家庭日”。 |
| 2006年11月20～22日 | 与IMD商学院及埃维昂组织联合举办“埃维昂组织第二届中国会议”，主题为“中国如何促进全球经济增长”，与会者包括全球商界、政界和学术界的嘉宾。 |
| 2006年11月26日 | 在上海校园召开2006年董事会会议。 |
| 2006年11月26～28日 | 和欧洲管理发展基金会联合举办第一届“领导中国的未来，未来的中国领导者”国际讨论会。来自世界各地的200多名学者及企业界精英出席，共同探讨中国迈进世界市场所需要的领导者和领导力。 |
| 2006年12月2日 | 校友会河北分会成立。 |
| 2006年12月6日 | 中央电视台创业节目“赢在中国”拉下帷幕。经过激烈的角逐，EMBA2003级校友宋文明夺得“赢在中国”冠军，从而拿下1 000万元的创业资本。 |
| 2006年12月9日 | 2007“中欧之夜”新年音乐会暨中欧管理中心首届MBA学生毕业20周年庆典在北京中山公园音乐堂举行。著名指挥家谭利华、著名钢琴演奏家孔祥东及北京交响乐团联袂演奏。正在中央党校学习的朱晓明院长与35名CEMI首届MBA学生出席。 |
| 2006年12月16日 | EMBA课程部与中欧营销协会共同主办题为“新媒体，新思路，新营销”的论坛。三位嘉宾——分众传媒控股有限公司首席执行官江南春，超女营销总策划、尚禾互动娱乐有限公司董事长、首席执行官孙隽和浙江苏泊尔炊具股份有限公司董事长苏显泽与校友、学员们深入交流了他们对于“新媒体，新思路，新营销”的独到见解。 |
| 2006年12月18日 | 与美国道康宁公司签订赞助协议。 |
| 2006年12月25日 | 与《南方人物周刊》及上海浦东发展银行联合主办的“2006个人财富管理论坛”在中欧上海校园举行。会议解读了中国中产阶级财富管理之路，并对中国未来金融走向和金融服务机构发展趋势做了前瞻性展望。 |
| 2006年12月 | 在《商业周刊》中文版对中国优秀商学院MBA课程排名中，中欧名列第一。 |
| 2006年12月 | MBA课程正式启动国际学生“文化适应项目”。除了已开办数年的语言课程之外，该项目的另一个重要组成部分是由学院教授和跨文化管理领域专家共同讲授的“中国文化研讨课程”。 |
| 2007年1月8日 | 已故张国华院长铜像揭幕仪式在上海校园举行。原上海交大党委书记王宗光、学院雷诺执行院长、刘吉名誉院长出席并讲话，追思张国华教授。在张维炯副院长主持下，雷诺执行院长与刘吉名誉院长为铜像揭幕，朱晓明院长与张国华遗孀王维勤女士共同向铜像献花。 |

（续表）

| | |
|---|---|
| 2007年1月19日 | 在北京丽嘉酒店举办CEO论坛，主持人、管理大师大卫·欧瑞奇（David Ulrich）教授介绍了自己对商业新现实的思考，并分享了自己对领导者必须采取哪些措施以利用商机的认识。 |
| 2007年1月20日 | 200多名EMBA学生、员工及华南校友齐聚深圳马哥孛罗酒店，参加一年一度的“相约中欧——中欧华南欢聚会”，庆祝新年的来临。 |
| 2007年1月20日 | 以“创新、责任、影响力和推动力”为评选标准的2006CCTV中国经济年度人物评选在北京揭晓，CEO班校友董明珠当选。 |
| 2007年1月24日 | 副教务长兼EMBA课程主任梁能教授当选上海市浦东新区政协第三届委员会常务委员。 |
| 2007年1月25日 | 由中国企业联合会和中国企业家协会发起的全国性年度“中国企业十大新闻”暨“最具影响力企业”、“最受关注企业家”和“最具成长性企业”大型推选活动在人民大会堂新闻发布厅举行揭晓和颁奖仪式，全国政协副主席王文元等国家领导出席。EMBA2005级北京班校友、全球CEO课程校友袁光宇入选“2006年度最受关注企业家”。 |
| 2007年1月28日 | “2006年中国十大经济女性年度人物奖”在北京揭晓。校友谭丽霞以其在海尔全球化战略中所发挥的重要作用及突出业绩荣获该奖。 |
| 2007年1月29日 | 英国《金融时报》发布全球商学院MBA课程年度排名，中欧MBA课程名列第十一位，比2006年提高10位。 |
| 2007年3月14日 | 在陶氏化学公司支持下，中欧营销与创新中心成立，双方举行合作签字仪式。 |
| 2007年3月16日 | 在加拿大多伦多举行的2007年罗特曼（Rotman）全球商学院金融交易大赛中，由4名MBA2006级学生组成的代表队在34所全球著名商学院代表队中脱颖而出，名列第4位，超过了麻省理工、杜克、密歇根等全球顶尖商学院的参赛队伍。这是中欧MBA学生首次参与金融领域国际大赛并获奖。 |
| 2007年3月23日 | 联手美国哈佛商学院、西班牙IESE商学院举办的第二期“全球CEO课程”开课。 |
| 2007年3月24日 | 举行EMBA2007级春季班开学典礼。 |
| 2007年3月26日 | 校友会大连分会成立。 |
| 2007年3月 | 校友会沈阳分会成立。 |
| 2007年4月3日 | 中欧首席执行官学习联盟举办的“CEO论坛”召开，论坛主题是“在中国进行营销创新，建立全球品牌”，世界第四大IT供应商宏碁集团的创始人施振荣，以及柏唯良教授作为嘉宾出席。 27位跨国公司和中国企业首席执行官及其他高管出席。 |
| 2007年4月13日 | 8支参赛队共39名MBA学生在麻省理工学院斯隆商学院公司运作模拟竞赛中，表现突出，取得了如下成绩：一支队伍荣获季军，另有两队进入前10名，其余四队进入前25名。 |
| 2007年4月15～21日 | 在哥本哈根商学院举行的2007 WELLcontest竞赛中，4名中欧MBA2006学生组成的队伍荣获亚军且获得最佳创意和运作奖。 |
| 2007年4月17日 | 与贝卡尔特续签赞助协议。 |

（续表）

| | |
|---|---|
| 2007年4月18日 | 与上海陆家嘴（集团）有限公司举行“中欧陆家嘴国际金融研究中心合作协议书签约仪式”，市委常委兼浦东新区区委书记杜家毫、浦东新区区长张学兵、浦东新区区委常委兼政协副主席张静、浦东新区人大副主任陈德昌、朱晓明院长以及上海银监局、证监局、保监局等金融监管机构领导出席。陆家嘴（集团）杨小明总经理与张维炯副院长代表双方签约。 |
| 2007年4月21日 | 在上海校园举行MBA2005级毕业典礼。 |
| 2007年4月 | 美国商业杂志《福布斯》中文版正式对外发布“2007中国最具价值商学院”榜单。学院连续3年获得其全日制MBA课程第一名。 |
| 2007年5月9日 | 举办题为“通过提高透明度来提升企业竞争力”的圆桌论坛，100多位商界领袖出席并与来自不同商业领域的专家共同讨论商业交易中腐败行为所产生的负面影响。 |
| 2007年5月11～13日 | 由MBA2006级学生主办、主题为“负责任的领导开创可持续的未来”的第二届“企业社会责任国际论坛”举行，全球20多家商学院的MBA学生、非政府组织代表、公司和机构代表参加。 |
| 2007年5月16日 | 自2005年11月在美国《国际会计学》杂志发表以来，丁远教授撰写的会计学著作——《从文化层面看通用会计准则（GAAP）与国际会计准则（IAS）之不同》持续占据该杂志“25篇最受欢迎文章”排行榜首位。文章由丁远教授与法国巴黎HEC管理学院托马斯·吉恩（Thomas Jean）教授及荷乌·斯托勒威（Herve Stolowy）教授合著。 |
| 2007年5月21日 | 鸿翥吉马教授以其在《产品创新管理》杂志上发表的大量研究论文，被评为世界创新管理领域最多产学者的第四名。 |
| 2007年5月23日 | 为庆祝中荷建交35周年，荷兰驻沪总领馆与学院共同举办关于企业社会责任的商业论坛，荷兰驻沪总领馆的代表，众多荷兰公司的代表，长江商学院、上海交通大学、同济大学、复旦大学及中欧MBA学生参加。 |
| 2007年5月30日 | “中国战略管理挑战与问题”会议举行，青岛啤酒股份有限公司总裁金志国、雅虎中国区总裁曾鸣、三星电子无线事业部中国区总经理周晓阳、麦肯锡亚洲区董事鲍达民（Dominic Barton）、盛大网络副主席谭群钊等知名本土公司及国际跨国公司的战略决策者出席并就企业在发展中面临的战略挑战和应对之道展开对话。 |
| 2007年5月 | 《管理科学季刊》（Administrative Science Quarterly）2007年第一期刊登了由中欧管理学教授肖知兴撰写的论文《当“结构洞”失效：中国高科技企业中文化因素对社会资本的影响》。肖知兴教授是首位在该顶级学术刊物上发表著作的中国大陆学者。 |
| 2007年5月 | 由MBA学生发起并组织的“绿色校园行动计划”正式启动。 |
| 2007年6月5日 | 由中欧校友筹建的“中欧环保同学会”在北京代表处正式成立，约60位师生代表出席。前国家环保总局局长、现中华环境保护基金会会长曲格平，刘吉名誉院长出任名誉会长。成立大会上，国家环境技术咨询委员会副秘书长、国家环保总局科技委副秘书长、中国环保产业协会副会长陈尚芹做了题为“危机与机遇——中国环境保护现状”的主旨演讲。 |
| 2007年6月6日 | 获得欧洲质量认证体系（EQUIS）的续认。此次续认为期5年，从2007～2012年。 |

2007年

（续表）

| | |
|---|---|
| 2007年6月15日 | 携手第一财经频道《头脑风暴》栏目以“激荡三十年 1978～2008 ”为主题，邀请亲历改革开放的中国企业家代表，共同回顾和反思30年来中国经济的变化，展望未来中国商业的发展方向。首届CEO班校友冯仑，红豆集团董事局主席、党委书记周耀庭，珠峰伟业公司总裁王峻涛，点击科技总裁王志东，汉庭酒店连锁首席执行官季琦等6位风暴嘉宾出席并对过去30年中国经济的变化和未来的发展方向展开讨论。 |
| 2007年6月20日 | 举办题为“起源、经验和教训”的研讨会，庆祝《罗马条约》签订50周年。7位中欧关系专家围绕欧盟的成立和发展带给中国与亚洲国家的经验和教训进行讨论。 |
| 2007年6月25日 | 西班牙国王胡安·卡洛斯（Juan Carlos）一世授予雷诺执行院长“2007年国际Gresol勋章”，以表彰他推动学院成为世界一流商学院、与哈佛等学术机构合作等职业成就，以及他的优秀个人品质。该勋章旨在表彰当年最具国际影响力的西班牙杰出商业领袖。 |
| 2007年6月30日 | 携手《财经·金融实务》杂志，举办首届银行家高峰论坛，中国人民银行副行长吴晓灵、银监会副主席蒋定之、吴敬琏教授及许小年教授、摩根士丹利亚洲区主席史蒂芬·罗奇（Stephen Roach）、高盛亚太区董事总经理胡祖六、招商银行行长马蔚华、交通银行行长李军等就中国银行业的改革之路发表演讲。上海市常务副市长冯国勤代表上海市政府致贺辞。 |
| 2007年6月 | 中欧与博世（中国）投资有限公司签订赞助协议。 |
| 2007年7月5日 | 举行2007级中欧管理文凭课程开学典礼。 |
| 2007年7月6日 | 由学院主办，中欧传媒业同学会协办的“2007中国传媒产业高峰论坛”于北京嘉里中心饭店举行。来自政府、传媒行业、学术界、营销机构及投资机构的近400位代表参加并围绕“新媒体成长与媒体产业变局”这一主题展开了深入讨论。 |
| 2007年7月14日 | 中欧与《东方企业家》杂志、Wind资讯联合主办的“2007民营上市公司100强揭晓典礼暨第四届民营企业发展论坛”举行。 |
| 2007年7月21日 | 中欧与佛山市工商业联合会、佛山市南海区工商业联合会携手，于佛山宾馆举办中欧高层管理论坛佛山行大型活动。柏唯良教授围绕品牌战略和运作规则，做了题为“品牌运作新规则”的主题演讲。论坛由佛山市政府副秘书长周文致开幕辞。 |
| 2007年8月6日 | 张维炯副院长应中央电视台经济频道之邀，担任其特别节目《冲刺2008》——奥运经济（北京）论坛的演播室嘉宾，就北京奥运会带给中国经济、中国企业的机遇与挑战做深度分析与点评。 |
| 2007年8月16日 | 美国商业杂志《福布斯》正式对外发布“2007年最佳商学院排名”，在全球MBA排行榜中（美国以外），中欧MBA课程名列第九位。这是亚太地区的商学院有史以来，首次进入美国排名机构的最佳商学院榜单。 |

（续表）

| | |
|---|---|
| 2007年8月18日 | 在北京举行EMBA2007级开学典礼，迎来北京、上海秋季班共376名新生，北京大学中国经济研究中心李玲教授发表题为“中国医疗面临的挑战和机遇”的主题演讲。 |
| 2007年8月23日 | 举行MBA2007级开学典礼。 |
| 2007年8月26日 | 华南区总经理课程与CFO课程校友参加校友返校日活动。 |
| 2007年8月29日 | 举行首届管理发展课程开学典礼，50名学员出席。 |
| 2007年8月 | 作为唯一一所来自亚洲的商学院进入Expansion杂志MBA课程排名。这是亚洲商学院首次进入此项排名。 |
| 2007年9月5日 | 张春教授和许斌教授同时获批国家自然科学基金项目资助。 |
| 2007年9月6～8日 | 应世界经济论坛邀请，朱晓明院长参加在大连举办的世界经济论坛首届新领军者年会，即首届“夏季达沃斯”论坛。 |
| 2007年9月7日 | 正式启动高层经理培训课程在线报名系统。 |
| 2007年9月8～11日 | 朱晓明院长应商务部邀请以《中国服务外包发展报告2007》的主编身份出席厦门“中国国际投资贸易洽谈会”开幕式，并发表演讲。《中国服务外包发展报告2007》由中欧与中国国际投资促进会、中国服务外包中心合作编撰。朱晓明院长还在会议期间拜会了吴仪副总理、商务部马秀红副部长与博鳌论坛秘书长龙永图。 |
| 2007年9月15日 | 举办第三届“中国健康产业高峰论坛”，探讨中国在建设四项基本制度的医改道路上所面临的困难与挑战，300多名业内专业人士（包括约200名来自全国各大医院院长）出席。 |
| 2007年9月16日 | 由中欧陆家嘴国际金融研究院担任独家学术支持机构的“杰姆·罗杰斯2007上海行演讲会”举行，丁远教授应邀与杰姆·罗杰斯（Jim Rogers）对话，就中国股票市场的投资价值与风险进行交流。 |
| 2007年9月22日 | 在上海校园举行EMBA2005级毕业典礼。 |
| 2007年9月29日 | 2007年上海市“白玉兰荣誉奖”授奖仪式在上海市政府贵宾厅举行，上海市市长韩正向雷诺执行院长颁授了证章、证书，以嘉奖他对中国教育事业所做出的贡献。 |
| 2007年9月 | 吴敬琏教授在学院发起设立“吴敬琏学术基金”，用于推动我国管理教育事业发展，培养更多现代管理人才、加强研究和学术队伍建设。 |
| 2007年10月12日 | 会计学教授丁远博士应校友金融与投资俱乐部之邀发表演讲，剖析中国资本市场的下一个投资金矿：A股？H股？ |
| 2007年10月22日 | 英国《金融时报》发布全球商学院EMBA课程年度排名，中欧名列全球第二十三名，连续7年跻身全球50强。 |
| 2007年10月26日 | 中欧陆家嘴国际金融研究院成立揭牌仪式在其所在地上海市东园路36号B幢别墅举行，上海市市长韩正揭牌，上海市常务副市长冯国勤致辞。市委常委、浦东新区党委书记杜家毫，市府秘书长李良园，市府副秘书长姜平，陆家嘴集团总经理杨小明及朱晓明院长、刘吉名誉院长、张维炯副院长、张春副教务长等出席。 |

（续表）

| | |
|---|---|
| 2007年10月27日 | 北京校园破土动工。 |
| 2007年10月29～30日 | 以“中国汽车产业：从合资到全球联盟”为主题的第五届汽车产业高峰论坛举行。 |
| 2007年9月、10月 | 中欧校友、2006级CEO班学员董明珠先后当选《福布斯》“2007年度全球最具影响力的100位女性”与《财富》“全球最具影响力的50位商界女性”。 |
| 2007年11月1日 | 举行成为基金捐赠教席签字仪式，雷诺执行院长出任该教席教授。 |
| 2007年11月3日 | 举行2007校友返校日，校友会组织了一台校友深度访谈节目——“论剑中欧”。许小年教授做题为“从大国崛起到现代社会转型”的演讲，为校友阐述了现代社会的定义以及作为企业家的社会责任。1996级校友约100余人在当晚举办“毕业10周年”晚宴。 |
| 2007年11月9～10日 | 应商务部邀请，朱晓明院长出席在深圳举办的第四届中国产业国际竞争力论坛并发表题为“提高中国服务产业国际竞争力的思考”的主题演讲。商务部副部长高虎城，全国人大常委、中国轻工业联合会会长陈士能，IMD学院教授让-皮埃尔·莱曼（Jean-Pierre Lehmann），中国欧盟商会主席伍德克（Joerg Wuttke）等也发表了演讲。 |
| 2007年11月11日 | 2007上海大学生创业周活动举行闭幕式，民进中央常务副主席、上海市大学生科技创业基金会会长严隽琪出席，学院获“2007上海大学生创业周”优秀组织奖，并于11月7日承办了“创业创新国际圆桌会议”。 |
| 2007年11月17日 | 在布鲁塞尔召开2007年董事会会议，会议通过了2006年董事会会议纪要、2007年董事会报告和2008年财务预算。 |
| 2007年11月17日 | 中国驻欧盟使团关呈远大使在比利时布鲁塞尔官邸会见朱晓明院长和张维炯副院长。 |
| 2007年11月18日 | 朱晓明院长和张维炯副院长在英国伦敦会见欧洲议会欧中友好小组主席内杰·德瓦（Nirj Deva）。 |
| 2007年<br>11月18日、25日 | 携手第一财经频道《头脑风暴》栏目，以“寻医问药路在何方”为主题，邀请专家学者、著名医院的院长、社会各界的企业家、律师等共同探讨“看病难，看病贵”的根源，并为中国医改进言献策。 |
| 2007年11月22日 | 德国主流财经媒体代表团来访。该代表团由拜耳德国股份有限公司邀请，由德国电视二台、《科隆城市报》、《西德意志报》、《西德意志汇报》等媒体的代表组成。 |
| 2007年11月24日 | 中欧同学私募基金协会联合中欧陆家嘴国际金融研究院在上海校园石化厅举办“首届年度私募股权基金投资论坛”，中国证监会研究中心主任祁斌、软银赛富亚洲基金创始合伙人阎炎、弘毅投资总裁赵令欢、第一财经“头脑风暴”主持人金岩石、中欧私募股权基金协会会长贾雪塘及张春教授出席并做主题演讲。 |

（续表）

| | |
|---|---|
| 2007年11月28日 | 商务部与上海市政府决定在浦东共建中国服务外包研究中心。合作协议签约仪式在锦江宾馆举行。商务部副部长马秀红，商务部外资司副司长林哲莹，上海市人大常委会副主任、朱晓明院长，上海市副市长唐登杰，上海世博会执委会专职副主任、浦东新区区长张学兵等出席，朱晓明院长出任中国服务外包研究中心主任。 |
| 2007年11月28日 | 第四届中欧工商峰会在人民大会堂举行，双方回顾了中欧关系10年来的发展成果，国务院总理温家宝出席会议并发表讲话。温家宝总理在讲话中将学院作为中欧双方在教育领域合作中的典范，他指出，“中欧国际工商学院已成为众多优秀管理人士的摇篮。” |
| 2007年11月30日 | 在中欧陆家嘴国际金融研究院召开新闻通气会，宣布学院中标欧盟“中国-欧洲商务管理培训项目”，获得欧盟约760万欧元的项目资金支持。 |
| 2007年11月 | 朱晓明院长和张维炯副院长赴英国考察了英国伦敦商学院和剑桥大学Judge商学院等5所著名大学与商学院，并在课程、基建、研究、筹资、学生管理、校友服务和国际合作等方面与同行分享了经验。 |
| 2007年12月15日 | 2008“中欧之夜”北京新年音乐会在北京中山公园音乐堂举行。国务委员、北京奥组委第一副主席陈至立和其他来宾与校友共迎新年。著名指挥家谭利华、著名小提琴演奏家吕思清及北京交响乐团联袂奉献了一场交响音乐会。 |
| 2007年12月25日 | 由中欧和《南方人物周刊》以及上海浦东发展银行联合主办的“2006个人财富管理论坛”在上海校园举行。会议解读了中国中产阶级财富管理之路，并对中国未来金融走向和金融服务机构发展趋势做了前瞻性展望。 |
| 2007年12月27日 | 上海市政府发文，决定将陆家嘴论坛秘书处作为常设机构设在中欧陆家嘴国际金融研究院。 |
| 2007年12月29日 | 2007年中国工程院9个学部共选举产生33名新院士，EMBA2003级校友王玉普当选。 |
| 2008年1月13日 | 与上海市金融办联合主办、太平洋资产管理有限公司承办的首届上海资金与资产管理中心建设论坛在上海国际会议中心举行。上海市常务副市长冯国勤、上海市金融办主任方星海、新加坡金融管理局金融业发展执行署署长黄南新、中国保监会资金运用监管部主任孙建勇、浦东发展银行行长傅建华、弘毅投资顾问有限公司总裁赵令欢等嘉宾以及中欧朱晓明院长、张维炯副院长参加了会议。 |
| 2008年1月15日 | “中国-欧盟商务管理培训项目”启动仪式举行，商务部副部长高虎城、上海市常务副市长冯国勤、欧盟委员弗拉迪米尔·斯皮德拉（Vladimir Spidla）、欧盟驻华大使赛日·安博参加仪式。2007年11月，中欧国际工商学院中标“中国-欧盟商务管理培训项目”，获得欧盟约760万欧元的项目资金支持。该项目旨在增进学员对欧洲的认识，并紧密结合中国的商业实践，通过中国和欧盟学术界和企业界的相互交流，进一步加强双方的商业和文化交流，并促进我国欠发达地区管理教育的发展。 |
| 2008年1月20日 | 300多名EMBA学生、华南校友及员工齐聚深圳大中华喜来登酒店，参加一年一度的盛会——“中欧之约”华南欢聚会，庆祝新年来临。 |

（续表）

| | |
|---|---|
| 2008年1月21日 | “2008中欧新年音乐会”在上海大剧院举行，以答谢广大校友和曾经给予支持与帮助的社会各界朋友。音乐会由著名音乐家陈燮阳指挥，教职员工、校友和各界精英1600多人参加了音乐会。 |
| 2008年1月28日 | 朱晓明院长在中国人民政治协商会议上海市第十一届委员会第一次会议上当选为上海市政协副主席。 |
| 2008年1月28日 | 召开新闻发布会宣布，在英国《金融时报》最新发布的全球商学院MBA课程排名中，中欧再次名列第11位，第二次进入全球MBA第一梯队榜单，并连续5年蝉联亚洲第一。 |
| 2008年1月30日 | 2007CCTV中国经济年度人物评选活动在北京揭晓。两位EMBA校友——2002级EMBA校友金志国以及2004级EMBA校友陈志列喜获“2007CCTV中国经济年度人物”称号，成为2007年中国经济领域最具代表性的10位领袖级人物之一。同时，陈志列还摘走了评委会特设的“年度创新人物”大奖，成为“经济年度人物”评选活动开设8年以来，独揽两项桂冠的第一人。 |
| 2008年1月 | 携手第一财经频道《头脑风暴》栏目，以“中国女性在全球经济中的角色”为主题，打造女性领导力论坛。校友周晓光、王佳芬以及史晓燕等参加了讨论，李秀娟教授担任特约评论员并做主题发言。 |
| 2008年1月 | 3位MBA学生创办了首份由学生创办的报纸“Shenme”。其目的是为学生和教授提供一个分享学术成果、学习体验和各种观点的平台。 |
| 2008年1月 | 银城实业股份有限公司向中欧教育发展基金会捐赠人民币300万元。该项捐赠的大部分将直接用于支持教学研究，其余部分将投入吴敬琏学术基金。 |
| 2008年1月 | 《商业周刊》中文版报道，在其2007年度的中国商学院年度调查中，中欧MBA课程以领先第二名7个百分点的绝对优势位列中国MBA第一名。北大国际MBA、清华经济管理学院、复旦大学管理学院和上海交通大学安泰管理学院依次分列榜单的第二至第五位。 |
| 2008年<br>2月21～23日 | 应安徽省委、省政府邀请，朱晓明院长参加了“中国服务外包基地城市——合肥”的授牌仪式。吴仪副总理于2月22日下午在合肥亲切接见了朱院长。2月22日下午，朱院长向合肥市四套班子领导干部及合肥市500余名领导干部做了题为“提升中国服务业／服务外包国际竞争力的研究”的主题演讲。 |
| 2008年2月25日 | 在西班牙巴塞罗那正式成立国际联络办公室和校友会欧洲分会，并且与IESE合作举办了主题为“中国商界女性的领导力”论坛。 |
| 2008年3月1日 | 在大连香格里拉酒店举办高层管理论坛。此次论坛由中欧主办，中海集装箱运输大连有限公司、大连港股份有限公司和大连商品交易所合办，中国证监会大连监管局、大连外商投资企业协会、大连证券期货业协会、大连上市公司协会和中欧校友会大连分会协办。大连市副市长戴玉林到会致辞，丁远教授发表了主题演讲。 |
| 2008年3月3～7日 | 举办首届中欧MBA学术讲座周——“探索之周”。此次活动邀请了众多教授参加：许小年、张春、海若琳（Norma Harrison）、许斌、丁远、周东生和高大伟等。演讲主题涵盖经济、金融、会计、运营管理、市场营销及中国文化等众多领域。 |

（续表）

| | |
|---|---|
| 2008年3月17日 | 与熙可国际控股有限公司签订赞助协议，熙可向中欧教育发展基金会捐赠人民币100万元，用于支持学院的教学研究。 |
| 2008年3月19日 | 在中欧陆家嘴国际金融研究院举行《B2B品牌管理》（中文版）新书发布会。该书由弗沃德（Waldemar A. Pfoertsch）教授和全球营销大师菲利普·科特勒（Philip Kotler）合著，是B2B品牌管理领域极具分量的一本力作，也是国内出版的该领域首部著作。 |
| 2008年3月20日 | 举行EMBA2008级春季班开学典礼。 |
| 2008年3月22日 | 丁远教授接受第一财经频道“会见财经界”栏目专访，与《第一财经日报》主持人秦朔畅谈中国A股的投资价值与投资理念。 |
| 2008年3月26日 | 市场营销与创新中心2008论坛——“市场营销、创新和企业成长”举办。此次论坛就企业成长这一论题展开深入探讨。鸿翥吉马教授与大家分享了他的最新研究成果。 |
| 2008年3月28日 | 丁远和赵欣舸教授做客中欧陆家嘴金融家沙龙，与来自银行、证券、保险、基金、信托以及投资公司的听众分享他们对A股上市公司业绩进行实证分析后的主要结论和观点。 |
| 2008年<br>3月30日～4月1日 | CEO项目5周年庆典暨2008级CEO课程开学典礼举行。中国人民银行原副行长吴晓灵在庆典大会上为百位企业家做了题为“资金价格市场化及其对企业融资的影响”的主题演讲。3月31日上午，中央党校原常务副校长郑必坚，中国国际战略学会会长、解放军原副总参谋长熊光楷，中国社科院原常务副院长王洛林，外交学院院长、国际展览局名誉主席吴建民等嘉宾与校友围绕我国政治、军事、经济、外交等领域的话题展开了一场高端对话。CEO校友的闭幕晚宴在苏州太湖高尔夫会所举行。席间，苏州市市长阎立出席祝贺，许小年教授做了闭幕主题演讲。4月1日与会者参加了在苏州的参观活动。3月30日晚，中共中央政治局委员、上海市委书记俞正声，上海市委副书记、上海市市长韩正、上海市委常委、市委副秘书长丁薛祥在上海会见并宴请了朱晓明院长、刘吉名誉院长和主要与会嘉宾。 |
| 2008年3月 | 启动“欧盟奖学金”计划。该奖学金是“中国-欧盟商务管理培训项目”重要内容之一，旨在帮助来自国内欠发达的中西部地区的求学者完成MBA学业。计划在2008年－2012年，每年为来自我国21个人均GDP低于2万元的欠发达省份与自治区的12名MBA学生分别提供与MBA课程等长时间（18个月）的全额奖学金（6名）和半额奖学金（6名）。 |
| 2008年3月 | 研祥智能科技股份有限公司向中欧教育发展基金会捐赠人民币100万元，用于支持中国服务外包研究中心的教研发展。 |
| 2008年4月5日 | 江苏省委书记、省人大常委会主任梁保华，省委副书记、省长罗志军，省委副书记、政协主席张连珍，省委常委、宣传部部长杨新力会见并宴请了参加CEO项目5周年庆典大会之后赴南京访问的郑必坚和中欧刘吉名誉院长。 |

（续表）

| | |
|---|---|
| 2008年4月10日 | 在江西南昌举办题为“如何打造强势品牌”的高层管理论坛。江西省副省长洪礼和、江西省政府副秘书长徐毅、张桃生、江西省国资委主任李天鸥和南昌市常务副市长王咏接见了张维炯副院长一行。校友会江西分会也借此论坛之际举行了成立仪式。 |
| 2008年4月14日 | 中欧6支代表队共24位MBA学生参加了在麻省理工学院举行的“国际运营模拟竞赛”，分获冠军、季军和第六名。冠军队击败了包括沃顿商学院、新加坡国立大学商学院等在内的85所顶级商学院。 |
| 2008年4月17日 | 吴敬琏教授做客中欧陆家嘴金融家沙龙，发表题为“中国经济转型的机遇与挑战”的演讲。 |
| 2008年4月17日 | 与米其林签署赞助协议，再续长达10年之久的伙伴关系。米其林将继续支持学院在领导力和人力资源管理学科的教席。李秀娟教授出任该教席教授。 |
| 2008年4月18～19日 | “首届奢侈品高峰论坛”举行。中国经济体制改革研究会副会长王德培、羽西之家董事长靳羽西、杰尼亚总裁杰尼亚（Paolo Zegna）、意中基金会主席凯萨·罗米蒂（Cesare Romiti）、LVMH中国区总裁吴越、杉杉集团总裁郑永刚、桃乐丝总裁米高·桃乐丝（Miguel Torres）和依文企业集团总裁夏华等业界人士出席论坛并发表演讲。300多名业界专业人士参加。 |
| 2008年4月19日 | 举行MBA2006级毕业典礼。 |
| 2008年5月3日 | 校友会湖南分会成立。 |
| 2008年5月6日 | 朱晓明院长应邀出席在中欧陆家嘴国际金融研究院举行的上海市大学生科技创业基金会第一次理事长咨询会，并在会前与全国人大常委会副委员长、民进中央主席、上海市大学生科技创业基金会会长严隽琪进行了会谈。 |
| 2008年5月9日 | 举办以“追梦全球——中国女性在全球经济中的角色”为主题的第二届女性领导力论坛。刘吉名誉院长和李秀娟教授分别做了主题演讲。 |
| 2008年5月9～10日 | 经国务院批准，以“世界格局中的中国金融”为主题的首届“陆家嘴论坛”在上海浦东香格里拉酒店举行。该论坛由中国人民银行、中国银监会、中国证监会、中国保监会与上海市人民政府联合举办。国务院副总理王岐山、中国人民银行行长周小川、中国银监会主席刘明康、中国证监会主席尚福林、中国保监会主席吴定富等发表主旨演讲，上海市委书记俞正声、上海市市长韩正、上海市副市长屠光绍等出席。作为论坛四家承办单位中唯一的学术机构，中欧为论坛的策划和筹备做了大量工作。朱晓明院长、张维炯副院长分别出任陆家嘴论坛组委会副主任和秘书处副秘书长。朱晓明院长发表题为“金融人才：金融中心之本”的大会演讲，共有10位教授与兼职教授发表演讲或主持会议。 |
| 2008年5月11日 | 《中欧商业评论》在上海正式创刊。 |
| 2008年5月12日 | “中欧张江创新创业研究中心”合作备忘录在上海张江（集团）有限公司签署。 |
| 2008年5月12日 | 管理委员会决定根据2005年确立的4个学科领域，设立“经济学/决策科学”、“金融学/会计学”、“管理学”、“市场营销学”4大学科。 |

（续表）

| | |
|---|---|
| 2008年5月14日 | 5月12日，四川汶川地震造成数万人死亡，上千万人无家可归。管理委员会组织全体师生员工举行救灾款募捐活动。截至2008年底，师生员工、校友和校友企业共计捐赠善款25亿多元。 |
| 2008年5月23日 | 朱晓明院长作为奥运火炬手参加了北京奥运圣火上海站的传递活动。 |
| 2008年5月24日 | “中欧首届私募基金投资峰会”在上海校园石化演讲厅举行。许斌教授、上海睿信投资董事长李振宁、中投公司董事总经理郑孔栋、深圳港湾董事总经理但斌、中科智悦华创投董事长周明华做了主题演讲和对话交流。 |
| 2008年<br>5月31日～6月1日 | 校友会在洛阳举办2008中欧校友流动课堂活动。洛阳市副市长杨萍等共计50多位来自各地的校友参加了本次流动课堂洛阳站活动。 |
| 2008年5月 | 在英国《金融时报》发布的全球高层经理培训课程排行榜中，中欧排名第二十位。 |
| 2008年5月 | 《东方早报》对中欧陆家嘴国际金融研究院进行独家报道：打造“金融达沃斯”，上海国际金融中心建设“软”着陆。 |
| 2008年6月1日 | 由中欧校友、学生、志愿者和上海市儿童健康基金会成员策划组织的六一慈善义卖活动在浦东淳大万丽酒店举办，为重建四川地震灾区希望小学筹得善款130余万元。 |
| 2008年6月6日 | 由中欧主办、中欧传媒业同学会协办的“第二届中国传媒产业高峰论坛”在北京香格里拉饭店举办。本届论坛的主题为“资本、技术与媒体创新”。联想集团高级副总裁兼大中华区和俄罗斯区总裁陈绍鹏，中欧刘吉名誉院长，张维炯副院长，许小年教授等20余位嘉宾做了演讲。联想集团等企业为此次论坛给予了大力支持。 |
| 2008年6月6～8日 | “企业社会责任全球论坛”举行。大会由中欧MBA学生筹备，其目的是向未来的商业领袖介绍并推广企业社会责任理念。 |
| 2008年6月8日 | “创意中国”挑战赛决赛举行，最终来自加州大学洛杉矶分校安德森管理学院的参赛队伍在7支闯入决赛的队伍中脱颖而出赢得大奖。 |
| 2008年6月11日 | 第七期总经理班开学。本期共招收了61名学员。 |
| 2008年6月11日 | 世界6所知名商学院院长齐聚中欧，就“关于工商管理教育在中国和全球的未来”这一话题进行讨论。 |
| 2008年6月30日 | 学院中方办学单位上海交通大学宣布，根据中国政府与欧洲联盟签署的《财务协议》，上海交通大学现任校长、中科院院士张杰教授接替原上海交通大学校长谢绳武教授担任中欧国际工商学院董事长。 |
| 2008年6月 | 经过一年多的酝酿和准备，吴敬琏学术基金助学金正式启动。此项助学金由吴敬琏学术基金发起并设立，每年选拔2名当年录取的中国籍MBA学生，分别发放总额为8万元人民币的助学金。此项助学金的设立旨在帮助优秀的MBA学生顺利完成学业。 |

2008年

（续表）

| | |
|---|---|
| 2008年7月1日 | 与赢创工业集团签署了一份为期3年的合作伙伴新协议，协定赢创工业集团在3年中向学院捐赠30万欧元。赢创工业（原德固赛）集团自2005年以来，一直是学院的赞助商。 |
| 2008年7月4日 | 校友会宁波分会成立。 |
| 2008年7月25日 | 学院与《第一财经日报》、上海市外商企业投资协会、上海市外国投资促进中心共同主办主题为“外资中国30年：新战略、新远景”的系列管理高峰论坛——中日企业管理高峰论坛。 |
| 2008年7月30日 | EMBA2007级学生刘红荣获第十五届“上海十大杰出青年”称号。 |
| 2008年7月31日 | 与世界经济论坛在中欧陆家嘴国际金融研究院联合举办“2008全球风险报告”圆桌会议。 |
| 2008年8月2日 | 举行EMBA2008级秋季班开学典礼。 |
| 2008年8月4日 | 召开首次工会会员代表大会和首届工会委员会第一次会议，以差额选举方式选出了首届工会委员会。新当选的6位工会委员是：王建铆、肖斌、罗永新、陈少晦、杜谦和唐慧杰。 |
| 2008年8月10日 | 校友会贵州分会成立。 |
| 2008年8月21日 | 举行MBA2008级开学典礼。 |
| 2008年9月1日 | 2009年MBA课程正式接受在线报名。 |
| 2008年9月5日 | “中欧商务教育文凭课程”开班仪式在安徽省合肥市举行。 |
| 2008年9月12～13日 | 与拜耳技术工程（上海）有限公司共同主办的第四届国际化工和医药行业优秀技术和工程实践年会在上海校园石化演讲厅举办。“亚洲化工和医药行业的可持续发展”是本届年会的主题。 |
| 2008年9月20日 | 举行EMBA2006级毕业典礼，欧盟驻华大使赛日·安博出席。 |
| 2008年9月20日 | 中欧陆家嘴国际金融研究院第一届理事会第一次会议召开，中共中央政治局委员、上海市委书记俞正声与上海市市长韩正分别发来贺信。理事会会议审议并通过了《中欧陆家嘴国际金融研究院章程》，上海市政协主席冯国勤应邀担任名誉理事长，雷诺执行院长担任名誉院长。会议选举朱晓明院长为理事长，上海陆家嘴金融贸易区开发股份有限公司董事长杨小明、学院副院长张维炯为副理事长。全国人大常委、财经委员会副主任委员吴晓灵出任院长。 |
| 2008年9月20日 | 由中欧陆家嘴国际金融研究院和华安基金管理有限公司联合主办的以“动荡时代的金融创新与稳定”为主题的沙龙举行，100余位来自政府、金融界和学术界的人士出席会议。上海市政协主席冯国勤，上海市委常委、副市长屠光绍，上海市委常委、浦东新区区委书记徐麟，上海市政协副主席兼中欧院长朱晓明、上海市市长助理张学兵等领导出席并致辞。吴晓灵、王华庆、吴敬琏、许小年、顾功耘、胡汝银、王益民、缪建民、翁富泽等著名学者和金融机构负责人，围绕“以创新化解金融风险”和“动荡时期的市场机遇”两个议题，与听众分享了他们的见解。 |

（续表）

| | |
|---|---|
| 2008年9月21日 | 第四届“中国健康产业高峰论坛”举行。 |
| 2008年10月11日 | 朱晓明院长出席由商务部外资司和中国服务外包研究中心共同主办的“中国服务外包发展报告2008暨中国服务外包产业发展规划工作研讨会”，并做了题为“《中国服务外包发展报告2008》和《中国服务外包产业发展规划》研究思路和工作方案”的报告。 |
| 2008年10月14日 | 欧中企业领导力与社会责任研究中心、国际经济伦理研究中心、欧洲SPES论坛携手举办的主题为“履行企业社会责任真能提升中国企业业绩吗——东西方能否相互学习”的论坛举行。 |
| 2008年10月14日 | 校友会四川分会成立。 |
| 2008年10月19日 | 举办首届“欧洲日”，聚焦金融风暴这一话题。欧盟驻华大使赛日·安博、德固赛大中华区总裁俞大海，贝卡尔特亚洲区总裁埃尔曼·旺达勒（Herman Vandaele），桑坦德银行上海分行总经理安格勒·奥尔蒂斯（Angel Ortiz），蓬皮杜文化发展中心主任、巴黎创新改革研究中心主任贝纳·斯蒂格勒（Bernard Stiegler）和复旦大学经济学院副院长李伟森诠释了金融危机产生的根源，并提出了独到的建议。 |
| 2008年10月21日 | 中欧携手英国皇家国际事务研究所与清华－布鲁金斯公共政策研究中心，共同举办主题为“全球金融危机之后：亚洲金融中心”的2008中国会议。参会的嘉宾有上海市副市长屠光绍、美国财政部副部长戴维·麦考密克（David McCormick）、伦敦金融城政策与资源委员会主席弗雷泽（Stuart Fraser）、国家外汇管理局前副局长魏本华、上海市金融服务办公室主任方星海、台湾时代基金创始人及执行长徐小波、清华—布鲁金斯公共政策研究中心主任肖耿等。 |
| 2008年<br>10月22日、23日 | 许小年教授应CCTV2之邀，在经济类节目《直击华尔街风暴》上分别以“金融危机与救援”与“华尔街金融危机的根源”为主题，深入浅出地阐述了自己的研究成果和观点。 |
| 2008年10月25日 | EMBA2003级北京班部分学生，参加了由该班同学出资25万元兴建的黑石渡中心小学综合楼的捐赠活动暨中欧博爱小学揭牌仪式。 |
| 2008年10月29日 | 由中欧主办、环保同学会协办的“2008中欧建筑节能论坛”在北京代表处拉开帷幕。 |
| 2008年10月 | 英国《金融时报》发布全球商学院EMBA课程年度排名，中欧名列全球第二十三位，连续5年进入世界EMBA课程25强行列。 |
| 2008年11月1日 | 携手《财经》杂志举办第二届银行家高峰论坛。中欧陆家嘴国际金融研究院院长吴晓灵，世界银行东亚太平洋地区首席金融专家王君，法国兴业银行（中国）有限公司首席执行官张永光，中国民生银行行长王彤世，中欧许小年教授，中国银行副行长、中欧兼职教授朱民等嘉宾就金融危机下中国银行业的前景和改革等话题发表了演讲。 |
| 2008年11月1日 | 总经理课程2005级II班捐助的“大山中欧AMPII班希望小学”建成并迎接第一批新生，总经理2005级II班学员和学校代表出席落成典礼。 |
| 2008年11月1日 | 校友会福建分会成立。 |

（续表）

| | |
|---|---|
| 2008年11月6～7日 | 以“绿色未来——全球及中国汽车业可持续发展的挑战”为主题的第六届汽车产业高峰论坛举行。 |
| 2008年11月8日 | 在中欧陆家嘴国际金融研究院召开2008年董事会会议。中欧新任董事长、上海交通大学校长张杰院士主持了会议。 |
| 2008年11月8日 | 举办2008中欧校友返校日。三一重工向文波校友和著名文化学者于丹发表了演讲。 |
| 2008年11月10日 | 国际管理学会举行年度大会。会上国际管理学会将其年度嘉奖颁发给了中欧朱晓明院长，以表彰其在中国管理教育方面的突出贡献。我国仅有中国国家开发银行陈元董事长、吴敬琏教授与朱晓明院长三人获得此奖。朱晓明院长还荣获2008年国际管理学会（IAM）“杰出成就奖”。 |
| 2008年11月10日 | 举行CFO课程2008级毕业典礼。 |
| 2008年11月21日 | 朱晓明院长作为2008年度“中国管理模式杰出奖”评选活动的轮值理事长出席该奖项的颁奖典礼并为获奖者颁奖。 |
| 2008年11月21日 | 欧洲商学院授予郭理默教务长荣誉博士学位。此荣誉学位旨在表彰郭理默教授在25年学术生涯中所取得的成就，以及他在中国和新西兰工作期间仍致力于促进德国商业的发展所做出的重要贡献。 |
| 2008年11月22日 | 由校友自发筹建的“中欧服务外包产业同学会”在北京代表处成立，朱晓明院长出任名誉会长。这是中国大陆商学院中成立的第一个以“服务外包”为主题的行业社团组织。成立大会上，商务部外资司副司长林哲莹和国际数据公司大中华区总裁郭昕分别做了题为“转移与承接——中国服务外包产业宏观政策”和“中国服务外包发展的回顾与展望”的主旨演讲。 |
| 2008年11月27日 | 与《中欧商业评论》联合主办，华信惠悦咨询公司协办的旨在探讨企业未来薪酬策略的“2008整体奖酬趋势研讨会”在北京代表处举行。 |
| 2008年11月 | MBA课程改革正式启动，成为中欧MBA课程持续改进的又一里程碑。 |
| 2008年12月6日 | 携手第一财经共同举办以“世界在倾听——中国企业改革三十年之回望”为主题的首届全球管理论坛。上海市副市长沈晓明，原全国人大常委会副委员长成思危，中国国务院国有资产监督管理委员会主任、党委书记李荣融，上海文广新闻传媒集团副总裁、第一财经传媒有限公司董事长高韵斐，剑桥大学政治经济学教授詹姆斯·莫理斯（James Mirrlees）和麻省理工学院经济学教授保罗·萨缪尔森（Paul Samuelson），商务部研究院跨国公司研究中心主任王志乐，宝钢集团董事长徐乐江，青岛啤酒股份有限公司董事长金志国，IBM大中华地区全球企业咨询服务部总经理马可·查普曼（Marc Chapman），《第一财经日报》总编辑秦朔，恒源祥（集团）有限公司董事长刘瑞旗以及中欧朱晓明院长、雷诺执行院长、吴敬琏、杨国安、李秀娟教授等发表了演讲。 |
| 2008年12月6日 | 与麦肯锡公司在上海校园签署了赞助伙伴协议。 |
| 2008年12月7日 | 《解放日报》在头版位置以《管理教育的中国奇葩——记第一所中外合作商学院中欧国际工商学院》为题，对我院进行了报道。 |

（续表）

| | |
|---|---|
| 2008年12月20日 | “中欧之夜”新年音乐会在北京中山公园音乐堂举行。全国人大常委会副委员长、农工党中央主席桑国卫与学院校友、嘉宾齐聚一堂，共同迎接新年的到来。音乐会期间，在中山音乐堂大厅举办了主题为“三十年改革开放路，十五载建校育人行”的图片展。 |
| 2008年12月22日 | 《时代周报》刊登朱晓明院长专访：《原创思想突围国际化》。 |
| 2008年12月24日 | 中欧陆家嘴国际金融研究院副院长殷剑峰在中欧陆家嘴金融家沙龙发表演讲，为50余位金融机构高管解读当前金融危机和美国金融模式特点及演变过程。 |
| 2009年1月5日 | 在上海大剧院举行名为“走进歌剧院”的2009中欧第二届新年音乐会。师生员工及各行业精英人士1600余人共同欣赏了由魏松、廖昌永等著名演唱家和由著名指挥家林友声执棒的上海歌剧院交响乐团共同献演的经典歌剧选段。上海市人大常委会主任刘云耕，市政协主席冯国勤，全国人大常委、上海市第十二届人大常委会主任龚学平，市人大常委会副主任胡炜，市人大常委会副主任杨定华，市政协副主席王新奎，市政协副主席李良园，市外商投资协会会长、市第十一届人大常委会副主任沙麟，市第十二届人大常委会副主任、原市工商联合会主席任文燕，市儿童基金会会长、市第十届政协副主席谢丽娟及市社科院院长、市第十届政协副主席王荣华出席。 |
| 2009年1月8～11日 | MBA2008级学生李株沃（Joo Yi）参加由印度加尔各答管理学院主办的Olympus竞赛并获得冠军。 |
| 2009年1月12日 | 朱晓明院长出席政协上海市第十一届二次会议并作政协工作报告。 |
| 2009年1月16日 | 获得国际商学院联合会（AACSB）认证。 |
| 2009年1月29日 | 英国《金融时报》发布全球商学院MBA年度百强排名，中欧名列第八，成为亚洲首家跻身世界十强的商学院。 |
| 2009年1月 | MBA学生徐英祺在北京举行的“中国东西全明星案例竞赛”中战胜来自其他4个国家8家商学院的竞争对手获得冠军。 |
| 2009年2月18日 | 张维炯副院长参加贵州卫视《论道》节目，与博鳌亚洲论坛秘书长龙永图共同探讨中小企业的困境与机遇。 |
| 2009年2月21日 | 由上海市金融服务办公室和中国社会科学院金融研究所指导，中欧陆家嘴国际金融研究院和东方财富网联合主办的“2009第一届中国财富与资产管理论坛”在上海波特曼丽嘉酒店举行。论坛主题为“全球金融危机背景下中国财富与资产管理的机遇和挑战”，包括政府官员、金融机构高管、学术机构的专家和学者在内的近300人出席。上海市委常委、副市长屠光绍致开幕辞，全国人大常委兼财经委副主任委员、中欧陆家嘴国际金融研究院院长吴晓灵，中国人民银行副行长苏宁，中国社科院金融研究所所长李扬，上海市金融服务办公室主任方星海等发表演讲。 |
| 2009年2月 | 丁远教授接受《解放日报》专访，指出三五年内股市或现更大泡沫。 |
| 2009年3月2～6日 | 第二届中欧MBA学术“探索周”举行。许小年、许斌、丁远、周东生、肖知兴、陈杰平、张炜、琳敦（Nandani Lynton）、海若琳和高大伟等教授，结合自己最新的研究成果，为MBA学生做了10场学术讲座。 |

（续表）

| | |
|---|---|
| 2009年3月6日 | 由方睿哲副（Ramakrishna Velamuri）教授与研究员许雷平合作完成的案例——“俏江南集团：追寻‘美丽’的成长历程”获EFMD2008年度案例写作竞赛“来自中国的新兴全球竞争者”类别大奖，这是中国大陆商学院首次获得该奖项。 |
| 2009年3月6日 | 与熙可在上海校园西班牙中心就设立熙可领导力发展基金签署协议。该基金将用以资助领导力发展项目和设立MBA2009级学生奖学金。 |
| 2009年3月16日 | 由中欧陆家嘴国际金融研究院与英国驻沪总领馆共同举办的“通往伦敦峰会之路”圆桌会议举行，吴晓灵、方星海、龚方雄、华民、孙立坚、张幼文、徐明棋、秦朔、王国兴等出席并发言。 |
| 2009年3月19日 | 《中欧商业评论》联合新生代市场监测机构，发布“中国塔基市场报告”。 |
| 2009年3月20～22日 | 在丽江举办“总经理课程5周年庆典”，丁远、许小年教授和国家统计局总经济师兼新闻发言人姚景源发表演讲。 |
| 2009年3月21日 | 在上海校园举行EMBA2009级春季班开学典礼。 |
| 2009年3月23日 | 与西班牙阿斯图里亚经济发展研究所在上海校园缔结战略联盟，将共同促进对西班牙阿斯图里亚地区的投资。 |
| 2009年3月23日 | 朱晓明院长代表管理委员会宣布，任命许定波教授为副教务长，负责学院在北京校园的学术工作。 |
| 2009年3月24日 | MBA2008级学生余卓轩将与49名世界各地的学生共同参加前往南极的探险队。 |
| 2009年3月26日 | 中欧教育发展基金会在中欧陆家嘴国际金融研究院举办“中欧基金会年度酒会”。 |
| 2009年3月 | 中国驻巴塞罗那总领事王士雄在中国驻巴塞罗那大使馆内会见并宴请雷诺执行院长夫妇，并同他们进行了交谈。 |
| 2009年3月 | 由5位MBA2008级学生组成的中欧代表队参加了由哥伦比亚大学主办的商业模拟竞赛，成功闯入决赛圈，并在此后赴纽约参加总决赛。 |
| 2009年3月 | 丁远教授接受腾讯财经频道专访，指出：目前A股估值水平与6 000点相当。 |
| 2009年3月 | 王建铆教授接受正义网联合腾讯连线采访，指出：政府投资应坚持引导作用。 |
| 2009年3月 | 中欧43位校友出席十一届全国人大二次会议以及全国政协十一届二次会议，积极建言献策。 |
| 2009年4月1日 | EMBA2006级5班校友崔立建向母校捐赠珍贵的北京奥运开幕式表演用缶。 |
| 2009年4月1～2日 | 许斌教授就伦敦二十国集团领导人第二次金融峰会（G20峰会）接受新浪和腾讯专访指出，周小川行长提出的“超主权储备货币”概念可以解释为博弈论上的“策略性行动”。 |
| 2009年4月11日 | 校友会湖北分会成立。 |
| 2009年4月15日 | 《科学时报》头版刊登了张杰董事长撰写的《发挥后发优势是中欧国际工商学院快速发展的关键》一文，新华网、人民网、中科院网与科学网均做了全文转载。 |
| 2009年4月17日 | 郭理默教务长出席博鳌亚洲论坛2009年年会，并接受了中央电视台采访。 |

（续表）

| | |
|---|---|
| 2009年4月18日 | 举行MBA2007级毕业典礼。 |
| 2009年4月18日 | 在黄山举办“中欧国际工商学院CEO峰会”。来自全国各地的100多位CEO课程校友参加。国务院发展研究中心研究员陈清泰，中国国际战略学会会长、原中国人民解放军副总参谋长熊光楷上将，著名经济学家王洛林，著名外交家吴建民，原中国人民银行副行长、中欧陆家嘴国际金融研究院院长吴晓灵，中国投资公司总经理高西庆，中国社科院世界经济研究所所长余永定，台湾时代基金执行长徐小波，清华–布鲁金斯公共政策研究中心主任肖耿，中欧吴敬琏教授，杨国安教授等出席并发表演讲。 |
| 2009年4月24日 | “中欧商务教育文凭课程”首期班毕业典礼暨二期班开学典礼在安徽省合肥市举行。合肥市委组织部副部长、市人事局局长郭苏梅、欧盟欧洲委员会驻华代表团随员李丽珊（Alexandra Lehmann）、中欧张维炯副院长和法兰克福金融与管理学院经济学教授、上海国际银行金融学院董事会主席、副院长霍斯特·洛切尔（Horst Loechel）教授等与合肥市人事局有关嘉宾出席了仪式。 |
| 2009年4月28日 | 主题为“加强中欧合作，面对全球挑战”的第八届中欧工商论坛在天津滨海新区举行。中共中央政治局委员、天津市委书记张高丽出席开幕式，德国前总理格哈德·施罗德（Gerhard Schroeder），法国前总理洛朗·法比尤斯，天津市人大常委会主任刘胜玉，市委副书记、市政协主席邢元敏，中欧刘吉名誉院长出席并发表演讲。 |
| 2009年4月29日 | EMBA2009级北京班学生钱俊冬获得“陕西省十大杰出青年”称号。 |
| 2009年4月 | 张维炯副院长接受《创业邦》专访，指出学习可提高创业成功率。 |
| 2009年4月 | 丁远教授接受《经济观察报》和《21世纪经济报道》专访，从微观的角度探讨如何分析上市公司盈利能力，判断投资价值。 |
| 2009年4月 | 许小年教授出席博鳌亚洲论坛2009年会，并接受中央电视台、财经网、新浪、搜狐、腾讯、凤凰网、中国经济网等众多知名媒体的采访。 |
| 2009年4月 | 王佳芬等10位女性校友入围《中国企业家》“30位年度商界木兰”候选人。 |
| 2009年4月 | CEO课程校友董明珠进入《财富》杂志发布的“中国最具影响力的商界领袖”排行榜，并位列第三。 |
| 2009年5月9日 | 中欧校友爱心联盟和哈哈少儿频道联合主办“哈哈－中欧校友慈善嘉年华”活动。100个校友家庭参加了此次慈善嘉年华，共拍得义款15万元，将全部用于资助受到意外伤害的贫困家庭儿童。 |
| 2009年5月14日 | 举办中欧陆家嘴国际金融研究院年度晚宴。研究院理事单位负责人及出席陆家嘴论坛的部分嘉宾出席了晚宴，包括：中国国际金融有限公司董事长李剑阁、交通银行行长李军、中国银联总裁徐罗德、中国外汇交易中心副总裁张漪、金蝶软件副总裁曾良、浦发银行战略发展部总经理李麟等。 |
| 2009年5月15日 | 中欧三支代表队在麻省理工学院举行的“国际运营模拟竞赛”中分获亚军、第七和第九名。 |

2009年

（续表）

| | |
|---|---|
| 2009年5月15～16日 | 2009陆家嘴论坛举行。该论坛由上海市政府、中国人民银行、中国银监会、中国证监会和中国保监会联合主办，由中欧与上海市金融服务办公室、浦东新区政府、中国人民银行上海总部和上海银监局联合承办。本届论坛主题为“全球化时代的金融发展与经济增长”。中欧共有10位教授与兼职教授发表演讲或主持会议。 |
| 2009年5月18日 | 中欧校友爱心联盟捐赠四川灾区的电脑和书包启运。 |
| 2009年5月19日 | 在加纳首都阿克拉举行EMBA课程开学典礼。出席开学典礼的嘉宾有：代表加纳副总统约翰·马哈马（John Mahama）出席仪式的加纳教育部长亚历克斯·特泰-恩尼奥（Alex Tettey-Enyo），教育学家、中欧非洲项目国际咨询委员会（IAB）成员、利比里亚前总统艾莫斯·索耶（Amos Sawyer），西班牙驻加纳大使朱莉娅·奥尔莫（Julia Olmo）（IAB成员），成为投资管理咨询公司创始人及执行董事李世默（IAB成员）和喜力国际人力资源总监大卫·怀特曼（David Wightman）。来自加纳和尼日利亚的42位学员将就读该课程。 |
| 2009年5月19日 | 中欧代表队在2009年商学院“玄奘之路”戈壁挑战赛中，在10支亚洲顶尖商学院代表队中脱颖而出，夺得冠军。 |
| 2009年5月26日 | 与江西经济管理干部学院共同举办的第五期中欧管理（江西）高层论坛开幕。朱晓明院长和肖知兴副教授发表主题演讲。江西省副省长孙刚出席开幕式并讲话，江西省政协副主席李华栋出席。参加此次论坛的有江西省及各市的厅级领导干部、江西省中外企业总经理、副总经理、人力资源总监、事业部总经理等约500余人。 |
| 2009年5月26日 | 与任仕达公司签署战略合作协议，任仕达公司成为中欧赞助商。 |
| 2009年5月 | 英国《金融时报》发布全球高层经理培训课程年度排名，中欧名列第十九位。 |
| 2009年5月 | 深圳代表处迁入荣超商务中心。 |
| 2009年5月 | 张春教授就上海迈向国际金融和航运双中心有关问题接受《人民日报》采访。 |
| 2009年5月 | 王建铆教授就中国经济发展的有关问题接受英国《金融时报》采访。 |
| 2009年6月3日 | 由伦敦金融城政府、上海市金融服务办公室、中欧陆家嘴国际金融研究院联合主办的“上海市-伦敦金融城高端对话”在外滩三号举行。本次对话的议题是金融创新与监管和上海国际金融中心建设。中欧陆家嘴国际金融研究院院长吴晓灵出席会议并做主旨发言。 |
| 2009年6月3日 | 朱晓明院长在浦东香格里拉大酒店会见英国伦敦金融城市长陆毅安（Alderman Ian Luder）一行，双方进行了会谈。 |
| 2009年6月5～6日 | 第四届“全球企业社会责任”大会举行。本届大会的主题为“改变”。来自全球14个国家和地区的40余名嘉宾和来自南加州大学、北京大学、清华大学、香港科大、台湾大学等世界著名大学的135名MBA学生出席并就企业社会责任和可持续发展热点话题展开深入交流。诺贝尔和平奖得主狄波尔·贝鲁阿（Dipal Barua）、《纽约时报》畅销书作家约翰·珀金斯（John Parkins）也出席了大会。 |

（续表）

| | |
|---|---|
| 2009年6月9日 | 以“在快速变化的市场中，领导力究竟是如何练成的？”为主题的2009领导力论坛在中欧举行。李秀娟教授就如何有效培养和提升领导力和与会嘉宾进行了探讨。本次论坛由中欧主办，《中欧商业评论》杂志和上海人力资源管理联谊会（HRMA）共同承办。 |
| 2009年6月15日 | 校友会黑龙江分会在哈尔滨成立，朱晓明院长到会祝贺。 |
| 2009年6月20日 | 在上海校园举办第五届“中国健康产业高峰论坛”。来自政府、企业、医院和学术界的数十位知名专家应邀发表主题演讲，从多种视角、多个层面探讨中国在深化医疗卫生体制改革中所面临的挑战与机遇，为中国的医改事业献计献策。 |
| 2009年6月21日 | 中欧代表队与IESE商学院代表队获得了由中欧主办的2009“创意中国”国际MBA挑战赛冠军。 |
| 2009年6月25日 | 与世界经济论坛联合举办“资本市场与实体经济”圆桌会议。中国国际金融有限公司首席经济学家哈继铭与中国社科院研究员、原常务副院长王洛林做引导演讲，清华-布鲁金斯公共政策研究中心主任肖耿担任主持嘉宾，天津市副市长任学锋、MMC集团亚洲区主席席伯伦（Rafael Gil-Tienda）、博斯公司合伙人柯安德（Andrew Cainey）、上海海立（集团）股份有限公司董事长沈建芳、马凯公司董事长兼总裁李震、美国安可顾问集团亚洲区副董事长孟克文（Christian Murck）、中欧陆家嘴国际金融研究院常务副院长殷剑峰、太平洋重工集团有限公司董事长兼首席执行官梁小雷、软银亚洲赛富基金首席合伙人阎炎展开讨论。 |
| 2009年6月28日 | 举办中欧私募基金协会第九次沙龙活动。中欧名誉院长刘吉、中欧校友会主任王庆江致欢迎辞，深圳市东方富海投资管理有限公司董事长陈玮、平安证券有限责任公司前任副总裁徐波就本期主题“深圳创业板的推出：对中小高科技企业及私募基金带来的机遇和挑战”发表演讲。 |
| 2009年6月28日 | 举行“中欧校友情系当代大学毕业生”企业职位发布及中欧校友论坛。会上正式发布了1202个面向大学毕业生的就业岗位，朱晓明院长、张维炯副院长倡议广大中欧校友充分利用自身资源，为大学毕业生提供更多更好的就业机会。上海市教育委员会副主任王奇出席会议并致辞，许小年教授在会后的校友论坛上做了专题发言。 |

# 附录二 历届董事会成员名单[1]

| 首届董事会（1994～1999） | |
|---|---|
| 中方 | 欧方 |
| 翁史烈[2]<br>董事长<br>上海交通大学校长 | 威利·德克莱尔（Willy de Clercq）<br>副董事长<br>欧洲议会对外关系委员会主席 |
| 经叔平<br>董事<br>中华全国工商业联合会主席 | 雷诺（Pedro Nueno）<br>董事<br>国际管理学会会长、<br>西班牙IESE商学院伯特伦基金会创业管理教席教授 |
| 王生洪<br>董事<br>上海市政协副主席、市委统战部部长 | 斯塔凡·布伦斯塔姆·林德（Staffan Burenstam Linder）<br>董事<br>欧洲议会议员、瑞典斯德哥尔摩经济学院院长 |
| 曹臻<br>董事<br>上海市计划委员会副主任 | 赫拉德·范斯海克（Gerard van Schaik）<br>董事<br>欧洲管理发展基金会主席 |
| 张祥<br>董事<br>上海市对外经济贸易委员会副主任 | 汤姆斯·萨特尔伯格（Thomas Sattelberger）<br>董事<br>德国汉莎航空公司高层人事与人力资源发展高级副总裁 |

| 第二届董事会（2000～2004） | |
|---|---|
| 中方 | 欧方 |
| 谢绳武[3]<br>董事长<br>上海交通大学校长 | 赫拉德·范斯海克<br>副董事长<br>欧洲管理发展基金会主席 |
| 经叔平<br>董事<br>中国人民政治协商会议全国委员会副主席、<br>中华全国工商业联合会主席 | 杨亨（Jan Borgonjon）<br>董事<br>英特华投资咨询有限公司董事总经理 |
| 朱晓明<br>董事<br>上海市政府副秘书长、<br>上海市对外经济贸易委员会主任、<br>上海市外国投资工作委员会主任 | 威利·德克莱尔<br>董事<br>比利时国务委员、<br>欧洲议会法律事务与民权委员会主席 |
| 杨定华<br>董事<br>中共上海市金融工作委员会书记 | 雷诺<br>董事<br>西班牙IESE商学院伯特伦基金会创业管理教席教授 |

（续表）

| | |
|---|---|
| 王奇<br>董事<br>上海市教育委员会副主任 | 汤姆斯·萨特尔伯格<br>董事<br>德国汉莎航空公司产品与服务执行副总裁 |
| **第三届董事会（2005～）** | |
| **中方** | **欧方** |
| 谢绳武<br>董事长<br>上海交通大学校长 | 赫拉德·范斯海克<br>副董事长<br>欧洲管理发展基金会主席 |
| 张杰（2008年6月接任）<br>董事长<br>上海交通大学校长 | |
| 经叔平[4]<br>董事<br>中国民生银行董事长 | 杨亨<br>董事<br>英特华投资咨询有限公司总裁 |
| 朱晓明<br>董事<br>上海市人民代表大会常务委员会副主任 | 弗朗索瓦·贝鲁（Francois Bayrou）<br>董事<br>法国民主联盟主席 |
| 刘吉（2009年11月接任）<br>董事<br>中欧国际工商学院名誉院长 | 埃里克·科尼埃尔（Eric Cornuel）（2007年接任）<br>董事<br>欧洲管理发展基金会总干事兼首席执行官 |
| 杨定华<br>董事<br>上海市政府秘书长 | 加布里埃尔·哈瓦维尼（Gabriel Hawawini）<br>董事<br>法国INSEAD商学院院长 |
| | 戴维·M.桑德斯（David M. Saunders）（2007年接任）<br>董事<br>女王大学女王商学院院长 |
| 王奇<br>董事<br>上海市教育委员会副主任 | 费德里科·卡斯特利亚诺斯（Federico Castellanos）<br>董事<br>IBM欧洲/中东/非洲分公司人力资源副总裁 |
| | 汤姆斯·萨特尔伯格（Thomas Sattelberger）（2007年接任）<br>董事<br>德国电信人力资源董事 |

注：

1 各届董事职务均以其首次出席的该届董事会会议纪要为准。

2 2000年1月起，翁史烈任中欧国际工商学院名誉董事长。

3 2008年6月起，谢绳武任中欧国际工商学院名誉董事长。

4 经叔平董事于2009年9月14日因病逝世，其董事席位尚待增补。

# 附录三　管理委员会沿革

| 时间 | 执行院长 | 院长 | 中方副院长 | 欧方副院长、教务长 |
|---|---|---|---|---|
| 1994.11～1995.1 | 杨亨（Jan Borgonjon）（代理） | 李家镐（候任） | 张国华（候任） | |
| 1995.1～1995.2 | 杨亨（代理） | 李家镐 | 张国华 | 苏史华（David B. Southworth）（副院长） |
| 1995.3～1995.9 | 冯勇明（Joachim Frohn）（兼教务长） | 李家镐 | 张国华 | 苏史华（副院长） |
| 1995.10～1997.10 | 冯勇明（兼教务长） | 李家镐 | 张国华（兼中方教务长[1]） | 苏史华（副院长） |
| 1997.10～1998.5 | 菲希尔（William A. Fischer）（兼教务长） | 李家镐 | 张国华（兼中方教务长） | 苏史华（副院长） |
| 1998.5～1998.9 | 菲希尔（兼教务长） | | 张国华（兼中方教务长） | 苏史华（副院长） |
| 1998.10～1999.5 | 菲希尔（兼教务长） | | 张国华（兼中方教务长） | 博纳德（Albert Bennett）（副院长） |
| 1999.6 ～1999.12 | 博纳德 | 刘吉[2]（代理） | 张国华（兼中方教务长） | 菲希尔（教务长） |
| 2000.1～2000.10 | 刘吉 | 博纳德 | 张国华（兼中方教务长） | 菲希尔（教务长） |
| 2000.11～2001.10 | 刘吉 | 博纳德 | 张国华（兼中方教务长） | 温伟德（Wilfried Vanhonacker）（副院长兼教务长） |
| 2001.11～2004.8 | 刘吉 | 博纳德 | 张国华（兼中方教务长） | 白思拓（Alfredo Pastor）（副院长兼教务长） |

（续表）

| | | | | |
|---|---|---|---|---|
| 2004.9～2004.12 | 刘吉 | 博纳德 | 张国华<br>（兼中方教务长） | 郭理默（Rolf D. Cremer）<br>（副院长兼教务长） |
| 2005.1～2006.1 | 雷诺（Pedro Nueno） | 张国华 | 张维炯<br>（兼中方教务长） | 郭理默<br>（副院长兼教务长） |
| 2006.1～2006.6 | 雷诺 | | 张维炯<br>（兼中方教务长） | 郭理默<br>（副院长兼教务长） |
| 2006.6～2009.11 | 雷诺 | 朱晓明 | 张维炯<br>（兼中方教务长） | 郭理默<br>（副院长兼教务长） |
| 2009.11～ | 朱晓明 | 雷诺 | 张维炯<br>（兼中方教务长） | 郭理默<br>（副院长兼教务长） |

说明：2009年10月19日，经管理委员会提议和董事会同意，管理委员会成员人数增加为6人，副教务长、会计学教授许定波和院长助理、高层经理培训部主任刘湧洁增补为管理委员会成员。

注：

1 1995年10月董事会决定，自1995年10月起设中方教务长一职，由中方副院长兼任。

2 2005年1月至今，刘吉任中欧国际工商学院名誉院长。

# 附录四 历任学术委员会成员名单[1]

| 当前成员 | |
|---|---|
| 姓名 | 所属机构[2] |
| 约翰·奎尔奇（John Quelch）[3] | 哈佛商学院，美国 |
| 白思拓（Alfredo Pastor）[4] | IESE商学院，西班牙 |
| 阿尔努·德梅耶尔（Arnoud de Meyer） | 剑桥大学Judge商学院，英国 |
| 张春 | 中欧国际工商学院，中国 |
| 舒宓雷（David C. Schmittlein） | 麻省理工学院斯隆管理学院，美国 |
| 多米尼克·特平（Dominique Turpin） | IMD 商学院，瑞士 |
| 魏刚德（Juergen Weigand） | WHU商学院，德国 |
| 克里舍·G.佩普（Krishna G. Palepu） | 哈佛商学院，美国 |
| 路易吉·维托里奥·塔瓦（Luigi Vittorio Tava） | 博科尼大学SDA商学院，意大利 |
| 郭理默（Rolf D. Cremer） | 中欧国际工商学院，中国 |
| 朴胜虎（Seung Ho Park） | 中欧国际工商学院，中国 |
| 张维炯 | 中欧国际工商学院，中国 |

| 全部成员 | | |
|---|---|---|
| 姓名 | 任期 | 所属机构[5] |
| 雷诺（Pedro Nueno）[6] | 1994～2005 | IESE商学院，西班牙 |
| 白思拓 | 2005～2008 | IESE商学院，西班牙 |
| | 2009～ | |
| 约翰·奎尔奇 | 2009～ | 哈佛商学院，美国 |
| 多米尼克·特平 | 1994～ | IMD商学院，瑞士 |
| 佛朗哥·阿米贡尼（Franco Amigoni） | 1994～1998 | 博科尼大学SDA商学院，意大利 |
| 盖依·哈斯金斯（Gay Haskins） | 1996～1998 | 伦敦商学院，英国 |
| 谢家伦 | 1994～2005 | 奈耶罗德大学，荷兰 |
| 马丁·K.韦尔奇（Martin K. Welge） | 1994～2003 | USW大学，德国 |
| 雷蒙·赖利（Raymond Reilly） | 1996～1996 | 密歇根大学商学院，美国 |
| 温伟德（Wilfried Vanhonacker） | 1994～1998 | INSEAD商学院，法国 |

（续表）

| | | |
|---|---|---|
| 吴敬琏 | 1994～2005 | 国务院发展研究中心、中国社会科学院，中国 |
| 杨锡山 | 1994～2005 | 上海交通大学，中国 |
| 杨国安 | 1994～1998 | 密歇根大学商学院，美国 |
| 吉尔·麦克威廉（Gil McWilliam） | 1994～2000 | 伦敦商学院，英国 |
| 阿尔努·德梅耶尔 | 1999～2006 | INSEAD商学院，法国 |
| | 2006～ | 剑桥大学Judge商学院，英国 |
| 毛里齐奥·达洛基奥（Maurizio Dallocchio） | 1999～2003 | 博科尼大学SDA商学院，意大利 |
| 斯图尔特·布莱克（Stewart Black） | 1999～2005 | 密歇根大学商学院，美国 |
| 伯纳德·拉马南楚阿（Bernard Ramanantsoa） | 2000～2005 | HEC商学院，法国 |
| 乔治·S. 叶（George S. Yip） | 2000～2005 | 伦敦商学院，英国 |
| 保罗·比米什（Paul Beamish） | 2000～2005 | 西安大略大学毅伟商学院，加拿大 |
| 武尔夫·普林克（Wulff Plinke） | 2000～2002 | USW大学，德国 |
| | 2002～2005 | ESMT学院，德国 |
| 吉姆·赫鲍利契（Jim Herbolich） | 2003 | 欧洲管理发展基金会 |
| 路易吉·维托里奥·塔瓦 | 2003～ | 博科尼大学SDA商学院，意大利 |
| 张春 | 2005～ | 中欧国际工商学院，中国 |
| 舒宓雷 | 2005～2007 | 沃顿商学院，美国 |
| | 2007～ | 麻省理工学院斯隆管理学院，美国 |
| 魏刚德 | 2005～ | WHU商学院，德国 |
| 忻榕（Katherine Xin） | 2005～2006 | 中欧国际工商学院，中国 |
| 郭理默 | 2005～ | 中欧国际工商学院，中国 |
| 张维炯 | 2005～ | 中欧国际工商学院，中国 |
| 克里舍·G.佩普 | 2007～ | 哈佛商学院，美国 |
| 朴胜虎 | 2007～ | 中欧国际工商学院，中国 |
| 沃伦·麦克法伦（Warren McFarlan） | 2007～2009 | 哈佛商学院，美国 |

注：

1 历任学术委员会成员以任职年份为序。
2 以进入学术委员会时所任职的机构为准。
3 约翰·奎尔奇为现任学术委员会主席。
4 白思拓于2005～2008年担任学术委员会主席。
5 以进入学术委员会时所任职的机构为准。
6 雷诺于1994～2005年担任学术委员会主席。

# 附录五　历任公司顾问委员会成员名单

| 公司顾问委员会名誉成员名单 | | | |
|---|---|---|---|
| 姓名 | 任期 | 公司顾问委员会内所任职务 | 职务 |
| 汪道涵 | 1994～2005 | 名誉主席 | 原上海市市长、海峡两岸关系协会会长 |
| 杜侠都（Pierre Duchateau） | 1994～ | 名誉副主席 | 前欧盟驻华大使 |
| 吴家玮（Woo Chiawei） | 1994～2003 | 名誉成员 | 香港科技大学校长 |
| 陈清泰 | 1994～1998 | 名誉成员 | 国家经济贸易委员会副主任 |
| | 1998～ | | 国务院发展研究中心副主任 |
| 柯礼顿（Guy Clayton） | 1997～2000 | 名誉成员 | 汽巴-嘉基（香港）有限公司董事长兼执行董事 |

| 当前公司顾问委员会成员名单 | | |
|---|---|---|
| 外资企业[1] | | |
| 机构名称 | 姓名 | 职务 |
| ABB China Ltd.<br>ABB中国有限公司 | Mr. Koch Brice | Chairman & President |
| AB InBev<br>百威英博 | Mr. Sergio Saravia | Vice President, People APAC |
| Akzo Nobel（Asia） Co., Ltd.<br>阿克苏诺贝尔管理有限公司 | Mr. John Seiero | President |
| Alcatel Shanghai Bell Co., Ltd.<br>上海贝尔阿尔卡特 | Mr. Yuan Xin | Chairman |
| Apax Partners Worldwide LLP | Mr. Max Burger-Calderon | Senior Partner, Chairman Asia |
| Atlas Copco（China） Investment Co., Ltd.<br>阿特拉斯·科普柯（中国）投资有限公司 | Mr. Magnus Gyllo | Vice President |
| AXA General Rep. Office in China<br>法国安盛保险集团中国总代表处 | Mr. Jamie McCarry | President & CEO |
| Banco Sabadell, Shanghai Rep. Office<br>西班牙萨瓦德尔银行上海代表处 | Mr. Guillermo Diaz Sevilla | Chief Representative |

（续表）

| | | |
|---|---|---|
| BARCO<br>巴可 | Mr. Frank Christiaens | Managing Director China |
| Basque Govermment<br>巴斯克政府 | Ms. Miren Madinabeitia | Chief Representative |
| Bayer（China） Ltd., Shanghai Branch<br>拜尔（中国）有限公司 | Mr. Michael Koenig | President of the Bayer Group in Greater China |
| BBVA<br>西班牙对外银行 | Mr. Ramon Gascon | Country Manager |
| Bekaert Management（Shanghai） Co., Ltd.<br>贝卡尔特管理（上海）有限公司 | Mr. Mark Goyens | President, Bekaert Asia |
| BNP Paribas China Ltd.<br>法国巴黎银行（中国）有限公司 | Mr. Francois Cristofari | Chief Executive Officer |
| British American Eastern<br>英美烟草中国公司 | Ms. Adelaide Gu | Corporate & Regulatory Director, China |
| Bosch（China） Investment Ltd.<br>博世（中国）投资有限公司 | Mr. Peter Pang | Chairman of the Board |
| BP China Ltd.<br>BP中国有限公司 | Mr. Chen Liming | President |
| Carrefour China<br>家乐福中国 | Mr. Eric Legros | Chairman – China Executive Board |
| China Holdings In International Commerce, Ltd.（CHIIC）<br>熙可国际贸易有限公司 | Mr. Edward Y. M. Zhu | Chief Executive Officer |
| Ciba Specialty Chemical<br>汽巴精化 | Mr. Kuno Kohler | Regional President, Region Asia North |
| Ciudad Grupo Santander<br>西班牙桑坦德银行 | Mr. Francisco Martin Lopez-Quesada | Advisor to the CEO on Asia |
| Degussa China<br>德固赛中国 | Dr. Yu Dahai | Chairman & CEO |
| Dow Chemical<br>陶氏化学（中国）投资有限公司 | Mr. James Mcllvenny | President, Asia Pacific |
| Dow Corning<br>道康宁有机硅贸易（上海）有限公司 | Mr. Tom Cook | President, Greater China |
| Eli Lilly S. A. Shanghai Rep. Office<br>美国礼来亚洲公司上海代表处 | Dr. David Ricks | President, China |

（续表）

| | | |
|---|---|---|
| Emerson Electric Asia – Pacific<br>艾默生电气公司亚太总部 | Mrs. Sara Yang Bosco | President, Asia Pacific |
| Fondazione Italia China<br>意中基金会 | Mr. Alcide Luini | Director General |
| FTSE International | Mr. Ceri Richards | |
| GE（China） Co., Ltd.<br>通用电气（中国）有限公司 | Ms. Ninal Dankfort-Nevel | Chief Learning Officer |
| Global Sources<br>环球资源 | Mr. Merle A. Hinrichs | Chairman & CEO |
| Government of Cantabria（Spain）<br>西班牙坎塔布利亚政府 | Mr. Francisco Royano Gutierrez | Director General |
| Government of Spain<br>西班牙政府 | Mr. Antonio Segura | Consul General,<br>Consulate General of Spain in Shanghai |
| Henkel（China） Investment Co., Ltd.<br>汉高（中国）投资有限公司 | Dr. Werner Krieger | Senior Vice President, Human Resources and Corporate Communications |
| IBM China Company Ltd.<br>国际商业机器中国有限公司 | Mr.Teik Yean Kuan | Marketing Leader,<br>IBM Global Business Services |
| ICEX<br>Spanish Institute of External Commerce<br>西班牙对外贸易发展局 | Mr. Pedro Mejia Gomez | State Secretary of Tourism and Trade |
| IDOM<br>西班牙IDOM设计集团 | Mr. Fernando Querejeta | President |
| "la Caixa"<br>巴塞罗那养老金储蓄银行 | Mr. Isidro Faine | Chairman |
| L'Oréal Asia<br>欧莱雅亚洲 | Mr. Paolo Gasparrini | Learning for Development Director |
| Lufthansa German Airlines<br>德国汉莎航空公司 | Mr. Arved von zur Muehlen | General Manager, Eastern China |
| LVMH Fashion Group<br>LVMH路威酩轩 | Mr. Florent Gregoire | Human Resources Manager |
| Mandarin Capital Partners<br>曼达林基金 | Mr. Alberto Forchielli | Founder and Managing Partner |
| Mckinsey Asia Pacific<br>麦肯锡亚太 | Mr. Dominic Barton | Managing Director |
| Michelin（China） Investment Co., Ltd.<br>米其林（中国）投资有限公司 | Mr. Yves Chapot | Chairman |

（续表）

| | | |
|---|---|---|
| Philips（China） Investment Co., Ltd. Shanghai Branch<br>飞利浦（中国）投资有限公司上海分公司 | Mr. Patrick Kung | Chief Executive Officer, China |
| Omnicom Group Inc.<br>宏盟集团 | Mr. Serge Dumont | Senior Vice President |
| OCBC Bank<br>华侨银行 | Mr. Hu Hong | Executive Vice President |
| Port of Barcelona<br>巴塞罗那港 | Mr. Juan Dedeu | Far East Representative |
| Pudong Shangri-La<br>浦东香格里拉 | Mr. Cetin Sekercioglu | Vice President / General Manager |
| Ranstad<br>任仕达 | Mr. George Wang | General Manager |
| Royal Bank of Scotland<br>苏格兰皇家银行 | Mr. Charles Li | Country Executive China Region, Country Business Manager Consumer Client |
| Schneider Electric China Investment<br>施耐德电气中国有限公司 | Mr. Zhu Hai | General Manager |
| Telefónica Internacional Rep. Office<br>西班牙电讯国际公司北京办事处 | Mr. Iñigo Serrano | Asia Chief Regional Officer |
| TESCO Hymall<br>乐购 | Mr. Ken Towel | International Sourcing Director |
| **中资企业** | | |
| 上海银行<br>Bank of Shanghai | 瞿秋平先生<br>Mr. Qu Qiuping | 行长<br>Governor |
| 成为基金<br>Chengwei Ventures LLC | 李季霖先生<br>Mr. Eric Li | 合伙人<br>Founder and Partner |
| 中国电信集团上海市电信公司<br>China Telecom Group Shanghai Telecommunication | 张维华先生<br>Mr. Zhang Weihua | 总经理兼党委书记<br>General Manager |
| 旭辉集团<br>Cifi Group | 林中先生<br>Mr. Lin Zhong | 董事长<br>Chairman |
| 研祥集团<br>EVOC Group | 陈志列先生<br>Mr. Chen Zhilie | 董事长<br>Chairman |
| 华泰证券<br>Huatai Securities Co., Ltd. | 吴万善先生<br>Mr. Wu Wanshan | 董事长<br>Chairman |

（续表）

| | | |
|---|---|---|
| 华安基金管理有限公司<br>HuaAn Fund Management Co., Ltd. | 俞妙根先生<br>Mr. Yu Miaogen | 总裁<br>President |
| 嘉华集团<br>K. Wah Group | 吕志和先生<br>Mr. Che-woo Lui | 主席<br>Chairman |
| 迈瑞公司<br>Mindray | 徐航先生<br>Mr. Xu Hang | 董事长<br>Chairman |
| 南都集团控股有限公司<br>Narada Holdings Company | 周庆治先生<br>Mr. Zhou Qingzhi | 总裁，董事长<br>President |
| 上海宝钢集团公司<br>Shanghai Baosteel Group Corporation | 徐乐江先生<br>Mr. Xu Lejiang | 董事长<br>Chairman |
| 上海家化集团有限公司<br>Shanghai Jahwa Group Co., Ltd. | 葛文耀先生<br>Mr. Ge Wenyao | 董事长<br>Chairman |
| 金桥集团<br>Shanghai Jinqiao (Group) Co., Ltd. | 俞标先生<br>Mr. Yu Biao | 党委副书记兼总经理<br>General Manager |
| 上海陆家嘴（集团）有限公司<br>Shanghai Lujiazui (Group) Co., Ltd. | 杨小明先生<br>Mr. Yang Xiaoming | 总经理<br>General Manager |
| 上海浦东发展银行<br>Shanghai Pudong Development Bank | 吉晓辉先生<br>Mr. Ji Xiaohui | 董事长<br>Chairman |
| 深圳中航集团<br>Shenzhen CATIC Group | 吴光权先生<br>Mr. Wu Guangquan | 董事长兼总裁<br>Chairman and President |
| 中国石化上海石油化工股份有限公司<br>SINOPEC Shanghai Petrochemical Co., Ltd. | 戎光道先生<br>Mr. Rong Guangdao | 董事长<br>Chairman |
| 中石化集团胜利油田<br>东胜精攻石油开发集团有限公司<br>SINOPEC Shengli Oilfield<br>Dongsheng Petroleum Group Co., Ltd. | 王学春先生<br>Mr. Wang Xuechun | 副总经理<br>Deputy General Manager |
| TCL集团股份有限公司<br>TCL Corporation | 李东生先生<br>Mr. Li Dongsheng | 董事长兼总裁<br>Chairman and President |
| 莱蒙鹏源国际集团有限公司<br>Topspring International Holdings Limited | 黄俊康先生<br>Mr. Huang Junkang | 董事长兼总裁<br>Chairman and President |
| 银城地产股份有限公司<br>Treenity Real Estate Co., Ltd. | 黄清平先生<br>Mr. Huang Qingping | 董事长<br>Chairman |
| 万得资讯<br>Wind Info | 陆风先生<br>Mr. Lu Feng | 董事长<br>Chairman |

注：

1　外资企业公司顾问委员会成员因资料原因仅列出其英文姓名和英文职务。

# 附录六 长期教授、核心教授、学术休假教授名单

| 长期教授 | | | |
|---|---|---|---|
| 英文姓名 | 中文姓名[1] | 执教年份 | 研究领域 |
| Li, Jiahao | 李家镐 | 1994～1998 | 经济学 |
| Zhang, Guohua | 张国华 | 1994～2005 | 战略学 |
| Zhang, Weijiong | 张维炯 | 1997～ | 战略学 |
| Wang, Jianmao | 王建铆 | 1998～ | 经济学 |
| Howard Ward | 霍华德 | 2000～2003 | 管理学 |
| Juan Fernandez | 范悦安 | 2000～ | 人力资源管理学 / 组织行为学 |
| Liu, Ji | 刘吉 | 2000～2004 | 管理学 |
| Wilfried Vanhonacker | 温伟德 | 2000～2001 | 市场营销学 |
| Alfredo Pastor | 白思拓[2] | 2001～ | 经济学 |
| John Hulpke | 胡祺 | 2001～2002 | 管理学 |
| Katherine R. Xin | 忻榕[3] | 2001～2005 | 人力资源管理学 / 组织行为学 |
| Liang, Neng | 梁能 | 2001～ | 战略学 |
| Seung Ho Park | 朴胜虎[4] | 2001～2009 | 战略学 |
| Fryxell Gerald | 傅礼斯 | 2002～ | 管理学 |
| Linda Sprague | 史璞兰 | 2002～2007 | 运营管理学 |
| Michael Steven Brooks | 奚汇海 | 2002～2003 | 管理学 |
| Wu, Jinglian | 吴敬琏[5] | 2002～ | 经济学 |
| Zhou, Dongsheng | 周东生 | 2002～ | 市场营销学 |
| Lydia Price | 白诗莉 | 2003～ | 市场营销学 |
| Rolf D. Cremer | 郭理默 | 2003～ | 经济学 |
| Willem Burgers | 柏唯良[6] | 2003～ | 市场营销学 |
| William Mobley | 茅博励 | 2003～ | 人力资源管理学 / 组织行为学 |
| Zhu, Yu | 朱煜 | 2003～ | 金融学 |
| Arthur Yeung | 杨国安[7] | 2004～ | 人力资源管理学 / 组织行为学 |
| Chang, Chun | 张春[8] | 2004～ | 金融学 |
| Gao, Yan | 高岩 | 2004～ | 金融学 |

（续表）

| | | | |
|---|---|---|---|
| Xiao, Zhixing | 肖知兴 | 2004～ | 人力资源管理学／组织行为学 |
| Xu, Bin | 许斌 | 2004～ | 经济学／金融学 |
| Xu, Dingbo | 许定波 | 2004～ | 会计学 |
| Xu, Xiaonian | 许小年 | 2004～ | 经济学／金融学 |
| Zhang, Yimin | 张逸民 | 2004～ | 金融学 |
| Jaume Ribera | 任杰明[9] | 2005～ | 运营管理学 |
| Kwaku Atuahene-Gima | 鸿翥吉马 | 2005～ | 市场营销学 |
| Pedro Nueno | 雷诺[10] | 2005～ | 创业学 |
| Per V. Jenster | 言培文 | 2005～2008 | 战略学 |
| Thomas E. Callarman | 柯雷孟 | 2005～ | 运营管理学 |
| Zhao, Xinge | 赵欣舸 | 2005～ | 金融学 |
| Zhu, Tian | 朱天 | 2005～ | 经济学 |
| Bala Ramasamy | 芮博澜 | 2006～ | 经济学 |
| Ding, Yuan | 丁远 | 2006～ | 会计学 |
| Ge, Dingkun | 葛定昆 | 2006～ | 战略学／创业学 |
| Henri-Claude de Bettignies | 翟博思[11] | 2006～ | 管理学 |
| Jean Lee | 李秀娟[12] | 2006～ | 人力资源管理学／组织行为学 |
| William Parr | 威廉·帕尔 | 2006～ | 决策科学 |
| Zhu, Xiaoming | 朱晓明 | 2006～ | 管理学 |
| Chen, Junsong | 陈峻松 | 2007～ | 市场营销学 |
| Chen, Shaohui | 陈少晦 | 2007～ | 管理学 |
| Fang, Yue | 方跃 | 2007～ | 决策科学 |
| Kalun Tse | 谢家伦 | 2007～ | 金融学 |
| Norma Harrison | 海若琳 | 2007～ | 运营管理学 |
| Ramakrishna S. Velamuri | 方睿哲 | 2007～ | 创业学 |
| Steven White | 白思迪 | 2007～ | 战略学 |
| Terence Tsai | 蔡舒恒 | 2007～ | 战略学 |
| Waldemar Pfoertsch | 弗沃德 | 2007～ | 市场营销学 |
| Zhang, Hua | 张华 | 2007～ | 金融学 |
| Chen, Jieping | 陈杰平 | 2008～ | 会计学 |

（续表）

| | | | |
|---|---|---|---|
| Chen, Shimin | 陈世敏 | 2008～ | 会计学 |
| Han, Jian | 韩践 | 2008～ | 人力资源管理学／组织行为学 |
| Lorna Doucet | 杜洛娜 | 2008～ | 人力资源管理学／组织行为学 |
| Philip Huang | 黄一鲁 | 2008～ | 运营管理学 |
| Zhang, Wei | 张炜 | 2008～ | 管理学 |
| Andre Wierdsma | | 2009～ | 人力资源管理学／组织行为学 |
| Mary Ann McGrath | 马瑞安 | 2009～ | 市场营销学 |
| Wang, Gao | 王高 | 2009～ | 市场营销学 |
| 核心教授 | | | |
| Alfredo Pastor | 白思拓 | 2000 | 经济学 |
| John U. Farley | 方利祥[13] | 2000～2002 | 市场营销学 |
| Kalun Tse | 谢家伦 | 2000～2006 | 金融学 |
| Linda Sprague | 史璞兰 | 2000～2001 | 运营管理学 |
| Lode Li | 李乐德 | 2000～2002 | 经济学 |
| Willem Burgers | 柏唯良 | 2000～2002 | 市场营销学 |
| Wu, Jinglian | 吴敬琏 | 2000～2001 | 经济学 |
| Jaume Ribera | 任杰明 | 2001～2004 | 运营管理学 |
| Keith Goodall | 顾凯诗 | 2001～ | 人力资源管理学／组织行为学 |
| Zhu, Yu | 朱煜 | 2002 | 金融学 |
| Chang, Chun | 张春 | 2003 | 金融学 |
| He, Jia | 何佳 | 2003～2005 | 金融学 |
| Fang,Yue | 方跃 | 2005～2006 | 决策科学 |
| 学术休假教授 | | | |
| Carl Fey | | 2002 | 人力资源管理学／组织行为学 |
| Clark W. Reynolds | | 2002～2003 | 经济学 |
| Rosalie Tung | | 2002～2003 | 人力资源管理学／组织行为学 |
| William Mobley | 茅博励 | 2002 | 人力资源管理学／组织行为学 |
| Jerome R. Busemeyer | | 2003 | 决策科学 |
| Xu, Bin | 许斌 | 2003 | 经济学／金融学 |
| Chen, Chaochuan | 陈昭全 | 2004 | 人力资源管理学／组织行为学 |

（续表）

| Fang, Yue | 方跃 | 2004 | 决策科学 |
|---|---|---|---|
| Vernon J. Richardson | | 2004 | 会计学 |
| Yu, Gang | | 2004 | 运营管理学 |
| Chen, Weiru | 陈威如 | 2009 | 战略学 |
| John Quelch | | 2009 | 市场营销学 |

注：

1 本附录“中文姓名”一栏对非华裔外籍教授仅列出其中文名，而未列出其中文译名。
2 白思拓教授于2001年起担任西班牙经济学教席教授至今。
3 忻榕教授曾担任米其林领导艺术及人力资源管理教席教授。
4 朴胜虎教授于2001年起担任英美烟草市场学教席教授至今。
5 吴敬琏教授于2002年起担任宝钢经济学教席教授至今。
6 柏唯良教授于2006年起担任拜耳医药保健市场战略教席教授至今，并曾担任飞利浦市场学教席教授。
7 杨国安教授于2004年起担任飞利浦人力资源管理教席教授至今。
8 张春教授于2004年起担任荷兰银行风险管理教席教授至今。
9 任杰明教授于2005年起担任巴塞罗那港物流学教席教授至今。
10 雷诺教授于2007年起担任成为基金创业学教席教授至今。
11 翟博思教授曾担任全球管理和欧中企业关系教席教授。
12 李秀娟教授于2008年起担任米其林领导艺术及人力资源管理教席教授至今。
13 方利祥教授曾担任汉高公司工业市场学教席教授。

# 附录七 部门设置沿革

## 1995年组织机构图

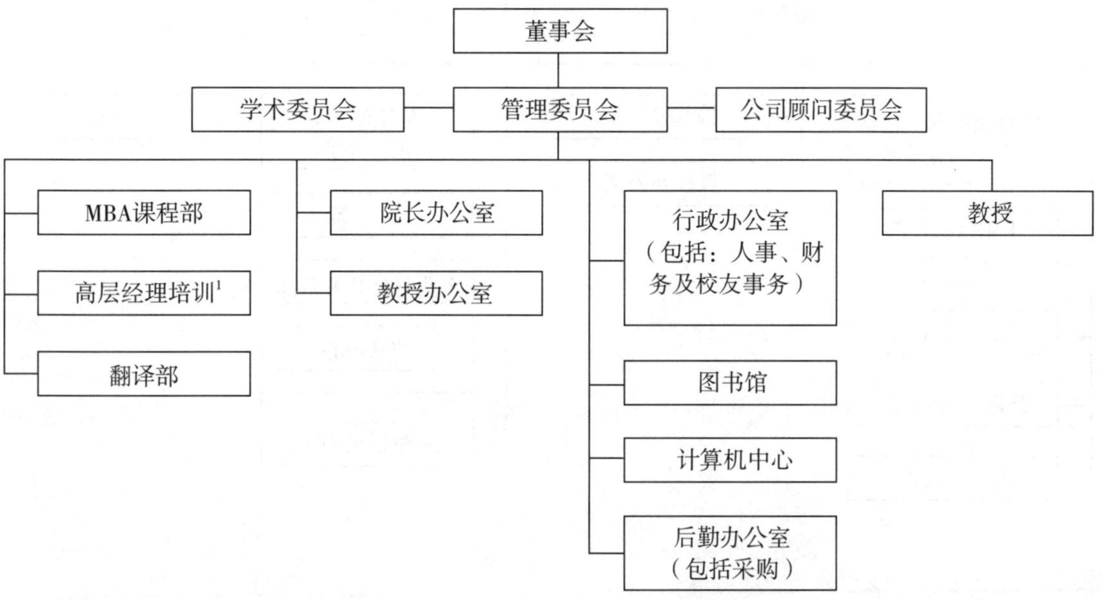

## 1999年组织机构图

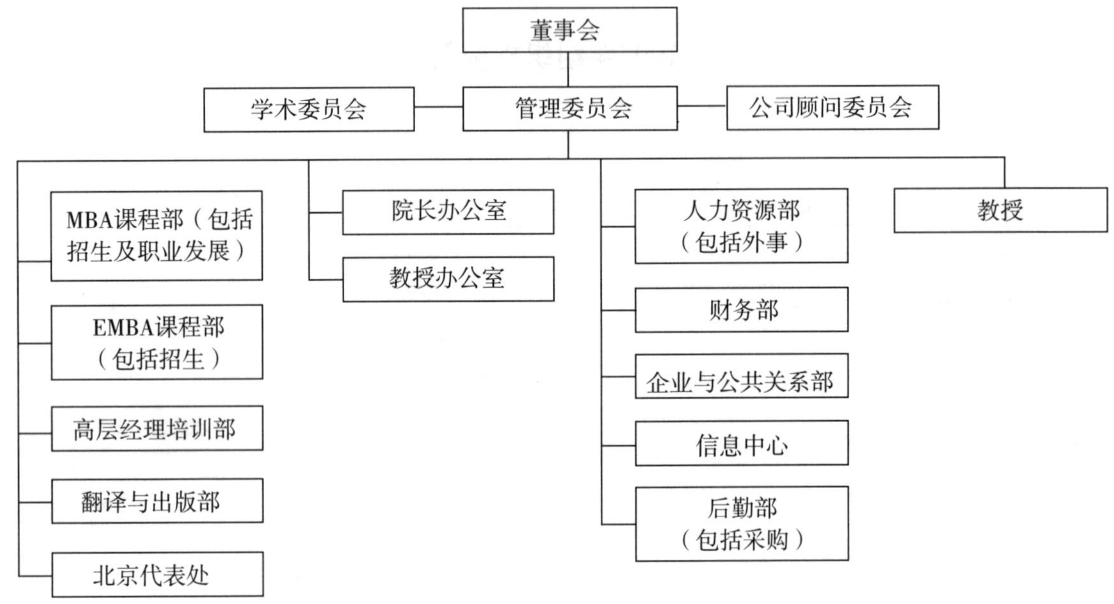


| 1994～1999年间部门设置调整情况 | |
|---|---|
| 1996年 | 翻译部更名为翻译与出版部 |
| 1996年 | 图书馆与计算机中心合并，设信息中心 |
| 1996年 | 设人力资源部（原隶属于行政办公室） |
| 1996年 | 设财务部（原隶属于行政办公室） |
| 1996年 | 分设EMBA课程部与高层经理培训部 |
| 1996年 | 撤销行政办公室 |
| 1998年12月 | 设北京代表处 |
| 1999年 | 设企业与公共关系部（包括校友事务与企业发展事务） |

## 2004年组织机构图

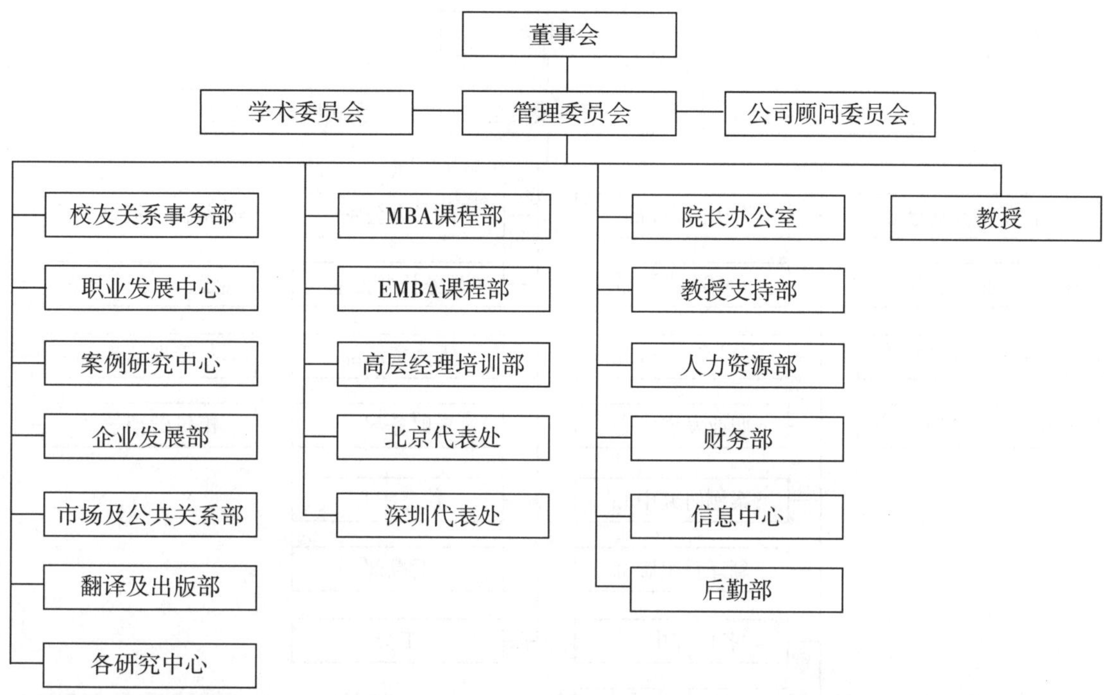


| 1999～2004年间部门设置调整情况 | |
|---|---|
| 2001年 | 案例研究中心成立 |
| 2001年 | 设职业发展中心（原隶属于MBA课程部） |
| 2001年 | 教务办公室更名为教授支持部 |
| 2001年 | 设市场及公共关系部 |
| 2001年 | 设校友关系事务部（原隶属于企业与公共关系部） |
| 2001年 | 设企业发展部（原隶属于企业与公共关系部） |
| 2002年 | 中国民营企业研究中心成立 |
| 2002年7月 | 设深圳联络处（2004年底扩展为深圳代表处） |
| 2004年9月 | 人力资源与组织管理研究中心成立 |
| 2004年 | 新兴市场战略研究中心成立 |

2009年组织机构图

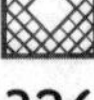

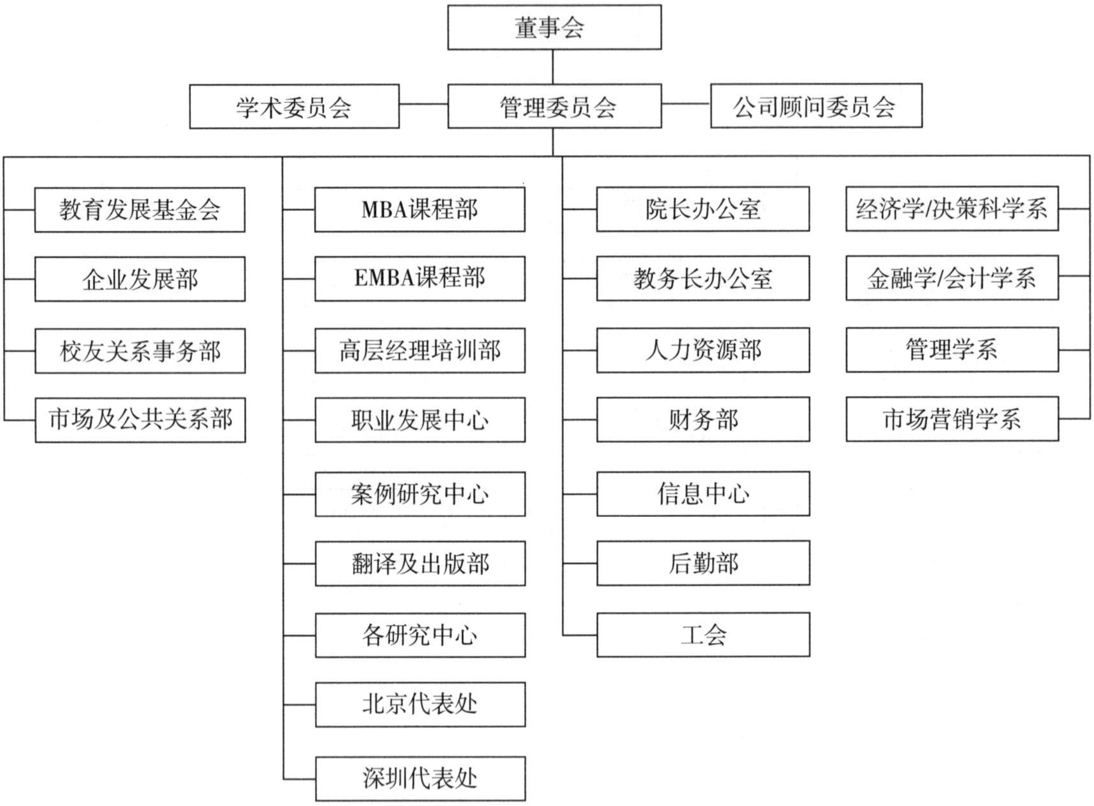
董事会
学术委员会
管理委员会
公司顾问委员会
教育发展基金会
企业发展部
校友关系事务部
市场及公共关系部
MBA课程部
EMBA课程部
高层经理培训部
职业发展中心
案例研究中心
翻译及出版部
各研究中心
北京代表处
深圳代表处
院长办公室
教务长办公室
人力资源部
财务部
信息中心
后勤部
工会
经济学/决策科学系
金融学/会计学系
管理学系
市场营销学系

（续表）

| 2004～2009年部门设置调整情况 | |
|---|---|
| 2005年3月 | 教育发展基金会成立 |
| 2005年8月 | 教授支持部更名为教务长办公室 |
| 2005年9月 | 中国金融研究中心成立 |
| 2006年 | 中欧企业领导力与社会责任研究中心成立 |
| 2006年3月 | 医疗保健政策及管理中心成立 |
| 2006年 | 全球管理中心成立 |
| 2007年3月 | 市场营销与创新中心成立 |
| 2007年5月 | 中欧-浙大国际创业研究中心成立 |
| 2007年10月 | 中欧陆家嘴国际金融研究院成立 |
| 2007年10月 | 全球运营管理与价值链整合中心成立 |
| 2007年 | 领导力研究中心成立 |
| 2007年 | 中国服务外包研究中心成立 |
| 2008年5月 | 设立经济学/决策科学系、金融学/会计学系、管理学系和市场营销学系 |
| 2008年9月 | 工会成立 |

注：

1 1996年之前，EMBA和高层经理培训课程同属高层经理培训部管理。

# 附录八 赞助机构名单[1]

| 教席赞助 | | | |
|---|---|---|---|
| 赞助机构（中文名称） | 赞助机构（英文名称） | 赞助教席名称 | 赞助<br>起始年份 |
| 英美烟草 | British American Tobacco | 英美烟草市场学教席 | 1995 |
| 汉高亚太 | Henkel Asia-Pacific | 汉高公司工业市场学教席 | 1996 |
| 西班牙政府 | Government of Spain | 西班牙经济学教席 | 1999 |
| 巴塞罗那港 | Port of Barcelona | 巴塞罗那港物流学教席 | 2000 |
| 米其林 | Michelin | 米其林领导艺术和人力资源管理教席 | 2001 |
| 宝钢 | Baosteel | 宝钢经济学教席 | 2002 |
| 飞利浦 | Philips | 飞利浦市场学教席 | 2002 |
| 荷兰银行[2] | ABN AMRO | 荷兰银行风险管理教席 | 2005 |
| 拜耳中国有限公司 | BAYER China Company Ltd. | 拜耳市场战略教席 | 2005 |
| 西班牙坎塔布利亚政府 | Government of Cantabria (Spain) | 西班牙坎塔布利亚政府<br>地区发展与经济整合教席 | 2005 |
| 飞利浦电子中国集团 | Philips Electronics China Group | 飞利浦人力资源管理教席 | 2005 |
| 成为基金 | Chengwei Ventures | 成为基金创业学教席 | 2007 |
| 英国劳氏船级社 | LRET | 英国劳氏船级社安全文化及战略风险管理教席 | 2007 |
| 西班牙巴斯克政府 | Basque Government | 西班牙巴斯克政府竞争力研究教席 | 2008 |

| 校园赞助 | | | |
|---|---|---|---|
| 赞助机构（中文名称） | 赞助机构（英文名称） | 冠名校园建筑物名称 | 赞助<br>起始年份 |
| 上海家化集团 | Shanghai Jahwa Group | 上海家化集团教室 | 1997 |
| 上海金桥集团 | Shanghai Jinqiao Group | | 1997 |
| 上海天原集团 | Shanghai Tian Yuan Group | 上海天原集团教室 | 1997 |
| 上海万泰集团 | Shanghai Wantai Group | 上海万泰集团教室 | 1997 |
| 亚洲资源广告公司[3] | Asian Sources Media Group | 环球资源信息中心 | 1998 |
| 江苏证券[4] | Jiangsu Securities | 华泰证券教室 | 1998 |

（续表）

| 上海石油化工股份有限公司 | Shanghai Petrochemical | 上海石化演讲厅 | 1999 |
|---|---|---|---|
| 西班牙政府 | Spanish Government | 西班牙中心、西班牙之家 | 2001 |
| 光明乳业 | Bright Dairy | 光明乳业餐厅 | 2003 |
| 万得资讯 | Wind Info | Wind资讯金融实验室 | 2004 |
| TCL集团 | TCL | / | 2007 |
| 富时集团 | FTSE | / | 2008 |
| 西班牙IDOM设计集团 | IDOM | / | 2008 |
| 嘉华集团 | K. Wah Group | / | 2008 |
| 德国汉莎航空公司 | Lufthansa German Airlines | / | 2008 |
| 贝卡尔特 | Bekaert | / | 2009 |
| 海沃氏家具 | Haworth | / | 2009 |
| 浦东香格里拉酒店 | Pudong Shangri-La | / | 2009 |
| TNT中国 | TNT Greater China | / | 2009 |

| 研究赞助 | | |
|---|---|---|
| **赞助机构（中文名称）** | **赞助机构（英文名称）** | **赞助起始年份** |
| 南都集团控股有限公司 | Narada Holdings Company | 2001 |
| 德国先灵中国有限公司 | Schering China Ltd. | 2002 |
| 西班牙政府 | Spanish Government | 2004 |
| 西班牙桑坦德银行 | Banco Santander | 2006 |
| 西班牙对外贸易发展局 | ICEX | 2006 |
| 西班牙电信 | Telefónica | 2006 |
| 贝卡尔特 | Bekaert | 2007 |
| 陶氏化学 | Dow Chemical | 2007 |
| 欧莱雅亚洲 | L'Oréal Asia | 2007 |
| 西班牙对外银行 | BBVA | 2008 |
| 西班牙萨瓦德尔银行 | Banco Sabadell | 2008 |
| 上海银行 | Bank of Shanghai | 2008 |
| 拜耳医药 | Bayer Healthcare | 2008 |
| 银城地产股份有限公司 | Treenity Real Estate Co., Ltd. | 2008 |

（续表）

| | | |
|---|---|---|
| 研祥集团 | EVOC Group | 2008 |
| 西班牙坎塔布利亚政府 | Government of Cantabria | 2008 |
| 陆家嘴开发集团 | Lujiazui Development Group | 2008 |
| 迈瑞公司 | Mindray | 2008 |
| 华安基金管理有限公司 | HuaAn Fund Management Co., Ltd. | 2009 |
| 上海浦东发展银行 | Shanghai Pudong Development Bank | 2009 |
| 莱蒙鹏源国际集团有限公司 | Topspring International Holdings Limited | 2009 |
| | | |
| 发展赞助 | | |
| **赞助机构（中文名称）** | **赞助机构（英文名称）** | **赞助起始年份** |
| ABB集团 | ABB | 1994 |
| 汽巴-嘉基（香港）有限公司 | CIBA-GEIGY (Hong Kong) Ltd. | 1994 |
| 汉高亚太 | Henkel Asia-Pacific | 1994 |
| 上海金桥出口加工区开发公司 | Shanghai Jinqiao Export Processing Zone Development Company | 1995 |
| 中国石化<br>上海石油化工股份有限公司 | SINOPEC Shanghai Petrochemical Co., Ltd. | 1995 |
| 麦肯锡中国公司 | McKinsey & Company | 1996 |
| 上海制皂有限公司 | Shanghai Soap Company | 1996 |
| 西门子（中国）有限公司 | Siemens China | 1996 |
| 汽巴精化有限公司 | CIBA Specialty Chemicals | 1997 |
| 欧莱雅 | L'Oréal | 1997 |
| 德国汉莎航空公司 | Lufthansa German Airlines | 1997 |
| 诺华 | Novartis | 1997 |
| 上海梅山（集团）公司 | Meishan Group | 1997 |
| 中国信息产业部邮电设计院 | Design Institute of Post & Telecom of the Ministry of Information Industry of People's Pepublic of China | 1998 |
| 阿尔卡特公司 | Alcatel | 2000 |
| 西班牙萨瓦德尔银行 | Banco Sabadell | 2000 |
| 博世 | Bosch | 2000 |
| 美国礼来亚洲公司 | Eli Lilly Asia, Inc. | 2000 |
| 艾默生电气公司 | Emerson Electric | 2000 |

（续表）

| | | |
|---|---|---|
| 上海邮电管理局 | Shanghai Post & Telecommunications Bureau | 2000 |
| 安盛保险集团 | AXA | 2001 |
| 宝钢 | Baosteel | 2001 |
| 高乐高 | Cola Cao | 2002 |
| 高露洁-棕榄 | Colgate–Palmolive | 2002 |
| 上海市电信公司 | Shanghai Telecom Corporation | 2002 |
| 胜利石油管理局 | Shengli Petroleum Administration | 2002 |
| 贝卡尔特 | Bekaert | 2004 |
| 德斯高[5] | TESCO | 2004 |
| 巴可 | BARCO | 2005 |
| 德固赛中国[6] | Degussa China | 2005 |
| 爱尔兰政府 | Irish Government | 2005 |
| 德国先灵中国有限公司 | Schering China Ltd. | 2005 |
| 施耐德电气 | Schneider Electric | 2005 |
| 深圳中航集团 | Shenzhen CATIC Group | 2005 |
| 安佰森公司 | Apax Partners Worldwide LLP | 2006 |
| 阿特拉斯·科普柯 | Atlas Copco | 2006 |
| 家乐福中国 | Carrefour China | 2006 |
| IBM中国有限公司 | IBM China Company Limited | 2006 |
| 阿克苏诺贝尔 | Akzo Nobel | 2007 |
| 道康宁 | Dow Corning | 2007 |
| 意中基金会 | Fondazione Italia Cina | 2007 |
| 法国巴黎银行 | BNP Paribas | 2008 |
| 熙可 | CHIIC | 2008 |
| 通用电气 | General Electric | 2008 |
| 西班牙阿斯图里亚斯自治区经济发展局 | IDEPA | 2008 |
| 旭辉集团 | Cifi Group | 2009 |
| ECV顾问公司 | ECV Advisory Ltd. | 2009 |
| 上海虹康房产建设有限公司 | Hong Kang Real Estate | 2009 |
| 曼达林基金 | Mandarin | 2009 |

（续表）

| | | |
|---|---|---|
| 上海鹏欣（集团）有限公司 | Pengxin Group | 2009 |
| 任仕达 | Randstad China | 2009 |
| | | |
| 一般赞助[7] | | |
| **赞助机构（中文名称）** | **赞助机构（英文名称）** | **赞助起始年份** |
| 法国东方汇理银行 | Banque Indosuez | 1994 |
| 巴斯夫中国有限公司 | BASF China | 1994 |
| 英国石油中国有限公司 | BP China | 1994 |
| 考陶尔兹北亚公司 | Courtaulds North Asia | 1994 |
| 法马通原子能公司 | FRAMATOME | 1994 |
| 卜内门化学工业有限公司 | ICI China Ltd. | 1994 |
| 路威酩轩 | LVMH | 1994 |
| 雀巢中国有限公司 | Nestle China Ltd. | 1994 |
| 中国英红有限公司 | Redland China Ltd. | 1994 |
| 路透社 | Reuters | 1994 |
| 罗氏药品化学有限公司 | Roche Pharmaceuticals & Chemicals Ltd. | 1994 |
| 乐富门（远东）有限公司 | Rothmans (Far East) Ltd. | 1994 |
| 德国先灵中国有限公司 | Schering China Ltd. | 1994 |
| 联合酿酒公司（亚太地区） | United Distillers (Asia–Pacific) | 1994 |
| 大众汽车亚太有限公司 | Volkswagen Asia–Pacific Ltd. | 1994 |
| 捷利康中国有限公司 | ZENECA China Ltd. | 1994 |
| 空中客车工业（中国）公司 | Airbus Industrie China | 1995 |
| 上海漕河泾新兴技术开发区 | Shanghai Caohejing Hi–Tech. Park | 1995 |
| 上海国际信托投资公司 | Shanghai International Trust & Investment Co. | 1995 |
| 亚古利民集团 | AGROLIMEN | 1996 |
| 拜耳中国有限公司 | BAYER China Company Ltd. | 1996 |
| 埃尔夫阿托化学中国有限公司 | ELF ATOCHEM (ATO) | 1996 |
| 荷兰商业银行 | ING Bank | 1996 |
| 上海凤凰自行车集团公司 | Phoenix Company | 1996 |
| 荷兰合作银行 | RABOBank | 1996 |
| 罗纳普朗克公司 | Rhone–Poulenc | 1996 |

（续表）

| | | |
|---|---|---|
| 瑞士丰泰保险公司 | Winterthur Swiss Insurance | 1996 |
| 电子资讯系统有限公司 | EDS | 1997 |
| 马莎有限公司 | Marks & Spencer | 1997 |
| 奥美国际公关公司 | Ogilvy & Mather | 1997 |
| 欧文斯科宁（亚太）有限公司 | OWENS Corning Asia Pacific | 1997 |
| 苏州迅达电梯有限公司 | Schindler | 1997 |
| 天津努德莱斯巴食品有限公司 | Tianjing Nutrexpa Food Co. Ltd | 1997 |
| 索曼船材 | Schaumann Wood Oy | 1998 |
| 安达信咨询公司 | Andersen Consulting Company | 2000 |
| 安永全球客户咨询 | Ernst & Young Global Client Consulting | 2000 |
| 比利时政府 | Government of Belgium | 2000 |
| 荷兰政府 | Government of the Netherlands | 2000 |
| 拉法基公司 | Lafarge | 2000 |
| | | |
| 物资赞助 | | |
| **赞助机构（中文名称）** | **赞助机构（英文名称）** | **赞助起始年份** |
| 富时指数 | FTSE | 2000 |
| 汽巴精化有限公司 | CIBA Specialty Chemicals | 2004 |
| TCL集团 | TCL | 2004 |
| 西班牙IDOM设计集团 | IDOM | 2006 |
| | | |
| 奖学金赞助 | | |
| **赞助机构（中文名称）** | **赞助机构（英文名称）** | **赞助起始年份** |
| 法国保险同业协会 | Federation Francaise des Societes d'Assurances | 1995 |
| 联合利华（中国）有限公司 | Unilever China | 1997 |
| 浙江第一银行 | Chekiang First Bank | 2000 |
| 艾默生 | Emerson | 2004 |
| 欧莱雅中国 | L'Oréal China | 2004 |
| 宝钢 | Baosteel | 2006 |
| 巴塞罗那养老金储蓄银行 | "la Caixa" | 2006 |
| 华侨银行 | OCBC Bank | 2006 |

（续表）

| | | |
|---|---|---|
| 宏盟集团 | Omnicom Group Inc. | 2007 |
| 博世（中国）投资有限公司 | Bosch (China) Investment Ltd. | 2008 |
| 刘吉管理教育基金 | Liu Ji Education Fund | 2008 |
| 路威酩轩 | LVMH | 2008 |
| 百威英博中国 | Anheuser-Busch InBev China | 2009 |
| 吴敬连学术基金 | Wu Jinglian Academic Fund | 2009 |

注：

1 本附录所列赞助机构名称以赞助协议中的名称或赞助机构另行约定的名称为准。

2 现已更名为苏格兰皇家银行（Royal Bank of Scotland）。

3 现已更名为环球资源（Global Sources）。

4 现已更名为华泰证券（Hua Tai Securities）。

5 现已更名为乐购（Tesco Hymall）。

6 现已更名为赢创工业集团（Evonik Degussa）。

7 一般赞助是指2000年以前未指定用途的赞助，多用于学院的日常运营。

# 附录九 重要来访

| 时间 | 事件 |
| --- | --- |
| 1995年11月15日 | 国家教委副主任韦钰及外事司司长蒋妙瑞等领导在上海市教委副主任张伟江等陪同下视察中欧。上海交大翁史烈校长、谢绳武副校长、中欧李家镐院长及张国华副院长、苏史华（David B. Southworth）副院长参加了接待。韦钰等听取了李家镐、张国华、苏史华关于办学情况的汇报，并分别召开了学生和员工座谈会。 |
| 1996年9月26日 | 芬兰代表团来访。 |
| 1997年3月6日 | 中共上海市委副书记孟建柱视察中欧，受到张国华副院长接待。 |
| 1997年6月25日 | 上海市委副书记陈至立视察中欧，受到李家镐院长、张国华副院长接待。陈至立在教职工座谈会上，对学院取得的办学成绩表示满意。她还题词勉励："坚持改革，大胆借鉴，结合实际，努力把中欧国际工商学院建设成为国际一流的商学院。" |
| 1997年7月29日 | 梅尔文·W.胡齐克（Melvin W. Chudzik）成为中欧高层管理论坛的第一位演讲嘉宾，发表题为"美国GE公司的发展战略"的演讲。 |
| 1997年8月29日 | 西门子培训中心（北京）格吕内贝格（Gruenerberg）教授来访。 |
| 1997年8月29日 | 友邦保险总经理尼斯科·舒（Nisco Shu）来访。 |
| 1997年8月29日 | 欧盟代表团成员、意大利商学院费昂纳·亨特（Fiona Hunter）来访。 |
| 1997年9月12日 | 香港特别行政区政务司司长陈方安生访问中欧，受到上海交大谢绳武校长、中欧冯勇明（Joachim Frohn）执行院长、李家镐院长、张国华副院长和苏史华副院长的接待。她对学院的办学模式、教学设施以及学生表示了浓厚的兴趣和充分的肯定。 |
| 1997年9月18日 | 上海市副市长赵启正做客'97中欧高层管理论坛，发表题为"浦东开发的目标、方法及进展"的演讲。 |
| 1997年10月16日 | 欧盟委员会副主席列昂·布里坦（Leon Brittan）爵士率团访问中欧，并发表题为"欧盟与中国的经济关系"的演讲。 |
| 1997年10月23日 | 美国摩托罗拉大学校长比尔·维根霍恩（Bill Wiggenhorn）做客'97中欧高层管理论坛，发表题为"跨国公司的领导艺术"的演讲。 |
| 1997年11月1日 | 西班牙工业和能源部长皮克（Pique）来访。 |
| 1997年12月3日 | 东方集团总裁张宏伟做客'97中欧高层管理论坛，发表题为"超越束缚——论中国企业的发展模式"的演讲。同年，在'97中欧高层管理论坛上发表演讲的嘉宾还有：上海市外经贸委主任朱晓明（"迈向21世纪的上海对外经济贸易"）、上海通华自动化工程公司总经理梅尔文·胡齐克（Melvin Chudzik）（"美国GE公司的发展战略"）、中国惠普总裁程天纵（"惠普公司的管理"）、上海市商委主任张广生（"当代零售商业的发展趋势"）、上海家化总经理葛文耀（"国有企业在改革中的困境和出路"）、香港中华电力有限公司总经理彼特·利特尔伍德（Peter Littlewood）（"国际电力业中的项目管理"）。 |
| 1998年3月25日 | 上海市副市长周慕尧视察浦东校园施工现场并主持现场办公会议，市府副秘书长殷一璀参加会议。 |

1998年

（续表）

| | |
|---|---|
| 1998年4月16日 | 哈佛商学院教授罗希特·德什潘德（Rohit Deshpandé）做客’98中欧高层管理论坛，发表题为“MSI——市场学研究的先行者”的演讲。 |
| 1998年4月20日 | 上海市人大常委会副主任胡正昌，上海市人大常委会科教文卫委员会委员庆志纯、副主任委员吴程里等视察中欧。 |
| 1998年4月28日 | 西班牙巴塞罗那市市长琼·克洛斯（Joan Clos）来访，并发表题为“巴塞罗那的经济发展：物流与国际关系”的演讲。 |
| 1998年5月6日 | 香港恒隆集团公司董事长陈启宗做客’98中欧高层管理论坛，发表题为“21世纪商人该有的世界观”的演讲。 |
| 1998年5月6日 | 英美烟草亚太区总监保罗·亚当斯（Paul Adams）来访。 |
| 1998年5月7日 | 西班牙外交部长阿韦尔·马图特斯（Abel Matutes）来访，并发表题为“欧盟中的西班牙及中西关系”的演讲。 |
| 1998年5月21日 | 麦肯锡公司高级经理华强森（Jonathan R. Woetzel）做客’98中欧高层管理论坛，发表题为“不确定情况下的企业战略——中国的经理们如何在21世纪取得成功”的演讲。 |
| 1998年6月5日 | 全国人大常委会副委员长成思危视察中欧，在座谈会上听取了张国华副院长和苏史华副院长的汇报，并对学院取得的办学成绩表示满意。 |
| 1998年7月17日 | 中国政法大学教授江平做客’98中欧高层管理论坛，发表题为“关于中国商法的若干思考”的演讲。 |
| 1998年9月10～11日 | 欧洲记者代表团来访，代表团的10位记者分别来自法国《费加罗报》、法国《世界报》、比利时《金融经济时报》和德国新闻社等欧洲报社与新闻社。 |
| 1998年9月11日 | 壳牌公司东北亚地区总裁布里安·安德森（Brian Anderson）做客’98中欧高层管理论坛，发表题为“如何在中国经营企业”的演讲。 |
| 1998年9月18日 | 伊士曼柯达公司大中华区总裁及主席达维德·L.斯威夫特（David L. Swift）做客’98中欧高层管理论坛，发表题为“柯达在中国的战略及其投资项目”的演讲。 |
| 1998年9月26日 | 美国科尔尼管理顾问有限公司高级经理及首席代表朱伟做客’98中欧高层管理论坛，发表题为“科尔尼公司如何重组国有企业”的演讲。 |
| 1998年10月16日 | 汉高亚太有限公司高级副总裁霍斯特·H.耶伦特鲁普（Horst H. Jerrentrup）做客’98中欧高层管理论坛，发表题为“跨国公司中的跨文化管理”的演讲。 |
| 1998年11月2日 | 欧盟委员会主席雅克·桑特（Jacques Santer）一行来访，欧盟驻华使团大使魏根深（Endymion Wilkinson）陪同。桑特主席还专程视察了建设中的浦东校园。 |
| 1998年11月5日 | 比利时首相吉恩–吕克·德阿纳（Jean–Luc Dehaene）来访，并发表演讲。 |
| 1998年11月5日 | 中国证监会信息中心主任徐雅萍做客’98中欧高层管理论坛，发表题为“当前中国证券市场的若干热点”的演讲。 |

（续表）

| | |
|---|---|
| 1998年11月11日 | 搜狐公司创始人及总裁张朝阳做客’98中欧高层管理论坛，发表题为“迎接来自数字世界的挑战”的演讲。同年在’98中欧高层管理论坛上发表演讲的嘉宾还有：全国政协副主席陈锦华（“关于中国发展知识经济的思考”），上海汽车工业总公司总裁代表陆吉安（“为什么桑塔纳轿车能在中国盛销不衰”），上海航空公司董事长贺彭年（“怎样办好一个企业”）。 |
| 1998年11月30日 | 全国政协副主席、中华全国工商联合会主席、中欧董事经叔平视察学院。 |
| 1999年4月12日 | 上海市委副书记孟建柱做客’99中欧高层管理论坛，就“上海发展战略”这一主题发表演讲。 |
| 1999年5月7日 | BP Amoco中国公司总裁德开瑞（Gary Dirks）做客’99中欧高层管理论坛，发表题为“管理BP Amoco——一家国际主要石油公司”的演讲。 |
| 1999年5月14日 | 海尔集团总裁张瑞敏做客’99中欧高层管理论坛，发表题为“海尔如何走向世界”的演讲。 |
| 1999年6月24日 | 惠普公司大中国地区总裁孙振耀做客’99中欧高层管理论坛，发表题为“惠普的管理过程”的演讲。 |
| 1999年7月2～3日 | 欧盟委员会项目执行司司长奥利维拉·苏萨（Oliveira Sousa）来访，并视察中欧上海浦东校园建设工地。 |
| 1999年7月3日 | 西班牙农业、渔业和食品大臣赫苏斯·玛丽亚·波萨达·莫雷诺（Jesus Maria Posada Moreno）一行来访并发表题为“新世纪前夜来自农业的挑战”的演讲。 |
| 1999年8月25日 | 伊尔姆环境资源管理咨询有限公司（ERM）中国公司董事长兼顾问安瓦尔（Husayn Anwar）与总经理王勇共同做客’99中欧高层管理论坛，围绕ERM中国公司全球和中国的环境议题发表演讲。 |
| 1999年9月20日 | 上海市副市长、浦东新区党工委书记、管委会主任周禹鹏视察建设中的中欧浦东校园。 |
| 1999年11月26日 | 深圳万科企业股份有限公司总经理王石做客’99中欧高层管理论坛，发表题为“新兴企业的困惑与选择”的演讲。 |
| 2000年1月28日 | 法国企业家大使来访，受到刘吉执行院长、博纳德（Albert Bennett）院长的接待。 |
| 2000年3月3日 | 欧盟15国驻华大使来访，这是历史上对北京以外地区的首次联合访问。 |
| 2000年4月18日 | 法国夏氏合伙建筑师事务所董事长兼总经理夏邦杰（Jean-Marie Charpentier）做客中欧高层管理论坛，发表题为“一个法国建筑师在中国”的演讲。 |
| 2000年4月25日 | 国务院发展研究中心高级研究员、中国社科院教授、中欧学术委员会成员吴敬琏做客中欧高层管理论坛，发表题为“中国私营经济发展”的演讲。 |
| 2000年5月5日 | 四通集团公司董事长、北京中关村科技有限公司首席执行官段永基做客中欧高层管理论坛，发表题为“企业家精神与创新”的演讲。 |
| 2000年5月8日 | 德伦弗公司与德伦杜斯集团总裁及执行董事约翰·科迪埃（John Cordier）做客中欧高层管理论坛，发表题为“ITC在今后几年中的发展”的演讲。 |
| 2000年5月9日 | 丹麦首相夫人来访，受到博纳德院长、张国华副院长的接待，并发表演讲。 |

2000年

（续表）

| | |
|---|---|
| 2000年5月12日 | 软银中国风险投资基金副总裁、软银中国风险投资企业孵化器首席营运官华平与软银中国风险投资基金业务发展副总监朱大斌做客中欧高层管理论坛，发表题为“在中国发展互联网和电子商务的机会”的演讲。 |
| 2000年5月19日 | 当代工商与社会预言家、“大趋势”系列畅销书作者约翰·奈思比特（John Naisbitt）做客中欧高层管理论坛，发表题为“全球化和技术给中国企业带来的机遇和挑战”的演讲。 |
| 2000年6月15日 | 上海市政协主席王力平、市委副书记龚学平、市委宣传部长金炳华、副市长韩正、市人大常委会副主任沙麟、副市长冯国勤、副市长周慕尧、副市长兼浦东新区管委会主任周禹鹏和市政协副主席黄跃金等领导视察学院。 |
| 2000年6月19日 | 远大空调有限公司董事长张剑做客中欧高层管理论坛，发表题为“创新——中国民营企业的发展之本”的演讲。 |
| 2000年6月21日 | 福特汽车零部件生产公司（中国）业务发展部总监戴维·H.舍曼（David H. Sherman）做客中欧高层管理论坛，发表题为“全球汽车产业的动态——它对中国的影响”的论坛。 |
| 2000年7月10日 | 平安信息网络服务有限公司首席执行官、中国平安保险有限公司董事长高级顾问张子欣做客中欧高层管理论坛，发表题为“金融电子商务概念”的演讲。 |
| 2000年7月12日 | 西班牙加泰罗尼亚省省长普约尔（Jordi Pujol）率领企业家代表团来访，受到刘吉执行院长、博纳德院长、学术委员会主席雷诺（Pedro Nueno）的接待，并发表演讲。 |
| 2000年9月11日 | 由意大利前总理朱利奥·安德烈奥蒂（Giulio Andreotti）率领的“意中友好协会”代表团来访，受到刘吉执行院长、博纳德院长的接待。 |
| 2000年9月13日 | 爱尔兰副总理马丽·哈尼（Mary Harney）来访，受到刘吉执行院长、博纳德院长的接待，并发表演讲。 |
| 2000年9月15日 | 科学家、探险家伯特兰·皮卡德（Bertrand Piccard）做客中欧高层管理论坛，发表题为“热气球环球不间断飞行：技术和人类的双重胜利”的演讲。 |
| 2000年9月30日 | 意大利众议长卢恰诺·维奥兰特（Luciano Violante）率意大利众议院代表团来访，受到刘吉执行院长、博纳德院长的接待。 |
| 2000年9月30日 | 西班牙巴塞罗那市长琼·克洛斯来访，受到刘吉执行院长、博纳德院长的接待。 |
| 2000年10月18日 | 广东步步高电子工业有限公司总经理段永平做客中欧高层管理论坛，发表题为“企业之道与平常心”的演讲。本年度在中欧高层管理论坛上发表演讲的嘉宾还有：上海市政府副秘书长、经济委员会主任黄奇帆（“加入世贸后中国企业所面临的挑战与对策”），戴姆勒-克莱斯勒外务与公共政策部高级副总裁马蒂亚斯·克莱纳特（Mattias Kleinert）（“全球化时代的汽车工业”），通用汽车中国有限公司董事长兼首席执行官墨斐（Philip Murtaugh）（“在中国发展人力资源——通用公司之道”），对外贸易经济合作部副部长张祥（“新经济、高新技术产业和国际经济贸易”），阿里巴巴网站创始人及总裁马云（“知识经济时代的主要特征之一：网络经济”），诺华中国总部总裁兼首席代表刘保罗（“领导联营企业的转型”），上海索盛互联网信息服务有限公司点金网总监罗俊威（“在线直复营销帮助中国电子商务的发展”），润迅通信国际有限公司主席兼行政总裁侯东迎（“中国加入世贸后在中国发展互联网和电讯业务的机会”）。 |

（续表）

| | |
|---|---|
| 2000年11月 | 西班牙王储费利佩·德博尔冯-格雷西亚（Felipe de Borbón y Grecia）来访，受到博纳德院长的接待。 |
| 2001年1月17日 | 意大利总理朱利亚诺·阿马托（Giuliano Amato）来访，发表题为“意大利与中国的全球化进程”的演讲。刘吉执行院长、博纳德院长、学术委员会主席雷诺负责接待，上海市副市长、浦东新区区委书记周禹鹏出席了此次活动。 |
| 2001年3月12日 | 加中议会协会代表团来访。 |
| 2001年3月22日 | 上海市委副书记孟建柱一行来访，并与学院领导进行了谈话。 |
| 2001年3月24日 | 法国前总统瓦莱里·吉斯卡尔·德斯坦（Valéry Giscard d'Estaing）来访，受到博纳德院长、张国华副院长的接待，并发表演讲。 |
| 2001年3月 | 中国证券监督管理委员会副主席高西庆做客中欧北京代表处“高朋满座”系列论坛并发表演讲。 |
| 2001年4月20日 | 全球经济论坛执行董事克劳德·斯马亚（Claude Smadja）与恒隆开发有限公司主席陈启宗做客中欧高层管理论坛并发表演讲。 |
| 2001年5月17日 | 联想集团总裁柳传志做客中欧高层管理论坛，发表题为“联想如何奠定管理基石”的演讲。 |
| 2001年5月24日 | 欧洲议会代表团来访，受到张国华副院长的接待。 |
| 2001年5月20日 | 比利时副总理兼外交部部长路易斯·米歇尔（Louis Michel）以及欧洲议会代表团来访。 |
| 2001年5月28日 | 上海证券交易所副总经理刘啸东做客中欧高层管理论坛，发表题为“从金融工程学看中国证券市场发展”的演讲。 |
| 2001年6月8日 | El Pais & Prisa集团首席执行官胡安·卢伊·塞布里安（Juan Lui Cebrian）做客中欧高层管理论坛并发表演讲。 |
| 2001年6月25日 | 东方希望集团总裁刘永行做客中欧高层管理论坛，发表题为“创造相对优势，参与市场竞争”的演讲。 |
| 2001年6月26日 | 美国得克萨斯大学奥斯汀分校McCombs商学院院长罗伯特·梅（Robert May）来访。 |
| 2001年7月11日 | 美国PACEB电视制作总裁尤金（Eugene）来访。 |
| 2001年7月12日 | WTO上海研究中心常务副主任刘光溪做客中欧高层管理论坛，发表题为“中国加入WTO后面临的真正挑战”的演讲。 |
| 2001年7月16日 | 伊士曼·柯达公司亚太区董事长兼总裁亨利-多米尼克·珀蒂（Henri-Dominique Petit）做客中欧高层管理论坛，发表题为“柯达在中国：发展与本地化问题”的演讲。 |
| 2001年7月27日 | 北京大学光华管理学院副院长张维迎做客中欧高层管理论坛，发表题为“公司治理结构——理论与实践”的演讲。 |

（续表）

| | |
|---|---|
| 2001年8月24日 | 中国国际金融有限公司董事总经理许小年做客中欧高层管理论坛，发表题为“内部金融风险”的演讲。 |
| 2001年8月30日 | 美国铁姆肯公司董事长兼首席执行官W.R.铁姆肯（W. R. Timken）做客中欧高层管理论坛并发表演讲。 |
| 2001年9月12日 | 希腊驻中国大使馆一等秘书欧金尼奥斯・卡尔布理斯（Eugenios Kalpyris）来访。 |
| 2001年9月27日 | 波士顿咨询集团（上海）副总裁兼董事林杰敏（Jim Hemerling）做客中欧高层管理论坛，发表题为“从公司层面看国企重组”的演讲。 |
| 2001年10月8日 | 英国贸工部副部长盛伯理（David Sainsbury）勋爵来访，受到刘吉执行院长、博纳德院长的接待，并发表演讲。 |
| 2001年10月11日 | 深圳万科企业股份有限公司董事长王石做客中欧高层管理论坛，发表题为“中国房地产业品牌现状及万科的品牌战略”的演讲。 |
| 2001年10月15日 | 复星集团董事长郭广昌与《21世纪经济报道》主编沈灏做客中欧高层管理论坛，发表题为“21世纪，打造中国的财经媒体”的演讲。 |
| 2001年10月27日 | 深圳市创新科技投资有限公司副董事长兼总经理、深圳市创业投资同业公会会长阚治东做客中欧高层管理论坛，发表题为“创业投资——实践与探索”的演讲。 |
| 2001年11月5日 | 诺华国际有限公司董事长兼首席执行官丹尼尔・魏思乐（Daniel Vasella）来访并发表演讲。 |
| 2001年11月6日 | 全国人大常委会副委员长成思危来访，受到张国华副院长的接待。 |
| 2001年11月23日 | 中国证监会基金监管部副主任祁斌做客中欧高层管理论坛，发表题为“投资基金和中国的资本市场”的演讲。 |
| 2001年12月3日 | 欧盟贸易委员帕斯卡尔・拉米（Pascal Lamy）来访，发表题为“中国加入世贸的实施和新一轮谈判”的演讲。 |
| 2001年12月8日 | 西班牙合作大臣米格尔・安杰尔・科尔泰斯（Miguel Angel Cortes）来访。 |
| 2001年12月17日 | 中国证监会上市公司监管部副主任童道驰做客中欧高层管理论坛，发表题为“WTO，资本市场发展与公司治理”的演讲。 |
| 2001年12月20日 | 阳光文化网络电视控股有限公司主席杨澜做客中欧高层管理论坛，发表题为“纪录片的产业化”的演讲。同年，在中欧高层管理论坛上发表演讲的嘉宾还有：广东科龙电器股份有限公司副总裁屈云波（“中国企业二次创业与职业经理人诞生”）、爱特优科信息技术公司首席执行官西里尔・埃尔特斯金格（Cyrill Eltschinger）（“中国的电子商务实例：从概念到实效”）、上海博意门信息技术有限公司董事长毕意文（Irv Beiman）（“电子商务和信息技术：变革的战略杠杆”）、盈科电讯公司高级技术副总裁张英相（“网络公司是否还能生存？——谈可能的取胜之道”）。 |
| 2002年3月29日 | 比利时首相居伊・伏思达（Guy Verhofstadt）一行来访并就比利时在欧盟中的地位以及欧盟能给中国带来的商业贸易机遇问题发表了演讲。 |
| 2002年3月29日 | 欧盟委员会对外关系委员彭定康（Christopher Patten）来访并会见MBA学员。 |

（续表）

| | |
|---|---|
| 2002年4月3日 | 法国前总统瓦莱里·吉斯卡尔·德斯坦来访，并就21世纪欧盟在全球化环境中的角色问题发表了演讲。 |
| 2002年4月18日 | 欧盟委员会企业与信息社会委员埃尔基·利卡宁（Erkki Liikanen）来访。 |
| 2002年4月23日 | 通用电气副总裁兼首席教育官克卡伦（Bob Corcoran）、通用电气中国总裁兼首席执行官史蒂夫（Steve Schneider）来访，并就企业人才战略问题与白思拓（Alfredo Pastor）副院长进行对话。 |
| 2002年4月25日 | GE全球兼并与收购业务发展经理罗纳德·埃尔曼（Ronald Herman）做客中欧高层管理论坛，发表题为“GE全球兼并战略与实施”的演讲。 |
| 2002年5月7日 | 比利时王子菲利普·利奥波德·路易·马里（Philippe Léopold Louis Marie）来访，受到博纳德院长、张国华副院长的接待。 |
| 2002年5月11日 | 香港中文大学财务学系讲座教授郎咸平做客中欧高层管理论坛，发表题为“从中国移动和联通的股价波动看股市操纵问题”的演讲。 |
| 2002年5月29日 | 全球并购研究中心秘书长、万盟投资管理有限公司董事长王巍做客中欧高层管理论坛，发表题为“中国收购与兼并市场的实践”的演讲。 |
| 2002年5月29日 | 西班牙副首相兼经济部长罗德里格·德拉托·菲加雷多（Rodrigo de Rato y Figaredo）来访。 |
| 2002年5月30日 | 欧洲人民党代表团来访。 |
| 2002年6月11日 | 科罗思集团公司董事长和创始人科罗思·费耐尔（Claes Fornell）做客中欧高层管理论坛，发表题为“如何将客户和雇员满意度转化为企业利润”的演讲。 |
| 2002年6月18日 | 用友软件公司董事长王文京做客中欧高层管理论坛，发表题为“企业的信息化运营”的演讲。 |
| 2002年6月20日 | 万向集团董事局主席鲁冠球做客中欧高层管理论坛，发表题为“入世：中国零部件企业如何创造生存优势”的演讲。 |
| 2002年7月3日 | 西班牙科技大臣安娜·M.比鲁雷斯（Anna M. Birules）来访。 |
| 2002年7月11日 | 富通基金管理亚洲有限公司总裁田仁灿做客中欧高层管理论坛，发表题为“中外合资基金在中国市场的定位和发展”的演讲。 |
| 2002年7月19日 | 荷兰国际集团董事长柯奕思（Ewald Kist）做客中欧高层管理论坛，发表题为“在一个变化的世界里建立信任”的演讲。 |
| 2002年8月2日 | 中国人民银行研究局局长兼金融研究所所长谢平做客中欧高层管理论坛，发表题为“现代金融监管理论”的演讲。 |
| 2002年8月27日 | 德意志银行首席经济师诺伯特·沃尔特（Norbert Walter）做客中欧高层管理论坛，发表题为“中国与欧洲金融体系之比较分析”的演讲。 |
| 2002年9月16日 | 中国改革基金会国民经济研究所所长樊纲做客中欧高层管理论坛，发表题为“全球化过程中的中国经济问题”的演讲。 |
| 2002年9月 | 弗吉尼亚大学达顿商学院院长来访。 |

（续表）

| | |
|---|---|
| 2002年10月14日 | 世界经济论坛亚洲事务理事弗朗克·J.里什泰（Frank J. Richter）做客中欧高层管理论坛，发表题为“亚洲经济展望”的演讲。 |
| 2002年10月25日 | 芝加哥商品交易所名誉主席兼高级顾问利奥·梅拉梅德（Leo Melamed）做客中欧高层管理论坛，发表题为“创新——金融衍生品发展的不竭动力”的演讲。 |
| 2002年10月25日 | 以安东尼奥·杜拉尔（Antonio Durall）为首的西班牙巴塞罗那加泰罗尼亚地区企业代表团来访，并同白思拓副院长就中国经济的发展问题进行会谈。 |
| 2002年10月30日 | 由摩根士丹利集团主席兼首席执行官裴熙亮（Philip J. Purcell）率领的CEO代表团来访并和MBA学员就中国管理问题进行了座谈。 |
| 2002年11月15日 | 彭博资讯董事长彼特·T.格劳尔（Peter T. Grauer）做客中欧高层管理论坛，发表题为“如何在全球化时代中竞争”的演讲。 |
| 2002年11月16日 | 美国伯克利加州大学经济系教授钱颖一做客中欧高层管理论坛，发表题为“市场与法治”的演讲。 |
| 2002年11月29日 | 汽巴精化首席财务官米凯尔·雅各比（Michael Jacobi）做客中欧高层管理论坛，发表题为“投资者关系”的演讲。 |
| 2002年12月2日 | 欧洲政策中心主任及创建主席斯坦利·克罗希克（Stanley Crossick）做客中欧高层管理论坛，发表题为“中国与欧盟关系剖析”的演讲。 |
| 2002年12月26日 | 芝加哥大学商学院终身教授奚恺元发表题为“经济学发展的新方向”的演讲。 |
| 2003年2月28日 | 国际著名摄影大师陈长芬做客中欧高层经理人文素养系列讲座，做主题为“天地有约”的长城摄影赏析。 |
| 2003年4月9日 | 中银国际控股有限公司首席经济学家与董事会成员曹远征做客中欧高层管理论坛并发表演讲。 |
| 2003年4月11日 | 上海证券交易所副总经理方星海做客中欧高层管理论坛，发表题为“当前证券市场加速发展的突破口”的演讲。 |
| 2003年5月19日 | 日本经济学会会长青木昌彦（Masahiko Aoki）做客中欧高层管理论坛并发表演讲。 |
| 2003年7月3日 | 智威汤逊-中乔广告公司东北亚区总裁兼大中华区首席执行官唐锐涛（Tom Doctoroff）做客中欧高层管理论坛，发表题为“男性思维剖析——男性世界广告小秘诀”的演讲。 |
| 2003年7月9日 | 恒源祥（集团）有限公司董事长、总经理刘瑞旗做客中欧高层管理论坛，发表题为“走出别人的战略——恒源祥品牌经营之道”的演讲。 |
| 2003年7月13日 | 搜狐创始人，现任首席执行官张朝阳做客北京代表处“高朋满座”系列活动，发表题为“网络经济的复苏与展望”的主题演讲。 |
| 2003年7月28日 | 2010年上海世博会申办工作领导小组办公室副主任周汉民做客中欧高层管理论坛，发表题为“世博会：我们共同的心愿”的演讲。 |
| 2003年8月19日 | 三一重工股份有限公司总经理向文波做客中欧高层管理论坛，发表题为“企业核心能力的规划与建设”的演讲。 |

（续表）

| | |
|---|---|
| 2003年9月18日 | 艾默生首席运营官爱德华·孟瑟（Edward Monser）做客中欧高层管理论坛，发表题为“AP的领导艺术哲学与经验”的演讲。 |
| 2003年9月19日 | TCL集团股份有限公司董事长兼总裁李东生做客中欧高层管理论坛，发表题为“经济全球化与中国企业的机遇和挑战”的演讲。 |
| 2003年9月24日 | 百时美施贵宝公司前任董事长兼总裁、百润公司联合创始人及董事长保罗·C.孔托米卡洛斯（Paul C. Contomichalos）做客中欧高层管理论坛，发表题为“创业与职业化管理”的演讲。 |
| 2003年10月13日 | 爱尔兰总统玛丽·麦卡利斯（Mary McAleese）来访，并发表题为“欧中关系21世纪展望：爱尔兰视角”的演讲。 |
| 2003年10月19日 | 经济学家谢平做客北京代表处“高朋满座”系列活动，发表题为“当前经济金融形势及对银行业影响”的演讲。 |
| 2003年10月30日 | KeDall领导艺术企业管理咨询公司董事长刘凯做客中欧高层管理论坛。 |
| 2003年11月2日 | 外交部部长李肇星出席在中国大饭店举行的北京代表处“高朋满座”系列活动，并发表了关于“当前国际形势若干特点”的主题演讲。 |
| 2003年11月13日 | 由西班牙众议院议长路易莎·费尔南达·鲁迪（Luisa Fernanda Rudi）率领众议院代表团来访，刘吉执行院长、白思拓教务长和部分MBA学员及教授参加接待与会谈。 |
| 2003年12月19日 | 著名旅美钢琴家孔祥东做客中欧校友“文化·视野·人生”文化论坛，发表题为“音乐艺术人生”的主题演讲。 |
| 2003年12月21日 | 著名芭蕾舞蹈家、上海芭蕾舞团艺术总监辛丽丽做客中欧高层管理人员人文素养系列讲座，发表题为“足尖上的艺术人生——芭蕾欣赏入门”的演讲。 |
| 2004年1月13日 | 西班牙教育、文化和体育部部长皮拉尔·德·卡斯蒂略（Pilar del Castillo）率团来访，西班牙驻华大使塞瓦斯蒂安·德·埃里塞（Sabastián de Erice）以及西班牙驻上海总领事何塞·阿·索利亚陪同，受到刘吉执行院长、博纳德院长及师生员工的接待。 |
| 2004年3月20日 | 商务部外资司胡景岩司长做客北京代表处“高朋满座”系列讲座，发表题为“中国吸引外资最新政策变化”的主题演讲。 |
| 2004年3月30日 | 英国克兰菲尔德商学院EMBA学生来访，与中欧EMBA2003级学生就课程和中国商务环境等问题进行了交流，史璞兰（Linda Sprague）教授做了有关中国工业政策的介绍。 |
| 2004年3月 | 德国管理学家赫尔曼·西蒙（Hermann Simon）做客中欧高层管理论坛并发表演讲。 |
| 2004年3月 | 耶鲁大学陈志武教授做客中欧高层管理论坛并发表演讲。 |
| 2004年3月 | 美国嘉吉公司首席运营官及总裁彭国瑞（Gregory R. Page）做客中欧高层管理论坛并发表演讲。 |
| 2004年4月15日 | 欧盟委员会主席罗马诺·普罗迪（Romano Prodi）来访并发表题为“中国与欧盟的经贸关系”的演讲。 |

（续表）

| | |
|---|---|
| 2004年4月 | 美国经济咨商局经济研究部主任罗伯特·麦古肯（Robert McGuckin）做客中欧高层管理论坛并发表演讲。 |
| 2004年5月11日 | 博鳌亚洲论坛秘书长龙永图做客中欧高层管理论坛并发表演讲。 |
| 2004年5月29日 | 美特斯邦威副总裁王泉庚应中欧信息俱乐部之邀来访，发表题为“信息化战略助力企业转型”的演讲。 |
| 2004年5月 | 国家发展和改革委员会主任马凯做客中欧高层管理论坛并发表演讲。 |
| 2004年5月 | 著名投资家和金融学教授吉姆·罗杰斯（Jim Rogers）来访并发表演讲。 |
| 2004年6月3日 | 美国宾夕法尼亚大学沃顿商学院70余名师生来访。 |
| 2004年6月5日 | 北京市委常委、市教育工作委员会书记朱善璐视察北京代表处并进行调研，他对中欧高质量办学、走市场化道路的指导思想给予充分肯定，并对学院10年来所获得的成就及在北京的发展表示赞赏。他还表示将对学院在北京的建设与发展给予支持。 |
| 2004年6月6日 | 沃顿商学院史蒂芬·J.柯宾（Stephen J. Kobrin）教授来访，为中欧100多位MBA和EMBA学生分析了9·11之后的全球大趋势，并和大家一起探讨了新形势下全球化是否可逆的问题。 |
| 2004年6月11日 | 旅法青年钢琴家许忠做客中欧高层管理人员人文素养系列讲座，发表题为“大师与经典”的演讲。 |
| 2004年6月15日 | 哈佛商学院院长基姆· 克拉克（Kim Clark）教授来访。 |
| 2004年6月16日 | 沃顿商学院领导艺术与变革管理中心主任迈克尔·尤西姆（Michael Useem）做客北京代表处“高朋满座”系列讲座，与100多位中欧学生和校友共同探讨如何打造一个成功的领导团队。 |
| 2004年6月16日 | 国务院发展研究中心主任王梦奎做客中欧高层管理论坛，发表题为“新发展观：背景和政策取向”的演讲。 |
| 2004年6月24日 | 瑞典外交部长来访。 |
| 2004年6月 | 智威汤逊-中乔广告公司东北亚区总裁兼大中华区首席执行官唐锐涛做客中欧高层管理论坛，发表题为“中国本土品牌之我见”的演讲。 |
| 2004年6月 | 重庆市常务副市长黄奇帆做客中欧校友论坛并发表演讲。 |
| 2004年6月 | TCL集团总裁李东生做客中欧高层管理论坛并发表演讲。 |
| 2004年6月 | 司法部部长张福森来访。 |
| 2004年7月2日 | 施耐德电气董事长兼首席执行官亨利·拉贺曼（Henri Lachmann）做客中欧高层管理论坛，发表题为“如何在中国市场实现增长——施耐德电气成功经验谈”的演讲。 |
| 2004年7月3日 | 教育部副部长吴启迪来中欧调研并听取了刘吉执行院长、张国华副院长的工作汇报。吴启迪副部长对学院10年来所取得的成绩给予了肯定，并就学院进一步发展问题与院领导进行了讨论。国务院学位办副主任李军陪同调研。 |
| 2004年7月 | 百思买公司执行副总裁迈克·伦敦（Mike London）做客中欧高层管理论坛并发表演讲。 |

（续表）

| | |
|---|---|
| 2004年7月 | Messenger & Associates创始人兼副总裁乔治·梅辛杰（George Messenger）做客中欧高层管理论坛，发表题为“美国证券投资经验谈”的演讲。 |
| 2004年8月 | 索尼中国董事长小寺圭（Kei Kodera）做客中欧高层管理论坛并发表演讲。 |
| 2004年8月 | 纽约大学社会学与组织管理学教授道格·居特里（Doug Guthrie）做客中欧高层管理论坛，发表题为“穿三点式的龙：全球经济中的中国公司的转型”的演讲。 |
| 2004年8月 | Toa资本公司总裁津上俊哉（Tsugami Toshiya）做客中欧高层管理论坛并发表演讲。 |
| 2004年8月 | 贝尔斯登副董事长唐伟做客中欧高层管理论坛并发表演讲。 |
| 2004年9月4日 | 上海市委常委、浦东新区区委书记杜家毫来中欧调研并听取了刘吉执行院长、张国华副院长的办学工作汇报。杜家毫书记对学院10年来所取得的成绩给予了肯定，并就学院进一步发展问题与院领导进行了讨论。 |
| 2004年9月17日 | 欧盟贸易司司长来访。 |
| 2004年9月 | 利乐包装首席执行官蔡尔柏（Nick Shreiber）做客中欧高层管理论坛并发表演讲。 |
| 2004年9月 | 宏碁集团董事长施振荣（Stan Shih）做客中欧高层管理论坛并发表演讲。 |
| 2004年9月 | 奥纬咨询（Mercer Oliver Wyman）总裁约翰·德理（John Drzik）做客中欧高层管理论坛并发表演讲。 |
| 2004年10月14日 | 沃尔玛公司董事会副主席托马斯·考夫林（Thomas Coughlin）做客中欧并发表演讲。 |
| 2004年10月 | 国际商会秘书长玛丽亚·利瓦洛丝·卡塔薇（Maria Livanos Cattaui）做客中欧高层管理论坛并发表演讲。 |
| 2004年10月 | 中国联通总裁王建宙做客中欧高层管理论坛并发表演讲。 |
| 2004年12月7日 | 欧洲委员会议会议长彼得·施德尔（Peter Schieder）一行来访，并与刘吉执行院长进行了会谈。张国华副院长、张维炯副教务长陪同。 |
| 2004年12月17日 | 北京市市长王岐山做客北京代表处“高朋满座”系列讲座，发表主题演讲。 |
| 2005年1月4日 | 上海市政府副秘书长姜平来中欧调研，听取了张国华院长、张维炯副院长的汇报，并称学院“在上海教育界树立了良好的品牌”，他还表示上海市委、市府将继续全力支持学院未来的发展。上海市教育委员会副主任莫负春陪同调研。 |
| 2005年1月17日 | 冰岛议会议长哈尔多尔·布伦达尔（Haldor Blondal）来访。 |
| 2005年1月18日 | 国家发改委体改司司长范恒山来访。 |
| 2005年1月21日 | 爱尔兰教育与科技部长玛丽·哈纳芬（Mary Hanafin T. D.）来访，受到张国华院长和学院其他领导的接待。爱尔兰驻沪总领事陪同参观。 |
| 2005年2月21～24日 | 法国前总理洛朗·法比尤斯（Laurent Fabius）到学院作访问研究。法比尤斯做了4场报告，分别阐述了欧盟历史、欧盟经济、欧盟与中国、欧盟的未来。 |
| 2005年2月 | 德银集团投资银行亚洲区总裁张红力做客北京代表处“高朋满座”系列讲座，针对近年来新一轮的海外融资浪潮热点话题为学生和校友做主题演讲。 |

（续表）

| | |
|---|---|
| 2005年<br>3月18日、19日 | 中国社会科学院亚洲太平洋研究所副所长张宇燕研究员做客北京代表处政治局系列讲座，做了题为“世界格局和我国的安全环境”与“经济全球化和中国”的两场专题讲座。 |
| 2005年3月21日 | 宾夕法尼亚大学沃顿商学院副院长舒宓雷（David C. Schmittlein）一行来访，和张国华院长、郭理默（Rolf D. Cremer）教务长和张维炯副院长进行了会谈。 |
| 2005年3月24日 | 哈佛商学院高级副院长斯坎特·M.达塔（Srikant M. Datar）和高层经理培训部公司关系主任关蔼宁（Ani L. Kharajian）一行来访，并与雷诺执行院长、张国华院长、郭理默教务长和张维炯副院长进行了会谈，双方就相关合作事宜进行了讨论。 |
| 2005年4月14日 | 在西班牙坎塔布利亚地区工业、劳动力与技术发展部部长米格尔·安赫尔·佩斯克拉（Miguel Ángel Pesquera）带领下，该地区政府与贸易代表团来访，并在中欧举办的“链接欧洲”高层管理论坛上发表了两场演讲，演讲题目分别为“坎塔布利亚——投资之地”与“桑坦德港”。 |
| 2005年4月16日 | EMBA2004级学生严义明律师做客中欧华南论坛，发表题为“经营者责任和经营自我保护”的主题演讲，首届EMBA深圳班学生以及几十位来自当地其他核心企业的高层管理人员参加了此次论坛。 |
| 2005年4月17日 | 原华润集团副董事长兼总经理、中粮集团新任董事长宁高宁做客北京代表处“高朋满座”系列讲座，发表题为“国际资本市场驱动的中国企业整合”的演讲。 |
| 2005年4月20日 | 汇丰集团行政总裁葛霖（Stephen K. Green）来访。 |
| 2005年4月25日 | 西班牙参议长费朗西斯科·哈维尔·罗霍·加西亚（Francisco Javier Rojo Garcia）率领西班牙参议院代表团来访，受到张维炯副院长接待。罗霍参议长赞赏学院取得的成就，并表示将继续支持学院未来发展。 |
| 2005年5月19日 | 高效训练公司（Masterful Coaching Inc.）创始人及首席执行官罗伯特·哈格罗夫（Robert Hargrove）做客中欧高层管理论坛并发表题为“杰出的领导，强大的中国——实现领导力与业务突破”的演讲。 |
| 2005年5月26日 | 西班牙工业、商业和旅游大臣何塞·蒙蒂利亚（Jose Montilla）来访，并会见正在参加“中国周”模块的IESE商学院EMBA访问学员。西班牙驻华大使塞瓦斯蒂安·德·埃里塞及一些西班牙政府官员和工商界知名人士陪同来访。 |
| 2005年5月27日 | 由德国联邦议院副议长赫尔曼·奥托·索尔姆斯（Hermann Otto Solms）率领的德国议院代表团来访，并与学院部分教授及MBA2004级学生进行了座谈。郭理默教务长和张维炯副院长接待了来宾。 |
| 2005年5月27日 | 趋势科技创始人及董事长张明正做客中欧高层管理论坛，发表题为“超国界的管理，挡不住的趋势”的演讲，与学生、校友及社会各界人士分享其世界顶尖华人企业跨国管理经营之道。 |
| 2005年6月 | 欧盟驻华大使赛日·安博（Serge Abou）来访。 |

（续表）

| | |
|---|---|
| 2005年7月16日 | 欧盟委员会主席若泽·曼努埃尔·巴罗佐（José Manuel Barroso）来访，并向师生员工发表题为“欧盟与中国的经济崛起”的演讲。他称中欧的成功“是中国的成功，是中、欧合作的成功”，并希望学院能继续成为中国与欧盟合作的“旗舰”。上海市副市长唐登杰、中国驻欧盟使团大使关呈远、外交部欧洲司副司长马克卿、上海市外办副主任傅继红等陪同来访。雷诺执行院长、刘吉名誉院长等院领导接待了来宾。 |
| 2005年7月24日 | 西班牙外交大臣米格尔·安赫尔·莫拉蒂诺斯（Miguel Ángel Moratinos）来访，雷诺执行院长、张维炯副院长、任杰明（Jaume Ribera）教授和国际学生代表在上海校园西班牙中心与来宾座谈。 |
| 2005年8月19日 | 著名学者余秋雨做客中欧文化与艺术论坛并发表演讲。 |
| 2005年9月6日 | 欧盟理事会秘书长兼欧盟共同外交与安全政策高级代表哈维尔·索拉纳（Javier Solana）一行来访，并向师生及部分校友发表题为“推进中国与欧盟的战略伙伴关系”的演讲。雷诺执行院长、刘吉名誉院长与来宾就中欧友好关系等话题交换了意见。 |
| 2005年9月12日 | 美国亨兹曼公司创始人及董事长乔恩·M.亨兹曼（Jon M. Huntsman） 做客中欧高层管理论坛，发表题为“胜者永不欺骗”的演讲。 |
| 2005年10月15日 | 太平洋研究院中国董事长苏琬做客由北京代表处举办的沙龙活动，与近40位学生与校友共同探讨如何帮助组织和个人掌握建设性的认知方式。 |
| 2005年10月16日 | 在北京代表处举办中欧学友畅坛活动，劳动和社会保障部医疗保险司副司长熊先军、齐鲁制药有限公司副总经理李燕、东盛科技股份有限公司副总裁张斌作为主讲学员，围绕“药品价格”这一热点话题分析了当前药品价格问题，特邀嘉宾学员、国家发改委药品价格评审中心副主任卢凤霞阐述了药品价格的改革历程，并对药品价格的趋势做了分析。 |
| 2005年10月27日 | INSEAD商学院（欧洲校区）院长加布里埃尔·哈瓦维尼（Gabriel Hawawini）和该院国际理事会理事长兼名誉董事长克劳德·詹森（Claude Janssen）来访，受到张维炯副院长接待。 |
| 2005年10月28日 | 首届中欧合聚讲坛在北京代表处举行，北京天则经济研究所所长盛洪发表题为“旧邦新命”的演讲。 |
| 2005年10月31日 | 西班牙互联银行董事长胡安·阿雷纳（Juan Arena）做客中欧高层管理论坛，发表题为“与众不同”的演讲，细述了互联银行从一家小银行不断发展、最终成为西班牙五大银行之一的“不同”之处。 |
| 2005年10月 | 欧盟委员会内部市场司总干事亚历山大·绍布（Alexander Schaub）来访。 |
| 2005年11月12日 | 国家发改委党组副书记、常务副主任朱之鑫和中欧许小年教授做客北京代表处“高朋满座”校庆专场并发表演讲。 |
| 2005年11月12日 | “超级女声”营销幕后策划者、EMBA1999级校友孙隽应中欧校友营销俱乐部之邀，做客中欧发表演讲。 |
| 2005年11月16日 | 欧盟委员会税务及关税联盟委员拉兹洛·科瓦奇（Laslzo Kovacs）一行来访并发表题为“欧盟与中国的海关合作”的演讲。 |

（续表）

| | |
|---|---|
| 2005年11月19日 | 著名作家、学者麦天枢做客北京代表处“合聚讲坛”，发表题为“两个娘的孩子：关于我们自己的知识”的主题演讲。 |
| 2005年11月28日 | 中国建筑工程总公司总经理孙文杰做客中欧高层管理论坛，发表题为“创新是最好的继承——来自中国最大建筑企业的实践”的演讲。 |
| 2005年11月28日 | 中欧校友会汽车产业俱乐部的部分会员与中国汽车工程学会理事长张小虞和国家信息中心信息资源部主任徐长明做客中欧，就中国汽车产业现状及未来走势进行了讨论。 |
| 2005年12月15日 | 西班牙王储费利佩·德博尔冯-格雷西亚在扎祖勒宫会见了前往西班牙参加第四届中欧论坛的刘吉名誉院长。费利佩王储与刘吉教授就学院的发展、中西两国及中欧双方关系等问题交换了意见，并一致认为学院是沟通中欧关系的一座重要桥梁。 |
| 2006年1月13日 | 主题为“2006年最值得关注的理财产品——黄金”的中欧沙龙在北京代表处举行。主讲嘉宾北京中汇安高信息咨询有限公司总经理郭晖分别就古尔德成功的五大理由、全球高通胀的到来、股市资金流入黄金市场、2005年黄金市场分析以及近期黄金操作策略五个方面进行了详细的介绍分析。 |
| 2006年1月16日 | 欧盟委员会负责信息社会与传媒政策的委员维维亚娜·雷丁（Viviane Reding）来访并发表演讲，阐述了“信息通信技术能为欧盟与中国提供实现社会包容、参与、经营、增长与就业新机会”的观点。 |
| 2006年1月21日 | 西班牙众议院第二副议长、西中友好小组主席比拉华纳（Jordi Vilajoana Rovira）一行来访，受到雷诺执行院长和张维炯副院长接待。比拉华纳副议长高度赞扬了中欧在短短11年内所取得的巨大成功，并对中西双方在此项目中的密切合作表示欣慰。 |
| 2006年2月12日 | 由众多韩国前政府高官和韩国知名企业家组成的韩国国策研究中心（National Strategy Institute）代表团来访。代表团由韩国国策研究中心理事长、韩国负责金融与经济事务的原副总理姜庆植带队，由来自政界、工商界、教育界等各界知名人士组成。 |
| 2006年2月18日 | 国务院发展研究中心金融研究所副所长巴曙松做客北京代表处“高朋满座”系列讲座，探讨中国金融市场大变局。 |
| 2006年2月21日 | 欧盟委员会能源委员安德里斯·皮耶巴尔格斯（Andris Piebalgs）来访，受到郭理默教务长接待。访问期间，安德里斯·皮耶巴尔格斯与学院领导就中国当前的能源政策问题以及学院MBA学生的全球化问题进行了讨论。 |
| 2006年3月3日 | 欧洲议会社会党党团代表团一行来访，并与中欧部分师生代表进行座谈。代表团团长、欧洲议会社会党党团主席马丁·舒尔茨（Martin Schulz）对学院取得的成绩表示赞赏，并希望学院继续为推动中国与欧盟合作做出贡献。 |
| 2006年3月4日 | 中欧合怡俱乐部邀请了央视特约理财规划师、香港御峰理财有限公司北京联络处理财顾问沈林灵，为俱乐部成员讲解“如何规划孩子教育金”。 |
| 2006年3月5日 | EMBA2005级北京3班邀请国家发展改革委员会刘健钧做题为“创业投资办法建立的过程及展望”的主题演讲。 |

（续表）

| | |
|---|---|
| 2006年3月15日 | 著名旅德摄影艺术家王小慧做客中欧EMBA高层管理人员人文素养讲座，通过视频放映及现场互动问答的方式，与EMBA学生们共同分享了她对艺术、人生的感悟。 |
| 2006年3月16日 | 百安居中国区总裁卫哲做客中欧高层管理论坛，发表题为“市场营销——是艺术亦是科学”的主题演讲。 |
| 2006年4月5日 | 微软公司高级副总裁暨总法律顾问布拉德·史密斯（Bradford Smith）做客中欧沙龙并发表演讲。史密斯的话题围绕着公司治理的重要性以及70余年来美国的公司治理发展轨迹展开，并结合微软实例诠释了公司治理的特征。 |
| 2006年4月10日 | 西班牙副首相兼经济和财政大臣佩德罗·索尔韦斯（Pedro Solbes）一行来访，雷诺执行院长等院领导陪同参观校园，并与来宾亲切交谈。索尔韦斯对学院办学成绩给予了肯定。 |
| 2006年<br>4月18日、25日 | 与《IT经理世界》杂志社联合主办的“解读大师论坛”邀请亨利·明茨伯格（Henry Mintzberg）做题为“管理向何处去”的演讲，探讨在新的全球化竞争环境中，如何提升企业的管理水平。 |
| 2006年4月24日 | 管理思想大师亨利·明茨伯格做客北京代表处“高朋满座”系列讲座，向近200位EMBA校友阐述了他对于管理以及领导的真知灼见。 |
| 2006年4月25日 | IBM中国商业价值研究院院长毕艾伦（Alan Beebe）做客北京代表处沙龙活动，就中国企业国际化课题与校友分享了其研究成果。 |
| 2006年<br>5月17日、18日 | 应蓝威廉（William Reinfeld）教授邀请，麦肯锡大中华区执行董事高安德（Andrew Grant）和埃森哲大中华区总裁李纲分别于5月17日和18日晚来到上海校园，为MBA学生做题为“管理咨询业在中国的机会与挑战”的主题演讲。 |
| 2006年5月18日 | 麦当劳亚太、中东及非洲地区副总裁马子义（Robert Tzu–I Ma）做客中欧高层管理论坛，发表题为“供应链之建立与管理”的演讲。 |
| 2006年5月25日 | IMD学院国际政治经济学教授、埃维昂组织创始人让－皮埃尔·雷曼（Jean–Pierre Lehmann）来访，并做题为“崛起的中国和衰落的多边贸易体系：政策议程提案”的主题演讲。 |
| 2006年5月25日 | 欧洲议会人民党党团代表团一行来访，参观校园，并会见中欧郭理默教务长。代表团团长、人民党党团副主席奥赛玛·卡拉斯（Othmar Karas）对学院的成绩表示祝贺，并表示欧方将继续加强对学院的支持。 |
| 2006年6月1日 | NBA中国区总经理马富生（Mark Fischer）做客中欧高层管理论坛，发表题为“体育行销在中国”的演讲，与学生们共同分享NBA拓展中国市场时“三步上篮”的经验。 |
| 2006年6月5日 | 上海市委副书记殷一璀一行来中欧视察，并与学院谢绳武董事长、刘吉名誉院长和其他领导进行了座谈。殷书记充分肯定了中欧11年来的办学成绩，并代表上海市委、市府对朱晓明兼任院长表示祝贺。殷书记表示，上海市委、市府将一如既往地支持学院的发展。上海交通大学党委书记马德秀、上海市委组织部副部长邵正平、上海市科教党委副书记李铭俊等陪同视察。 |
| 2006年6月8日 | 中国人民外交学会名誉会长、前驻德大使卢秋田应邀做客中欧高层管理论坛，发表题为“东西方文化和思维的差异”的演讲。 |

2006年

（续表）

| | |
|---|---|
| 2006年6月17日 | 联想集团创始人、现任联想控股有限公司总裁柳传志做客北京代表处“高朋满座”讲座并发表演讲。 |
| 2006年6月21日 | 哈佛大学教授、第三代“新儒学”代表人物杜维明在北京代表处举办的“合聚讲坛”发表演讲，将“全球化时代儒家精神”提炼为“各美其美，美人之美，美美与共，天下大同”。 |
| 2006年6月26日 | 摩根士丹利首席经济师史蒂芬·罗奇（Stephen Roach）做客中欧高层管理论坛，发表题为“中国在全球经济中的地位以及美中关系”的演讲。他指出：中国目前的经济增长主要源于固定投资和出口的驱动，这种增长模式是不可持续的，中国经济增长目前更需要消费驱动。 |
| 2006年7月13日 | 西班牙王储费利佩·德博尔冯–格雷西亚携王储妃来访，再次表明了西班牙对学院的大力支持和友好关系。在王储夫妇的见证下，西班牙贸易发展局向学院捐赠了50万欧元，用于支持中欧创业研究中心。西班牙驻中国大使塞瓦斯蒂安·德·埃里塞、西班牙驻中国总领事阿尔瓦冈萨雷斯（Alvargonzales）等陪同来访。 |
| 2006年7月14日 | 欧洲议会议长何塞·博雷利·冯特勒斯（Josep Borrell Fontelles）来访，参观了校园并与刘吉名誉院长进行会谈。博雷利议长对学院的成绩表示肯定，并表示欧盟将支持学院发展。会谈后，博雷利议长做了题为“欧盟、中国和全球化：共同的挑战，共同的答案”的演讲。 |
| 2006年7月22日 | 著名法学家梁治平做客北京代表处“合聚讲坛”，发表了题为“法与现代社会”的主题演讲。 |
| 2006年7月26日 | 西班牙巴塞罗那市副市长乔迪·波塔贝拉（Jordi Portabella）一行来访，并在“上海–巴塞罗那旅游物流主题研讨会”上，介绍了巴塞罗那在物流及旅游方面的发展优势及其与上海的合作契机。 |
| 2006年7月26日 | 在《商学院》杂志与学院的共同组织下，英国牛津大学名誉校长彭定康勋爵来访，发表题为“跨大西洋合作与亚洲的崛起”的演讲。 |
| 2006年9月3日 | 联合国秘书长候选人、欧洲议会海外合作发展委员会主席、欧洲议会外交委员会委员内伦贾·德瓦–阿蒂塔亚（Niranjan Deva–Aditya）做客北京代表处沙龙活动，并就“21世纪中欧关系与全球机构改革”发表主题演讲。 |
| 2006年9月7日 | 福特汽车（中国）有限公司业务规划及发展部副总裁基斯·A.戴维（Keith A. Davey）做客中欧高层管理论坛，发表题为“职业规划与领导力发展：分享我世界各地的经历和感悟”的演讲。 |
| 2006年9月9日 | 中国人民大学舆论研究所所长、新闻学院副院长喻国明做客中欧北京代表处合聚讲坛，发表题为“透视传媒的力量”的演讲。 |
| 2006年9月9日 | 中央音乐学院副院长周海宏在深圳华夏艺术中心为中欧近300位华南EMBA学生、校友做题为“音乐何须懂”的讲座，不但澄清了对音乐的认识误区，而且从对美的感性认识角度，阐述了个人和民族的创造力及创新精神。 |
| 2006年9月21日 | 中国海洋石油总公司总经理傅成玉做客北京代表处“高朋满座”系列讲座。 |

（续表）

| | |
|---|---|
| 2006年10月12日 | CCG投资者关系公司首席执行官威廉·F.科芬（William F. Coffin）做客中欧高层管理论坛,发表题为“用公司信息披露和透明度最佳实践打开通往美国资本市场之门”的主题演讲。 |
| 2006年10月23日 | 嘉士伯高级副总裁杰斯伯·B.迈德森（Jesper B. Madsen）做客中欧高层管理论坛，发表题为“中国啤酒市场的发展战略——来自国际酿造商的观点”的主题演讲。 |
| 2006年11月9日 | 佩斯领导力研究院的创始人和首席执行官泰德·普林斯（Ted Prince）携其新书《卓越领导者的三大财务风格》做客中欧高层管理论坛，发表题为“个人财务个性将对公司市场价值带来什么影响”的演讲。 |
| 2006年11月16日 | 德勤中国合伙人兼技术总监托尼·科特莱尔（Tony Cotterell）做客中欧高层管理论坛，发表题为“亚太地区变革领导力”的主题演讲。 |
| 2006年11月18日 | 中央音乐学院副院长周海宏做客北京代表处发表题为“走进音乐的世界——兼谈艺术在人类生活中的意义”的演讲。 |
| 2006年11月27日 | 原文化部长、著名文学家王蒙做客中欧，发表题为“红楼梦中的政治”的演讲，从多个角度分析了“盛极一时”的贾府覆亡的必然。 |
| 2006年11月28日 | 纽约证券交易所首席执行官约翰·A.赛恩（John A. Thain）做客中欧高层管理论坛，发表题为“变革中的全球资本市场以及中国的重要性”的演讲。 |
| 2006年12月6日 | 哥伦比亚大学汤·塞克斯顿（Don Sexton）教授做客中欧高层管理论坛，就品牌建立对企业的重要性和实施品牌战略中的一些问题进行了阐述和分析。 |
| 2006年12月7日 | GE消费和工业产品集团亚太区市场总监王丽丽做客中欧高层管理论坛，发表题为“GE的市场营销和职业发展”的演讲，阐述如何整合大型活动、赞助和媒体支持以创造最大的企业品牌影响力。 |
| 2007年1月13日 | 上海大学历史系教授朱学勤做客中欧，做题为“200年来中国与世界”的演讲，详细分析了英、美、俄、法等大国的历史变革对中国近200年社会发展的影响。 |
| 2007年1月13日 | 中央音乐学院副院长周海宏做客中欧华南人文讲座，以“走进音乐的世界——兼谈艺术在人类生活中的意义”为题发表演讲。 |
| 2007年3月7日 | 上海市科教党委书记李宣海、上海市教委主任沈晓明和副主任王奇一行来中欧调研。李宣海书记和沈晓明主任对学院办学成绩给予肯定，并就学院的办学理念、国际排名、学生就业、国际合作等与院领导和有关部门负责人进行了讨论。 |
| 2007年3月7日 | 上海市政府金融服务办公室副主任方星海一行来访，并与朱晓明院长、张维炯副院长和部分教授就金融领域培训与研究方面的合作进行了会谈。 |
| 2007年3月8日 | 中共上海市委副书记王安顺视察中欧。市委副秘书长刘卫国、中国浦东干部学院常务副院长奚洁人等陪同。王安顺同志指出，学院在较短时间内成长为一所世界著名管理学院这一成果凝聚了领导和教职员工的心血和智慧。他鼓励学院做出更大贡献。 |
| 2007年3月20日 | 哈佛商学院院长杰·莱特（Jay Light）来访，并与学院领导及部分教授进行座谈。此后，莱特院长出席了题为“中国与世界”以及“技术与创新”的圆桌讨论会。 |

（续表）

| | |
|---|---|
| 2007年3月31日 | 在青岛香格里拉大饭店举办中欧高层管理论坛，论坛主题为“现代经济和企业管理的文化思考”。中欧许小年教授，青岛啤酒股份有限公司总裁、校友金志国，建业住宅集团（中国）有限公司董事长、校友胡葆森发表演讲。青岛市市委常委、统战部部长张惠在论坛上致辞。 |
| 2007年4月3日 | 西班牙副首相玛丽亚·特雷萨·费尔南德斯·德拉维加（Maria Teresa Fernandez de la Vega）来访。在费尔南德斯女士的见证下，西班牙贸易发展局向中欧捐赠了10万欧元，用于支持中欧创业研究中心的发展，培养中国和西班牙的工商业人才。 |
| 2007年4月4日 | 上海市人大常委会领导视察中欧。前来视察的领导有市人大常委会主任龚学平，副主任周慕尧、包信宝、刘伦贤、张圣坤、胡炜，秘书长孙运时，以及市人大法制、财经、科教文卫、城建环保、侨民宗教等专业委员会的主任委员和其他人大常委共25人。龚学平一行首先参观了校园，然后与院领导和部分中层干部进行座谈，调研了学科建设和教学情况。 |
| 2007年4月5日 | 《财经》杂志执行主编王烁做客中欧高层管理论坛，发表题为“《财经》解读中国企业变革”的主题演讲。 |
| 2007年4月6日 | 瑞士风险投资资深专家马丁·黑米格（Martin Haemmig）博士做客中欧高层管理论坛，发表题为“风险投资与创业学——国际视角”的主题演讲。 |
| 2007年4月13日 | 法国前总统瓦莱里·吉斯卡尔·德斯坦来访，并为中欧师生员工、各国领事和上海各大高校欧洲研究中心成员等约300余人就“如何深化欧盟成立50年来的辉煌成就”为题发表演讲，重温欧盟历史，并展望欧盟未来发展前景。 |
| 2007年5月18日 | 哈佛商学院贝克基金教授沃伦·麦克法伦（Warren McFarlan）做客中欧，发表题为“信息化时代的全球竞争力——40年回顾”的演讲。 |
| 2007年5月18日 | 德国前总理格哈德·施罗德（Gerhard Schroeder）来访，并与约100名MBA学生会面，回答了欧盟与俄罗斯的能源关系、德国经济如何应对全球化等问题。 |
| 2007年5月21日 | 沃顿商学院MBA师生代表团一行90人来访。本次访问是沃顿商学院MBA学生“全球文化沉浸项目”（GIP）的重要组成部分。 |
| 2007年6月8日 | 由中欧学友畅坛同中欧创业者俱乐部共同主办的“学友畅坛”活动在北京代表处举行，美国中经合集团（WI Harper Group）董事总经理、中国区负责人张颖与EMBA2002级校友臧力以“借力风险投资，实现创业理想”为主题发表演讲。 |
| 2007年6月9日 | 上海证券交易所总经理朱从玖做客北京代表处“高朋满座”系列讲座，发表题为“中国资本市场的未来与展望”的演讲。 |
| 2007年6月25日 | 西班牙国王胡安·卡洛斯（Juan Carlos）与王后索菲娅（Sofia de Grecia）来访，并接受学院颁发的荣誉勋章。 |
| 2007年7月3日 | 商务部马秀红副部长、林哲莹副司长等领导在为落户上海金桥出口加工区的中国服务外包研究中心和中国服务外包基地城市上海试验区揭牌后视察中欧，朱晓明院长和上海市外资委刘锦屏副主任陪同。 |
| 2007年7月14日 | 北京代表处与中国文化书院共同举办合聚讲坛2007“国学智慧与管理”系列讲座。中国文化书院副院长、北京大学哲学系教授李中华发表题为“儒家的基本精神与现代意义”的演讲。 |

（续表）

| | |
|---|---|
| 2007年7月21日 | 原中央军委办公厅主任、军事科学院副院长李际均中将做客北京代表处“高朋满座”系列讲座，发表题为“军事战略思维与科学决策”的演讲。 |
| 2007年8月24日 | 应中欧校友创业者俱乐部之邀，太阳马戏亚太市场营销总监米兰·洛克（Milan Rokic）发表题为“太阳马戏如何打造世界顶级娱乐品牌——艺术创新、行业现象与商业模式”的演讲。 |
| 2007年9月3日 | 法国前总理让-皮埃尔·拉法兰（Jean-Pierre Raffarin）到访，并就“中欧对话的未来”为题发表演讲，阐述了中国与欧洲过去与目前的关系，以及对未来如何建立战略性对话关系的思考。 |
| 2007年9月6日 | 匈牙利经济及交通部部长郭高·亚诺什（Janos Koka）来访，与院领导进行非正式对话，并与中欧学生和部分华东师范大学学生分享了他对匈牙利经济发展的远见，表达了加强同中国双边合作的愿望。 |
| 2007年9月16日 | 中国作协主席铁凝做客中欧EMBA文化艺术节系列讲座，发表题为“阅读的重量”的演讲。 |
| 2007年9月17日 | 法国著名银行家、LCF乐积集团董事长罗智门（Benjamin de Rothschild）男爵及夫人一行来访，受到刘吉名誉院长接待。 |
| 2007年9月27日 | 上海市市长韩正莅临中欧看望师生员工并开展调研活动。市委常委、浦东新区党委书记杜家毫，市府秘书长李良园，市发改委主任蒋应时，市科教党委副书记吴捷，市教委主任沈晓明，市外办主任杨国强，市金融办副主任方星海，市人事局副局长毛大立等领导陪同调研。活动结束前，朱晓明院长向韩正市长授予荣誉教授证书。 |
| 2007年10月12日 | 由中欧陆家嘴国际金融研究院举办的首期金融家沙龙举行。中国银行副行长、中欧兼职教授朱民发表题为“新世纪全球金融格局十大特征”的演讲，全面分析全球金融格局的走向和影响，并与在座的金融界人士进行互动式探讨。 |
| 2007年10月17日 | 深圳万科企业股份有限公司董事长王石做客中欧高层管理论坛，发表题为“企业发展与社会责任”的演讲，介绍万科的成长道路，分享他的管理心得与人生经历。 |
| 2007年10月19日 | 英国伦敦金融城市长史达德（Alderman John Stuttard）来访，并以“伦敦金融城如何决胜于国际金融市场？”为题发表演讲，介绍伦敦金融城的发展环境与取得的成就。 |
| 2007年10月20日 | 著名音乐人罗大佑做客中欧EMBA文化艺术节系列讲座，发表题为“流行文化的社会价值——我的音乐之路”的演讲。 |
| 2007年11月2日 | 星巴克咖啡公司总裁霍华德·舒尔茨（Howard Schultz）到访，和MBA学生分享了他的创业经历和理念。师生与嘉宾等约300余人参加了此次活动。该节目由美国有线电视新闻网（CNN）全程录制。此次节目是CNN“董事会大师班”栏目创办以来首次在商学院录制。 |
| 2007年11月4日 | 教育部副部长吴启迪在上海市教委主任沈晓明、副主任李骏修陪同下来访。 |
| 2007年11月8日 | 原中共中央政治局常委、国务院副总理李岚清在上海大剧院为中欧师生校友及兄弟院校师生做题为“音乐·艺术·人生”的专题讲座，感怀音乐，畅谈人生。 |

（续表）

| | |
|---|---|
| 2007年11月24日 | 2007年北京代表处“高朋满座”校庆特辑举行，天津市市长戴相龙应邀出席并发表题为“天津滨海新区的开发开放”的主题演讲。 |
| 2007年12月2日 | 中国投资有限责任公司总经理、中欧兼职教授高西庆做客中欧陆家嘴金融家沙龙，发表题为“中国社会保障机制的问题与前景”的演讲。 |
| 2008年1月11日 | 嘉华集团副主席吕耀东一行来访，受到朱晓明院长和张维炯副院长接待。 |
| 2008年1月15日 | 上海市委副书记殷一璀前来调研，市委副秘书长姜樑、市科教党委书记李宣海、市教委副主任王奇和市发改委副巡视员颜莹舫等陪同，朱晓明院长与张维炯副院长等做了汇报。 |
| 2008年1月16日 | 全国人大常委、财经委员会副主任委员，原中国人民银行副行长吴晓灵做客中欧陆家嘴金融家沙龙，发表题为“国内外经济失衡背景下的中国货币政策”的演讲。 |
| 2008年1月26日 | 原惠普公司全球副总裁、中国惠普有限公司总裁孙振耀做客北京代表处“高朋满座”系列讲座，发表题为“企业持续发展的制约因素”的演讲。 |
| 2008年1月28日 | 美国通用电器全球首席学习官苏珊·彼得斯（Susan Peters）做客中欧，发表题为“21世纪领导接班人”的主题演讲。 |
| 2008年2月25日 | 搜房控股有限公司董事长兼首席执行官莫天全做客中欧高层管理论坛，发表题为“创业，发展与守业：可持续高速增长”的主题演讲。 |
| 2008年2月26日 | 英国外交大臣大卫·米利班德（David Miliband）一行来访，并为MBA学生做了题为“领导力和全球化：政府与企业的角色”的演讲，受到朱晓明院长、郭理默教务长和张维炯副院长接待。 |
| 2008年3月14日 | 外交部世界知识出版社总编辑、原外交部发言人沈国放做客中欧EMBA学生论坛，发表题为“当前国际形势特点和大国关系”的主题演讲。 |
| 2008年3月20日 | 嘉华集团主席吕志和应邀来访并受到朱晓明院长和张维炯副院长的接待。 |
| 2008年3月25日 | 著名艺术家濮存昕做客中欧沙龙——“美文美颂”，为中欧北京戏剧社的同学们现场指导诗文朗诵。 |
| 2008年3月31日 | 与西班牙IESE商学院联合举办高层管理论坛，共同庆贺IESE商学院成立50周年，并巩固两所商学院自1994年以来在学生和师资交流、高层经理培训课程及活动等方面的密切合作关系。IESE商学院潘卡基·格马瓦特（Pankaj Ghemawat）教授做客此次论坛，发表题为“世界不是平的：理由与意义”的演讲，论坛吸引了200多名中欧和西班牙IESE商学院的校友、经理人和媒体参加。 |
| 2008年4月19日 | 凤凰卫视著名时事评论员、资深媒体人曹景行做客中欧EMBA学生论坛，讲述台湾选举亲历。 |
| 2008年5月3日 | 在长沙举办题为“股票期权激励机制的设计及成本确认——对中美上市公司的分析”的EMBA管理论坛。湖南省人大常委会副主任刘莲玉出席论坛的座谈活动，并在与各界与会人士交谈中表示，欢迎中欧这样的世界级知识智囊团走进湖南。 |
| 2008年6月4日 | 三山资本创始合伙人李山做客中欧陆家嘴金融家沙龙，发表题为“在中国发展世界水平的PE公司”的演讲。 |

（续表）

| | |
|---|---|
| 2008年6月4日 | 阿里巴巴公司创始人、董事局主席、首席执行官马云做客北京代表处“高朋满座”系列讲座，为近400位学生、校友发表题为“一次创业与二次成长”的演讲，以自己的创业经历阐释了中小企业发展之道。 |
| 2008年6月13日 | 法国驻华大使苏和（Herve Ladsous）做客中欧举办的中国－欧盟商务管理培训项目系列讲座，发表题为“法国担任欧盟理事会主席后的当务之急”的演讲。 |
| 2008年6月19日 | 欧盟大使赛日·安博做客中欧举办的中国－欧盟商务管理培训项目系列讲座，发表题为“21世纪的中国与欧盟”的演讲。 |
| 2008年6月22日 | 2008中欧合聚讲坛“从文字到文明”系列讲座在北京达园宾馆（北京代表处旧址）拉开帷幕。北京师范大学教授、第十届全国人大常委会副委员长许嘉璐做开坛讲座。 |
| 2008年6月28日 | 向松祚博士做客北京代表处，为到场的180多位学生、校友发表了题为“世界和中国的通货膨胀问题”的演讲。 |
| 2008年7月1日 | 与德国赢创工业集团联合举办中欧高层管理论坛。博鳌亚洲论坛秘书长龙永图和赢创工业集团董事长兼首席执行官穆勒（Werner Müller）做客此次论坛，并以“建设更好体制的领袖=远见+能力+胆识”为题发表演讲。 |
| 2008年7月19日 | 2008中欧合聚讲坛“从文字到文明”第二讲在北京代表处举办，国家一级作家、学者、著名电视片《大国崛起》总策划麦天枢为校友发表题为“汉字的伦理本质”的演讲。 |
| 2008年7月20日 | 北京师范大学教授、第十届全国人大常委会副委员长许嘉璐再次做客北京代表处合聚讲坛，继续就“中华文化与当代社会”的话题与校友展开深入讨论。 |
| 2008年7月25日 | 上海市外商投资企业协会会长沙麟和上海市外经贸委副主任刘锦屏来访，受到朱晓明院长和张维炯副院长接待。 |
| 2008年7月26日 | 上海市政府金融服务办公室主任方星海做客中欧陆家嘴金融家沙龙，发表题为“上海通往国际金融中心之路”的演讲。 |
| 2008年8月21日 | 著名作曲家和指挥家谭盾应朱晓明院长之邀，做客中欧，畅谈奥运颁奖音乐及创作理念，400多名师生和校友参加。 |
| 2008年8月25日 | 德国汉莎航空公司监事会主席约尔根·韦伯（Juergen Weber）做客中欧，为MBA2008级新生发表演讲，分享其世界著名的管理策略。 |
| 2008年9月3日 | 上海市政协主席冯国勤、副主席钱景林、秘书长陈海刚和市政协其他领导来中欧调研，受到朱晓明院长、郭理默教务长和张维炯副院长的接待。 |
| 2008年10月28日 | 荷兰外贸大臣亨斯科克（Frank Heemskerk）做客中欧“中国－欧盟商务管理培训项目”讲座，发表题为“CSR的目的及其在当今全球化世界中的价值”的演讲，与MBA学生分享了企业社会责任（CSR）在荷兰社会经济中日益增长的重要性。 |
| 2008年10月31日 | 张杰董事长来中欧调研，雷诺执行院长、朱晓明院长、郭理默教务长和张维炯副院长汇报了学院工作。 |
| 2008年11月2日 | 世界银行王君博士做客中欧陆家嘴金融家沙龙，发表题为“商业银行为什么要发放微小贷款”的演讲。 |

（续表）

| | |
|---|---|
| 2008年11月6日 | 国家知识产权局局长田力普来中欧调研，并参观中国服务外包研究中心，受到朱晓明院长接待。 |
| 2008年11月8日 | 应朱晓明院长之邀，中国著名文化学者于丹做客“中欧人文艺术大讲坛”，与校友及学院领导、教授对话，共论企业社会责任。文广集团和《文汇报》是本次论坛的协办单位。现场还组织了募捐和拍卖活动，筹集善款上百万元，用于捐赠四川地震灾区。 |
| 2008年11月10日 | 巴塞罗那市市长若尔迪·埃雷乌（Jordi Hereu）和商会副主席何塞普·曼纽尔·巴萨内斯·比利亚卢恩加（Josep Manuel Basáñez Villaluenga）来访，共同为朱晓明院长和张维炯副院长颁发巴塞罗那市“荣誉市民”证书和“巴塞罗那工商业和导航”荣誉奖章。“巴塞罗那工商业和导航”奖章旨在表彰朱晓明院长和张维炯副院长出色的商学院运营能力和深厚的学术造诣，以及他们持续帮助巴塞罗那商会为中国和巴塞罗那企业搭建“商务桥梁”所做出的努力。 |
| 2008年11月18日 | 由北京校友金融与投资俱乐部主办的以“美国金融危机及其影响”为题的校友论坛在北京举办，中银国际首席经济学家曹远征担任主讲嘉宾，130余位校友参加该活动。 |
| 2008年11月22日 | 著名歌唱家、上海音乐学院教授王作欣出席第二届EMBA文化艺术节开幕式“经典音乐剧荟萃欣赏”，演唱经典音乐剧曲目。 |
| 2008年11月29日 | 著名作家叶辛做客第二届EMBA文化艺术节，发表题为“回到知青年代”的演讲。 |
| 2008年11月30日 | 中国经济体制改革研究会会长、原国家经济体制改革委员会副主任高尚全做客北京代表处“高朋满座”系列演讲，发表题为“历史对话未来——改革开放30年的回顾与展望”的主题演讲。 |
| 2008年12月5日 | 中央音乐学院副院长周海宏做客第二届EMBA文化艺术节，发表题为“学习、感受音乐中的‘好’与‘坏’”的演讲。 |
| 2008年12月6日 | 著名歌唱家王静做客第二届EMBA文化艺术节，畅谈艺术人生，用歌声“拥抱祖国”。 |
| 2008年12月7日 | 美国耶鲁大学金融学终身教授陈志武做客中欧陆家嘴金融家沙龙，为50余位金融机构高管解读了美国金融市场100多年的发展史、美国金融模式的特点以及对中国未来经济金融发展模式的启示。 |
| 2008年12月13日 | 《中国国家地理》杂志社社长兼总编李栓科出席第二届EMBA文化艺术节闭幕式，发表题为“天下有大美而无言/中国最美的地方？”的演讲。 |
| 2009年1月8日 | 渣打银行高级经济学家、中国研究部主管王志浩（Stephen Green）做客中欧陆家嘴金融家沙龙，发表了他对2009年中国宏观经济走势的分析。 |
| 2009年1月12日 | 中国社会科学院学部委员、中国社会科学院金融研究所所长李扬做客中欧陆家嘴金融家沙龙，发表了他对美国金融危机及其对中国经济的影响的见解。 |
| 2009年2月14日 | 淘宝网总裁陆兆禧做客中欧总经理课程2008级7班的毕业典礼，发表题为“在阵痛中思考，从思考中腾飞”的主题演讲。 |
| 2009年2月18日 | 牛津大学赛德商学院院长科林·迈尔（Colin Mayer）来访，与朱晓明院长、张维炯副院长进行了会谈。 |

（续表）

| | |
|---|---|
| 2009年2月22日 | 中欧学术委员会主席、访问教授约翰·奎尔奇（John Quelch）做客中欧校友论坛，发表了题为“如何打造全球品牌？”的演讲。 |
| 2009年2月27日 | 由中欧陆家嘴国际金融研究院和美国驻沪总领馆联合举办的中欧陆家嘴金融家沙龙举行。纽约州立大学水牛城分校法学院教授大卫·A.威斯布鲁克（David A. Westbrook）与金融机构高官及中欧校友们分享了他对当前资本市场的观察和对金融监管模式改革的见解。 |
| 2009年3月4日 | 上海博意门咨询公司总裁孙永玲做客中欧沙龙，发表题为“运用平衡计分卡成功执行企业战略”的演讲。 |
| 2009年3月13日 | 著名人文学者易中天做客中欧EMBA高层管理人员人文素养讲座，发表题为“先秦诸子的救市之争”的演讲。易中天先生以先秦时期礼坏乐崩比喻今天的金融危机，从先秦的儒、墨、道、法四大学派提出的拯救世道的学说，探寻今天中国人面对危机的因应之道。 |
| 2009年3月25日 | 保加利亚副总理兼外交部长伊瓦伊洛·卡尔芬（Ivailo Kalfin）一行来访，并在题为“21世纪的中国和欧盟”的圆桌会议上，与中欧刘吉名誉院长、朱晓明院长、张维炯副院长分享了有关发展中保及中欧关系的见解。 |
| 2009年3月29日 | 国家外汇管理局国际收支司副司长、中国金融四十人论坛成员管涛做客中欧陆家嘴金融家沙龙，分析了应对国际金融危机政策可能产生的后遗症。 |
| 2009年4月10日 | 中国社会科学院金融研究所党委书记、副所长王国刚做客中欧陆家嘴金融家沙龙，就中国股市走势这一话题与80余位金融机构高管和校友进行交流。 |
| 2009年4月21日 | 前美国驻华大使馆政务公使衔参赞艾坚恩（Jonathan M. Aloisi）做客中欧EMBA高层管理论坛，发表题为“奥巴马新政府对华政策”的主题演讲。 |
| 2009年4月22日 | 由中欧陆家嘴国际金融研究院与好买基金研究中心联合主办的首期中欧陆家嘴财富沙龙举行。本期沙龙主题为“寻找中国的拐点行业”。 |
| 2009年4月25日 | 中国银监会副主席蔡鄂生做客北京代表处“高朋满座”系列讲座，发表题为“危机之下，金融监管与创新的再思考”的演讲。 |
| 2009年5月16日 | 中国证监会研究中心主任祁斌做客中欧EMBA学生论坛，发表题为“一只名叫次贷的蝴蝶——金融危机下的中国机遇”的演讲。 |
| 2009年5月16日 | 由中欧校友金融与投资俱乐部（北京）策划的一场以第三代移动通讯（3G）为主题的校友论坛在北京举办，埃森哲大中华区副总裁李为冲与中国国际金融公司电信行业分析师陈昊飞分别担任主讲嘉宾和特邀嘉宾，近百名中欧校友、学生参加此次论坛。 |
| 2009年5月26日 | 印度驻沪总领事里瓦·甘古利·达斯（Riva Ganguly Das）来访。 |
| 2009年6月2日 | 全国人大常委会副委员长华建敏在上海市人大常委会副主任杨定华等领导陪同下视察中欧，受到朱晓明院长、郭理默教务长和张维炯副院长的接待。 |
| 2009年6月3日 | 西班牙对外银行新兴市场业务首席经济学家阿莉西亚·加西亚·埃雷奥（Alicia Garcia Herrero）和中国区首席经济学家刘利刚共同做客中欧陆家嘴金融家沙龙，与80余位金融机构高管和校友分享了有关中国住宅物业市场的最新研究成果。 |

（续表）

| | |
|---|---|
| 2009年6月17日 | 国家行政学院副院长周文彰在上海市委党校吕贵常务副校长等领导陪同下来访，受到朱晓明院长、刘吉名誉院长和张维炯副院长的接待。 |
| 2009年6月18日 | 清华-布鲁金斯公共政策研究中心主任、美国布鲁金斯学会资深研究员肖耿教授做客中欧陆家嘴金融家沙龙，发表题为“应对当前及将来的全球金融危机：如何维持审慎一致的汇率及货币政策？”的主题演讲。 |
| 2009年6月28日 | 北京大学哲学与宗教系、中国文化书院院长王守常担任2009年北京代表处合聚讲坛演讲嘉宾，发表题为“生命的合聚”的演讲。 |

# 附录十　教学案例目录[1]

| 在欧洲案例交流中心（ECCH）出版的案例 | | | | |
|---|---|---|---|---|
| 英文标题 | 中文标题 | 发行年份 | 版权归属 | 作者[2] |
| China Eastern Airlines (A)[3]: building competitive advantage | 中国东方航空公司（A） | 1997 | CEIBS | Williamson, P. J., Chen H. |
| China Eastern Airlines (B): building an international airline | 中国东方航空公司（B） | 1997 | CEIBS | Williamson, P. J., Clyde-Smith, D. |
| Mary Kay China: Shanghai market entry | 玫琳凯中国有限公司 | 1997 | CEIBS | 史明博（Schmitt, B.） |
| Beijing Textile Group | 北京纺织集团 | 1999 | INSEAD/CEIBS | 温伟德（Vanhonacker, W. R.），Zhang, A., Weldon, P., Samuels, B. |
| Beijing Wangfujing Department Store (Group) Co., Ltd. | 北京王府井百货商店 | 1999 | INSEAD/CEIBS | 温伟德, Brunet, P.M. |
| CRE Beverage Ltd.: South African breweries strategy in China | 华润啤酒有限公司 | 1999 | INSEAD/CEIBS | 温伟德, Lee, A., Kusamoto, T. |
| Guangzhou Peugeot Automobile Company Ltd.: partnership breakdown | 广州标致汽车公司：合作破裂 | 1999 | INSEAD/CEIBS | 温伟德, Williams, S., Brunet, P. |
| Hang Cheong Surveyors Limitd | 恒昌测量行 | 1999 | INSEAD/CEIBS | 温伟德, Biddle, P., Lehtinen, M. |
| Roland Berger (Shanghai) International Management Consultants Ltd. | 罗兰贝格国际管理咨询公司 | 1999 | INSEAD/CEIBS | 温伟德, 菲希尔（Fischer, B.），Newmann, J–D, Lav, R., Ng, A. |
| Shanghai Automobile Industry Corporation (A) | 上海汽车工业公司（A） | 1999 | INSEAD/CEIBS | 温伟德, Garde, P. |
| Shanghai Automobile Industry Corporation (B) | 上海汽车工业公司（B） | 1999 | INSEAD/CEIBS | 温伟德, Stram, J. |
| Stone Group's diversification strategy: caught between a rock and a hard place | 四通公司的多元化战略 | 1999 | INSEAD/CEIBS | 温伟德, Brunet, P. M. |
| www.Shanghai–ed.com | | 1999 | INSEAD/CEIBS | 温伟德, So, S., Hackler D. |

（续表）

| | | | | |
|---|---|---|---|---|
| Looking into a mirror or through a glass? Understanding cultural differences in foreign-funded enterprises in China | 从镜中看还是透过玻璃<br>——理解外资企业的文化差异 | 1999 | INSEAD/CEIBS | 温伟德, Yong, P. |
| Shanghai Famous Pops | Famous Pops棒棒糖在上海 | 1999 | INSEAD/CEIBS | 温伟德, Garde, P. |
| Tony Roma's in Shanghai | 多利萝玛（Tony Roma）在中国 | 1999 | INSEAD/CEIBS | 温伟德, Williams, S. |
| Fujian Industrial Securities Company | 福建兴业证券公司 | 2000 | INSEAD/CEIBS | 温伟德, So, S. |
| The Shanghai Museum | 上海博物馆 | 2000 | INSEAD/CEIBS | 温伟德, Joy, A., Gotoh, M., Lin, J., Ling, W., Loui, J. |
| Kodak in China (A) | 柯达中国公司（A） | 2000 | INSEAD/CEIBS | 温伟德, Chi Tat Ko, D., Manlu, L., Downing, M., Wong Ngok Tung, A. |
| Kodak in China (B) | 柯达中国公司（B） | 2000 | INSEAD/CEIBS | 温伟德, Chi Tat Ko, D., Manlu, L., Downing, M., Wong Ngok Tung, A. |
| Kodak in China (C) | 柯达中国公司（C） | 2000 | INSEAD/CEIBS | 温伟德, Chi Tat Ko, D., Manlu, L., Downing, M., Wong Ngok Tung, A. |
| Building market chains at Haier | 海尔构建市场链 | 2000 | IMD/CEIBS | 菲希尔（Fischer, W. A.）, Yun Lu, L., Jun, G. |
| Cephalosporin wars in China: competing in the Chinese anibiotic market | 中国的头孢之战：<br>竞争中国抗生素市场 | 2000 | IMD/CEIBS | 菲希尔, Hendersen, G.E. |
| Jingshan Machinery Works: struggling for efficiency and fairness in a state-owned enterprise in China | 景山机械厂 | 2000 | IMD/CEIBS | 菲希尔, Enderle, G., Hu, E. |
| Cyberway Computer Communications Co., Ltd. | 赛百威计算机网络有限公司 | 2000 | INSEAD/CEIBS | 温伟德, Ying, W., Drelich, M., Gallagher, M. |
| BP Fujian Ltd. (A) | BP福建有限公司（A） | 2002 | CEIBS | 柏唯良（Willem P. Burgers）, 朱曼晴（Maggie Zhu） |
| BP Fujian Ltd. (B) | BP福建有限公司（B） | 2002 | CEIBS | 柏唯良, 朱曼晴 |
| BP Fujian Ltd. (C) | BP福建有限公司（C） | 2002 | CEIBS | 柏唯良, 朱曼晴 |

（续表）

| | | | | |
|---|---|---|---|---|
| Great Happiness Cigarette Factory | 大红喜卷烟厂 | 2002 | CEIBS | 柏唯良, 朱曼晴 |
| Golden Bridge Real Estate Co. | 金桥置业公司 | 2002 | CEIBS | 范悦安（Juan A. Fernandez）, 张桁（Helen Zhang） |
| Emerson Electric (Suzhou) Co., Ltd. (A) | 艾默生电器（苏州）有限公司（A） | 2002 | CEIBS | 范悦安, 陈卓（George Chen） |
| Emerson Electric (Suzhou) Co., Ltd. (B) | 艾默生电器（苏州）有限公司（B） | 2002 | CEIBS | 范悦安, 陈卓 |
| Gao Weidong: a milestone in an entrepreneur's life | 高卫东：一个企业家的历程 | 2002 | CEIBS | 范悦安, Jennifer Z. Wang |
| Beijing Weihao Aluminum (Group) Co., Ltd. | 北京伟豪铝业（集团）有限公司 | 2002 | CEIBS | 刘胜军（Gary Liu） |
| W. L. Gore and Associates (China) Ltd. | 戈尔中国有限公司 | 2002 | CEIBS | 范悦安, 陈东君（Lisa Chen） |
| Beijing Four-Dimensions-Johnson Security Equipment Co., Ltd. (A) | 北京四维·约翰逊保安器材公司（A） | 2002 | CEIBS | 刘胜军 |
| Beijing Four-Dimensions-Johnson Security Equipment Co., Ltd. (B) | 北京四维·约翰逊保安器材公司（B） | 2002 | CEIBS | 刘胜军 |
| Solution Chemicals | Solution 公司 | 2002 | CEIBS | 舒金斯（Jason Shu）, Lars M. Boetje, 张桁 |
| Hi-Tech Wealth: the road to business success | 恒基伟业的商务通之路 | 2002 | CEIBS | 舒金斯 |
| Fuqima Washing Machine Corporation | Fuqima 洗衣机公司 | 2003 | CEIBS | 范悦安, 徐海宏 |
| AsiaECommerce.com: delivering e-business in China (A) | 亚商在线有限公司：面向中国市场提供电子商务服务（A） | 2003 | CEIBS | 顾凯诗（Keith Goodall）, 陆张婷（Carol Lu） |
| Guotai Jinying Growth Securities Investment Fund | 国泰金鹰增长证券投资基金 | 2003 | CEIBS | 刘胜军 |
| W. L. Gore & Associates Ltd. | 戈尔国际 | 2003 | CEIBS | 范悦安, 陈东君 |
| Ahua: the franchising dilemma | 阿华：特许经销的困境 | 2003 | CEIBS | 范悦安, 张岩 |
| Tsingtao Brewery Co., Ltd. (A) | 青岛啤酒有限公司（A） | 2003 | CEIBS | 刘胜军 |

（续表）

| | | | | |
|---|---|---|---|---|
| Firestone Tires and Ford Explorer SUV's (A) | 凡士通轮胎及福特SUV探险家（A） | 2003 | CEIBS | 白诗莉（Lydia J. Price），Cynthia Wu Sze-Wei |
| Firestone Tires and Ford Explorer SUV's (B) | 凡士通轮胎及福特SUV探险家（B） | 2003 | CEIBS | 白诗莉, Cynthia Wu Sze-Wei |
| Sony (China) Ltd.: the learning organization | 索尼（中国）有限公司：学习型组织 | 2003 | CEIBS | 范悦安, 陈东君 |
| Picanol China (A) | 毕加诺中国（A） | 2003 | CEIBS/ DARDEN | 范悦安, Wei Liu |
| Picanol China (B) | 毕加诺中国（B） | 2003 | CEIBS/ DARDEN | 范悦安, Wei Liu |
| Picanol China (C) | 毕加诺中国（C） | 2003 | CEIBS/ DARDEN | 范悦安, Wei Liu |
| Picanol China (D) | 毕加诺中国（D） | 2003 | CEIBS/ DARDEN | 范悦安, Wei Liu |
| Shenzhen Novophalt High Technology Co., Ltd. | 深圳路安特沥青高新科技术有限公司 | 2003 | CEIBS | 柏唯良, 陈峻松, 朱曼晴 |
| Michelin China | 米其林中国 | 2003 | CEIBS/IMD | 刘胜军, Inna Francis, 忻榕（Katherine Xin），Vladimir Pucik |
| Haworth Asia Pacific and China: leading strategic change | 海沃氏亚太公司中国区：最重要的战略变革 | 2003 | CEIBS | 茅博励（William Mobley），方敏（Kate Fang） |
| AsiaEC.com: delivering e-business in China (B) | 亚商在线有限公司：面向中国市场提供电子商务服务（B） | 2003 | CEIBS | 顾凯诗, 陆张婷 |
| Philips China | 飞利浦（中国）投资有限公司："面向一个飞利浦"的计划 | 2004 | CEIBS | 茅博励, 范悦安, 方敏 |
| Team Project at Sony (China) Ltd. | 团队项目在索尼（中国）有限公司：广告推广成本电子控制 | 2004 | CEIBS | 范悦安, 陈东君 |
| Ningbo Bird Co., Ltd. | 宁波波导有限公司（A） | 2004 | CEIBS | 朴胜虎（Seung Ho Park），陈卓 |

（续表）

| | | | | |
|---|---|---|---|---|
| The mobile handset industry in China | 中国手机行业 | 2004 | CEIBS | 朴胜虎, 舒金斯 |
| Conexiones De Calidad S. A. | “优质连接”公司 | 2004 | CEIBS | 史璞兰（Linda Sprague） |
| Cosmetics surgery | 整形美容外科在中国：激光美容市场 | 2004 | CEIBS | 陈峻松, 柏唯良 |
| Zhejiang Tengen Group | 浙江天正集团 | 2004 | CEIBS | 陈峻松, 张维炯 |
| Overheating with Chinese characteristics | 中国特色的经济过热 | 2004 | CEIBS/IESE | 白思拓（Alfredo Pastor），徐珀（Amber Xu） |
| Mercedes Benz and Wuhan Wild Animal Park | 梅赛德斯－奔驰与武汉野生动物园 | 2004 | CEIBS | 陈峻松, 白诗莉 |
| Guangdong Peugeot Automobile Co., Ltd. | 广州标致汽车有限公司 | 2004 | CEIBS | 刘胜军, 范悦安 |
| Carrefour China: revamping business to follow local rules (A) | 家乐福中国：适应地方规则的改建（A） | 2004 | CEIBS | 刘胜军, 范悦安 |
| Carrefour China: revamping business to follow local rules (B) | 家乐福中国：适应地方规则的改建（B） | 2004 | CEIBS | 刘胜军, 范悦安 |
| Yanjing Convertible Bond | 燕京转债 | 2004 | CEIBS | 朱宏晖 |
| Shanghai Goldpartner Biotech Co., Ltd. (A) | 黄金搭档（A） | 2004 | CEIBS | 陈峻松, 李俊骏（Jenny Li），柏唯良 |
| Chery Automobile Corporation (A) | 上汽－奇瑞汽车有限公司（A） | 2005 | CEIBS | 朴胜虎, 陈卓 |
| Chery Automobile Corporation (B) | 上汽－奇瑞汽车有限公司（B） | 2005 | CEIBS | 朴胜虎, 陈卓 |
| Chery Automobile Corporation (C) | 上汽－奇瑞汽车有限公司（C） | 2005 | CEIBS | 朴胜虎, 陈卓 |
| The first acquisition by foreign capital in China's banking sector: Shenzhen Development Bank | 中国银行业第一起外资收购案 | 2005 | CEIBS | 刘胜军 |
| Eli Lilly and Company, China Affiliate (A): war for talent | Eli Lilly中国（A）：人才之战 | 2005 | CEIBS | 范悦安, Jacqueline Zheng |
| GM China versus Chery: disputes for intellectual property rights(A) | 通用中国与奇瑞：知识产权的纷争（A） | 2005 | CEIBS | 刘胜军, 范悦安 |

（续表）

| | | | | |
|---|---|---|---|---|
| General Motors in China: disputes for intellectual property rights(B) | 通用中国与奇瑞：<br>知识产权的纷争（B） | 2005 | CEIBS | 刘胜军, 范悦安 |
| Gome Home Appliance Co., Ltd. | 国美电器有限公司 | 2005 | CEIBS | 吕一品（Kevin Lv）, 周东生 |
| Gordon China | 高登中国有限公司 | 2005 | CEIBS | 吕一品 |
| Eli Lilly and Company, China Affiliate (B): winning the war for talent | Eli Lilly中国（B）：<br>赢得人才之战 | 2005 | CEIBS | 范悦安, Jacqueline Zheng |
| Chinese media market: the final frontier for the global media majors | 中国传媒市场：<br>全球传媒竞争者垂涎的待垦之地 | 2005 | CEIBS | 吕一品 |
| China National Offshore Oil Corporation | 中国海洋石油有限公司 | 2005 | CEIBS/CNOOC | 刘胜军, 刘俊山 |
| Wang Wenying and her shoe business | 王文英和她的鞋子生意 | 2005 | CEIBS | 陈卓 |
| Target Media: a new way of advertising in China | 聚众传媒：<br>在中国做广告的新方式 | 2005 | CEIBS | 张维炯, 陈峻松 |
| Nao Bai Jin | 脑白金 | 2005 | CEIBS | 陈俊松, 白诗莉 |
| China National Offshore Oil Corporation Limited: overseas IPO (A) | 中国海洋石油有限公司：<br>两次上市的洗礼（A） | 2005 | CEIBS/CNOOC | 刘胜军 |
| China National Offshore Oil Corporation Limited: overseas IPO (B) | 中国海洋石油有限公司：<br>两次上市的洗礼（B） | 2005 | CEIBS/CNOOC | 刘胜军 |
| Shartex Trading (A) | 上海协大国际贸易有限公司（A） | 2005 | CEIBS | 陈卓 |
| Shartex Trading (B) | 上海协大国际贸易有限公司（B） | 2005 | CEIBS | 陈卓 |
| Tsingtao Brewery Co., Ltd. (B) | 青岛啤酒有限公司 （B） | 2005 | CEIBS | 刘胜军 |
| Huawei Technologies Co., Ltd. | 华为科技有限公司 | 2005 | CEIBS | 刘胜军 |
| Acquisition of Repsol-YPF Assets in Indonesia (A) | 中海油收购Repsol公司印尼资产（A） | 2005 | CEIBS/CNOOC | 舒金斯 |
| Acquisition of Repsol-YPF Assets in Indonesia (B) | 中海油收购Repsol公司印尼资产（B） | 2005 | CEIBS/CNOOC | 舒金斯 |
| Development strategy of CNOOC | 中海油发展战略 | 2005 | CEIBS/CNOOC | 舒金斯 |

（续表）

| Master international franchising in China: the case of the Athlete's Foot (A) | 国际特许经营在中国：飞脚运动店（A） | 2005 | CEIBS | Ilan Alon, 徐珀 |
|---|---|---|---|---|
| The dilemma of a project manager | 一个项目经理的困难选择 | 2005 | CEIBS | 陈峻松 |
| Shanghai Goldpartner Biotech Co., Ltd. (B) | 黄金搭档（B） | 2005 | CEIBS | 陈峻松, 柏唯良 |
| Shanghai Goldpartner Biotech Co., Ltd. (C) | 黄金搭档（C） | 2005 | CEIBS | 陈峻松, 柏唯良 |
| Shanghai Goldpartner Biotech Co., Ltd. (D) | 黄金搭档（D） | 2005 | CEIBS | 陈峻松, 柏唯良 |
| Wanxiang Group: overseas expansion | 万向集团的国际化道路 | 2006 | CEIBS | 舒金斯, 王建铆 |
| Wingsbook | 天翼图书 | 2006 | CEIBS/Wharton | Zhuo Wang, Maura Pape, Elizabeth Lambos |
| One Small Business in Shanghai (A) | 在上海的小生意（A） | 2006 | CEIBS | 李俊骏, 柏唯良 |
| OBI China: going going gone | 欧倍德中国：进退之间 | 2006 | CEIBS | 陈少晦, Marie Wilson |
| Master international franchising in China: the case of the Athlete's Foot (B) | 国际特许经营在中国：飞脚运动店（B） | 2006 | CEIBS | Ilan Alon, 徐珀 |
| Changhong Battery: a new venture for the TV giant in China | 长虹电池——彩电巨人的新业务 | 2006 | CEIBS | 陈峻松, 华井清, 周东生 |
| Big account management of Dell China | 戴尔中国的大客户管理 | 2006 | CEIBS | 陈峻松, 周东生 |
| Baby-first Child Car Seats: from export to domestic sales | 宝贝第一：从出口到内销 | 2006 | CEIBS | 舒金斯, 周东生 |
| A decade of adventure of Dell in China | 戴尔中国的十年征程 | 2006 | CEIBS | 陈峻松 |
| Winning the China vitamin war by building a strong brand | 打造强势品牌，制胜中国维生素市场 | 2006 | CEIBS | 陈峻松, 柏唯良 |
| Degussa Stabilizers: accessing the Chinese market | 德固赛稳定剂：进入中国市场 | 2006 | CEIBS | 言培文（Per V. Jenster），Cissy Chen |
| Bright Dairy & Food Co., Ltd.: trouble for the safety of milk production | 光明乳业的公关危机："回产奶"事件 | 2006 | CEIBS | 徐珀 |
| New service development of Guiyang Commercial Bank | 贵阳市商业银行开拓市场的思考 | 2007 | CEIBS | 舒金斯, 周东生 |

（续表）

| | | | | |
|---|---|---|---|---|
| A rough road to entrepreneurial success (A) | 艰难创业路（A） | 2007 | CEIBS | 陈峻松 |
| A rough road to entrepreneurial success (B) | 艰难创业路（B） | 2007 | CEIBS | 陈峻松 |
| Identifying and coping with balance sheet differences: a comparative analysis of U.S., Chinese, and French oil and gas firms using the "statement of financial structure" | 认识且应对资产负债表的区别：综合分析中美法石油企业"财务结构表" | 2007 | CEIBS | 丁远,<br>Gary Entwistle, Hervé Stolowy |
| China Automotive Industry in 2004 | 2004年中国汽车行业 | 2007 | CEIBS | 朴胜虎, 舒金斯 |
| Exemplar Electronics, Inc. (A) | 标榜电子有限公司（A） | 2007 | CEIBS | 史璞兰,<br>柯雷孟（Thomas E. Callarman） |
| China Haisheng Juice | 中国海升果汁 | 2007 | CEIBS | 言培文, 乐静娜（Gina Yue） |
| Notes on competitors in the Chinese juice concentrate industry | 中国浓缩果汁业的竞争对手 | 2007 | CEIBS | 言培文, 程亦婷 |
| Wanbo Technology Co., Ltd. | 万博科技有限公司 | 2007 | CEIBS | 言培文, 程亦婷 |
| WangYou Media: entertaining the youth | 网友天下网站：娱乐青年人 | 2007 | CEIBS | 刘胜军, Lily Li, Hector Zeng |
| Chinese enterprises – journey to the west | 中国企业：走向西方之路 | 2007 | CEIBS | 刘胜军 |
| CEMEX: dual branding to create brand identity | CEMEX：<br>双重品牌建设创造品牌形象 | 2007 | CEIBS | 菲利普·科特勒（Philip Kotler），<br>弗沃德（Waldemar Pfoertsch） |
| Fedex: from a house of brands to a branded house | Fedex：从系列品牌到品牌系列 | 2007 | CEIBS | 菲利普·科特勒, 弗沃德 |
| Samsung: leveraging the brand from B2C to B2B | 三星：品牌建设从B2C到B2B | 2007 | CEIBS | 菲利普·科特勒, 弗沃德 |
| Tata Steel: branding steel based on customer focus | 塔塔钢铁公司：<br>以客户为导向打造钢铁品牌 | 2007 | CEIBS | 菲利普·科特勒, 弗沃德 |
| Siemens: branding for cross-selling initiatives | "西门子一体化"：<br>交叉销售举措的品牌建设 | 2007 | CEIBS | 菲利普·科特勒, 弗沃德 |
| Lenovo: bridging East and West to build a global brand | 联想集团：<br>连接东西方，建设国际品牌 | 2007 | CEIBS | 菲利普·科特勒, 弗沃德 |

（续表）

| Lanxess: brand communication of a spin-off | Lanxess：剥离后的品牌传播 | 2007 | CEIBS | 菲利普・科特勒, 弗沃德 |
|---|---|---|---|---|
| IBM successful turnaround through brand commuciactions | IBM：通过品牌传播的成功转型 | 2007 | CEIBS | 菲利普・科特勒, 弗沃德 |
| Schott Ceran inbranding | Schott Ceran的品牌建设 | 2007 | CEIBS | 弗沃德, Linder, C., Berkowitsch, N. |
| ChangYu – ready to go global? | 张裕——走向国际，准备好了吗? | 2007 | CEIBS | 言培文, 程亦婷 |
| Mindray Bio-medical (A) | 迈瑞生物医疗（A）：超声影像业务研发战略 | 2007 | CEIBS | 许雷平, 鸿翥吉马（Kwaku Atuahene-Gima） |
| Mindray Bio-medical (B) | 迈瑞生物医疗（B）：超声影像业务研发战略 | 2007 | CEIBS | 许雷平, 鸿翥吉马 |
| Mindray Bio-medical (C) | 迈瑞生物医疗（C）：超声影像业务研发战略 | 2007 | CEIBS | 许雷平, 鸿翥吉马 |
| Danone and Wahaha: China-style divorce (A) | 达能与娃哈哈：中国式离婚（A） | 2007 | CEIBS | 刘胜军, 刘佳 |
| Danone and Wahaha: China-style divorce (B) | 达能与娃哈哈：中国式离婚（B） | 2007 | CEIBS | 刘胜军, 刘佳 |
| The mobile handset industry in China (2007): competing in the world's largest mobile phone market | 中国移动手机行业（2007）：全球最大手机市场的竞争 | 2007 | CEIBS | 朴胜虎, Scott Gallagher |
| WWRC Shanghai: the threat to the middleman | WWRC上海：中间商的威胁 | 2007 | CEIBS | 言培文, 许雷平 |
| K.T. Sean – "choose the right company" | "选择对的企业"——联邦快递亚太区人力资源董事总经理冼欣蒂 | 2007 | CEIBS | 李秀娟（Jean Lee）, 刘佳 |
| Yang Mianmian – president of Haier | 一点也不"绵"的总裁——海尔总裁杨绵绵 | 2007 | CEIBS | 李秀娟, 刘佳 |
| Human resource management in B&Q China: upgrading action (A) | 百安居中国的人力资源管理：升级行动（A） | 2008 | CEIBS | 陈少晦 |

（续表）

| Human resource management in B&Q China: upgrading action (B) | 百安居中国的人力资源管理：升级行动（B） | 2008 | CEIBS | 陈少晦 |
|---|---|---|---|---|
| China Overseas Holdings Limited (COHL): a veteran's new challenge in going global | 中国海外发展有限公司:全球化进程中老兵的新挑战 | 2008 | CEIBS | 刘胜军 |
| FedEx APAC HR Shared Services Center in Wuhan | Fedex亚太地区人力资源共享服务中心 | 2008 | CEIBS | 李秀娟, 刘佳 |
| Christy Webber Landscapes expansion | Christy Webber景致公司的扩展 | 2008 | CEIBS | 弗沃德, Stefanie Lenway |
| Fight for survival: the first year of the Hongfeng Hanyuan Consulting Company | 生存竞争：<br>鸿风涵远商务咨询公司的第一年运营 | 2008 | CEIBS | 付莘, 方睿哲<br>（Ramakrishna Velamuri） |
| DSM anti-infectives: innovation and supply chains, a synthetic combination? | DSM抗感染市场：<br>供应链创新，综合组合？ | 2008 | CEIBS/<br>RSM Erasmus University | Albert Veenstra, 付莘 |
| Lingyun Acquires GSB (A) | 凌云集团收购南方大厦（A） | 2008 | CEIBS | 付莘,<br>白思迪（Steven White） |
| Lingyun Acquires GSB (B) | 凌云集团收购南方大厦（B） | 2008 | CEIBS | 付莘, 白思迪 |
| Envisioning the future: Shanghai Venture Capital | 上海创业投资有限公司：<br>展望未来 | 2008 | CEIBS | 范悦安, 程亦婷 |
| Six Sigma: on the rocks in Suzhou | 六西格玛：在苏州搁浅 | 2008 | CEIBS | 威廉・帕尔<br>（William C. Parr） |
| Florida Power and Light – the rest of the story | 佛罗里达电力照明公司（FPL） | 2008 | CEIBS | 威廉・帕尔, Renee Nozary |
| Lucky Mechanical & Electrical Technology Co., Ltd. | 吉利机电技术有限公司 | 2008 | CEIBS | 言培文, 程亦婷 |
| EasyFinance: developing the capacities for growth | 安越：构筑持续发展的能力 | 2008 | CEIBS | 方睿哲, 付莘 |
| The case of the experienced equipment dealer | 经销的成功之道 | 2008 | CEIBS | 言培文 |

（续表）

| | | | | |
|---|---|---|---|---|
| David Sy's family businesses in construction and real estate | David Sy在建筑和房地产业的家族企业 | 2008 | CEIBS | 言培文，<br>Bryan Christopher Ngo Que |
| Verton: coping with global forces | Verton：应对全球市场变化 | 2008 | CEIBS | 言培文，柯雷孟，程亦婷 |
| Dow Corning success in China | 道康宁中国成功之路 | 2008 | CEIBS | 弗沃德 |
| Is Vietnam heading for a currency crisis? | 越南正遭遇货币危机吗？ | 2008 | CEIBS | 许斌，刘瑛 |
| B2B e-commerce in China: the story of Alibaba.com | B2B电子商务在中国：<br>阿里巴巴的案例 | 2008 | CEIBS | 弗沃德 |
| Intel Inside: the ingredient brand success story revisited | Intel Inside：回顾品牌成功之道 | 2008 | CEIBS | 弗沃德 |
| South Beauty Group: in quest of a 'beautiful' growth story | 俏江南集团：<br>追求“美丽”的成长历程 | 2008 | CEIBS | 方睿哲，许雷平 |
| YongFoo Elite | 雍福会 | 2008 | CEIBS | 鸿翥吉马，<br>梅秋珠（Maggie Qiuzhu Mei） |
| MÜLLER: China-bound? (A) | MÜLLER：向中国进军？（A） | 2008 | CEIBS | 白思迪，Henning Grosse |
| Cap Gemini Ernst & Young (A): Olivier's diary | 凯捷安永（A）：奥利佛日记 | 2008 | CEIBS | Charlotte Butler，白思迪 |
| Cap Gemini Ernst & Young (B): Andrew's diary | 凯捷安永（B）：安德鲁日记 | 2008 | CEIBS | Charlotte Butler，白思迪 |
| IBM in China:<br>responding to a government's social initiatives | IBM在中国：响应政府的社会计划 | 2008 | CEIBS/EABIS | 白思迪 |
| IBM in China: designing a stakeholder assessment team | IBM在中国：<br>设计利益共享评估小组 | 2008 | CEIBS/EABIS | 白思迪 |
| Caroline Wang – Senior Vice President of IBM Global Consulting | 我嫁给了“大象”——IBM全球咨询服务副总裁王嘉陵女士 | 2008 | CEIBS | 李秀娟 |
| Jill Lee – CFO & Senior Executive Vice President of Siemens China | 理想的人生——西门子（中国）高级执行副总裁，首席财务官 | 2008 | CEIBS | 李秀娟 |

（续表）

| | | | | |
|---|---|---|---|---|
| Chialing Hsieh – Managing Director of Electrolux China | 冰与火的淬炼——伊莱克斯（中国）电器有限公司中国区董事总经理薛佳玲 | 2008 | CEIBS | 李秀娟 |
| MÜLLER: China–bound? (B) Guenter Hahne | MÜLLER：向中国进军？（B）Guenter Hahne | 2008 | CEIBS | 白思迪, Henning Grosse |
| MÜLLER: China–bound? (C) Marc Schmidt | MÜLLER：向中国进军？（C）Marc Schmidt | 2008 | CEIBS | 白思迪, Henning Grosse |
| SANY: will it be sunny in Europe? (A) | 三一集团：能否打开欧洲市场？（A） | 2008 | CEIBS/EM Lyon | Bian Dong, 刘胜军, 范悦安, Tugrul Atamer |
| SANY: will it be sunny in Europe? (B) | 三一集团：能否打开欧洲市场？（B） | 2008 | CEIBS/EM Lyon | Bian Dong, 刘胜军, 范悦安, Tugrul Atamer |
| Diligence and opportunity: a formula of success – Dr. Fung–Yee Leung, CEO of Qin Jia Yuan Publishing Co. | "勤加缘"——成功的方程式——"勤+缘"出版社社长及董事总经理梁凤仪博士 | 2008 | CEIBS | 李秀娟 |
| Zhou Xiaoguang–a woman entrepreneur and a member of the National People Congress | 横跨三个门槛——新光集团董事长周晓光之"仁"者风范 | 2008 | CEIBS | 李秀娟 |
| The transformation of a hospital nurse into a billionaire – Ilinoi Furniture Founder, Shi Xiaoyan | 从白衣天使到亿万富翁的蜕变——伊力诺依家具创始人史晓燕 | 2008 | CEIBS | 李秀娟 |
| Qingfeng Textile Company: the challenges of recruiting, training and retaining talent in SMEs | 老钱的烦恼：私营中小型企业的人力资源谜局 | 2008 | CEIBS | 付莘, 方睿哲 |
| Cathay Biotech and Degussa | 凯赛生物技术有限公司与德固赛公司 | 2008 | CEIBS | 白思迪, 许雷平 |

注：

1 本附录截至2008年12月31日。

2 部分作者因资料原因仅列出其英文姓名。

3 标题中注明（A）、（B）、（C）等序号的案例是"系列案例"，即案例作者根据目标企业开发了多个案例。这些案例可以反映目标企业遇到的不同的管理问题，也可以是一个管理问题在不同时间、地点的展现。

# 附录十一　学术论文目录[1]

| 期刊名称 | 我院作者 | 责任者 | 论文标题 | 年份 | 月份 | 卷、期、页 |
|---|---|---|---|---|---|---|
| Journal of Marketing | Atuahene-Gima, Kwaku（鸿翥吉马） | Kwaku Atuahene-Gima | Resolving the capability-rigidity paradox in new product innovation | 2005 | OCT | Vol. 66, Iss. 4, pp. 61–83 |
| Journal of Marketing | Atuahene-Gima, Kwaku（鸿翥吉马） | Luigi M. De Luca & Kwaku Atuahene-Gima | Market knowledge dimensions and cross-functional collaboration: examining the different routes to product innovation performance | 2007 | JAN | Vol. 71, Iss. 1, pp. 95–112 |
| Organizational Behavior and Human Decision Processes | Burgers, Willem P.（柏唯良） | Peter Hwang and Willem P. Burgers | Properties of trust: an analytical view | 1997 | JAN | Vol. 69, Iss. 1, pp. 67–73 |
| California Management Review | Burgers, Willem P.（柏唯良） | Peter Hwang and Willem P. Burgers | The many faces of multi-firm alliances: lessons for managers | 1997 | Spring | Vol. 39, No. 3, pp. 101–117 |
| International Journal of Human Resource Management | Chen, Shaohui（陈少晦） | Marie Wilson, Shaohui Chen and Ljiljana Erakovic | Dynamics of decision power in the localization process: comparative case studies of China-western IJVs | 2006 | SEP | Vol. 17, Iss. 9, pp. 1547–1571 |
| Management International Review | Ding, Yuan（丁远） | Yuan Ding, Hua Zhang, Junxi Zhang | The financial and operating performance of Chinese family-owned listed firms | 2008 | MAR | Vol. 48, Iss. 3, pp. 297–318 |
| Journal of Business Ethics | Fryxell, Gerald E.（傅礼斯） | Gerald E. Fryxell, Carlos W. H. Lo | The influence of environmental knowledge and values on managerial behaviours on behalf of the environment: an empirical examination of managers in China | 2003 | AUG | Vol. 46, Iss. 1, pp. 45–69 |
| International Journal of Human Resource Management | Goodall, Keith（顾凯诗） | Keith Goodall, Malcolm Warner | Human resources in sino-foreign joint ventures: selected case studies in Shanghai, compared with Beijing | 1997 | OCT | Vol. 8, Iss. 5, pp. 569–594 |

（续表）

| | | | | | | |
|---|---|---|---|---|---|---|
| International Journal of Human Resource Management | Goodall, Keith（顾凯诗） | Daniel Z. Ding, Keith Goodall and Malcolm Warner | The end of the 'iron rice-bowl': whither Chinese human resource management? | 2000 | APR | Vol. 11, Iss. 2, pp. 217-236 |
| International Journal of Human Resource Management | Goodall, Keith（顾凯诗） | Daniel Z. Ding, Keith Goodall and Malcolm Warner | The impact of economic reform on the role of trade unions in Chinese enterprises | 2002 | May | Vol. 13, Iss. 3, pp. 431-449 |
| Journal of Applied Psychology | Han, Jian（韩践） | Jian Han etal. | Dispositional resistance to change: measurement equivalence and the link to personal values across 17 nations | 2008 | JUL | Vol. 93, No. 4, pp. 935-944 |
| Strategic Management Journal | Park, Seung Ho（朴胜虎） | Seung Ho Park, Yadong Luo | Guanxi and organizational dynamics: organizational networking in Chinese firms | 2001 | MAY | Vol. 22, Iss. 5, pp. 455-477 |
| Journal of International Business Studies | Park, Seung Ho（朴胜虎） | Yadong Luo and Seung Ho Park | Multiparty cooperation and performance in international equity joint ventures | 2004 | MAR | Vol. 35, No. 2, pp. 142-160 |
| Academy of Management Review | Park, Seung Ho（朴胜虎） | Seung Ho Park, Dongsheng Zhou | Firm heterogeneity and competitive dynamics in alliance formation | 2005 | JUL | Vol. 30, No. 3, pp. 531-554 |
| Journal of International Business Studies | Park, Seung Ho（朴胜虎） | Seung Ho Park, Shaomin Li and David K. Tse | Market liberalization and firm performance during China's economic transition | 2006 | JAN | Vol. 37, Iss. 1, pp. 127-147 |
| MIT Sloan Management Review | Park, Seung Ho（朴胜虎） | Seung Ho Park and Wilfried R. Vanhonacker | The challenge for multinational corporations in China: think local, act global | 2007 | Summer | Vol. 48, No. 4, pp. 93（Full-text on the web） |
| Harvard Business Review | Sprague, Linda G.（史璞兰） | Jianmao Wang and Linda G. Sprague | China's "plan": a question of（a）character | 2006 | April | Vol. 84, Iss. 4, pp. 28-28 |
| Journal of Operations Management | Sprague, Linda G.（史璞兰） | Linda G. Sprague | Evolution of the field of operations management | 2007 | MAR | Vol. 25, Iss. 2, pp. 219-238 |

（续表）

| | | | | | | |
|---|---|---|---|---|---|---|
| Harvard Business Review | Wang, Jianmao（王建铆） | Jianmao Wang and Linda G. Sprague | China's "plan" : a question of （a） character | 2006 | April | Vol. 84, Iss. 4, pp. 28–28 |
| Organizational Behavior and Human Decision Processes | Xiao, Zhixing（肖知兴） | Jiao Zhang, Christopher K. Hsee, Zhixing Xiao | The majority rule in individual decision making | 2006 | JAN | Vol. 99, Iss. 1, pp. 102–111 |
| Administrative Science Quarterly | Xiao, Zhixing（肖知兴） | Zhixing Xiao, Anne S. Tsui | When brokers may not work: the cultural contingency of social capital in Chinese high–tech firms | 2007 | MAR | Vol. 52, Iss. 1, pp. 1–31 |
| Strategic Management Journal | Xin, Katherine（忻榕） | Donald C. Hambrick, Jiatao Li, Katherine Xin, Anne S. Tsui | Compositional gaps and downward spirals in international joint venture management groups | 2001 | NOV | Vol. 22, Iss. 11, pp. 1033–1053 |
| International Journal of Human Resource Management | Xin, Katherine（忻榕） | Jiatao Li, Katherine Xin and Madan Pillutla | Multi–cultural leadership teams and organizational identification in international joint ventures | 2002 | MAR | Vol. 13, Iss. 2, pp. 320–337 |
| Harvard Business Review | Xin, Katherine（忻榕） | Katherine Xin and Vladimir Pucik | Trouble in paradise | 2003 | AUG | Vol. 81, Iss.8, pp. 27–35 |
| Organization Science | Xin, Katherine（忻榕） | Chao C. Chen, Ya–Ru Chen, Katherine Xin | Guanxi practices and trust in management: a procedural justice perspective | 2004 . | MAR/APR | Vol. 15, No. 2, pp. 200–209 |
| Journal of International Business Studies | Xin, Katherine（忻榕） | Alaka N. Rao, Jone L. Pearce and Katherine Xin | Governments, reciprocal exchange and trust among business associates | 2005 | JAN | Vol. 36, Iss. 1, pp. 104–118 |
| Human Resource Management | Yeung, Arthur（杨国安） | Arthur Yeung | Setting people up for success: how the Portman Ritz–Carlton Hotel gets the best from its people | 2006 | Summer | Vol. 45, No. 2, pp. 267–275 |

（续表）

| | | | | | | |
|---|---|---|---|---|---|---|
| Human Resource Management | Yeung, Arthur（杨国安） | Athur Yeung, Malcolm Warner and Chris Rowley | Guest editors' introduction growth and globalization: evolution of human resource management practices in Asia | 2008 | Spring | Vol. 47, No. 1, pp. 1–13 |
| Management International Review | Zhang, Hua（张华） | Yuan Ding, Hua Zhang, Junxi Zhang | The financial and operating performance of Chinese family-owned listed firms | 2008 | MAR | Vol. 48, Iss. 3, pp. 297–318 |
| Strategic Management Journal | Zhang, Weijiong（张维炯） | Oana Branzei, Teri Jane Ursacki-Bryant, Ilan Vertinsky and Weijiong Zhang | The formation of green strategies in Chinese firms: matching corporate environmental responses and individual principles | 2004 | NOV | Vol. 25, Iss. 11, pp. 1075–1095 |
| Journal of International Business Studies | Zhao, Xinge（赵欣舸） | Xinge Zhao | Determinants of flows into retail international equity funds | 2008 | OCT/NOV | Vol. 39, Iss.7, pp. 1169–1177 |
| Academy of Management Review | Zhou, Dongsheng（周东生） | Seung Ho Park, Dongsheng Zhou | Firm heterogeneity and competitive dynamics in alliance formation | 2005 | JUL | Vol. 30, No. 3, pp. 531–554 |

注：

1 本附录为中欧长期教授、核心教授、学术休假教授和研究人员在我院任职期间在《金融时报》所列的40种管理类核心期刊上发表的学术论文。

# 附录十二 学术专著目录

| 我院出版部门组织出版的中文版图书列表 | | | | |
|---|---|---|---|---|
| 书名与作者 | 出版社 | 出版年份 | ISBN号 | 备注 |
| 光与影：企业创新<br>/ 奥托 · 卡尔特霍夫，野中郁次郎，佩德罗 · 雷诺著；罗兰 · 贝格尔基金会；赵楠，方小菊译. | 上海交通大学出版社 | 1999 | 731302181X | 中欧管理新著译丛–经理人书架 |
| 管理大师：德鲁克<br>/ 杰克 · 贝蒂著；吴勇，江峰，方小菊译. | 上海交通大学出版社 | 1999 | 7313021917 | 中欧管理新著译丛–经理人书架 |
| 视觉与感受：营销美学<br>/ 贝恩特 · 施密特，亚历克斯 · 西蒙森著；曾嵘等译. | 上海交通大学出版社 | 1999 | 7313021933 | 中欧管理新著译丛–经理人书架 |
| 变革：未来企业<br>/ 杰里 · 约拉姆 · 温德，赫雷米 · 迈因著；林洵子，祝磊，沈浩云译. | 上海交通大学出版社 | 1999 | 7313022077 | 中欧管理新著译丛–经理人书架 |
| 中国和欧盟环境法的比较<br>/ 乔治 · 恩德利著；吕文珍，许国平，黎戈文译. | 上海交通大学出版社 | 1999 | 7313022859 | 中欧研究系列 |
| 大脑型组织<br>/ 莫什 F · 鲁宾斯坦，艾丽丝 · R. 弗斯腾伯著；王申英，叶菊仙译. | 上海交通大学出版社 | 2001 | 7313025424 | 中欧管理新著译丛–经理人书架 |
| 亚洲品牌之路<br>/ 保罗 · 唐波拉尔著；吴勇，江峰译. | 上海交通大学出版社 | 2001 | 7313025483 | 中欧管理新著译丛–经理人书架 |
| 严肃的游戏<br>/ 迈克尔 · 施拉格著；张弘，傅源译. | 上海交通大学出版社 | 2001 | 731302553X | 中欧管理新著译丛–经理人书架 |
| 信息大师<br>/ 约翰 · 麦凯恩著；姚志明，史莹如译. | 上海交通大学出版社 | 2001 | 7313025610 | 中欧管理新著译丛–经理人书架 |
| 企业再思考<br>/ 托马斯 · 克拉克，伊莱恩 · 孟克豪斯编；方小菊译. | 上海交通大学出版社 | 2001 | 731302598X | 中欧管理新著译丛–经理人书架 |

（续表）

| | | | | |
|---|---|---|---|---|
| 市场领先<br>/ 艾德里安・里恩斯等著；徐蔚，李梅梅译. | 上海交通大学出版社 | 2001 | 7313026013 | 中欧管理新著译丛–经理人书架 |
| CEO的智慧<br>/ 威廉・道非南斯，格雷迪・米恩斯，科林・普莱斯著；李萍，戴博超译. | 上海交通大学出版社 | 2001 | 7313026145 | 中欧管理新著译丛–经理人书架 |
| 全球企业设计<br>/ 杰伊・R. 加尔布雷思著；<br>陈德民，何艳，杨晓玲译. | 上海交通大学出版社 | 2001 | 7313029357 | 中欧管理新著译丛–经理人书架 |
| 价值投资胜经 / 珍尼特・洛著；简丰敏译. | 华夏出版社 | 2001 | 7508021908 | 中欧 – 华夏 新经理人书架 |
| 麦肯锡方法<br>/ 埃森・拉塞尔著；赵睿，陈甦，岳永德译. | 华夏出版社 | 2001 | 7508022297 | 中欧 – 华夏 新经理人书架 |
| 现金流量与证券分析<br>/ 肯尼斯・汉克尔，尤西・李凡特著；<br>张凯，刘英译. | 华夏出版社 | 2001 | 7508022416 | 中欧 – 华夏 新经理人书架 |
| 公司价值评估<br>/ 布瑞德福特・康纳尔著；<br>张志强，王春香译. | 华夏出版社 | 2001 | 7508022653 | 中欧 – 华夏 新经理人书架 |
| 市场营销战略<br>/ 阿诺尔特・魏斯曼著；史世伟，夏林荫译. | 华夏出版社 | 2001 | 7508023110 | 中欧 – 华夏 新经理人书架 |
| 战略管理<br>/ 阿诺尔特・魏斯曼著；史世伟，和贞译. | 华夏出版社 | 2001 | 7508023129 | 中欧 – 华夏 新经理人书架 |
| 网络时代的顾客关系管理<br>/ 弗雷德里克・纽厄尔著；李安芳等译. | 华夏出版社 | 2001 | 7508023102 | 中欧–华夏 电子商务译丛 |
| 网络困境与商务新规则<br>/ 劳利・温厄姆，乔・萨姆塞著；胡开宝译. | 华夏出版社 | 2001 | 7508023161 | 中欧–华夏 电子商务译丛 |
| 电子商务的机遇与挑战<br>/ 希德・拉曼，马赫胥・莱辛哈尼编；<br>周伟民，吕长春，李凌译. | 华夏出版社 | 2001 | 7508023188 | 中欧–华夏 电子商务译丛 |
| 网络营销原理 / 沃德・汉森著；成湘洲译. | 华夏出版社 | 2001 | 7508023196 | 中欧–华夏 电子商务译丛 |

（续表）

| | | | | |
|---|---|---|---|---|
| 忠诚效应<br>/迈克尔·D.约翰逊,安德·斯古斯塔夫森著;施重凌,薛玉祥译. | 上海交通大学出版社 | 2002 | 7313028326 | 中欧－密歇根 创新管理译丛 |
| 薪酬方案/约翰·特鲁普曼著;刘智勇译. | 上海交通大学出版社 | 2002 | 7313028628 | 中欧－密歇根 创新管理译丛 |
| 面试战略<br>/理查德·坎普,玛丽·E.维奥哈伯,杰克·L.西蒙内提著;叶晓辉,刘源译. | 上海交通大学出版社 | 2002 | 7313028679 | 中欧－密歇根 创新管理译丛 |
| 应急管理<br>/卡尔·E.威克,凯瑟琳·M.萨特克列弗著;黄伟力,夏声川译. | 上海交通大学出版社 | 2002 | 7313028903 | 中欧－密歇根 创新管理译丛 |
| 价值大师/安佳·V.扎柯二尔著;徐育才译. | 上海交通大学出版社 | 2002 | 7313029144 | 中欧－密歇根 创新管理译丛 |
| 授权奇迹<br>/格兰恩·M.斯伯莱茨,罗伯特·E.奎因著;许静芬译. | 上海交通大学出版社 | 2002 | 7313029152 | 中欧－密歇根 创新管理译丛 |
| 社会资本制胜/韦恩·贝克著;王晓东译. | 上海交通大学出版社 | 2002 | 7313029232 | 中欧－密歇根 创新管理译丛 |
| 颠峰表现<br>/克林顿·O.郎格内克,杰克·L.西蒙内提著;李鹏,魏红译. | 上海交通大学出版社 | 2002 | 7313029373 | 中欧－密歇根 创新管理译丛 |
| 跨文化组织<br>/泰勒·小柯克斯著;李芳,晏贵年译. | 上海交通大学出版社 | 2002 | 7313029969 | 中欧－密歇根 创新管理译丛 |
| 卓越领导之路<br>/拉姆·查安等著;刘华初等译. | 上海交通大学出版社 | 2002 | 7313030371 | 中欧管理新著译丛-卓越领导 |
| 卓越领导魅力<br>/威尔弗雷德·比尔·德莱斯著;黄海霞译. | 上海交通大学出版社 | 2002 | 7313028377 | 中欧管理新著译丛-卓越领导 |
| EVA的挑战<br>/约尔·M.思腾恩,约翰·S.希利,欧文·罗斯著;曾嵘,孔宁宁译. | 上海交通大学出版社 | 2002 | 7313028881 | 中欧管理新著译丛-经理人书架 |
| 绩效管理魔力<br>/安德列·A.德瓦尔著;汪开虎译. | 上海交通大学出版社 | 2002 | 7313029365 | 中欧管理新著译丛-经理人书架 |

（续表）

| | | | | |
|---|---|---|---|---|
| 新世纪董事会<br>/ 拉尔夫 · D. 沃德著；黄海霞译. | 上海交通大学出版社 | 2002 | 7313030592 | 中欧管理新著译丛–公司治理 |
| 公司治理结构<br>/ 杰伊 · A. 康格等著；许静芬译. | 上海交通大学出版社 | 2002 | 7313030606 | 中欧管理新著译丛–公司治理 |
| 未来卓越领导<br>/ 沃伦 · 本尼斯等编著；李兴福译. | 上海交通大学出版社 | 2002 | 9787313030542 | 中欧管理新著译丛–卓越领导 |
| 与客户亲密接触<br>/ 保罗 · 唐波拉尔, 马丁 · 特鲁特著；<br>汪开虎译. | 上海交通大学出版社 | 2002 | 7313031017 | 中欧客户关系管理译丛 |
| 沃顿论新兴技术管理<br>/ 乔治 · 戴保, 罗 · 休梅克著；石莹等译. | 华夏出版社 | 2002 | 7508007662 | 中欧 – 华夏 新经理人书架 |
| 创造基于能力的企业文化<br>/ 迈克尔 · 茨威尔著；王申英, 唐伟, 何卫译. | 华夏出版社 | 2002 | 7508009088 | 中欧 – 华夏 新经理人书架 |
| 麦肯锡意识<br>/ 艾森 · 拉塞尔, 保罗 · 弗里嘉著；<br>张涛, 赵陵译. | 华夏出版社 | 2002 | 7508023978 | 中欧 – 华夏 新经理人书架 |
| 有效沟通 /<br>桑德垃 · 黑贝尔斯, 里查德 · 威沃尔著；<br>李业昆译. | 华夏出版社 | 2002 | 7508023994 | 中欧 – 华夏 新经理人书架 |
| 新产品的设计与营销<br>/ 格林 · 厄本, 约翰 · 豪泽著；韩冀东译. | 华夏出版社 | 2002 | 7508024028 | 中欧 – 华夏 新经理人书架 |
| 资源需求与商业计划<br>/ 杰弗里 · 蒂蒙斯著；周伟民等译. | 华夏出版社 | 2002 | 7508005252 | 百森创业学系列 |
| 创业企业融资<br>/ 杰弗里 · 蒂蒙斯著；周伟民等译. | 华夏出版社 | 2002 | 7508005430 | 百森创业学系列 |
| 快速成长<br>/ 杰弗里 · 蒂蒙斯著；周伟民等译. | 华夏出版社 | 2002 | 7508006976 | 百森创业学系列 |
| 战略与商业机会<br>/ 杰弗里 · 蒂蒙斯著；周伟民等译. | 华夏出版社 | 2002 | 7508027124 | 百森创业学系列 |

（续表）

| | | | | |
|---|---|---|---|---|
| 创业者 / 杰弗里 · 蒂蒙斯著；周伟民等译. | 华夏出版社 | 2002 | 7508027132 | 百森创业学系列 |
| 电子商务的安全与风险管理 / 玛丽莲 · 格林斯坦, 托德 · 法因曼著；谢淳, 于军, 李霞译. | 华夏出版社 | 2002 | 7508023218 | 中欧–华夏 电子商务译丛 |
| 职业规划 / 约翰 · 米多顿著；陈东君译. | 上海远东出版社 | 2002 | 7806615865 | Smart经理人系列 |
| 团队建设 / 安尼玛丽 · 卡拉西洛著；于军译. | 上海远东出版社 | 2002 | 7806615873 | Smart经理人系列 |
| 公司战略 / 理查德 · 科赫著；邵海华, 肖维青译. | 上海远东出版社 | 2002 | 7806615903 | Smart经理人系列 |
| 项目管理 / 多娜 · 迪普罗丝著；汪开虎译. | 上海远东出版社 | 2002 | 7806615946 | Smart经理人系列 |
| 知识管理 / 托马斯 · 科洛波洛斯, 卡尔 · 弗雷保洛著；陈岳, 管新潮译. | 上海远东出版社 | 2002 | 7806615962 | Smart经理人系列 |
| 变革管理 / 大卫 · 弗思著；傅佳等译. | 上海远东出版社 | 2002 | 7806616039 | Smart经理人系列 |
| 电子商务 / 迈克 · J. 坎宁安著；徐占军译. | 上海远东出版社 | 2002 | 7806616128 | Smart经理人系列 |
| 品牌和打造品牌 / 约翰 · 马里奥蒂著；时健, 李克良译. | 上海远东出版社 | 2002 | 7806616144 | Smart经理人系列 |
| 市场营销 / 约翰 · 马里奥蒂著；赵璧译. | 上海远东出版社 | 2002 | 7806616152 | Smart经理人系列 |
| 决策管理 / 肯 · 兰登著；管新潮等译. | 上海远东出版社 | 2002 | 7806616160 | Smart经理人系列 |
| 创新管理 / 丹尼斯 · 舍伍德著；谷朝红, 王雷译. | 上海远东出版社 | 2002 | 7806616179 | Smart经理人系列 |
| 客户管理 / 罗斯 · 杰伊著；胡零, 刘智勇译. | 上海远东出版社 | 2002 | 7806616187 | Smart经理人系列 |
| 公司财务 / 肯 · 兰登, 艾伦 · 博纳姆著；徐笑春, 唐海东译. | 上海远东出版社 | 2002 | 7806616594 | Smart经理人系列 |
| 管理决策 / 史蒂芬 · J. 霍奇等著；吴鸿译. | 上海交通大学出版社 | 2003 | 731303105X | 中欧–沃顿 创新管理译丛 |
| 动态竞争战略 / 乔治 · S. 戴伊等著；孟立慧等译. | 上海交通大学出版社 | 2003 | 7313031173 | 中欧–沃顿 创新管理译丛 |

（续表）

| | | | | |
|---|---|---|---|---|
| 客户营销战略<br>/杰伊·柯里,亚当·柯里著;程晓晖,项前译. | 上海交通大学出版社 | 2003 | 7313031920 | 中欧客户关系管理译丛 |
| 收购：一个真实的故事<br>/彼得·维恩,迈克·沃克著;雷秀云译. | 上海交通大学出版社 | 2003 | 7313032064 | 中欧管理实战译丛 |
| 思科成长探秘：兼并与收购指南<br>/艾特·博圣著;缪卓群,乐嘉锦译. | 上海交通大学出版社 | 2003 | 7313032862 | 中欧管理实战译丛 |
| 企业资源规划<br>/托马斯·F.华莱士,迈克尔·H.克雷姆泽著;陈德民等译. | 上海交通大学出版社 | 2003 | 7313032447 | 中欧新经理人译丛 |
| 所有权与价值创造<br>/罗尔夫·H.卡尔森著;王晓玲译. | 上海交通大学出版社 | 2003 | 7313033044 | 中欧新经理人译丛 |
| 风险投资揭秘<br>/布赖恩·希尔,迪·鲍尔著;徐冰,楚宇泰译. | 上海交通大学出版社 | 2003 | 7313033397 | 中欧新经理人译丛 |
| 问鼎CEO宝座<br>/约翰·瓦伊尼著;程晓晖译. | 上海交通大学出版社 | 2003 | 7313033923 | 中欧新经理人译丛 |
| 智慧型组织<br>/潘蒂·西丹曼拉卡著;艾菲等译. | 上海交通大学出版社 | 2003 | 7313034105 | 中欧新经理人译丛 |
| 管理大师论创新<br>/福朗斯·赫思本,马歇尔·戈德史密斯,爱恩·萨默维尔编著;<br>杨民珺,张佩星,费晓西译. | 上海交通大学出版社 | 2003 | 7313034385 | 中欧新经理人译丛 |
| 下一波经济的战略思考<br>/迈克尔·库苏曼诺,康斯坦丁诺斯·马凯斯编著;杨荣译. | 华夏出版社 | 2003 | 7508029208 | 中欧－华夏 新经理人书架 |
| 领导艺术<br>/乔纳森·于德劳兹,理查德·科赫,罗宾·菲尔德著;徐占军译. | 上海远东出版社 | 2003 | 7806617108 | Smart经理人系列 |
| 国有企业改革/王建铆,史璞兰主编. | 上海远东出版社 | 2003 | 7806617949 | |

（续表）

| | | | | |
|---|---|---|---|---|
| 登顶<br>/ 迈克 · 尤西姆, 杰里 · 尤西姆, 保尔 · 艾赛尔著 ; 周雪林等译. | 万卷出版社 | 2004 | 7806016449 | 中欧 – 万卷经理人书架 |
| 商业计划<br>/ 帕特里克 · 福赛思著 ; 陈赋明译. | 华夏出版社 | 2004 | 9787508033488 | 中欧 – 华夏快捷链系列 |
| 战略现金流管理<br>/ 基思 · 切克利著 ; 张怡琦译. | 华夏出版社 | 2004 | 9787508033914 | 中欧 – 华夏快捷链系列 |
| 绩效与奖励管理<br>/ 佛洛伦斯 · 斯通著 ; 甘泉译. | 华夏出版社 | 2004 | 9787508033624 | 中欧 – 华夏快捷链系列 |
| 领导艺术 / 托尼 · 基彭伯格著 ; 汪开虎译. | 华夏出版社 | 2004 | 9787508033631 | 中欧 – 华夏快捷链系列 |
| 时间管理 / 罗斯 · 杰伊著 ; 胡玲译. | 华夏出版社 | 2004 | 9787508033648 | 中欧 – 华夏快捷链系列 |
| 供应链管理 / 埃米 · 朱克曼著 ; 陈颖奇译. | 华夏出版社 | 2004 | 9787508033662 | 中欧 – 华夏快捷链系列 |
| 知识管理 / 卡尔 · 弗莱保罗著 ; 徐国强译. | 华夏出版社 | 2004 | 7508033868 | 中欧 – 华夏快捷链系列 |
| 战略管理<br>/ 约翰 · 米德尔顿, 鲍勃 · 戈尔斯基著 ; 王啸译. | 华夏出版社 | 2004 | 9787508033907 | 中欧 – 华夏快捷链系列 |
| 决胜零售<br>/ 朱迪斯 · 科斯蒂恩斯, 马塞尔 · 科斯蒂恩斯著 ; 管新潮, 姚奕译. | 华夏出版社 | 2004 | 7508035895 | |
| 法则<br>/ 理查德 · 多宾斯, 芭利 · O. 佩特曼著 ; 陈东君译. | 万卷出版社 | 2005 | 9787806016428 | 中欧 – 万卷经理人书架 |
| 增长的战略<br>/ 托尼 · 格伦迪著 ; 海芳, 刘星译. | 万卷出版社 | 2005 | 9787806016459 | 中欧 – 万卷经理人书架 |
| 伙伴竞争未来<br>/ 约翰 · 马里奥蒂著 ; 孙敏, 卫瑾, 谢淳译. | 万卷出版社 | 2005 | 9787806016466 | 中欧 – 万卷经理人书架 |
| 360度激励 / 唐娜 · 迪普罗斯著 ; 丁冬梅译. | 万卷出版社 | 2005 | 9787806016473 | 中欧 – 万卷经理人书架 |
| 人员管理必须遵循的七条原则<br>/ 大卫 · 弗思著 ; 陆晓星, 郭骅译. | 万卷出版社 | 2005 | 9787806016480 | 中欧 – 万卷经理人书架 |

（续表）

| | | | | |
|---|---|---|---|---|
| 企业间文化竞争优势<br>/ 唐娜・迪普罗斯著；谭菁等译. | 万卷出版社 | 2005 | 9787806016497 | 中欧－万卷经理人书架 |
| 大师 / 斯图尔特・克雷纳著；陈历明译. | 万卷出版社 | 2005 | 7806016538 | 中欧－万卷经理人书架 |
| 超越团队<br>/ 迈克尔・贝尔雷等著；王晓玲, 李琳莎译. | 华夏出版社 | 2005 | 7508036395 | |
| 战略营销 / 弗兰克・布拉德利著；文瑜译. | 华夏出版社 | 2005 | 7508036417 | |
| 合作竞争<br>/ 罗伯特・洛根, 路易斯・斯托克司著；陈小全译. | 华夏出版社 | 2005 | 7508036697 | |

中欧教师与研究人员撰写编辑的外文版图书列表[1]

| 我院作者 | 书名与作者 | 出版社 | 出版年份 | ISBN号 |
|---|---|---|---|---|
| Burgers, Willem P.（柏唯良） | The marketing you never knew : practical new thinking and old truths I teach to the best managers of the best companies worldwide / Willem Burgers. | Amsterdam Press | 2004 | 0974691046 |
| Burgers, Willem P.（柏唯良） | China's third revolution / Willem Burgers. | Routledge Research | 2008 | |
| Burgers, Willem P.（柏唯良） | Marketing revealed : challenging the myths / Willem Burgers. | Palgrave Macmillan | 2008 | 0230537146 |
| Burgers, Willem P.（柏唯良） | Managing marketing in the 21st century : developing & implementing the market strategy / Willem Burgers. | | forthcoming | |
| Chen, Hong（陈宏） | Fundamentals of queueing networks : performance, asymptotics, and optimization / Hong Chen, David D. Yao. | Springer | 2001 | 0387951660 |
| Cremer, Rolf D.（郭理默） | Guidelines for New Zealand – Asia sister city relationships : economic rationale for an integrated approach / R. D. Cremer, R. Gounder, B. Ramasamy. | Dept. of Economics, Massey University | 1996 | |
| Cremer, Rolf D.（郭理默） | Tigers in New Zealand? : the role of Asian investment in the economy / R. D. Cremer, B. Ramasamy. | Institute of Policy Studies : Asia 2000 Foundation of New Zealand | 1996 | 0908935153 |

（续表）

| | | | | |
|---|---|---|---|---|
| Cremer, Rolf D.（郭理默） | The tongue of the tiger : overcoming language barriers in international trade / Rolf D. Cremer, Mary J. Willes. | World Scientific | 1998 | 9810230044 |
| Cremer, Rolf D.（郭理默） | Succeeding in the world economy : New Zealand outward direct investment causes, patterns, effects / Alan E. Bollard, Rolf D. Cremer. | Dunmore Press | 1999 | 0477037569 |
| Cremer, Rolf D.（郭理默） | Effective strategies for New Zealand firms in China / Rolf D. Cremer, Bala Ramasamy. | Asia NZ Foundation | 2005 | |
| de Bettignies, Henri–Claude（翟博思） | Business transformation in China / edited by Henri–Claude de Bettignies. | International Thomson Business Press | 1996 | 0415123224 |
| de Bettignies, Henri–Claude（翟博思） | The changing business environment in the Asia–Pacific region / edited by Henri–Claude de Bettignies. | International Thomson Business Press | 1997 | 0415123208 |
| de Bettignies, Henri–Claude（翟博思） | Trade and investment in the Asia–Pacific region / edited by Henri–Claude de Bettignies. | International Thomson Business Press | 1997 | 0415123216 |
| de Bettignies, Henri–Claude（翟博思） | Le Japon : un exposépour comprendre, un essai pour réfléchir / Henri Claude de Bettignies, Paul Brunon. | Flammarion | 1998 | 2080355708 |
| de Bettignies, Henri–Claude（翟博思） | Business ethics : policies and persons / Kenneth E. Goodpaster, Laura L. Nash, Henri–Claude de Bettignies. 4th ed. | McGraw–Hill / Irwin | 2005 | 0072996900 |
| de Bettignies, Henri–Claude（翟博思） | Toward the global common good : a macro paradigm shift / edited by Henri–Claude de Bettignies, François Lépineux. | Peter Lang | 2008 | 3039118765 |
| de Bettignies, Henri–Claude（翟博思） | Finance for a better world / edited by Henri–Claude de Bettignies, François Lépineux. | Palgrave Macmillan | 2009 | 0230551300 |
| Fernandez, Juan A.（范悦安） | China CEO : voices of experience from 20 international business leaders / Juan Antonio Fernandez, Laurie Underwood. | Wiley（Asia） | 2006 | 0470821922 |
| Fernandez, Juan A.（范悦安） | China's state owned enterprises reforms : an industrial and CEO approach / Juan Antonio Fernandez, Leila Fernandez–Stembridge. | Routledge | 2006 | 6610734992 |

（续表）

| | | | | |
|---|---|---|---|---|
| Fernandez, Juan A.（范悦安） | China CEO : a case guide for business leaders in China / Juan Antonio Fernandez, Liu Shengjun. | John Wiley | 2007 | 0470822244 |
| Fernandez, Juan A.（范悦安） | China's state-owned enterprise reforms : an industrial and CEO approach / Juan Antonio Fernάndez, Leila Ferάndez-Stembridge. | Routledge | 2007 | 0415402689 |
| Fernandez, Juan A.（范悦安） | China entrepreneur : voices of experience from 40 international business pioneers / Juan Antonio Fernandez, Laurie Underwood. | John Wiley & Sons（Asia） | 2009 | 0470823216 |
| Harrison, Norma J.（海若琳） | International best practice in the adoption and management of new technology / Norma Harrison, Danny Samson. | Dept. of Industry, Science & Tourism | 1997 | 0642274436 |
| Harrison, Norma J.（海若琳） | Technology management : text and international cases / Norma Harrison, Danny Samson. | McGraw-Hill | 2002 | 0072383550 |
| Jenster, Per V.（言培文） | Business marketing : a global perspective / H. Michael Hayes, Per V. Jenster, Nils-Erik Aaby. | Irwin | 1996 | 0256159769 |
| Jenster, Per V.（言培文） | Food export : internationalization of the Swedish food industry / Jenster Per V. , Gunilla Kempe. | Swedish Trade Council | 1996 | |
| Jenster, Per V.（言培文） | Competitor intelligence : turing analysis into success / David Hussey, Per Jenster. | Wiley | 1999 | 0471984078 |
| Jenster, Per V.（言培文） | Company analysis : determining strategic capability / Per Jenster, David Hussey. | Wiley | 2001 | 0471494542 |
| Jenster, Per V.（言培文） | Analiz sil'nykh i slabykh storon kompanii : opredelenie strategicheskikh vozmozhnosteĭ / Per V. Jenster, D E Hussey. | Izd. dom | 2003 | 5845904811 |
| Jenster, Per V.（言培文） | Strategi i viden : vækst i vidensintensive firmaer / Jenster Per V. , Børsens Forlag. | | 2004 | |
| Jenster, Per V.（言培文） | European cases in strategic management / John Hendry, Tony Eccles, Sumantra Ghoshal, Per V. Jenster | Chapman & Hall | 2005 | 0412486008 |

（续表）

| | | | | |
|---|---|---|---|---|
| Jenster, Per V.（言培文） | Managing business marketing & sales : an international perspective / Per V. Jenster, H. Michael Hayes, David E. Smith. | Copenhagen Business School Press | 2005 | 8763001470 |
| Jenster, Per V.（言培文） | Outsourcing–insourcing : can vendors make money from the new relationship opportunities? / Per Jenster ... et al. | John Wiley | 2005 | 0470844906 |
| Jenster, Per V.（言培文） | Strategy execution : passion & profit / Michael Jessen Holm, Per V. Jenster ... et al. | Copenhagen Business School Press | 2007 | 8763002000 |
| Jenster, Per V.（言培文） | The business of wine : a global perspective / Lars V. Jenster, Per V. Jenster, Darryl J. Mitry, David E. Smith. | Copenhagen Business School Press | 2008 | 8763002019 |
| Jenster, Per V.（言培文） | Market intelligence : building strategic insight / Per V. Jenster, Klaus Solberg Soilen. | Copenhagen Business School Press | 2009 | 8763002027 |
| Lee, Jean S. K.（李秀娟） | Business management / Jean Lee, W Y Yeong. | Practice Hall | 1996 | |
| Lee, Jean S. K.（李秀娟） | The art of people management / Jean Lee. | Co–Act Media Pte. | 1996 | |
| Lee, Jean S. K.（李秀娟） | The three paradoxes : working women in Singapore / Jean Lee. | Association of Women for Action and Research | 1999 | 9810412452 |
| Lee, Jean S. K.（李秀娟） | Chinese family business – wealth does not sustain beyond three generations? / Jean Lee, Li Hong. | World Scientific Publishing Ltd. | 2007 | |
| Lee, Jean S. K.（李秀娟） | Wealth doesn't last 3 generations : how family businesses can maintain prosperity / Jean Lee, Hong Li. | World Scientific | 2009 | 9812797513 |
| Liu, Shengjun（刘胜军） | China CEO : a case guide for business leaders in China / Juan Antonio Fernandez, Liu Shengjun. | John Wiley | 2007 | 0470822244 |
| Mobley, William H.（茅博励） | Advances in global leadership.（I.）/ executive editor : William H. Mobley. | JAI | 1999 | 0762305053 |
| Mobley, William H.（茅博励） | Advances in global leadership.（II.）/ McCall, Morgan W., Mobley, William H. | JAI | 2001 | 0762307234 |
| Mobley, William H.（茅博励） | Advances in global leadership.（III.）/ edited by William H. Mobley, Peter W. Dorfman. | JAI | 2003 | 0762308664 |
| Mobley, William H.（茅博励） | Advances in global leadership.（IV.）/ edited by William H. Mobley, Elizabeth Weldon. | Elsevier JAI | 2006 | 0762311606 |

（续表）

| | | | | |
|---|---|---|---|---|
| Mobley, William H.（茅博励） | Advances in global leadership.（V.）/ Mobley, William. | Emerald Group Pub Ltd. | 2009 | 1848552564 |
| Nueno, Pedro（雷诺） | Entrepreneuring : the art of business creation and its artists / Pedro Nueno. | ALG | 1997 | |
| Nueno, Pedro（雷诺） | The light and the shadow : how breakthrough innovation is shaping European business / Otto Kalthoff, Ikujiro Nonaka, Pedro Nueno. | Capstone | 1997 | 1900961172 |
| Nueno, Pedro（雷诺） | Compitiendo en el siglo XXI / Pedro Nueno. | Gestión 2000 | 1998 | 8480882808 |
| Nueno, Pedro（雷诺） | La competitividad del sector del automóvil. bases para un libro / Pedro Nueno. | Madrid | 2003 | |
| Nueno, Pedro（雷诺） | Entrepreneuring towards 2010 : an updated global perpective of the art of creating companies and their artists / Pedro Nueno. | Ediciones Deusto | 2005 | |
| Nueno, Pedro（雷诺） | Letters to a young entrepreneur / Pedro Nueno. | Ediciones Experiencia, S. L. | 2008 | |
| Park, Seung Ho（朴胜虎） | Korean enterprise : the quest for globalization / Gerardo R. Ungson, Richard M. Steers, Seung-Ho Park. | Harvard Business School Press | 1997 | 0875846300 |
| Park, Seung Ho（朴胜虎） | Korean enterprise: the quest for globalization（Thai translation）/ Ungson G. , Steers R. , Park, S. H. | Information & Publication Company | 1999 | |
| Park, Seung Ho（朴胜虎） | Korean enterprise: the quest for globalization（Japanese version）/ Ungson G., Steers, R. , Park, S. H. | Chuo Daigaku Publishers | 2006 | |
| Parr, William C.（威廉·帕尔） | Customer value based strategy / Stahl Michael J. , William Parr. | Blackwell | 1997 | |
| Parr, William C.（威廉·帕尔） | Statistical process control, 8th ed. / Grant, R. , Leavenworth, R. , William Parr. | McGraw Hill | 2004 | |
| Pastor, Alfredo（白思拓） | La ciencia humilde : economía para ciudadanos / Alfredo Pastor. | Crítica | 2007 | 8484329259 |
| Pfoertsch, Waldemar A.（弗沃德） | Strategien für die neue weltwirtschaft / Bolko v. Oetinger. | Hanser | 1998 | 3446194290 |

（续表）

| | | | | |
|---|---|---|---|---|
| Pfoertsch, Waldemar A.（弗沃德） | Faszination Japan : marketing-studenten auf entdeckungsreise / Waldemar A. Pfoertsch. | Ulmer | 1999 | |
| Pfoertsch, Waldemar A.（弗沃德） | Living web : erprobte anwendungen, strategien und zukünftige entwicklungen im internet / Waldemar A. Pfoertsch. | Verl. Moderne Industrie | 2000 | 3478382807 |
| Pfoertsch, Waldemar A.（弗沃德） | Mit strategie ins internet : qualifizierung als chance für unternehmen / Waldemar Pfoertsch. | BW, Bildung und Wissen Verlag | 2000 | 3821476036 |
| Pfoertsch, Waldemar A.（弗沃德） | Internationalisierung des mittelstandes : strategien zur internationalen qualifizierung in kleinen und mittleren unternehmen / Ekbert Hering, Waldemar Pfoertsch, Peter Wordelmann. | Bundesinstitut für Berufsbildung | 2001 | 3763909265 |
| Pfoertsch, Waldemar A.（弗沃德） | B2B-markenmanagement : konzete-methoden-fallbeispiele / Waldemar Pfoertsch, Michael Schmid. | Vahlen | 2005 | 380063144X |
| Pfoertsch, Waldemar A.（弗沃德） | B2B brand management / Philip Kotler, Waldemar Pfoertsch. | Springer | 2006 | 3540253602 |
| Pfoertsch, Waldemar A.（弗沃德） | Die marke in der marke : bedeutung und macht des ingredient branding / Waldemar Pfoertsch, Indrajanto Mueller. | Springer | 2006 | 3540300570 |
| Pfoertsch, Waldemar A.（弗沃德） | Social marketing : erfolgreiche marketingkonzepte für non-profit-organisationen / Klaus Koziol, Waldemar Pfoertsch. | Schaeffer Poeschel | 2006 | 3791025112 |
| Pfoertsch, Waldemar A.（弗沃德） | The big book of real business-children learning about marketing / Pfoertsch Waldemar, Ines Michi. | Penguin Books | 2007 | |
| Pfoertsch, Waldemar A.（弗沃德） | Perspektiven des IT-weiterbildungssystems in Deutschland ein einblick in markt / Waldemar A. Pfortsch, Rebekka Muller, Maddalena Sassanelli, Jeannine Klar. | Rahmenbedingungen und Marketing BIBB Publikation | 2007 | |
| Pfoertsch, Waldemar A.（弗沃德） | Business brand design management / Waldemar Pfoertsch ... et al. | Springer | 2009 | 3540714952 |
| Pfoertsch, Waldemar A.（弗沃德） | Business to business marketing / Pfoertsch, Waldemar, Giglierano, Joseph, Vitale, Robert. | Prentice Hall | 2009 | 0136058280 |

（续表）

| | | | | |
|---|---|---|---|---|
| Ramasamy, Bala（芮博澜） | Guidelines for New Zealand – Asia sister city relationships : economic rationale for an integrated approach / R. D. Cremer, R. Gounder, B. Ramasamy. | Dept. of Economics, Massey University | 1996 | |
| Ramasamy, Bala（芮博澜） | Tigers in New Zealand? : the role of Asian investment in the economy / R. D. Cremer, B. Ramasamy. | Institute of Policy Studies : Asia 2000 Foundation of New Zealand | 1996 | 0908935153 |
| Ramasamy, Bala（芮博澜） | APEC in focus : views from New Zealand and Malaysia / Stuart McMillan, Bala Ramasamy. | Lincoln University Press | 1999 | 0909049297 |
| Ramasamy, Bala（芮博澜） | Effective strategies for New Zealand firms in China / Rolf D. Cremer, Bala Ramasamy. | Asia NZ Foundation | 2005 | |
| Ribera, Jaume（任杰明） | Managing health systems for better health : the stewardship function of the health ministries / Jaume Ribera. | World Bank / IESE | 2002 | |
| Ribera, Jaume（任杰明） | Gestion en el esctor de salud（Vol. 1）: sistemas sanitarios y gestion de instituciones de salud / Jaume Ribera. | Pearson Ed. | 2005 | |
| Sprague, Linda G.（史璞兰） | New hampshire manufacturing practice survey : executive summary / Linda G. Sprague, D. A. Hodge. | Manchester Manufacturing Management Center | 1996 | |
| Sprague, Linda G.（史璞兰） | Supply chain management, international encyclopedia of business & management（second edition）, M. Warner, chief editor, pp6278–6286 / Linda G. Sprague, Vassilios P. Valsamakis. | Thomson Learning | 2001 | 1861521618 |
| Sprague, Linda G.（史璞兰） | Total productive maintenance, international encyclopedia of business & management（second edition）, M. Warner, chief editor, pp. 6485–6490 / Linda G. Sprague, Andrew J. Johnstone. | Thomson Learning | 2001 | 1861521618 |
| Tsai, Terence（蔡舒恒） | Corporate environmentalism in China and Taiwan / Terence Tsai. | Palgrave | 2001 | 033373002X |
| Tsai, Terence（蔡舒恒） | The silicon dragon : high–tech industry in Taiwan / Terence Tsai, Bor–Shiuan Cheng. | Edward Elgar Pub. | 2006 | 1840642408 |
| Tsai, Terence（蔡舒恒） | Silicon dragon : high–tech industry in Taiwan（Japanese version）/ Terence Tsai, Bor–Shiuan Cheng. | | 2007 | |

（续表）

| | | | | |
|---|---|---|---|---|
| Tse, Kalun（谢家伦） | How real is（a）real operating option? / Kalun Tse. | Nyenrode University Press | 2002 | 7806617949 |
| Underwood, Laurie（安若丽） | China CEO : voices of experience from 20 international business leaders / Juan Antonio Fernandez, Laurie Underwood. | Wiley （Asia） | 2006 | 0470821922 |
| Underwood, Laurie（安若丽） | China entrepreneur : voices of experience from 40 international business pioneers / Juan Antonio Fernandez, Laurie Underwood. | John Wiley & Sons（Asia） | 2009 | 0470823216 |
| Velamuri, S. Ramakrishna（方睿哲） | Entrepreneurship in emerging regions around the world : theory, evidence and implications / edited by Phillip H. Phan, Sankaran Venkataraman, S. Ramakrishna Velamuri. | Edward Elgar | 2008 | 1847208002 |
| White, Steven（白思迪） | Handbook of Asian management / edited by Kwok Leung, Steven White. | Kluwer Academic | 2004 | 1402077548 |
| Wierdsma, André | La organizacion que aprende / André F. M. Wierdsma, Swieringa J. | Addison–Wesley | 1995 | 0201625989 |
| Wierdsma, André | Co–creatie van verandering / Andreas Franciscus Maria Wierdsma. | Eburon | 1999 | 9051667051 |
| Wierdsma, André | Lerend organiseren : als meer van hetzelfde niet helpt / A. F. M. Wierdsma, J. Swieringa. | Stenfert Kroese | 2002 | 9020730991 |
| Wu, Jinglian（吴敬琏） | China's long march toward a market economy / Jinglian Wu. | Long River Press | 2005 | 159265063 |
| Wu, Jinglian（吴敬琏） | Understanding and interpreting Chinese economic reform / Jinglian Wu. | Thomson / South–Western | 2005 | 1587991977 |
| Wu, Jinglian（吴敬琏） | Chinese economic reform（Japanese version）/ Wu Jinglian. | Enutitishuppan | 2007 | 9784757121621 |
| Yeung, Arthur（杨国安） | Human resource competencies in Hong Kong : research findings and application guide / Yeung, Arthur. | Hong Kong Institute of Human Resource Management | 1998 | 9628393200 |
| Yeung, Arthur（杨国安） | Organizational learning capability / Yeung, Arthur K. , Ulrich, Dave, Nason, Stephen W. , Von Glinow Mary A. | OxfOrd University Press | 1999 | 0195102045 |

（续表）

中欧教师与研究人员撰写编辑的中文版图书列表[2]

| 我院作者 | 书名与作者 | 出版社 | 出版年份 | ISBN号 |
| --- | --- | --- | --- | --- |
| 柏唯良（Burgers, Willem P.） | 21世纪的营销管理 / 诺埃尔・凯普, 詹姆士・M. 休伯特, 柏唯良. | 上海人民出版社 | 2003 | 7208046166 |
| 柏唯良（Burgers, Willem P.） | 细节营销 / Willem Burgers. | 华夏出版社 | 2004 | 7508035119 |
| 柏唯良（Burgers, Willem P.） | 细节营销：第1版 / Willem Burgers. | 机械工业出版社 | 2009 | 9787111271789 |
| 张春（Chang, Chun） | 银企改革和发展地区性金融中心的策略 / 张春, 郑德琨, 王一江主编. | 中国经济出版社 | 1997 | 7501739730 |
| 张春（Chang, Chun） | 写给中国企业家的公司财务 / 张春. | 北京大学出版社 | 2006 | 7301104006 |
| 张春（Chang, Chun） | 公司金融学 | 中国人民大学出版社 | 2008 | 7300092667 |
| 戴华（Dai, Hua） | 鲜花与荆棘：探寻中国企业全球化之路 / 杨国安, 忻榕, 刘胜军, 戴华. | 商务印书馆 | 2008 | 7100057183 |
| 范悦安（Fernandez, Juan A.） | 中国CEO / Juan Antonio Fernandez, Laurie Ann Underwood. | 财讯出版社 | 2006 | 9867084293 |
| 海若琳（Harrison, Norma J.） | 技术管理：理论知识与全球案例 / Norma Harrison, Danny Samson. | 清华大学出版社 | 2004 | 7302075026 |
| 言培文（Jenster, Per V.） | 公司能力分析：确定战略能力 / 珀尔・简斯特, 大卫・赫西. | 人民邮电出版社 | 2004 | 7115120161 |
| 李秀娟（Lee, Jean S. K.） | 变与不变：德华的成长与转型 / 李秀娟. | 教育出版社 | 2000 | 9814047716 |
| 李秀娟（Lee, Jean S. K.） | 顺流, 逆流：水中崛起的许兄弟集团 / 李秀娟, 莫少昆. | 教育出版社 | 2000 | 9814055360 |
| 李秀娟（Lee, Jean S. K.） | 管理八部 —— 高效管理人密方 / 李秀娟. | 教育出版社 | 2000 | |
| 李秀娟（Lee, Jean S. K.） | 富过三代：破解家族企业的传统诅咒 / 李秀娟, 李虹. | 上海人民出版社 | 2007 | 7208071993 |
| 李秀娟（Lee, Jean S. K.） | 富不过三代 / 李秀娟，李虹. | 八方文化创作室 | 2007 | 9814139750 |
| 李秀娟（Lee, Jean S. K.） | 组织行为学：先知而后行, 行必有所为 / 李秀娟. | 清华大学出版社 | 2008 | 9787302187301 |

（续表）

| | | | | |
|---|---|---|---|---|
| 梁能（Liang, Neng） | 跨国经营概论 / 梁能. | 上海人民出版社 | 1995 | 7208020906 |
| 梁能（Liang, Neng） | 国际商务 / 梁能. | 上海人民出版社 | 1999 | 7208029946 |
| 梁能 （Liang, Neng） | 公司治理结构：中国的实践与美国的经验 / 梁能主编. | 中国人民大学出版社 | 2000 | 7300033512 |
| 刘胜军（Liu, Shengjun） | 中欧案例经典：体验EMBA精英的头脑风暴 / 王建铆, 刘胜军, 舒金斯. | 中信出版社 | 2006 | 7508607392 |
| 刘胜军（Liu, Shengjun） | 鲜花与荆棘：探寻中国企业全球化之路 / 杨国安，忻榕，刘胜军，戴华. | 商务印书馆 | 2008 | 7100057183 |
| 弗沃德（Pfoertsch, Waldemar A.） | B2B品牌管理 / 菲利普・科特勒, 弗沃德. | 格致出版社, 上海人民出版社 | 2008 | 7543214067 |
| 舒金斯（Shu, Jinsi） | 中欧案例经典：体验EMBA精英的头脑风暴 / 王建铆, 刘胜军, 舒金斯. | 中信出版社 | 2006 | 7508607392 |
| 史璞兰（Sprague, Linda G.） | 国有企业改革：中国的实践和西班牙的经验 / 王建铆, 史璞兰主编. | 上海远东出版社 | 2003 | 7806617949 |
| 蔡舒恒（Tsai, Terence） | 矽龙：台湾半导体产业的传奇 / 郑伯壎, 蔡舒恒. | 华泰文化 | 2007 | 9576096960 |
| 王高（Wang, Gao） | 中国零售业发展历程：1981–2005 / 李飞, 王高等. | 社会科学文献出版社 | 2006 | 7802303397 |
| 王高（Wang, Gao） | 中国零售管理创新 / 李飞, 王高. | 经济科学出版社 | 2007 | 7505866095 |
| 王建铆（Wang, Jianmao） | 国有企业改革：中国的实践和西班牙的经验 / 王建铆, 史璞兰主编. | 上海远东出版社 | 2003 | 7806617949 |
| 王建铆（Wang, Jianmao） | 人力资源与组织行为学. 第一册 / 张维炯, 王建铆. | 机械工业出版社 | 2004 | 7111150228 |
| 王建铆（Wang, Jianmao） | 追梦中欧：亚洲第一MBA校园生活实录 / 王建铆, 童强, 王峥. | 上海人民出版社 | 2006 | 7208064407 |
| 王建铆（Wang, Jianmao） | 中欧案例经典：体验EMBA精英的头脑风暴 / 王建铆, 刘胜军, 舒金斯编著. | 中信出版社 | 2006 | 7508607392 |
| 吴敬琏（Wu, Jinglian） | 建设市场经济的总体构想与方案设计 / 吴敬琏, 周小川, 荣敬本等. | 中央编译出版社 | 1995 | 7801090055 |
| 吴敬琏（Wu, Jinglian） | 构筑市场经济的基础结构 / 吴敬琏. | 中国经济出版社 | 1997 | 7501739935 |
| 吴敬琏（Wu, Jinglian） | 国有经济的战略性改组 / 吴敬琏等. | 中国发展出版社 | 1998 | 7800872890 |

（续表）

| | | | | |
|---|---|---|---|---|
| 吴敬琏（Wu, Jinglian） | 国企改革攻坚15题 / 陈清泰, 吴敬琏, 谢伏瞻主编. | 中国经济出版社 | 1999 | 750174758X |
| 吴敬琏（Wu, Jinglian） | 当代中国经济改革：战略与实施 / 吴敬琏. | 上海远东出版社 | 1999 | 7806138250 |
| 吴敬琏（Wu, Jinglian） | 改革：我们正在过大关 / 吴敬琏. | 生活·读书·新知三联书店 | 2001 | 7108015188 |
| 吴敬琏（Wu, Jinglian） | 股票期权激励制度系列丛书 / 主编陈清泰, 吴敬琏. | 中国财政经济出版社 | 2001 | 7500552882 |
| 吴敬琏（Wu, Jinglian） | 吴敬琏：十年纷纭话股市 / 吴敬琏. | 上海远东出版社 | 2001 | 7806138668 |
| 吴敬琏（Wu, Jinglian） | 转轨中国 / 吴敬琏. | 四川人民出版社 | 2002 | 7220059396 |
| 吴敬琏（Wu, Jinglian） | 发展中国高新技术产业：制度重于技术 / 吴敬琏. | 中国发展出版社 | 2002 | 7800875601 |
| 吴敬琏（Wu, Jinglian） | 新一届政府面对的经济问题：专家的思考与建议 / 吴敬琏. | 中国宇航出版社 | 2003 | 7801445724 |
| 吴敬琏（Wu, Jinglian） | 吴敬琏自选集：1980–2003 / 吴敬琏. | 山西经济出版社 | 2003 | 7806366628 |
| 吴敬琏（Wu, Jinglian） | 当代中国经济改革：战略与实施 / 吴敬琏. 第2版. | 上海远东出版社 | 2004 | 7806618945 |
| 吴敬琏（Wu, Jinglian） | 吴敬琏专集 / 吴敬琏. | 山西经济出版社 | 2005 | 7806368078 |
| 吴敬琏（Wu, Jinglian） | 改革的轨迹：吴敬琏文集 / 吴敬琏. | 和平图书有限公司 | 2005 | 9622384846 |
| 吴敬琏（Wu, Jinglian） | 当代中国经济改革：探索中国经济顺利转型的秘密 / 吴敬琏. | 美商麦格罗·希尔国际股份有限公司台湾分公司 | 2005 | 9861570780 |
| 吴敬琏（Wu, Jinglian） | 中国增长模式抉择 / 吴敬琏. 第2版, 修订版. | 上海世纪出版股份有限公司远东出版社 | 2006 | 7807061936 |
| 吴敬琏（Wu, Jinglian） | 呼唤法治的市场经济 / 吴敬琏. | 生活·读书·新知三联书店 | 2007 | 7108027585 |
| 吴敬琏（Wu, Jinglian） | 中国增长模式抉择 / 吴敬琏. 第3版, 增订本. | 上海远东出版社 | 2008 | 9787807068563 |
| 肖知兴（Xiao, Zhixing） | 东张西望 / 肖知兴. | 世界图书出版公司 | 2004 | 750626658X |
| 肖知兴（Xiao, Zhixing） | 纸上谈兵说管理 / 肖知兴. | 机械工业出版社 | 2006 | 7111195469 |
| 肖知兴（Xiao, Zhixing） | 中国人为什么组织不起来 / 肖知兴. | 机械工业出版社 | 2006 | 711119831X |
| 肖知兴（Xiao, Zhixing） | 论语笔记 / 肖知兴. | 机械工业出版社 | 2006 | 7111198921 |

（续表）

| | | | | |
|---|---|---|---|---|
| 忻榕（Xin, Katherine） | 鲜花与荆棘：探寻中国企业全球化之路<br>/杨国安，忻榕，刘胜军，戴华. | 商务印书馆 | 2008 | 7100057183 |
| 许斌（Xu, Bin） | 国际贸易与投资前沿 / 丘东晓, 许斌等. | 上海人民出版社 | 2008 | 7543214172 |
| 许小年（Xu, Xiaonian） | 自由与市场经济 / 许小年. | 上海三联书店 | 2009 | 7542630121 |
| 杨国安（Yeung, Arthur） | 人力资源策略管理 / 何永福, 杨国安. 再版. | 三民书局 | 1995 | 9571419389 |
| 杨国安（Yeung, Arthur） | 组织学习能力 / 杨国安, 大卫·欧瑞奇. | 联经出版事业公司 | 2001 | 9570822139 |
| 杨国安（Yeung, Arthur） | 新经济理“才”经 / 杨国安, 姚燕洪. | 联经出版事业公司 | 2002 | 9570823976 |
| 杨国安（Yeung, Arthur） | 学习力：创新, 推广和执行 / 杨国安, 大卫·欧瑞奇. | 华夏出版社 | 2005 | 7508036646 |
| 杨国安（Yeung, Arthur） | 鲜花与荆棘：探寻中国企业全球化之路<br>/杨国安，忻榕，刘胜军，戴华. | 商务印书馆 | 2008 | 7100057183 |
| 张维炯（Zhang, Weijiong） | 人力资源与组织行为学. 第一册 / 张维炯, 王建铆. | 机械工业出版社 | 2004 | 7111150228 |
| 朱晓明（Zhu, Xiaoming） | 开发区规划研究 / 朱晓明. | 海洋国际出版社 | 2000 | 9625150042 |
| 朱晓明（Zhu, Xiaoming） | “大通关”：提高上海通关效率 / 朱晓明等. | 复旦大学出版社 | 2003 | 7309035275 |
| 朱晓明（Zhu, Xiaoming） | 上海：21世纪跨国采购中心 / 朱晓明. | 复旦大学出版社 | 2003 | 7309035275 |
| 朱晓明（Zhu, Xiaoming） | MS&EMS：制造业服务业的新视点 / 朱晓明. | 复旦大学出版社 | 2003 | 7309035275 |
| 朱晓明（Zhu, Xiaoming） | 全球供应链环境下的上海国际物流建设 / 朱晓明. | 复旦大学出版社 | 2003 | 7309035275 |
| 朱晓明（Zhu, Xiaoming） | 建设外贸电子政府 优化上海外贸市场环境 / 朱晓明. | 复旦大学出版社 | 2003 | 7309035275 |
| 朱晓明（Zhu, Xiaoming） | 开发区规划、建设、发展和管理 / 朱晓明等. | 上海交通大学出版社 | 2005 | |
| 朱晓明（Zhu, Xiaoming） | 经济管理数学模型案例教程 / 谭永基, 朱晓明等编著. | 高等教育出版社 | 2006 | 704019340X |
| 朱晓明（Zhu, Xiaoming） | 服务外包：把握现代服务业发展新机遇 / 朱晓明等. | 上海交通大学出版社 | 2006 | 7313040830 |
| 朱晓明（Zhu, Xiaoming） | 转移与承接：把握服务外包新机遇<br>/ 朱晓明, 周波, 黄峰等. | 上海交通大学出版社 | 2006 | |
| 朱晓明（Zhu, Xiaoming） | 中国服务外包发展报告：2007 / 主编李志群, 朱晓明. | 上海交通大学出版社 | 2007 | 9787313049483 |
| 朱晓明（Zhu, Xiaoming） | 中国服务外包发展报告：2008 / 主编李志群, 朱晓明. | 上海交通大学出版社 | 2009 | 731304948X |

注：

1 本表为中欧长期教授、核心教授、学术休假教授和研究人员自1994年11月建院以来撰写编辑的外文版学术专著。

2 本表为中欧长期教授、核心教授、学术休假教授和研究人员自1994年11月建院以来撰写编辑的中文版学术专著。

# 附录十三 高层经理培训课程统计数据与主要客户名单[1]

## 高层经理培训课程统计数据

| 年份 | 公开课程 | | | 公司特设课程 | | |
|---|---|---|---|---|---|---|
| | 教学天数 | 学员人次数 | 企业客户数 | 教学天数 | 学员人次数 | 企业客户数 |
| 1994 | 39 | 242 | 91 | 6 | 50 | 2 |
| 1995 | 69 | 437 | 132 | / | / | / |
| 1996 | 166 | 1 122 | 287 | 8 | 71 | 3 |
| 1997 | 226 | 1 694 | 393 | 45 | 331 | 15 |
| 1998 | 253 | 1 917 | 400 | 68 | 443 | 21 |
| 1999 | 268 | 1 808 | 398 | 152 | 1 278 | 57 |
| 2000 | 233 | 1 944 | 443 | 165.25 | 1 401 | 50 |
| 2001 | 277 | 2 341 | 523 | 221.5 | 2 200 | 66 |
| 2002 | 253 | 1 763 | 499 | 371.25 | 3 352 | 114 |
| 2003 | 220 | 3 031 | 533 | 285.75 | 3 063 | 97 |
| 2004 | 290 | 2 882 | 671 | 386.75 | 4 491 | 131 |
| 2005 | 284 | 3 508 | 758 | 387.25 | 4 715 | 137 |
| 2006 | 367 | 6 046 | 797 | 365 | 5 766 | 130 |
| 2007 | 388 | 4 844 | 838 | 355 | 4 214 | 117 |
| 2008 | 463 | 5 755 | 968 | 309.5 | 3 251 | 98 |
| 总计 | 3 796 | 39 334 | 7 731 | 3 126.25 | 34 626 | 1 038 |

## 高层经理培训课程主要客户名单[2]

| 主要外资客户（中文名称） | 主要外资客户（英文名称） | 主要中资客户（中文名称） | 主要中资客户（英文名称） |
|---|---|---|---|
| ABB（中国）有限公司 | ABB (China) Limited | 阿里巴巴 | Alibaba Com (China) Co., Ltd. |
| 阿迪达斯体育（中国）有限公司 | Adidas Sports (China) Co., Ltd. | 安信证券股份有限公司 | Essence Securities Co., Ltd. |
| 安捷伦（中国）科技有限公司 | Agilent Technology Co., Ltd. | 博时基金管理有限公司 | Bosera Asset Management Co., Ltd. |
| 空气化工产品（中国）投资有限公司 | Air Products (China) Investment Co., Ltd. | 步步高电子工业有限公司 | BBK Electronics Co., Ltd. |
| 阿尔卡特（中国）投资有限公司 | Alcatel Co., Ltd. | 晨风集团股份有限公司 | Chenfeng Group Co., Ltd. |
| 法国阿海珐核能公司 | Areva NP Co. | 大庆油田有限责任公司 | Daqing Oilfield Co., Ltd. |
| 阿斯利康制药有限公司 | AstraZeneca Pharmaceutical Co., Ltd. | 复星复星高科技（集团）有限公司 | Fosun High Technology (Group) Co., Ltd. |
| 阿特拉斯·科普柯（中国）投资有限公司 | Atlas Copco (China) Investment Co., Ltd. | 光明乳业股份有限公司 | Bright Dairy & Food Co., Ltd. |
| 阿托菲纳大中国贸易有限公司 | Atofina Greater China Trading Co., Ltd. | 国家开发银行 | China Development Bank |
| 安万特（中国）投资有限公司 | Aventis (China) Investment Co., Ltd. | 国泰基金管理有限公司 | Guotai Asset Management Co., Ltd. |
| 比利时巴可有限公司 | Barco Ltd. | 恒源祥（集团）有限公司 | HYX China (Group) Co., Ltd. |
| 巴斯夫（中国）有限公司 | BASF (China) Co., Ltd. | 红星美凯龙国际家具连锁 | Red Star Macalline International Home Furniture Chain |
| 英美烟草 | BAT China Ltd. | 宏力半导体制造公司 | Grace Semiconductor Manufacturing Corporation |
| 拜耳（中国）有限公司 | Bayer (China) Ltd. | 华泰证券公司 | Huatai Securities Co., Ltd. |
| 碧迪医疗器械有限公司 | Becton Dickinson Medical Devices | 华腾软件系统有限公司 | Shanghai Huateng Software Systems Co., Ltd. |
| 贝卡尔特管理有限公司 | Bekaert Management Co., Ltd. | 华为技术有限公司 | Huawei Techologies Co., Ltd. |
| 贝塔斯曼管理有限公司 | Bertelsmann Management Co., Ltd. | 黄金搭档生物科技有限公司 | Shanghai Goldpartner Biotech Co., Ltd. |

（续表）

| | | | |
|---|---|---|---|
| 百时美施贵宝公司 | Bristol–Myers Squibb Co., Ltd. | 江铃汽车有限公司 | Jiangling Motors Co., Ltd. |
| 博世力士乐（中国）有限公司 | Bosch Rexroth (China) Ltd. | 江南造船厂集团有限责任公司 | Jiangnan Shipyard (Group) Co., Ltd. |
| 家乐福中国有限公司 | Carrefour China Co., Ltd. | 江中制药（集团）有限责任公司 | Jiangzhong Medical (Group) Co., Ltd. |
| 卡特彼勒（中国）投资有限公司 | Caterpillar (China) Investment Co., Ltd. | 金蝶软件中国有限公司 | Kingdee Software (China) Co., Ltd. |
| 熙可国际控股有限公司 | China Holdings In International Commerce Ltd. | 金丰易居网有限公司 | E–House International Estate Agency |
| 汽巴精化（中国）有限公司 | CIBA Speciality Chemicals (China) Ltd. | 康达汽车工贸有限公司 | Kangda Motor Industry & Trade Co., Ltd. |
| 思科系统（中国）网络技术有限公司 | CISCO Systems (China)Networking Technology Co., Ltd. | 联华实业集团 | Lianhua Supermarket Holdings |
| 东方汇理银行 | Credit Agricole Indosuez | 联想集团有限责任公司 | Lenovo Group Ltd. |
| 戴姆勒·克莱斯勒（中国）投资有限公司 | DaimlerChrysler (China) Ltd. | 美的集团有限公司 | Midea Group Ltd. |
| 德固赛（中国）投资有限公司 | Degussa (China) Co., Ltd. | 欧普照明股份有限公司 | Opple Lighting Co., Ltd. |
| 帝斯曼（中国）有限公司 | DSM (China) Limited | 平安保险股份有限公司 | Ping'an Trust & Investment Co., Ltd. |
| 杜邦中国集团有限公司 | DuPont China Holding Co., Ltd. | 三一重工股份有限公司 | Sany Heavy Industry Co., Ltd. |
| 伊莱克斯（中国）电器有限公司 | Electrolux (China) Home Appliance Company Ltd. | 上海电气集团股份有限公司 | Shanghai Electric Group Co., Ltd. |
| 美国礼来亚洲公司 | Eli Lilly Asian Operation Ltd. | 上海家化集团公司 | Shanghai Jahwa Group Co., Ltd. |
| 艾默生电气（中国）投资有限公司 | Emerson Electric (China) Holdings Co., Ltd. | 上海期货交易所 | Shanghai Futures Exchange |
| 安永华明会计师事务所 | Ernst & Young Huaming | 上海文广新闻传媒集团 | Shanghai Media Group |
| 费森尤斯卡比（中国）投资有限公司 | Fresenius Kabi (China) Co., Ltd. | 上海医药（集团）有限公司 | ShanghaiPharmaceutical (Group) Co., Ltd. |

（续表）

| | | | |
|---|---|---|---|
| 通用电气公司 | General Electric Co., Ltd. | 上海证券交易所 | Shanghai Stock Exchange |
| 吉列（中国）投资有限公司 | Gillette (China) Limited Company | 上海汽车工业（集团）总公司 | Shanghai Automotive Industry Corporation Group |
| 环球资源公司 | Global Sources | 上海申通集团有限公司 | Shentong Holdings Co., Ltd. |
| 葛兰素史克中国公司 | GlaxoSmithKline (China) Investment Co., Ltd. | 深南电路有限公司 | Shenzhen Shennan Circuits Co., Ltd. |
| 汉高（中国）股份有限公司 | Henkel (China) Company Ltd. | 神州数码有限公司 | Digital China Co., Ltd. |
| 赫司特（中国）投资有限公司 | Hoechst (China) Investment Co., Ltd. | 胜利油田有限公司 | Shengli Oil Field Co., Ltd. |
| 霍尼韦尔中国有限公司 | Honeywell (China) Ltd. | 双鹤药业有限公司 | Crane Pharmaceutical Co., Ltd. |
| 中国惠普有限公司 | China Hewlett-Packard Co., Ltd. | 四环制药有限公司 | Four Rings Pharmaceucal Co., Ltd. |
| 汇丰银行（中国）有限公司 | Hongkong and Shanghai Banking Corp. | 太平人寿保险有限公司 | Taiping Life Insurance Co., Ltd. |
| 亨斯迈聚氨酯（中国）有限公司 | Huntsman Polyuretranes Ltd. | 腾讯科技（深圳）有限公司 | Tencent Technology (Shenzhen) Company Limited |
| 国际商业机器有限公司 | IBM Company Limited | 北京天宇朗通通信设备有限责任公司 | Beijing Tianyu Communication Equipment Co., Ltd. |
| 英飞凌科技（中国）有限公司 | Infineon Technologies China Co., Ltd. | 外高桥造船有限公司 | Waigaoqiao Shipbuilding Co., Ltd. |
| 英特尔（中国）有限公司 | Intel Corporation Ltd. | 万科企业股份有限公司 | Vanke Investment Services Ltd. |
| 强生（中国）投资有限公司 | Johnson & Johnson China Ltd. | 现代集团建设实业公司 | Xian Dai Group Construction Industrial Co., Ltd. |
| 柯达（中国）股份有限公司 | Kodak China Company Ltd. | 香江集团 | Heung Kong Group |
| 欧莱雅（中国）有限公司 | L'Oréal China Ltd. | 伊利集团 | Yili Group |
| 马士基（中国）有限公司 | Maersk Group (China) Co., Ltd. | 银城实业股份有限公司 | Ench Industrial Co., Ltd. |

（续表）

| | | | |
|---|---|---|---|
| 摩托罗拉（中国）电子有限公司 | Motorola (China) Electronics Ltd. | 雨润食品产业集团有限公司 | Yurun Food Industry Group Co., Ltd. |
| 雀巢（中国）有限公司 | Nestle (China) Ltd. | 招商集团 | China Merchants Group |
| 诺基亚（中国）投资有限公司 | Nokia (China) Investment Co., Ltd. | 真功夫餐饮管理有限公司 | Real Kungfu Catering Management Co., Ltd. |
| 诺华制药公司 | Novartis Pharma Ltd. | 中邦置业集团有限公司 | Zobon Real Estate Co., Ltd. |
| 奥的斯电梯（中国）投资有限公司 | Otis Elevator Co., Ltd. | 中国电信股份有限公司 | China Telecom Corporation Limited |
| 太平洋顶峰投资公司 | Peak Pacific Investment Co., Ltd. | 中国工商银行 | Industrial & Commercial Bank of China |
| 辉瑞制药有限公司 | Pfizer Pharmaceuticals Limited | 中国人寿保险股份有限公司 | China Life Insurance Co., Ltd. |
| 飞利浦（中国）投资有限公司 | Philips (China) Investment Co., Ltd. | 中国移动通信集团 | China Mobile Communications Group |
| 罗氏制药有限公司 | Roche Pharmaceutical Ltd. | 中国银行 | Bank of China |
| 圣戈班（中国）投资有限公司 | Saint-Gobain (China) Investment Co., Ltd. | 中国海运（集团）总公司 | China Shipping (Group) Company |
| 赛诺菲－安万特中国公司 | Sanofi Aventis (China) Co., Ltd. | 中国海外发展有限公司 | China Overseas Land & Investment Co., Ltd. |
| 迅达电子有限公司 | Schindler Electronics Co., Ltd. | 中国海洋石油有限公司 | CNOOC Energy Techology & Services Limited |
| 施耐德电气（中国）投资有限公司 | Schneider Electric (China) Investment Co., Ltd. | 中国航空工业第一集团公司 | China National Aviation Co., Ltd. |
| 通用汽车有限公司 | General Motors Corporation Limited | 中化集团 | Sinochem Corporation |
| 日立电器有限公司 | Hitachi Electrical Appliances Co., Ltd. | 中国国际金融有限公司 | China International Capital Corporation Limited |
| 西门子（中国）有限公司 | Siemens China Co., Ltd. | 中国石油化工集团公司 | China Petrochemical Corporation Ltd. |
| 苏威有限公司 | Solvay Co., Ltd. | 中国石油天然气集团公司 | China National Petroleum Corporation Limited |

（续表）

| 索尼（中国）有限公司 | Sony China Co., Ltd. | 中智上海经济技术合作公司 | China International Intellectech Corporation |
|---|---|---|---|
| 淡马锡控股有限公司 | Temasek Holdings Limited | 北京医药集团公司 | Beijing Pharmaceutical Group Ltd. |
| 利乐（中国）有限公司 | Tetra Pak China | 中国华源集团公司 | Worldbest Group Ltd. |
| 中德合资联合汽车电子有限公司 | United Automotive Electronic Systems Co., Ltd. | 华东建筑设计研究院有限公司 | East China Architectural Design & Research Institute Ltd. |
| 伟世通公司 | Visteon Corporation | 国际金融公司 | International Finance Corporation |
| 大众汽车（中国）投资有限公司 | Volkswagen Automotive Co., Ltd. | 京城控股有限公司 | Jingcheng Holding Co., Ltd. |
| 惠氏有限公司 | Wyeth Co., Ltd. | 网易有限公司 | Netease Co., Ltd. |
| 施乐（中国）有限公司 | Xerox China Ltd. | 太平洋保险集团公司 | China Pacific Insurance (Group) Co. |
| 延锋江森座椅有限公司 | Yanfeng Johnson Controls Seating Co., Ltd. | TCL集团公司 | TCL Corporation |
| 盐田国际集装箱码头有限公司 | Yantian International Container Terminal Co., Ltd. | 中国联通有限公司 | China Unicom Corporation |

注：

1　本附录截至2008年12月31日。

2　主要客户名单排列不分先后。

# 附录十四 管理委员会成员与教授获奖一览表[1]

| 获奖者 | 获奖时间 | 奖项名称 | 颁奖机构 |
|---|---|---|---|
| **管理委员会成员[2]** | | | |
| **中欧国际工商学院所颁奖项** | | | |
| 李家镐 | 2001年 | 追授“中欧国际工商学院杰出贡献人士” | 中欧国际工商学院 |
| **外部所颁奖项** | | | |
| 刘吉 | 2003年 | 西班牙国民成就大十字勋章 | 西班牙政府 |
| | 2004年 | 西班牙“亚洲之家”经济奖 | 西班牙政府 |
| 雷诺（Pedro Nueno） | 2003年 | 西班牙国民成就勋章 | 西班牙政府 |
| | 2003年 | 西班牙圣乔治十字勋章 | 西班牙加泰罗尼亚自治区政府 |
| | 2004年 | 上海市白玉兰纪念奖 | 上海市政府 |
| | 2006年 | PIMEC经济学最佳新闻作品奖 | PIMEC |
| | 2007年 | 上海市白玉兰荣誉奖 | 上海市政府 |
| | 2007年 | 国际Gresol勋章 | 西班牙Gresol基金会 |
| | 2009年 | 中华人民共和国友谊奖 | 中国政府 |
| 张国华 | 2004年 | 西班牙国民成就大十字勋章 | 西班牙政府 |
| | 2006年 | 追授“全球商学院年度最佳院长” | 国际商务学会 |
| 朱晓明 | 2008年 | 国际管理学会杰出成就奖 | 国际管理学会 |
| | 2008年 | 巴塞罗那市“荣誉市民” | 巴塞罗那市政府 |
| | 2008年 | 巴塞罗那“工商业和导航”荣誉奖章 | 巴塞罗那商会 |
| 白思拓（Alfredo Pastor） | 2004年 | 西班牙国民成就大十字勋章 | 西班牙政府 |
| 郭理默（Rolf D. Cremer） | 2008年 | 法兰克福金融学院荣誉教授 | 法兰克福金融学院 |
| | 2008年 | 欧洲商学院荣誉博士 | 欧洲商学院 |
| | 2009年 | 上海市白玉兰纪念奖 | 上海市政府 |

（续表）

| | | | |
|---|---|---|---|
| 张维炯 | 2008年 | 巴塞罗那市“荣誉市民” | 巴塞罗那市政府 |
| | 2008年 | 巴塞罗那“工商业和导航”荣誉奖章 | 巴塞罗那商会 |
| **教授**[3] | | | |
| **中欧国际工商学院所颁奖项** | | | |
| 柏唯良（Willem Burgers） | 2008年 | 中欧国际工商学院教学优秀奖 | 中欧国际工商学院 |
| | 2009年 | 中欧国际工商学院教学优秀奖 | 中欧国际工商学院 |
| 丁远 | 2005年 | 中欧国际工商学院教学优秀奖 | 中欧国际工商学院 |
| | 2007年 | 中欧国际工商学院教学优秀奖 | 中欧国际工商学院 |
| 顾凯诗（Keith Goodall） | 2002年 | 中欧国际工商学院教学优秀奖 | 中欧国际工商学院 |
| | 2003年 | 中欧国际工商学院教学优秀奖 | 中欧国际工商学院 |
| 江平[4] | 2002年 | 中欧国际工商学院教学优秀奖 | 中欧国际工商学院 |
| 李秀娟 | 2008年 | 中欧国际工商学院教学优秀奖 | 中欧国际工商学院 |
| 梁能 | 2007年 | 中欧国际工商学院教学优秀奖 | 中欧国际工商学院 |
| 白诗莉（Lydia Price） | 2006年 | 中欧国际工商学院教学优秀奖 | 中欧国际工商学院 |
| 谢家伦 | 2003年 | 中欧国际工商学院教学优秀奖 | 中欧国际工商学院 |
| | 2004年 | 中欧国际工商学院教学优秀奖 | 中欧国际工商学院 |
| 吴敬琏 | 2002年 | 中欧国际工商学院教学优秀奖 | 中欧国际工商学院 |
| | 2003年 | 中欧国际工商学院教学优秀奖 | 中欧国际工商学院 |
| | 2007年 | 中欧教学名师奖 | 中欧国际工商学院 |
| 忻榕 | 2004年 | 中欧国际工商学院教学优秀奖 | 中欧国际工商学院 |
| 许定波 | 2004年 | 中欧国际工商学院教学优秀奖 | 中欧国际工商学院 |
| | 2005年 | 中欧国际工商学院教学优秀奖 | 中欧国际工商学院 |
| | 2005年 | 中欧CFO课程最佳教授奖 | 中欧国际工商学院 |
| | 2009年 | 中欧教学名师奖 | 中欧国际工商学院 |

（续表）

| | | | |
|---|---|---|---|
| 许斌 | 2009年 | 中欧国际工商学院教学优秀奖 | 中欧国际工商学院 |
| 许小年 | 2005年 | 中欧国际工商学院教学优秀奖 | 中欧国际工商学院 |
| | 2006年 | 中欧国际工商学院教学优秀奖 | 中欧国际工商学院 |
| 杨国安 | 2006年 | 中欧国际工商学院教学优秀奖 | 中欧国际工商学院 |
| | 2007年 | 中欧国际工商学院教学优秀奖 | 中欧国际工商学院 |
| | 2009年 | 中欧教学名师奖 | 中欧国际工商学院 |
| 张逸民 | 2008年 | 中欧国际工商学院教学优秀奖 | 中欧国际工商学院 |
| **外部所颁奖项** | | | |
| 鸿翥吉马（Kwaku Atuahene-Gima） | 2007年 | 世界最佳1179位管理创新学者中的第四位 | |
| 丁远 | 2005年 | 最佳论文奖，《各国会计准则与国际会计准则的差异：决定因素与含义》（与O. K. Hope, T. Jeanjean, H. Stolowy合著） | 国际会计教育研究会议 |
| | 2005年10月－2006年12月 | 《国际会计学》杂志“最热门的25篇文章”第一名，《从文化层面看通用会计准则（GAAP）与国际会计准则（IAS）之不同》（与Thomas Jeanjean, Herve Stolowy合著） | 《国际会计学》 |
| | 2007年 | 《公司治理》2007年度“最佳论文奖”，《盈余管理：中国私营与国营上市公司的对比》（与张华，张俊喜合著） | 《公司治理》 |
| | 2007年 | SSRN最热门的论文“国际金融：公司与国际金融－投资”类别第四名（1997年1月－2007年5月），《国际证据：分析师是否跟随盈余管理？》（与Francois Degeorge, Thomas Jeanjean, Herve Stolowy合著） | 社会科学研究网 |
| 李秀娟 | 2007年 | EPWS杰出商业女性（卓越专业）奖 | 外籍职业女性协会（上海） |

（续表）

| | | | |
|---|---|---|---|
| 梁能 | 2005年 | Carolyn Dexter最佳国际论文奖，《西学之误？中国1992年和1999年出版MBA案例的比较分析》（与林淑合著） | 国际管理学会 |
| | 2005年 | 管理教育最佳论文奖，《西学之误？中国1992年和1999年出版MBA案例的比较分析》（与林淑合著） | 国际管理学会管理教育与发展分会 |
| | 2005年 | 《管理学习与教育》杂志年度最佳论文奖，《中美两国MBA案例中的隐含的思维模式分析》（与王佳茜合著） | 国际管理学会 |
| 史璞兰（Linda Sprague） | 2003年 | 年度运营管理学杰出学者奖 | 国际管理科学学会运营管理分部 |
| 方睿哲（Ramakrishna Velamuri） | 2009年 | EFMD2008年度案例写作竞赛“来自中国的新兴全球竞争者”类别大奖，《俏江南集团：追寻“美丽”的成长历程》（与许雷平合著） | 欧洲管理发展基金会（EFMD） |
| 吴敬琏 | 2004年 | 杰出成就奖 | 国际管理学会 |
| | 2005年 | 首届中国经济学奖“杰出贡献奖” | 中国宏观经济学会和中国经济体制改革研究会 |
| 肖知兴 | 2007年 | 首位在《管理科学季刊》上发表论文的我国大陆学者 | 《管理科学季刊》 |
| 张华 | 2007年 | 《公司治理》2007年度“最佳论文奖”，《盈余管理：中国私营与国营上市公司的对比》（与丁远，张俊喜合著） | 《公司治理》 |

注：

1 本表截至2009年9月30日。

2 除特别说明，本表为中欧管理委员会成员在我院任职期间所荣获的奖励与荣誉。

3 除特别说明，本表为中欧长期教授、核心教授和学术休假教授在我院任职期间所荣获的奖励与荣誉。

4 江平教授荣获该奖项时为我院访问教授。

# 附录十五　十年服务纪念奖获得者名单

| 序号 | 姓名 | 入职年份 | 入职所在部门 | 入职职务 | 当前（或离校时）所在部门 | 当前（或离校时）所任职务 | 备注 |
|---|---|---|---|---|---|---|---|
| 1 | 缪伟钧 | 1994 | 后勤部 | 驾驶员 | 后勤部 | 驾驶员 | |
| 2 | 夏孝敏 | 1994 | 后勤部 | 驾驶员 | 后勤部 | 驾驶员 | |
| 3 | 沈建申 | 1995 | 后勤部 | 复印员 | 后勤部 | 复印员 | |
| 4 | 刘菁 | 1995 | 短期培训部 | 主任助理及课程主管 | 高层经理培训部 | 国内市场经理 | |
| 5 | 詹宝騡 | 1995 | 后勤部 | 主管 | 后勤部 | 工程师 | |
| 6 | 谈论 | 1995 | 院长办公室 | 院长秘书 | 职业发展中心 | 主任 | |
| 7 | 朱敏瑾 | 1996 | 财务部 | 出纳 | 财务部 | 会计经理 | |
| 8 | 恽跃祥 | 1996 | 后勤部 | 复印员 | 后勤部 | 复印员 | 去世 |
| 9 | 俞萍 | 1996 | 翻译及出版部 | 打字员 | 市场及公共关系部 | 活动助理经理 | 离职 |
| 10 | 胡敏 | 1996 | 信息中心 | 图书馆助理馆员 | 信息中心 | 图书馆服务经理 | |
| 11 | 金一鸣 | 1996 | 后勤部 | 驾驶员 | 后勤部 | 驾驶班调度 | |
| 12 | 李衍佐 | 1996 | 后勤部 | 助理主任 | 后勤部 | 副主任 | |
| 13 | 葛俊 | 1996 | 后勤部 | 行政经理 | 教育发展基金会 | 院长助理兼教育发展基金会秘书长 | |
| 14 | 沈军 | 1996 | 信息中心 | 信息技术助理 | 信息中心 | 信息技术经理 | |
| 15 | 周时鸣 | 1996 | 后勤部 | 助理经理 | 后勤部 | 经理 | |
| 16 | 孙波 | 1996 | 后勤部 | 驾驶员 | 后勤部 | 驾驶员 | |
| 17 | 陈午杰 | 1996 | 后勤部 | 驾驶员 | 后勤部 | 驾驶员 | |
| 18 | 王宝发 | 1996 | 后勤部 | 驾驶员 | 后勤部 | 驾驶员 | |
| 19 | 赖卫东 | 1997 | EMBA课程部 | 课程主管 | EMBA课程部 | 副主任 | |
| 20 | 李峥嵘 | 1997 | EMBA课程部 | 课程主管 | 校友关系事务部 | 主任 | 离职 |

（续表）

| | | | | | | | |
|---|---|---|---|---|---|---|---|
| 21 | 周雪林 | 1997 | 翻译及出版部 | 经理 | 翻译部、<br>市场及公共关系部 | 院长助理兼翻译部、<br>市场及公共关系部主任 | |
| 22 | 刘湧洁 | 1997 | EMBA课程部 | 课程主管 | 高层经理培训部 | 院长助理兼高层经理培训部主任 | |
| 23 | 蔡筠 | 1997 | EMBA课程部 | 秘书 | EMBA课程部 | 高级招生经理 | |
| 24 | 张维炯 | 1997 | EMBA课程部 | 主任 | 管理委员会 | 副院长兼中方教务长 | |
| 25 | 马逐敏 | 1997 | 财务部 | 会计 | 财务部 | 财务经理 | |
| 26 | 赵楠 | 1997 | 翻译及出版部 | 笔译 | 翻译及出版部 | 助理主任 | |
| 27 | 吉宝根 | 1997 | 后勤部 | 驾驶员 | 后勤部 | 驾驶员 | |
| 28 | 沈宝顺 | 1997 | 信息中心 | 图书馆技术服务经理 | 信息中心 | 图书馆技术服务经理 | |
| 29 | 王建铆 | 1998 | MBA课程部 | 主任 | 经济学/决策科学系 | 教授 | |
| 30 | 周艺 | 1998 | 高层经理培训部 | 课程主管 | EMBA课程部 | 高级主管 | |
| 31 | 于世才 | 1998 | 后勤部 | 工人 | 后勤部 | 复印员 | |
| 32 | 朱丹 | 1998 | EMBA课程部 | 秘书 | EMBA课程部 | 高级课程经理 | |
| 33 | 丁永利 | 1998 | 后勤部 | 驾驶员 | 后勤部 | 驾驶员 | |
| 34 | 马遇生 | 1998 | 北京代表处 | 首席代表 | 北京代表处 | 院长助理兼北京代表处首席代表 | |
| 35 | 陈怀红 | 1998 | 财务部 | 助理主任 | 财务部 | 主任 | |
| 36 | 张春 | 1998 | 计算中心 | 信息技术工程师 | 信息中心 | 信息技术主管 | |

# 后记

《中欧国际工商学院1994～2009》一书的编写小组荣幸地为中欧国际工商学院记述它15年成长的光辉历程，以及在此过程中中欧全体师生员工、校友和关心、支持中欧发展的各界人士所付出的艰辛和努力。

## 一

我们希望本书作为对中欧建院15周年的赞礼，以翔实的史料与数据，与全体师生员工、校友和社会各界共同回顾中欧15年来走过的风风雨雨。作为中国现代管理教育历史的重要组成部分，中欧的历史从一个侧面反映了中国管理教育探索创新的不凡历程。

深夜，当我们打开中欧的档案卷宗，翻出已故的李家镐院长、张国华院长在学院创办初期留下的那些手稿，我们如同触摸一个伟大的梦想、重温一段荆棘坎坷的旅程，他们在历史深处凝望着我们，与我们对话。

今天这些伟大梦想正在化为现实，中欧在迈向百年名校的征途上昂首阔步。

## 二

在本书撰写初期，雷诺执行院长、朱晓明院长和刘吉名誉院长对校史撰写提出了指导意见。院长助理周雪林博士、院长办公室副主任杜谦先生和案例中心副主任刘胜军博士提出了写作的框架，并确定了撰写的体例和标准。

吴敬琏教授接受了编写小组的采访；陈德蓉博士提供了CEMI时期的大量资料；杨亨先生接受了书面采访。

《中欧商业评论》高级记者朴抱一先生撰写了全书正文初稿；院长办公

室档案员徐辰瑶女士通过整理纷繁芜杂的档案资料梳理编写了附录部分；市场与公共关系部美术编辑林云先生承担了所有图片的收集和扫描处理工作；校庆办公室黄凌云博士承担了整个项目的统筹工作。

编写小组的周雪林博士、王建铆教授、杜谦先生、刘胜军博士对初稿进行了大量艰苦细致的修改。

在成稿后，朱晓明院长、张维炯副院长兼中方教务长、副教务长兼EMBA课程主任梁能博士、MBA课程行政主任李瑗瑗女士等学院与部门负责人对稿件进行了审定，核对了大量数据，提出了修改意见。

## 三

在本书初稿草成之际，朱晓明院长曾专门邀请部分学院创办的亲历者参与审稿。原上海市副市长谢丽娟女士，原上海市政协副主席、原上海市政府教卫办主任王生洪教授，上海世博集团总监、原上海外服公司总经理顾家栋先生，张江集团副总经理、原金桥（集团）公司副总经理朱守淳先生审定了有关章节。

同时，学院也将初稿呈送中方办学单位上海交大参与学院创办并为学院发展做出重要贡献的原中共上海交大党委书记王宗光教授，中欧名誉董事长、原上海交大校长翁史烈教授和谢绳武教授。三位教授根据历史资料、工作笔记和回忆对初稿提出了详细的修改意见。

此外，杨亨董事审阅了第一和第五章有关部分，原CEMI教务长陈德蓉博士审阅了第一章有关部分。

在编辑出版阶段，朴抱一先生承担了统稿和编辑工作；《中欧商业评论》美术总监郑亚胜和高级美编李湘文、王红霞做了全书的排版和美术设计工作；曾参与《辞海》校对工作的王瑞祥先生承担了校对工作。

## 四

在撰稿初期，学院各部门的同事为校史编写及时提供了大量基础资料。

教务长办公室的谢婷雅（Claudia Schaefer）女士和郑群女士提供并核对

了编写历任学术委员会成员名单所需的资料；企业发展部的张明华女士、肖蕾女士和中欧教育发展基金会的李晓舟先生提供了编写历任公司顾问委员会成员名单和学院赞助机构名单所需的资料；中欧陆家嘴国际金融研究院的张勇先生提供了研究院赞助机构名单及其公司代表名单；教务长办公室的张娜女士、高蕊女士及其他同事提供并核对了编写教授名单、管理委员会成员与教授获奖一览表、学术专著目录和学术论文目录所需的材料。

人力资源部的寿静文女士提供并核对了编写部门设置沿革和十年服务纪念奖获得者名单所需的材料；案例研究中心的吕绍华女士、MBA课程部的徐珀女士提供并核对了所有的教学案例；信息中心的沈宝顺先生对学术专著目录著录体例的确定提出了指导性意见并对学术专著目录信息进行了大量查找、核实工作，胡敏女士查找、核实了学术论文目录信息；高层经理培训部的施静林女士提供并核对了高层经理培训课程统计数据与主要客户名单；北京代表处的高翔先生、孔晨静女士、EMBA课程部的陆莹颖等同事提供了许多来访嘉宾的照片，并协助编写了说明文字；市场及公共关系部的夏敏（Charmaine Clarke）女士为部分外籍人士姓名汉译提供了咨询意见。同时，学院各部门都对本书的撰写提供了大量资料和帮助。

## 五

对校内外各界人士为本书的问世所做的贡献，我们表示衷心的感谢。

历史需要更多的沉淀。因受学识与能力所限，亦受到时间等各种条件的限制，一些史实未能叙述周全，一些细节尚无法意识到它的重要性，疏漏、偏颇甚至错误在所难免，因此，欢迎读者批评指正。

《中欧国际工商学院1994～2009》编写小组

2009年12月

北京校园